사내근로복지기금 시리즈 제1탄!

김승훈 지음

사내근로
복지기금
결 산 실 무

김승훈

중앙대학교대학원(경영학석사)
서울벤처대학원대학교 경영학 박사(사내근로복지기금 제1호박사)
경영지도사(재무관리)
KBS 사내근로복지기금 21년근무(1993.02~2013.11)
사내근로로복지기금연구소 대표(2013.12~현재)

전) 한국고용노동연수원 사내근로복지기금 강사
전) 고용노동부 근로감독관 사내근로복지기금교육 강사
전) 근로복지공단 선진기업복지지원단 사내근로복지기금 강사
전) 근로복지공단 선진기업복지지원단 사내근로복지기금 컨설턴트(기본·심화)
전) 한국생산성본부 사내근로복지기금 강사
전) 한국능률협회 사내근로복지기금 강사
전) CFO아카데미 사내근로복지기금 강사
전) 경총 사내근로복지기금 강사
전) 한국인사관리협회 사내근로복지기금 강사
현) 다음카페 사내근로복지기금동아리(http://cafe.daum.net/sanegikum) 카페지기
현) 네이버카페 사내근로복지기금연구소(http://cafe.naver.com/sanegikum) 카페지기
현) 사내근로복지기금연구소장(www.sgbok.co.kr)
현) 한국가족기업학회 산학부회장

저서 및 논문

- 「사내근로복지기금 운영실무」(CFO아카데미, 절판)
- 「사내근로복지기금 법인설립실무」(CFO아카데미, 절판)
- 「한권으로 끝내는 사내근로복지기금 결산 및 세무실무」(라의눈, 절판)
- 「한권으로 끝내는 사내근로복지기금 회계 및 예산편성실무」(라의눈, 절판)
- 「한권으로 끝내는 사내근로복지기금 결산 및 세무실무」(라의눈, 절판)
- 사내근로복지기금이 재무성과에 미치는 영향(경영학박사 논문)
- 사내근로복지기금 운영실태와 개선방안(경영학석사)
- 중소기업 선진기업복지제도 도입지원방안(근로복지공단)
- 가족기업 사내근로복지기금의 가업승계 활용사례(한국가족기업학회)
- 사내근로복지기금이 성장성과 노동생산성에 미치는 영향-KOSPI200 제조기업(금융공학회)
- 중소기업 및 벤처기업을 위한 사내근로복지기금 운영전략(한국산업경영시스템학회)

추천사 1

공인회계사 **고 낙 섭**

(현 열림세무회계사무소 대표회계사, 전 딜로이트안진회계법인 부대표, 전 한미글로벌 상근 감사)

「근로복지기본법」에 근거하여 설립되는 사내(공동)근로복지기금은 비영리법인의 업무이지만 특정 분야로서 회계전문가들도 그 분야를 전문으로 연구하지 않으면 접근하기 어려운 분야입니다. 특히 사내근로복지기금의 회계처리를 위한 별도의 회계준칙이 제정되어 있지 않고 사내근로복지기금은 공익법인 적용도 받지 않는 독특한 부분이 있어 세무처리에 있어서도 생소한 분야입니다.

본 도서는 사내(공동)근로복지기금 초보자들도 쉽게 이해할 수 있도록 기금법인의 결산 프로세스와 결산 이후 업무절차, 사내(공동)근로복지기금 구분경리를 이용하여 이자소득만 있는 기금법인과 대부이자소득이 있는 기금법인으로 나누어 결산재무제표 작성 사례와 법인세 과세표준신고 서식 및 작성 사례, 법인지방소득세 과세표준신고 서식 및 작성 사례, 운영상황보고서식 및 작성 방법, 기금법인 세무관리에 필요한 서식 등 다른 도서에서는 찾아볼 수 없는 사내근로복지기금에 대한 많은 지식과 정보들을 제시하고 있습니다.

김승훈 소장과의 첫 인연은 2017년 1월이었습니다. 당시 제가 상근감사로 재직 중이던 회사 내부에서 사내근로복지기금 설립 논의가 있어 사내근로복시금에 내해 알아보고자 사내근로복지기금연구소에서 실시하는 〈사내근로복지기금 기본실무〉 교육과정에 참여하여 기초적인 지식을 얻었고, 이후 김승훈 소장의 사내근로복지기금연구소에 사내근로복지기금 설립 컨설팅을 의뢰해, 제가 근무한 회사의 사내근로복지기금 법인을 설립하였고, 제가 기금법인의 회사측 감사 직책을 맡아 매년 사내근로복지기금의 업무 관련 회계감사를 지난 7년 동안 하게 되었습니다.

제가 기금법인의 회사측 감사로서 사내근로복지기금 법인을 7년간 관리해 본 경험으로 볼 때,

사내근로복지기금 업무는 전문가의 코칭 없이 수행하기에는 다소 부담스런 업무여서, 이번 김승훈 소장의 〈사내근로복지기금 시리즈〉가 기금실무자와 관계자들의 심적 부담을 상당히 덜어줄 것으로 기대합니다. 늦은 나이에도 〈사내근로복지기금 시리즈〉 실무 도서를 집필하는 열정과 도전에 박수를 보냅니다.

사내근로복지기금 분야는, 오랫동안 혼자 연구해 오면서 필요시에는 기획재정부와 국세청, 고용노동부에 서면질의를 통해 유권해석을 받으면서 32년간 사내근로복지기금 회계와 세무처리 이론을 만들고 매뉴얼을 정립해 온 김승훈 소장이 가장 전문가라고 생각합니다.

김승훈 소장은 32년 동안 사내근로복지기금 실무 처리와 기금실무자 교육, 사내근로복지기금 컨설팅을 직접 수행하면서, 이미 사내근로복지기금 전문 도서 다섯 권을 단독으로 집필한 전문가이고, 사내근로복지기금연구소에서 진행하는 전 교육과정의 교재를 직접 집필하여 교육을 진행하고 있는 사내(공동)근로복지기금 분야에서는 독보적인 분입니다.

김승훈 소장이 기 집필한 다섯 권의 전문도서와 교육에 사용되는 교재는 사내(공동)근로복지기금에 관련된 법규, 세법, 회계처리와 예규 등을 집중적으로 연구하면서 얻은 지식과 경험을 반영한 것인 바, 이러한 도서와 교재들이 그 발간 이후 새로 개정된 법규, 개정된 세법, 새로운 예규, 새로이 받아 낸 질의회신 등 최신의 내용을 추가 반영하여 개정판이 나온다면 기금실무자들에게 보다 정확한 실무 처리를 하도록 이끌 것이고, 제도 발전에도 큰 기여를 하리라 생각하던 차에 마침, 이번 「사내근로복지기금 결산실무」 도서 개정판을 시작으로 계속 〈사내근로복지기금 시리즈〉 집필을 계획하였다 하니 그 결심에 감사의 박수를 보냅니다.

김승훈 소장의 긴 시간을 통해 얻어진 현장 경험과 지식들 그리고 사내(공동)근로복지기금의 다양한 예규들이 소개되는 이번 도서 시리즈는 다른 도서에서는 찾아볼 수 없는 강점이라고 보여집니다.

어느 분야이든 처음 길을 개척하는 사람은 힘들고 외롭습니다. 김승훈 소장의 경우와 같이 다른 분야에서도 우리 직장인들을 위한 자기계발서들이 많이 나와주기를 희망합니다.

다시 한번 「사내근로복지기금 결산실무」 도서 개정판 출간을 축하하며 사내근로복지기금 시리즈 도서가 계속 발간되면 우리나라 사내(공동)근로복지기금 실무자와 관계자, 관심 있는 전문가들의 실무 처리에 큰 도움이 될 것으로 확신합니다. 감사합니다.

2025년 2월 20일

추천사 2

경영학박사, 공인노무사 **고 민 진**
(현 제이앤엘인사노무컨설팅 대표, 전 고용노동부 사무관)

김승훈 박사는 33년이라는 긴 세월 동안 사내근로복지기금이라는 한 분야에 헌신하며, 그 누구보다 깊이 있는 연구와 실무 경험을 쌓아왔습니다. 1993년 사내근로복지기금 업무를 시작한 이래, 대한민국 최초의 사내근로복지기금 박사로서 학문적 기여뿐 아니라 실무자 교육과 컨설팅, 법제도 발전에 이르기까지 다방면에서 선도적인 역할을 해왔습니다.

제가 고용노동부 본부에서 사내근로복지기금 업무를 담당했던 시절에 김승훈 박사로부터 「근로복지기본법」 전부 개정, 사내근로복지기금의 제도 개선, 중소기업에 선진기업복지제도 컨설팅 지원, 기업복지 교육 등에 있어 많은 자문과 도움을 받았었습니다.

이번《사내근로복지기금 결산실무》개정판은 그의 30여 년 경험과 열정의 집약체로, 사내(공동)근로복지기금 실무자와 기업 관계자들이 필요로 하는 핵심 정보를 명료하게 담아냈습니다. 변화된 법령과 회계기준을 반영하고, 최초로 구분경리와 구분계리 방안을 제시함으로써 실무에서 맞닥뜨리는 현실석 문제들에 대한 해답을 세공합니다. 특히 이번 개정판은 사내 및 공동근로복지기금의 설립, 운영, 세무, 결산에 이르기까지 실질적인 가이드라인을 제시하며, 복잡한 회계 처리와 법적 요건을 명확하게 설명하고 있어, 초보자부터 전문가까지 모두에게 유익한 자료입니다.

사내(공동)근로복지기금제도는 직원들의 복지 향상과 기업의 지속 가능한 발전을 위해 필수적인 제도입니다. 이 책자는 그러한 기금을 올바르게 운영하고 관리하는 데 필요한 소중한 지침을 제공합니다. 따라서 모든 기업의 인사 및 재무 담당자에게 강력히 추천합니다.

김승훈 박사가 늘 강조해 온 "현장에서 답을 찾는 실천적 접근"은 이 책에서도 여실히 드러납니다. 시대와 법령의 변화 속에서도 사내(공동)근로복지기금 실무자들에게 일관된 방향성과 명확한 기준을 제공해 주는 그의 책은 그야말로 사내(공동)근로복지기금 분야의 표준서라 해도 과언이 아닙니다.

그간 사내(공동)근로복지기금 업무를 맡고 있는 많은 분들이 느꼈을 고충과 고민이 이 책을 통해 해소되길 바라며, 이 분야의 발전을 위해 늘 앞장서는 김승훈 박사에게 깊은 경의와 감사를 표합니다.

《사내근로복지기금 결산 실무》가 사내(공동)근로복지기금의 새로운 시대를 여는 데 중요한 길잡이가 되기를 진심으로 기대하며, 이 책을 적극 추천합니다.

2025년 2월

사내근로복지기금
시리즈를 시작하며

올해로 내가 사내근로복지기금 업무를 시작한지 33년째이다. 1993년 2월, ㈜대상에서 KBS사내근로복지기금으로 전직하여 사내근로복지기금 업무를 처음 시작했고 2004년 5월 우리나라에서 처음으로 사내근로복지기금 실무자교육 시작, 2013년 11월 21년간 다니던 KBS사내근로복지기금을 일반퇴직 후 그해 12월에 사내근로복지기금연구소(www.sgbok.co.kr)와 사내근로복지기금연구소 평생교육원을 창업하여 본격적으로 기금실무자 교육과 사내근로복지기금 컨설팅, 사내근로복지기금시리즈 도서 집필에 전념한지도 11년이 훌쩍 지났다. 어느 시인은 시간이 빨리 그리고 덧없이 지나감을 '꽃잎이 떨어진가 했더니 세월이더라'라고 표현했는데 그동안 32년 동안 총 다섯 권의 사내근로복지기금 도서를 단독으로 집필했다.

사내근로복지기금연구소와 사내근로복지기금연구소 평생교육원을 창업하고 그 다음 해인 2014년 8월, 창업 9개월 만에 사내근로복지기금시리즈 도서 집필 첫 작품이 「한권으로 끝내는 사내근로복지기금 결산 및 세무실무」도서여서 그런지 이 책에 대한 애정이 남다르다.

지난 2022년 6월 초에 「사내근로복지기금 결산 및 세무실무」 초판분이 모두 소진되었다는 소식을 듣고 개정판 십필에 대한 상고에 들어갔다. '한권으로 끝내는 사내근로복지기금 시리즈' 세 권을 집필하면서 너무 고생했던 지난 10~11년 전 기억이 떠올랐고 사내근로복지기금 구분경리에 대한 이론 정립이 완성되지 않았기 때문이었다. 특히 두 번째와 세 번째 시리즈를 집필할 때는 경영학박사 학위논문 작성 시기와 겹쳐 가장 힘든 시기였다. 2년여에 걸쳐 여름 폭염과 겨울 한파 속에서 당시 구로동에 있던 사내근로복지기금연구소 사무실에서 두문불출하며 원고 작업을 해서 2년 만에 경영학박사 학위 논문(우리나라 제1호 사내근로복지기금 박사)과 '한권으로 끝내는 사내근로복지기금 시리즈' 결산·예산·설립실무 도서 세 권 집필을 완성했다.

그동안 많은 변화가 있었다. 내부적으로는 2016년 9월 사내근로복지기금연구소 본사를 구로구 구로동에서 현재 위치(강남구 논현동)로 이전하였고 홈페이지(www.sgbok.co.kr) 개설, 결산컨설팅 및 연간자문서비스 개시 등 사업 다각화를 꾀하였다. 외부적으로는 공동근로복지기금제도가 도입되었고, 코로나19 팬데믹이 발생했고 기본재산 사용방법이 확대되었다. 연구소 평생교육원의 교육을 수강한 기금실무자, 사내근로복지기금과 공동근로복지기금에 대한 정부지원금이 대폭 증액되면서 사내근로복지기금과 공동근로복지기금을 설립하려는 회사 관계자, 컨설팅을 하는 전문가, 사내근로복지기금과 공동근로복지기금에 관심있는 사람들로부터《사내근로복지기금 결산 및 세무실무》개정판이 언제 나오느냐, 공동근로복지기금 결산은 어떻게 해야 하느냐는 문의를 많이 받았다. 무엇보다 사내근로복지기금과 관련된 법령과 환경 변화가 심해 드디어 개정판 작업을 하기로 결심했다.

그리고 내친 김에 기존 '사내근로복지기금 시리즈' 도서 세 권의 개정 작업을 올해 상반기까지 모두 완료하고 이어서 추가로 올해 말까지 세 도서를 추가로 집필할 계획이다. 2025년은 '사내근로복지기금 시리즈' 집필의 본격적인 시발점이 될 것이다. 본서의 개정에서는 「사내근로복지기금 결산 및 세무실무」이후 변화된 아래 법령 변화와 구분경리 사항을 반영하는데 중점을 두었다. 사내근로복지기금과 공동근로복지기금 결산과 세무 업무에 유익한 정보제공의 한 장이 되기를 희망한다.

첫째, 「근로복지기본법」이 개정(2015년 7월 20일)으로 2016년 1월 20일부터 '공동근로복지기금제도'가 시행되었다. 매뉴얼과 서식에서 이를 반영하였다.

둘째, 「법인세법 시행령」개정(2021년 2월 17일)으로 회사가 자신의 사내근로복지기금에 출연하는 금품은 지정기부금이 아닌 회사의 직접 손비인정으로 변경되었고 회사가 아닌 개인(제3자)가 사내(공동)근로복지기금에 기부하는 금품은 기획재정부장관 고시(2021년 3월 31일)로 기존처럼 지정기부금으로 변경되었는데 이를 반영하였다. 또한 법인세 과세표준신고 서식을 「법인세법 시행규칙」개정(2024년 3월 22일) 서식으로 반영하였다.

셋째, 본 도서는 사내근로복지기금 최초로 구분경리와 구분계리 방안을 제시하였고 이자소득만 있는 기금과 대부이자소득이 있는 기금으로 분류하여 구분경리된 결산사례를 제시하였다. <사내·공동근로복지기금 업무처리지침> 제19조에는 사내근로복지기금 회계는 기금관리회계와 목적사업회계로 구분계리하도록 명시하였고, 「법인세법」제113조에서는 비영리법인은 수익사업에 속하는 재산과 비수익사업에 속하는 재산을 구분하여 경리하도록 되어 있으나 아직까지 구분계리나 구분경리 방안을 제시하지 못하고 있는 바 본 도서에서 최초로 제시하였다.

넷째, 「지방세법」개정 사항을 반영하여 법인지방소득세 신고·납부 방법과 결산서를 중심으로 신고서식 작성방법을 제시하였다. 법인지방소득세 과세표준신고 서식은 최근 개정된 「지방세법 시행규칙」개정(2023년 12월 29일) 사항을 반영하여 작성하였다.

다섯째, 「사내근로복지기금 결산 및 세무실무」를 출판한 이후 개정된 「근로복지기본법」과 「근로복지기본법 시행령」, 「근로복지기본법 시행규칙」에 따라 회계처리 사항을 반영하였으며 특히 기금법인 운영상황보고서 서식을 최근 개정(2023년 10월 6일)분으로 반영하였다.

여섯째, 사내근로복지기금과 공동근로복지기금 실무를 하면서 서면으로 질의하여 회신 받은 국세청 및 고용노동부 행정해석을 반영하였고, 기존 회계처리 매뉴얼 중 개선이 필요한 부분을 반영하였다.

이번 《사내근로복지기금 결산실무》 개정이 사내근로복지기금과 공동근로복지기금 업무를 담당하고 있는 실무자나 임원, 새로이 사내근로복지기금과 공동근로복지기금을 설립하기 위해 준비 중인 기업의 관계자, 특히 사내근로복지기금 결산과 법인세, 운영상황보고서 작성 및 신고에 두려움을 가지고 있는 실무자들에게 도움이 되었으면 하는 바람이다. 앞으로 발간될 '사내근로복지기금 시리즈' 도서에도 많은 관심과 지도 편달을 해주시기를 당부드린다.

사내근로복지기금 시리즈 개정판이 나오기까지 가장 가까이에서 힘과 용기를 준 사랑하는 아내와 가족, 고용노동부 사내(공동)근로복지기금 주무부서 관계자들, 32년 동안 사내근로복지기금 업무를 하면서 많은 조언을 해주신 많은 관계자분들에게도 감사의 마음을 전한다. 또한 이 책의 집필에 많은 성원과 격려를 아끼지 않고 관심을 보내준 사내근로복지기금과 공동근로복지기금 실무자, 사내근로복지기금 평생교육원 수강생, 다음 카페 '사내근로복지기금' 동아리 회원, 네이버 카페 '사내근로복지기금연구소' 회원들께도 이 영광을 돌린다. 모쪼록 이 책을 필요로 하는 많은 분들께 두루 도움이 되었으면 하는 바람이다.

2025년 2월

김 승 훈

3장 사내(공동)근로복지기금 구분경리(구분계리)

4장 사내(공동)근로복지기금 결산 사례1(구분경리 미실시 기금)

5장 사내(공동)근로복지기금 결산 사례2(구분경리 실시 기금)

9장 사내(공동)근로복지기금법인 운영상황보고서 작성사례

1장

사내(공동)근로복지기금
결산 실무

1. 결산이란?

결산이란 그동안 열심히 일해서 얻은 성과가 무엇이고 얼마인지를 계산하고, 정리하는 것이다. 회계 활동은 계속 순환되기 때문에 인위적으로 일정 기간으로 나누어 경영 성과를 계산하고 재무 상태를 파악하게 된다.

따라서 회계 기간 중 기록하지 못한 재산의 변동 사항(상품의 손상, 주식 가격 폭락, 건물이나 기계장치의 가치감소 등)을 일정기간 주기적으로 조사하여 장부상의 금액을 실제의 금액으로 수정해 주는 절차가 반드시 필요하다.

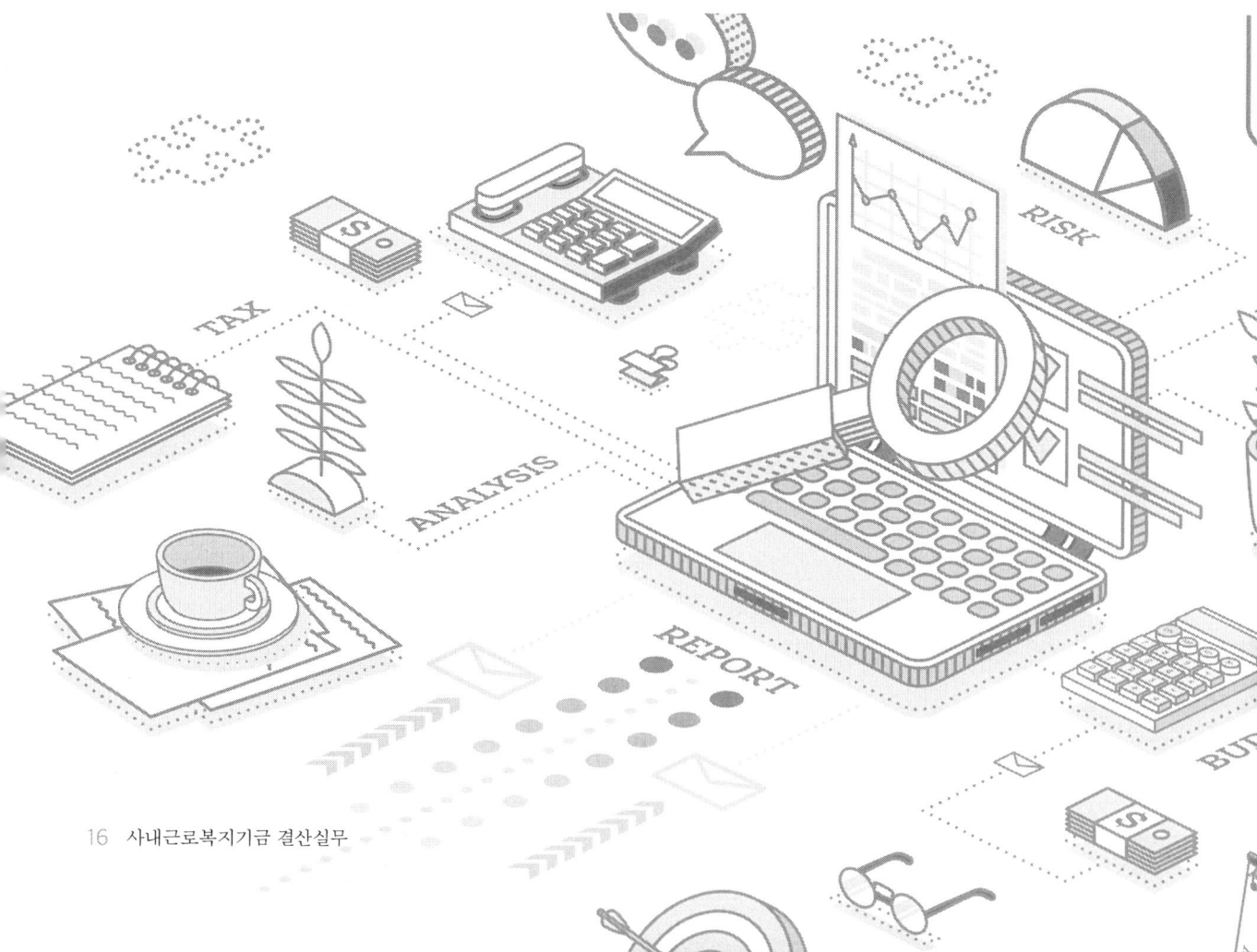

2. 사내(공동)근로복지기금 결산

사내근로복지기금법인 및 공동근로복지기금법인(이하 "기금법인"이라 함)은 별도 법인(비영리법인)으로 설립되어 회사 또는 제3자로부터 기부받은 사내(공동)근로복지기금을 재원으로, 설립 목적인 근로자들의 재산 형성과 복지 증진을 위한 고유목적사업을 수행하게 된다. 이 과정에서 발생하는 회계 상의 거래에 대해 체계적으로 정리하여 기금법인 이해관계자들에게 의사결정에 필요한 정보를 제공해야 한다. 이러한 정보에는 재무 정보가 필수적인 바, 이러한 의사결정에 필요한 재무제표를 만드는 과정이 결산이고, 그 결과물이 손익계산서, 재무상태표, 이익잉여금처분(결손금처리)계산서, 부속명세서 들이다. 이러한 결산 결과는 내부적으로는 사내근로복지기금협의회 또는 공동근로복지기금협의회(이하 "협의회"라 함)와 이사 감사에게 보고해야 하고, 외부적으로는 「근로복지기본법」과 「법인세법」, 「지방세법」 등에 따라 고용노동부, 국세청, 지자체 등에 신고하여야 하며, 회사 근로자에게도 관리·운영 사항을 공개하도록 명시되어 있어, 이를 이행하지 않으면 과태료나 가산세 등 불이익이 뒤따른다.

3. 사내(공동)근로복지기금이 작성해야 하는 재무제표

기금법인이 작성해야 하는 재무제표는 설치·운영의 근간인 「근로복지기본법」과, 사내근로복지기금이 법인에 해당되는 만큼 관련 조세법에서 명시하고 있다. 해당 법령의 관련 조문을 살펴보면 다음과 같다. 참고로 본 도서에서 사용하는 법령 약어에서 「법인세법」과 같은 법 시행령은 '법법'과 '법령'으로, 「소득세법」과 같은 법 시행령은 '소법'과 '소령'으로, 「상속세 및 증여세법」과 같은 법 시행령은 '상증법'과 '상증법령'으로, 「부가가치세법」과 같은 법 시행령은 '부법'과 '부령'으로, 「지방세법」과 같은 법 시행령은 '지법'과 '지령'으로, 「근로복지기본법」과 같은 법 시행령은 '근복법'과 '근복법령'으로, 〈사내·공동근로복지기금 업무처리지침〉은 '업무처리지침'으로 표기하였다. 먼저 근로복지기본법령을 살펴보면 다음과 같다.

◎근복법 제64조(사내근로복지기금의 회계) ① 사내근로복지기금의 회계연도는 사업주의 회계연도에 따른다. 다만, 정관으로 달리 정한 경우에는 그러하지 아니하다.
② 기금법인은 자금차입을 할 수 없다.
③ 매 회계연도의 결산 결과 사내근로복지기금의 손실금이 발생한 경우에는 다음 회계연도로 이월하며, 잉여금이 발생한 경우에는 이월손실금을 보전한 후 사내근로복지기금에 전입한다.
④ 사내근로복지기금의 회계 관리에 필요한 사항은 대통령령으로 정한다.

◎근복법 제65조(기금법인의 관리·운영 서류의 작성 및 보관) 기금법인은 다음 각 호의 서류를 대통령령으로 정하는 바에 따라 작성하여야 하며, 작성일부터 5년간 이를 보관하여야 한다. 이 경우 그 서류를 전자문서로 작성·보관할 수 있다.
 1. 사업보고서
 2. 재무상태표
 3. 손익계산서

4. 감사보고서

◎근복법 제66조(기금법인의 관리·운영사항 공개) 기금법인은 제65조 각 호의 서류 및 복지기금협의회의 회의록을 대통령령으로 정하는 바에 따라 공개하여야 하며, 항상 근로자가 열람할 수 있게 하여야 한다. 이 경우 전자문서로 작성·보관하는 서류에 대해서는 정보통신망을 이용하는 등 전자적 방법으로 공개하고 열람하게 할 수 있다.

◎근복법령 제49조(사내근로복지기금의 예산과 결산) ① 사내근로복지기금의 예산은 예산총칙, 추정재무상태표, 추정손익계산서를 내용으로 하여 작성하고, 그 내용을 명백하게 하기 위하여 필요한 부속명세서를 작성해야 한다.
② 사내근로복지기금의 해당 연도 결산서는 재무상태표, 손익계산서 및 이익잉여금처분계산서 등을 내용으로 하여 작성하고, 그 내용을 명백하게 하기 위하여 필요한 부속명세서를 작성해야 한다.

◎업무처리지침 제20조(사업계획서와 결산서의 작성) ① 사업계획서는 예산총칙, 목적사업계획서, 추정재무상태표, 추정손익계산서, 기금운용계획서 등으로 작성하여야 한다.
② 결산서는 예산집행개요, 재무상태표(부속서류로서 필요시 제예금명세서, 유가증권명세서, 대여금명세서, 고정자산명세서, 고유목적사업준비금명세서, 제세선급금명세서 등을 첨부), 손익계산서(부속서류로서 필요시 수입이자명세서, 그 밖의 수입금명세서 등을 첨부), 이익잉여금처분계산서, 예산집행대비표, 합계잔액시산표 등으로 작성하여야 한다.

이어서 「법인세법」 해당 조문을 살펴보면 다음과 같다.

◎법법 제60조(과세표준 등의 신고) ① 납세의무가 있는 내국법인은 각 사업연도의 종료일이 속하는 달의 말일부터 3개월(제60조의2제1항 본문에 따라 내국법인이 성실신고확인서를 제출하는 경우에는 4개월로 한다) 이내에 대통령령으로 정하는 바에 따라 그 사업연도의 소득에 대한 법인세의 과세표준과 세액을 납세지 관할 세무서장에게 신고하여야 한다.
② 제1항에 따른 신고를 할 때에는 그 신고서에 다음 각 호의 서류를 첨부하여야 한다.
　1. 기업회계기준을 준용하여 작성한 개별 내국법인의 재무상태표·포괄손익계산서 및 이익잉여금처분계산서(또는 결손금처리계산서)

> 2. 대통령령으로 정하는 바에 따라 작성한 세무조정계산서(이하 "세무조정계산서"라 한다)
>
> 3. 그 밖에 대통령령으로 정하는 서류
>
> ③ ~ ④ (생략)
>
> ⑤ 제1항에 따른 신고를 할 때 그 신고서에 제2항제1호 및 제2호의 서류를 첨부하지 아니하는 경우 이 법에 따른 신고로 보지 아니한다. 다만, 제4조제3항제1호 및 제7호에 따른 수익사업을 하지 아니하는 비영리내국법인은 그러하지 아니하다.
>
> ⑥ ~ ⑨ (생략)

따라서 이를 정리하면 기금법인 결산과 관련하여 기금법인이 작성해야 하는 재무제표로는 재무상태표, 손익계산서, 이익잉여금처분계산서(결손금처리계산서), 예산집행 개요, 재무상태표 부속명세서와 손익계산서 부속명세서, 예산집행대비표, 합계잔액시산표, 사업보고서, 감사보고서, 세무조정계산서(해당하는 경우에 한함)를 들 수 있다.

현재 고용노동부 〈사내(공동)근로복지기금 회계준칙〉이 별도로 제정되어 있지 않으며 기업회계의 원칙에 따르도록 되어 있다. 기업회계의 원칙은 영리기업 회계원칙으로 비영리기업인 사내근로복지기금에 적용할 경우 추구하는 목적이 상이하여 불합리한 점이 있어 이를 개선하고자 1997년 중앙대학교대학원에 진학하여 사내근로복지기금 회계처리 방법과 재무제표 서식 등을 연구하기 시작했다. 지금의 사내근로복지기금 매뉴얼 포함 사내(공동)근로복지기금 예산서 및 결산서 서식 대부분이 2000년 2월 중앙대학교대학원에서 장지인 교수님 지도로 경영학석사 학위를 받으면서 필자가 우리나라에서 처음으로 작성하여 제시한 서식이다.

그 후 2004년 5월부터 필자가 우리나라에서 처음으로 기금실무자를 대상으로 사내근로복지기금 전문 교육과정 개설의 필요성을 요청하여 기금실무자 교육을 시작하였고, 2013년 12월부터는 ㈜사내근로복지기금연구소(www.sgbok.co.kr)와 사내근로복지기금연구소 평생교육원를 창업하여 현재까지 사내(공동)근로복지기금 실무자와 관계자를 대상으로 사내(공동)근로복지기금 교육과 컨설팅, 연간자문서비스를 지속적으로 진행하면서 사내(공동)근로복지기금 재무제표 서식과 부속명세서 작성, 회계처리 방법에 대한 연구와 개선 작업을 꾸준하게 계속 진행하고 있다.

4. 사내(공동)근로복지기금 결산

기금법인 결산 및 이후 업무처리 절차를 정리하면 다음과 같다.

가. 사내(공동)근로복지기금 결산 절차

1) 결산 준비 작업

사내(공동)근로복지기금 결산 작업을 위해서는 사전에 준비해야 하는 작업이 있다. 첫째, 거래하는 은행 홈페이지에 접속하여 공인인증서를 입력하고 접속하여 입출금 거래 내역을 엑셀, 오름차순으로 다운로드 받아야 한다. 기금법인 계좌 입출금 거래 내역을 일일이 하나하나 입력해야 하는 번거로움을 덜기 위해서다. 둘째, 마찬가지 방법으로 이자소득에 대한 원천징수 영수증을 다운로드 받아야 한다. 정확한 입출금 거래내역 분개를 위해서는 이자수익과 선급법인세, 선급법인지방소득세 원천징수 금액을 알아야 하기 때문이다. 셋째, 회계연도가 끝난 다음 해당 회계연도 기간에 거래한 전 금융회사를 방문하여 해당 회계년도 말 기준 예금잔액증명서를 발급받아야 한다. 넷째, 종업원 대부사업을 실시하는 기금법인은 해당 회계연도 말 종업원대부금 개인별 잔액 현황을 미리 준비해 두어야 한다. 이러한 작업은 결산 분개와 결산작업, 결산을 실시한 이후 결산서의 금액과 예금 및 대부금 산액이 일치하는시 여부를 확인하고 결산서 증빙서류로 첨부하기 위함이다.

2) 거래 기록의 시작 - 분개

거래 기록의 시작은 분개에서 시작한다. 분개란 거래를 거래의 이중성에 따라 차변과 대변으로 나누어 기록하는 것이다. 분개를 정확히 하기 위해서는 ①어떤 계정의 ②어느 변(차변, 대변)에 ③얼마의 금액으로 기록할 것인가를 결정해야 한다. 계정이란 거래가 발생해서 기업의 자산, 부채 및 자본이 변동할 때 이들의 증감 변화 및 수익, 비용의 발생을 명확히 기록·계산하기 위하여 설정된 기록계산의 단위를 말하며 여기에 구체적인 명칭을 부여한 것이 계정과목이다. 기금법인에서 사용하는 계정과목에 대한 해설은 곧 이어 나올「사내근로복지기금 회계 및 예산실무」를 참고하길 바란다.

3) 결산분개 정리

장부의 마감은 결산정리 분개 → 장부의 마감 → 합계잔액시산표 작성 → 재무상태표와 손익계산서의 작성 → 부속명세서 작성 순으로 한다.

4) 각종 장부의 마감

장부로는 일계표(전표합계표를 매일 작성하여 이를 정리한 표) 작성, 일계표에서 (총계정)원장으로 전기하는데 수기로 결산을 할 경우 장부기록 순서는 다음과 같다. 거래 → 증빙서류 → 전표 → 전표집계표 → 일계표 → 원장기록 순이다. 기금법인도「법인세법」적용을 받는 법인이므로 지출 증빙을 법정증빙으로 구비해 두는 것이 좋다.

5) 계정보조부 작성 마감

사내근로복지기금연구소에서도 기금법인 결산컨설팅을 수행하고 있는데 본 연구소에서는 실재 기금법인 결산을 하면 (3)과 (4) 단계를 생략하고 분개 작업 후 곧바로 당해 기간 동안 발생한 전표를 마감하여 계정보조부에 기록 후 계정과목별 마감을 실시한다.

6) 총계정원장 작성 마감

계정보조부를 마감 후 총계정원장에 이기하여 마감을 실시한다.

7) 시산표 작성

총계정원장이 마감되면 시산표를 작성하는데, 대변과 차변의 합이 일치하는지 여부를 체크하고 계정과목별 대변과 차변의 합이 일치하는지 여부를 체크한다. 시산표란 총계정원장에 있는 모든 계정의 차변 금액과 대변금액을 한 곳에 모아 정리한 표를 말한다. 필요에 따라 일계표, 주계표, 월계표로 활용된다. 시산표의 역할은 ①분개와 원장기록의 정확 여부를 검산하고 ②재무상태나 영업 성과의 개요를 파악할 수 있게 한다. 시산표의 종류에는 합계시산표(모든 계정의 차변과 대변의 합계액을 모아서 정리한 표), 잔액시산표(각 계정의 차변과 대변의 잔액을 모아서 정리한 표), 합계잔액시산표(합계시산표와 잔액시산표를 합친 표가 있다.

본 연구소에서 기금법인 결산 교육을 실시할 때는 (6) 단계를 생략하고 곧장 합계잔액시산표를 작성하고 있다.

8) 손익계산서(안) 작성

합계잔액시산표의 손익계정 항목을 손익계산서 양식에 옮겨적는다.

9) 재무상태표(안) 작성

합계잔액시산표의 자산 및 부채, 자본 계정과목 항목의 잔액을 재무상태표 양식에 옮겨적는다.

10) 이익잉여금처분계산서(결손금처리) 계산서(안) 작성(연도 말)

회계연도 말 이후 기금법인 결산을 실시하여 손익계산서에서 이익잉여금 또는 결손금이 발생하면 이익잉여금 또는 결손금 처분(또는 처리) 안을 작성한다. 당기순이익이 발생할 경우는 「근로복지기본법」 제64조에 따라 전기이월결손금을 보전 후 차기이월 또는 사내근로복지기금으로 전입하며, 결손금이 발생할 경우는 전기이월이익잉여금에서 보전 또는 차기이월을 실시한다.

11) 부속명세서 작성

예산집행 대비표(손익예산, 자본예산), 재무상태표 부속서류(제예금명세서, 유가증권명세서, 대부금명세서, 고정자산명세서, 고유목적사업준비금명세서, 출연기금명세서 등), 손익계산서 부속서류(수입이자명세서, 대부이자명세서, 기타 수입금명세서) 등을 작성하여 첨부한다.

나. 사내(공동)근로복지기금 결산 이후 업무절차

1) 기금법인 이사에게 결산 결과 보고

기금실무자는 기금법인 결산이 끝나면 그 결과를 기금법인 대표이사에게 보고한다. 이를 보고받은 기금법인 대표이사는 기금법인 이사회를 소집하여 결산 결과를 논의한다. 기금법인의 결산에 대한 사항은 기금법인 이사의 기본 책무이다.

◎근복법 제58조(이사 및 감사) ① 기금법인에 근로자와 사용자를 대표하는 같은 수의 각 3명 이내의 이사와 각 1명의 감사를 둔다.

② 이사는 정관으로 정하는 바에 따라 기금법인을 대표하며, 다음 각 호의 사항에 대한 사무를 집행한다.

   1. 기금법인의 관리·운영에 대한 사항

   2. 예산의 편성 및 결산에 대한 사항

   3. 사업보고서의 작성에 대한 사항

   4. 정관으로 정하는 사항

   5. 그 밖에 이사가 집행하도록 복지기금협의회가 협의·결정하는 사항

③ 기금법인의 사무집행은 이사의 과반수로써 결정한다.

④ (생략)

---

2) 기금법인에게 감사 의뢰

기금법인 이사회를 소집하여 논의 후 결산 결과에 대한 이사들의 의견을 청취 후 기금법인 대표이사는 「근로복지기본법」 제58조제4항과 업무처리지침 제13조제1항에 따라 기금법인의 감사에게 감사를 의뢰한다.

◎근복법 제58조(이사 및 감사) ① 기금법인에 근로자와 사용자를 대표하는 같은 수의 각 3명 이내의 이사와 각 1명의 감사를 둔다.

② ~ ③ (생략)

④ 감사는 기금법인의 사무 및 회계에 관한 감사를 한다.

◎업무처리지침 제13조(감사의 기능) ① 감사는 매 회계연도 시작일부터 2개월 이내에 전년도 기금법인의 사무 및 회계에 관한 사항 등에 대하여 정기감사를 하여야 하며, 복지기금협의회의 요구가 있을 경우에는 수시감사를 할 수 있다.

② (생략)

3) 감사의견서 첨부, 의결기구(협의회) 상정, 승인

기금법인 감사는 업무처리지침 제13조제1항에 따라 회계연도 시작일로부터 2개월 이내에 기금법인의 사무 및 회계에 관한 사항 등에 대해 정기감사를 실시하고 감사보고서를 작성하여 기금법인 대표이사에게 제출한다.

기금법인 감사로부터 기금법인 결산에 대한 감사보고서를 접수받은 기금법인 대표이사는 기금법인 이사회를 소집하여 감사보고서 내용에 대해 보고하고 의견이나 이상이 없으면 협의회에 결산(안)을 상정할 것을 이사의 과반수로 결성한다.

기금법인 이사회에서 결산(안) 상정이 결정되면 기금법인 대표이사는 기금법인 결산(안)과 감사보고서를 첨부하여 최고 의사결정기구인 협의회 개최 품의를 하여 협의회 의장의 결재가 나면 협의회 소집 통보를 하고 개최 7일 전까지 각 협의회 위원들에게 회의 일시·장소 및 의제 등을 통보하여야 한다.

기금법인 협의회는 「근로복지기본법 시행령」 제42조제1항에 따라 의장이 소집하며 의결정족

수는 같은 법 시행령 제43조에 따라 근로자위원과 사용자위원 각 과반수 출석에 출석위원 3분의 2 이상의 찬성으로 의결한다. 사업계획서와 감사보고서는 「근로복지기본법」 제56조제1항제3호에 따라 협의회에서 의결되면 확정이 된다.

4) 기금법인 운영사항 공개

기금법인은 「근로복지기본법」 제66조에 따라 법 제65조에 따른 기금법인의 관리·운영에 관한 서류(사업보고서, 재무상태표, 손익계산서, 감사보고서) 및 협의회 회의록을 사보 게재, 사내 게시 등의 방법으로 공개하여야 하고 항상 근로자가 열람할 수 있게 하여야 한다.

5) 기금법인 운영상황보고 실시

기금법인은 「근로복지기본법」 제93조 및 같은 법 시행령 제63조에 따라 기금법인의 업무·회계·재산에 관한 사항을 관할 지방고용노동관서의 장에게 보고하여야 한다. 이때 보고해야 하는 서류는 기금법인 운영상황보고서(근로복지기본법 시행규칙 별지 제15호서식), 결산서, 다음연도 사업계획서, 고용노동부장관이 정하는 사항이며 보고기한은 매 회계연도가 끝난 후 3개월 이내이다. 운영상황보고서식 작성방법은 제9장을 참고하기 바라며, 기금법인 운영상황보고서 신고 방법과 서식 작성방법은 사내근로복지기금연구소에서 매월 실시하는 〈사내(공동)근로복지기금 결산실무〉 또는 〈사내(공동)근로복지기금 회계실무〉, 〈사내(공동)근로복지기금 결산1일특강〉, 〈사내(공동)근로복지기금 기본실무〉, 〈사내(공동)근로복지기금 운영실무〉 교육에 참석하면 자세하게 배울 수 있다.

6) 기금법인 법인세 과세표준신고

기금법인은 「법인세법」 제60조 및 제62조(이자소득만 있는 비영리법인)에 따라 각 사업연도의 종료일이 속하는 달의 말일부터 3개월 이내에 같은 법 시행령이 정하는 바에 따라 그 사업연도의 소득에 대한 법인세의 과세표준과 세액을 납세지 관할 세무서장에게 신고하여야 한다.

특히 고유목적사업준비금 조정명세서[법인세법 시행규칙 별지 제27호(갑)(을)] 서식은 고유목적사업준비금 잔액에 대해 연도별로 구분하여 작성해야 하며 설정한 연도 이후 5년 이내에 사용해야 하므로 주의해야 한다. 또한 법인세 과세표준 신고를 할 때 세무전문가가 작성한 세무조정 계산서를 첨부해야 하는 해당 법인(제8장 제1절 참조)이 이를 제출하지 않으면 무신고로 적용되므로 미리 준비하여야 하는 바 이에 해당되는 기금법인은 미리 세무전문가에게 작성을 의뢰하여야 한다.

법인세 과세표준신고 서식 종류 및 서식 작성방법은 제6장을 참고하기 바라면, 사내(공동)근로복지기금 법인세 과세표준 신고방법과 서식 작성방법은 사내근로복지기금연구소에서 매월 실시하는 〈사내(공동)근로복지기금 결산실무〉 또는 〈사내(공동)근로복지기금 회계실무〉, 〈사내(공동)근로복지기금 결산1일특강〉 교육에 참석하면 자세하게 배울 수 있다.

7) 기금법인 법인지방소득세 과세표준신고

기금법인은 「지방세법」 제103조의23 및 제103조의32(이자소득만 있는 비영리법인)에 따라 각 사업연도의 종료일이 속하는 달의 말일부터 4개월 이내에 같은 법 시행령이 정하는 바에 따라 그 사업연도의 소득에 대한 법인지방소득세의 과세표준과 세액을 납세지 관할 자치단체장에게 신고하여야 한다.

법인지방소득세 과세표준신고 서식 종류 및 서식 작성방법은 제7장을 참고하기 바라면, 사내(공동)근로복지기금 법인지방소득세 과세표준 신고방법과 서식 작성방법은 사내근로복지기금연구소에서 매월 실시하는 〈사내(공동)근로복지기금 결산실무〉 또는 〈사내(공동)근로복지기금 회계실무〉, 〈사내(공동)근로복지기금 결산1일특강〉 교육에 참석하면 자세하게 배울 수 있다.

2장

사내(공동)근로복지기금
조세특례

본 내용은 필자가 지난 2010년 근로복지공단 연구용역 과제 〈중소기업 근로복지제도 활성화 방안〉에 건국대학교 신은종 교수, 인덕회계법인 이용기 공인회계사와 공동으로 참여하여 마련한 자료 중 사내근로복지기금 회계처리방안 개선 내용 중 일부이다. 특히 사내근로복지기금 회계 처리 실태 및 개선 방안은 필자와 이용기 회계사님 공동으로 작성하였다. 당시 작성 자료를 바탕으로 현 법령에 맞도록 수정하였고, 근거 법령과 본인이 질의하여 받은 국세청 예규 내용을 추가하였다.

　「근로복지기본법」 제4조(국가 또는 지방자치단체의 책무)에서 "국가 또는 지방자치단체는 근로복지정책을 수립·시행하는 경우 제3조의 근로복지정책의 기본원칙에 따라 예산·기금·세제·금융상의 지원을 하여 근로자의 복지증진이 이루어질 수 있도록 노력하여야 한다"고 규정하고 있다. 기금법인은 비영리법인에 속하기 때문에 각종 세법의 적용에 있어서 비영리법인에 대하여 정한 일반적 규정의 적용을 받을 뿐 아니라, 사내(공동)근로복지기금에 대하여 특별히 따로 정한 규정이 있을 때는 그 특별규정의 적용을 받게 된다. 이하에서는 사내(공동)근로복지기금에 적용되는 세법 규정들을 출연 과정과 기금 법인 운영 과정, 기금 수혜자에 대한 과세 부분으로 나누어 조세특례제도를 살펴보고자 한다.

1. 출연 과정에서의 조세특례

가. 출연자에 대한 조세특례

1) 회사의 직접 손비인정(법인)

(가) 내용

「법인세법 시행령」 개정(2021. 2. 17.)과 기획재정부 고시(제2021-3호, 2021년 3월 31일)로 사내(공동)근로복지기금이 지정기부금 단체에서 삭제되면서 사업주가 사내(공동)근로복지기금에 출연하는 금품은 사업주의 직접 손비인정으로 변경되었다. 2018년 2월 13일 「법인세법 시행령」과 「법인세법 시행규칙」의 개정으로 사내근로복지기금과 공동근로복지기금이 민법상비영리법인에서 사실상 공익법인으로 변경되었다(2003년 12월, 「상속세 및 증여세법 시행규칙」 개정으로 사내근로복지기금이 공익법인으로 변경되어 사내근로복지기금은 그 성격상 공익법인이 될 수 없음을 기재부와 국세청에 설명하고 국세청에 두 건의 서면질의를 통해 사내근로복지기금은 공익법인에 해당되지 않는다는 유권해석을 받은 바 있다. 이에 대한 자세한 설명과 국세청 회신문은 본인이 곧 개정 발간될 《사내근로복지기금 회계 및 예산실무》에서 자세하게 소개할 것이니 참고하기 바람).

2018년 4월 초, 관련 법령을 검색하다 이러한 사실을 처음 발견하고 이 경우에는 사내(공동)근로복지기금이 회사 근로자들에게 혜택을 줄 수가 없어(공익법인은 불특정 다수인에게 혜택을 주어야 함) 고용노동부에 문제점을 설명하였고 고용노동부에서는 바로 그 다음 날 기재부를 방문하여 개선을 건의하여 드디어 2021년 2월 17일 「법인세법 시행령」과 「소득세법 시행령」이 개정되게 되었다. 이 자리를 빌어 문제를 신속히 조치해 주신 기재부 법인세제과 및 고용노동부 당시 퇴직연금복지과 관련자분께 감사드린다. 관련 시행령 개정 내역은 다음과 같다.

◎ 법령 제19조(손비의 범위) 법 제19조제1항에 따른 손실 또는 비용[이하 "손비"(損費)라 한다]은 법 및 이 영에서 달리 정하는 것을 제외하고는 다음 각 호의 것을 포함한다. ⟨개정 2021. 2. 17. ⟩

1. ~ 21. (생략)

22. 다음 각 목의 기금에 출연하는 금품

    가. 해당 내국법인이 설립한 「근로복지기본법」 제50조에 따른 사내근로복지기금

    나. 해당 내국법인과 다른 내국법인 간에 공동으로 설립한 「근로복지기본법」 제86조의2에 따른 공동근로복지기금

    다. 해당 내국법인의 「조세특례제한법」 제8조의3제1항제1호에 따른 협력중소기업이 설립한 「근로복지기본법」 제50조에 따른 사내근로복지기금

    라. 해당 내국법인의 「조세특례제한법」 제8조의3제1항제1호에 따른 협력중소기업 간에 공동으로 설립한 「근로복지기본법」 제86조의2에 따른 공동근로복지기금

23. (생략)

(나) 한도액

2021년 「법인세법 시행령」과 「소득세법 시행령」의 개정으로 2021년 1월 1일부터 사내(공동)근로복지기금 출연금에 대한 손비인정 한도는 사실상 없어진 셈이다. (이전 「법인세법 시행령」 상 지정기부금 손비인정 한도는 100분의 10이었다)

◎소령 제55조(사업소득의 필요경비의 계산) ①사업소득의 각 과세기간의 총수입금액에 대응하는 필요경비는 법 및 이 영에서 달리 정하는 것 외에는 다음 각 호에 규정한 것으로 한다. ⟨개정 2021. 2. 17. ⟩

1. ~ 8. (생략)

9. 다음 각 목의 어느 하나에 해당하는 기금에 출연하는 금품

  가. 해당 사업자가 설립한 「근로복지기본법」 제50조에 따른 사내근로복지기금

  나. 해당 사업자와 다른 사업자 간에 공동으로 설립한 「근로복지기본법」 제86조의2에 따른 공동근로복지기금

  다. 해당 사업자의 「조세특례제한법」 제8조의3제1항제1호에 따른 협력중소기업이 설립한 「근로복지기본법」 제50조에 따른 사내근로복지기금

  라. 해당 사업자의 「조세특례제한법」 제8조의3제1항제1호에 따른 협력중소기업 간에 공동으로 설립한 「근로복지기본법」 제86조의2에 따른 공동근로복지기금

(다) 이월공제

기금법인에 출연한 금액 중 회사에서 출연한 금액은 「법인세법 시행령」 개정으로 회사의 직접 손비인정을 받게 되므로 이월공제가 허용되지 않으나 개인(제3자)이 기금법인에 출연한 경우는 「소득세법」 제34조제5항에 따라 기부금액에 대해 종합소득세 신고시 10년 이내에 이월하여 필요 경비에 산입하거나 세액공제를 받을 수 있다.

(라) 절세효과

첫째, 회사 이익의 일부를 사내(공동)근로복지기금에 출연할 경우 전액 직접 손비인정을 받을 수 있어 과세표준이 줄어들어 법인세와 법인지방소득세 절세효과가 있다. 참고로 2025년 「법인세법」의 법인세율을 기준으로 법인세와 법인지방소득세 절세효과는 다음과 같다. 개인 또는 개인사업자의 경우는 각 개인의 종합소득세 적용 구간의 소득세율에 따른다. 2025년 적용되는 법인세율을 살펴보면 다음과 같다.

과세표준	세 율
2억원 이하	과세표준의 100분의 9
2억원 초과 200억원 이하	1800만원 + (2억원을 초과하는 금액의 100분의19)
200억원 초과 3천억원 이하	37억8천만원 + (200억원을 초과하는 금액의 100분의 21)
3천억원 초과	625억8천만원 + (3천억원을 초과하는 금액의 100분의 24)

절세효과는 법인세율과 법인지방소득세를 동시에 고려해야 하는 바 2025년 적용 세율을 반영할 경우 사내(공동)근로복지기금 출연에 따른 법인세 및 법인지방소득세 절세효과는 다음과 같다.

회사 세전이익 규모	법인세율	법인지방소득세율	계	비고
2억원 이하	9.0%	0.9%	9.9%	

회사 세전이익 규모	법인세율	법인지방소득세율	계	비고
2억원 초과 200억원 이하	19.0%	1.9%	20.9%	
200억원 초과 3,000억원 이하	21.0%	2.1%	23.1%	
3,000억원 이상	24.0%	2.4%	26.4%	

둘째, 「조세특례제한법」 제100조의32제1항 내지 제2항에 따라 자기자본 500억원 초과 법인 또는 상호출자제한기업집단에 속하는 법인이 「조세특례제한법」 제100조의32 제2항제1호 가목부터 다목까지의 규정에 따른 투자, 임금 등으로 환류하지 아니한 소득이 있는 경우에는 같은 항에 따른 미환류소득에 100분의 20을 곱하여 산출한 세액을 미환류소득에 대한 법인세로 납부하도록 되어 있어 이에 해당하는 기업들은 기금제도를 적극 활용할 필요가 있다.

셋째, 「조세특례제한법」 제8조의3에 의거 「대·중소기업 상생협력 촉진에 관한 법률」 제2조제1호에 따른 중소기업(이하 이 항에서 "상생중소기업"이라 한다)이 설립한 「근로복지기본법」 제50조에 따른 사내근로복지기금에 출연하거나 상생중소기업 간에 공동으로 설립한 「근로복지기본법」 제86조의2에 따른 공동근로복지기금에 출연하는 경우(다만, 해당 내국법인이 설립한 사내근로복지기금 또는 해당 내국법인이 공동으로 설립한 공동근로복지기금에 출연하는 경우는 제외) 해당 출연금에 대해 2025년 12월 31일까지 10% 세액공제 혜택이 있다.

2) 기부금의 과세특례(개인)

(가) 내용

2021년 2월 17일 「법인세법 시행령」 개정으로 회사가 ① 해당 내국법인이 설립한 「근로복지기본법」 제50조에 따른 사내근로복지기금 ② 해당 내국법인과 다른 내국법인 간에 공동으로 설립한 「근로복지기본법」 제86조의2에 따른 공동근로복지기금 ③ 해당 내국법인의 「조세특례제한법」 제8조의3제1항제1호에 따른 협력중소기업이 설립한 「근로복지기본법」 제50조에 따른 사내근로복지기금 ④ 해당 내국법인의 「조세특례제한법」 제8조의3제1항제1호에 따른 협력중소기업 간에 공동으로 설립한 「근로복지기본법」 제86조의2에 따른 공동근로복지기금에 2021년 1월 1일부터 출연하는 금품에 대해서는 회사의 직접 손비인정을 받을 수 있게 되었으나 제3자(개인)가 출연하는 사내(공동)근로복지기금에 출연하는 금품에 대해서는 지정기부금 혜택을 받을 수 없도록 변경되었다.

이는 대주주나 임직원들의 개인 사재를 사내(공동)근로복지기금에 출연하는 것에 대한 세제 혜택을 박탈함으로써 대주주의 출연을 막아 결과적으로 부의 재분배를 막는 결과가 되어 이를 개선할 필요성이 있음을 고용노동부에 건의하여 2021년 9월 30일 기획재정부 고시(제2021-28호)를 통해 개인이 사내(공동)근로복지기금에 출연할 경우 공익목적 기부금 범위에 추가되어 지정기부금 혜택을 받을 수 있게 되었다. 이 자리를 빌어 개인이 사내(공동)근로복지기금에 출연할 경우 공익목적 기부금 범위에 추가될 수 있도록 도움을 주신 기재부, 고용노동부 관계자분과 고낙섭 공인회계사님께 진심으로 감사드린다. 이하 공시 해당 내용을 발췌하여 소개한다.

(라) 공익목적 기부금 범위 추가(법인세법 시행령 제39조제1항제2호다목)(2개)

번호	기부금
46	「근로복지기본법」에 따른 사내근로복지기금 또는 공동근로복지기금으로 출연하는 기부금(사업자 외의 개인이 출연하는 것으로 한정한다)
47	「지역신용보증재단법」에 따른 신용보증재단 및 신용보증재단중앙회의 보증사업을 위해 기업이 출연하는 기부금

(나) 한도액

개인이 사내(공동)근로복지기금에 출연할 경우 10년 한도 내에서 지정기부금 혜택을 받을 수 있다.

나. 출연받은 기금법인에 대한 조세특례

1) 출연재산에 대한 상속·증여세 비과세

(가) 상속세 비과세

상속(증여자의 사망으로 인하여 효력이 발생하는 유증의 경우를 포함)이 개시되는 경우 상속(유증)재산에 대하여는 상속세가 부과된다. 그러나 「상속세 및 증여세법」 제12조 및 같은 법 시행령 제8조제4항의 규정에 의거, 사내근로복지기금과 공동근로복지기금에 유증한 재산에 대하여는 상속세를 부과하지 아니한다. 특히 공동근로복지기금은 2018년에 본인이 국세청에 두 번의 서면 질의를 통해 공동근로복지기금에 출연하는 금품은 상속세 비과세에 해당되지 않는다는 회신(상속증여세제과-463, 2018. 5. 18., 상속증여세제과-932, 2018. 10. 17.)을 받고 고용노동부를 통해 기재부에 건의하여 2019년 2월 12일 「상속세 및 증여세법 시행령」 개정을 통해 공동근로복지기금이 상속세 비과세 대상으로 포함되었다.

(나) 증여세 비과세

타인으로부터 재산을 수증받은 자는 증여세를 납부할 의무가 있다. 그러나 「상속세 및 증여세법」 제46조제4호와 같은 법 시행령 제35조제3항의 규정에 의거, 사내근로복지기금기금법인이 증여받은 재산에 대하여는 증여세를 부과하지 아니한다. 공동근로복지기금은 상속세와 마찬가지로 2018년에 본인이 국세청에 두 번의 서면 질의를 통해 증여세 비과세에 해당되지 않는다는 회신을 받고 고용노동부를 통해 기재부에 건의하여 2019년 2월 12일 「상속세 및 증여세법 시행령」 개정을 통해 포함되었다.

다음은 사내근로복지기금에서 회사에 근로를 제공하는 파견근로자에게 기념품을 지급하였을 경우 소득세와 증여세 해당 여부를 필자가 국세청에 질의한 결과 증여소득으로 판정받은 예규로서 소개한다.

(질의)

「사내근로복지기금법」에 의해 설립된 사내근로복지기금(이하 "기금"이라 함)이 영세업체 근로자들의 근로복지를 제고하고 사회적 연대감을 고취하기 위하여 기금 협의회 의결을 거쳐 「파견근로자보호등에관한법률」에 의거, 당해 업체에 파견되어 근로를 제공하는 근로자'(이하 "협력업체 근로자"라 함) 등을 기금의 수혜 대상에 포함하여(기금 정관에 명시) 사회통념상 인정되는 범위 내에서 기념품을 지급하는 경우, '협력업체 근로자'가 지급받는 동 금품에 대해 소득세와 증여세 중 어느 소득으로 귀속되는지 여부?

(회신) 서면인터넷방문상담4팀-2148(2005. 11. 11.)

1. 「소득세법」에 의한 소득세의 과세 여부에 대하여는 관련 법령에 대한 신중한 검토가 필요하여 답변이 다소 지연되고 있음을 양해하여주시기 바라며, 그 검토가 끝나는 대로 조속히 회신하여드릴 예정입니다.

---

2. 「상속세 및 증여세법」 제2조·제4조의 규정에 의하여 타인으로부터 대가관계 없이 무상으로 재산을 취득한 자는 증여세를 납부할 의무가 있는 것이나, 당해 증여재산이 사회통념상 인정되는 기념품인 경우에는 「같은 법」제46조제5호 및 「같은 법 시행령」 제35조제4항제3호의 규정에 의하여 증여세가 비과세되는 것이며, 이 경우 비과세되는 기념품은 그 물품을 지급한 자별로 사회통념상 인정되는 물품을 기준으로 하는 것입니다.

(회신) 서면인터넷방문상담1팀-1484(2005. 12. 02.)

「사내근로복지기금법」에 의해 설립된 사내근로복지기금이 동법 제14조제1항 및 동법 시행령 제19조제2항의 사업을 동 기금의 용도사업(이하 '용도사업'이라 한다)으로 정관에 규정하고, 동 정관을 노동부장관으로부터 인가받아 당해 정관에 규정한 수혜 대상자에게 용도사업의 일환으로 창립 기념품을 지급하는 경우 동 기념품은 근로소득으로 보지 아니하는 것입니다.

다음은 회사가 종업원들 복지를 위해 복지카드 제도를 실시하고, 제3자인 신용카드회사로부터 종업원들이 사용한 카드 이용금액에 비례한 금액을 사내근로복지기금이 받는 경우, 제3자 출연금에 해당하는지 여부를 필자가 고용노동부와 국세청에 서면으로 질의하여 받은 예규이다.

(질의)

「사내근로복지기금법」 제13조(기금의 조성) 및 귀 노동부 질의회신문 복지68203-334(2003. 12. 22.)와 관련, 출연금 기준에 대해 다음과 같이 질의하오니 검토 후 조속히 회신하여 주시기 바랍니다.

가. 일반 상황

  (1) 회사와 금융기관이 회사의 종업원에게 해당 금융기관의 제휴카드를 발급하고, 종업원들의 동 카드를 사용한 실적에 따라 회사의 사내근로복지기금(이하 "기금"이라 함)에 일정액(사용 실적의 0.1퍼센트)을 후원금으로 지급하도록 약정을 체결하는 방안을 검토하고 있습니다.

  (2) 기금에서는 이 후원금을 고유목적사업에 사용할 계획입니다.

나. 질의 사항

  (1) 상기 후원금을 제3자의 출연금으로 적용할 수 있는지 여부?

(회신)

1. 사업주는 직전 사업연도의 법인세 또는 소득세 차감 전 순이익의 100분의 5를 기준으로 기금협의 회에서 협의·결정하는 금액 외에 현금, 유가증권, 기금업무 수행에 필요한 부동산과 정관에 정한 재산을 기금에 출연할 수 있으며, 사업주가 아닌 주주 등 제3자의 경우에도 법상 따로 정한 바는 없으나 이에 준하여 기금출연이 가능하다고 할 것인 바,

2. 귀 질의에서 회사와 금융기관이 회사의 종업원에게 해당 금융기관의 제휴카드를 발급하고, 종업 원들의 동 카드를 사용한 실적에 따라 일정액(사용 실적의 0.1퍼센트)을 사내근로복지기금의 후원금으로 지급하는 경우라면 이는 사업주가 아닌 제3자가 기금에 출연한 것으로 보아야 할 것으로 판단되며, 따라서 동 후원금은 「사내근로복지기금법」 제14조의 규정에 따라 기금의 용도사업으로 시행이 가능하다고 사료됩니다. (노사협력복지과-1288, 2004.06.16.)

(질의)

「상속세 및 증여세법」 제46조제4호와 관련, 사내근로복지기금이 제3자로부터 받은 출연금의 증여세 비과세 여부에 대해 다음과 같이 질의하오니 검토 후 회신하여주시기 바랍니다.

가. 현황

　甲회사는 선택적복지제도를 실시하면서 금융기관乙과 복지카드 제휴를 맺고 종업원에게 복지카드(체크카드와 신용카드 두 가지 종류가 있음)를 발급하고, 甲의 종업원이 사용한 복지카드 이용금액 중 일부(체크카드는 사용액의 0.3퍼센트, 신용카드는 사용액의 0.2퍼센트)를 적립하여 익년도에 甲회사의 사내근로복지기금에 기금적립금으로 지급(출연)하기로 하였습니다.

나. 질의 사항

　이 경우 사내근로복지기금이 회사와 금융기관의 약정에 의거, 금융기관으로부터 종업원들의 복지카드 이용금액에 따라 적립된 금액을 출연금으로 받을 경우, 동 금액은 「상속세 및 증여세법」 제46조제4호에 의해 증여세가 비과세되는지 여부?

(회신)

「사내근로복지기금법」의 규정에 의한 사내근로복지기금이 동법의 관련 규정에 따라 사업주 또는 제

3자로부터 출연받은 기금은 「상속세 및 증여세법」 제46조제4호의 규정에 의하여 증여세가 비과세되는 것입니다. (국세종합상담센터 서면인터넷방문상담4팀-750, 2005.05.13.)

(관련예규) 재산46300-2032(1999.11.29.)
1. 「사내근로복지기금법」의 규정에 의한 사내근로복지기금이 동법의 관련 규정에 따라 사업주 또는 제3자로부터 출연받은 기금은 「상속세 및 증여세법」 제46조제4호의 규정에 의하여 증여세가 비과세되는 것이며, 사업주가 아닌 내국법인이 타 법인의 사내근로복지기금에 출연하는 금액은 당해 내국법인의 각 사업연도 소득금액을 계산할 때 이를 손금에 산입하지 아니하는 것임.
2. 「사내근로복지기금법」에 의한 사내근로복지기금이 사내 근로자인 종업원에게 노동부장관으로부터 인가된 동 기금의 용도사업 수행으로 인해 지급하는 보조금은 당해 종업원의 근로소득으로 보지 아니하는 것이며, 당해 종업원의 근로소득에 해당되지 아니하는 동 보조금은 증여세 과세 대상이 되는 것이나, 그 보조금이 「상속세 및 증여세법 시행령」 제35조 각호의 1에서 규정하는 학자금·장학금 또는 무주택근로자에게 지급하는 일정 범위 내의 주택취득·임차보조금 등에 해당하는 경우에는 증여세가 비과세되는 것임.

(질의)

「법인세법 시행령」 제36조제1항제1호아목 및 제4항, 동법 시행규칙 제18조제1항제48호, 국세종합상담센터 서면인터넷방문상담4팀-750(2005.05.13.)에 의거, 복지카드 도입에 따른 적립금을 금융기관에서 복지기금에 출연키로 함에 따른 기부금 작성 사항에 대해 다음과 같이 질의하오니 회신하여주시기 바랍니다.
  가. 질의사항 1
    상기 출연금에 대해 일반영수증을 발행해야 하는지 혹은 법인세법시행규칙 별지 제63호의3 기부금영수증을 발행해야 하는지 여부?
  나. 실의사항 2
    「법인세법 시행규칙」 별지 제63호의3 기부금영수증을 발행해야 한다면 유형과 코드는 어느 것을 적용해야 하는지 여부(유형 5 코드 40 또는 유형 6 코드 50)

(회신)(국세청 법인세과-1736, 2008.07.24.)

「사내근로복지기금법」에 따른 사내근로복지기금이 금융기관으로부터 종업원이 사용하는 복지카드 이용금액 중 일부를 기금으로 받는 경우 「법인세법 시행규칙」 제82조제3항[별지 제63호의3서식]의 「기부금영수증」을 발급하여야 하는 것이며, 이 경우 동 서식 작성 시 기부내용란의 유형은 "5", 코드는 "40"으로 기재하는 것입니다.

(관련 예규) (국세종합상담센터 서면인터넷방문상담2팀-1438, 2005.09.08.)
법인이 계산서를 작성·교부하는 경우는 「법인세법」 제121조의 규정에 의하여 부가가치세가 과세되지 않는 재화 또는 용역을 공급하는 경우이므로, 귀 질의와 같이 비영리법인이 기부금을 받는 경우에는 계산서 교부 대상에 해당되지 않는 것으로, 법인세법시행령 제36조제4항에 의한 별지 제63호의3 서식의 기부금영수증을 발행해야 하는 것임.

상기 복지포인트 출연금은 2021년 「법인세법 시행령」 개정으로 다소 변화가 예상된다.

2) 등록면허세 면제

「지방세특례제한법」 제25조에 따라 「근로복지기본법」에 따른 기금법인의 설립등기 및 변경등기에 대하여 2016년 12월 31일까지 등록면허세를 한시적으로 면제하였으나 그 이후 2017년 1월 1일 이후부터는 더 이상 면제 기한이 연장되지 않고 최종적으로 과세로 변경되었다. 조세특례는 한번 폐지되거나 축소되면 더 큰 명분이 없는 한 더 이상 이전으로 회복시키기는 어렵다.

2010년 이후 우리나라 기금실무자를 대표하여(다음카페 사내근로복지기금동아리를 운영하면서 카페지기로서 사내근로복지기금제도 권익을 위해 활발하게 활동하였다) 내가 매년 고용노동부를 통해 행안부에 등록면허세 비과세 기한 연장을 요청하여 2016년 말까지 근로자 복지를 위한 감면의 하나로 계속 등록면허세 비과세 혜택을 누렸다. 2016년까지는 매년 감면 기한이 연장되었다.

2016년 초 다시 고용노동부를 통해 행안부에 2017년도 계속하여 등록면허세 비과세 기한 연장을 요청하였으나 행안부는 더 이상 기한 연장이 불가하다는 통보를 받았다. 정부와 지자체의 세수 확대 방침에 따라 사내근로복지기금제도에 대한 비과세 혜택들이 하나, 둘 폐지되고 축소되는 것을 보면서 본 제도에 대한 조세특례를 계속 유지하기 위해서는 사내근로복지기금제도 활성화, 특히 중소기업에 기금법인이 많이 설립되어야겠다는 필요성을 느끼고 사내근로복지기금제도 전도사로 본격적으로 나서서 활동하게 되었다.

2. 사내(공동)근로복지기금 운영상의 조세특례

가. 비영리법인의 법인세 과세

1) 일반 개요

사내(공동)근로복지기금이 비영리법인에 해당됨은 전술한 바와 같다. 비영리법인이란 학술·종교·자선·기예·사교 기타 영리 이외의 비영리사업을 목적으로 설립된 법인으로, 운영 과정에서 발생한 이익을 구성원에게 분배하지 않고 고유목적사업에 사용하는 법인을 말한다.

비영리법인의 고유목적사업은 일반적으로 공익을 위한 것이므로 비영리법인이 수익사업에서 얻은 이익에 대하여도 과세하지 않는 것이 바람직할 것이다. 그러나 비영리법인의 수익사업이 영리법인의 사업과 경쟁 관계에 있을 때 비영리법인에 대하여만 비과세한다면, 동일한 수익사업에 대하여 영리법인과의 관계에서 과세의 형평 문제가 발생될 수 있다. 또한 영리법인이 비영리법인을 가장하여 조세를 회피하는 경우에는 이를 방지할 필요성이 생기므로, 비영리법인에서 수행하는 일정한 수익사업에 대하여는 영리법인과 마찬가지로 법인세를 과세할 필요가 있다. 따라서 세법은 수익사업에서 발생된 각 사업연도 소득에 대하여 법인세를 과세하고, 토지 등 양도소득에 대하여도 과세특례를 적용하여 법인세를 과세한다.

2) 각 사업연도 소득에 대한 법인세 납세의무

비영리내국법인은 그 법인의 정관 또는 규칙상의 사업목적에 불구하고 「법인세법」이 규정하는 일정한 수익사업에서 생긴 소득에 대하여는 법인세 납세의무를 진다. 「법인세법」에서 열거한 납세의무를 지는 수익사업의 범위는 다음과 같다.

① 제조업, 건설업, 도매 및 소매업 등 「통계법」 제22조에 따라 통계청장이 작성·고시하는 한

국표준산업분류에 따른 사업으로서 대통령령으로 정하는 것

② 「소득세법」 제16조제1항에 따른 이자소득

③ 「소득세법」 제17조제1항에 따른 배당소득

④ 주식·신주인수권 또는 출자지분의 양도로 인한 수입

⑤ 유형자산 및 무형자산의 처분으로 인한 수입. 다만, 고유목적사업에 직접 사용하는 자산의 처분으로 인한 대통령령으로 정하는 수입은 제외한다.

⑥ 「소득세법」 제94조제1항제2호 및 제4호에 따른 자산의 양도로 인한 수입

⑦ 그 밖에 대가(對價)를 얻는 계속적 행위로 인한 수입으로서 대통령령으로 정하는 것.

한편 비영리법인은 위에 열거한 부문에서 발생된 각 사업연도 소득금액에서 수익사업부문의 이월결손금과 비과세소득 및 소득공제액을 차감하여 법인세 과세표준을 계산한다.

나. 「법인세법」의 특례제도

1) 고유목적사업준비금의 손금산입

(가) 내용

「법인세법」 제29조(비영리내국법인의 고유목적사업준비금의 손금산입)의 규정에 의하면 비영리내국법인(법인으로 보는 단체의 경우에는 대통령령으로 정하는 단체만 해당한다.)은 각 사업연도의 결산을 확정할 때 그 법인의 고유목적사업이나 법 제24조제3항제1호에 따른 기부금에 지출하기 위하여 고유목적사업준비금을 손비로 계상한 경우에는 아래 아래 1) 및 2)의 합계액에서 2)의 수익사업에서 결손금이 발생한 경우에는 1)의 합계액에서 그 결손금 상당액을 차감한 범위에서 그 계상한 고유목적사업준비금을 해당 사업연도의 소득금액을 계산할 때 손금에 산입한다.

1. 다음 각 항목의 금액

1) 이자소득 및 배당소득, 대부이자소득 금액

① 「소득세법」 제16조제1항 각 호(같은 항 제11호에 따른 비영업대금의 이익은 제외한다)에 따른 이자소득의 금액

② 「소득세법」 제17조제1항 각 호에 따른 배당소득의 금액. 다만, 「상속세 및 증여세법」 제16

조 또는 제48조에 따라 상속세 과세가액 또는 증여세 과세가액에 산입되거나 증여세가 부과되는 주식등으로부터 발생한 배당소득의 금액은 제외한다.

③ 특별법에 따라 설립된 비영리내국법인이 해당 법률에 따른 복지사업으로서 그 회원이나 조합원에게 대출한 융자금에서 발생한 이자금액

※ 「사내근로복지기금법」에 의하여 설립된 사내근로복지기금이 같은 법에 의한 복지사업으로서 근로자에게 대출한 융자금에서 발생한 이자금액은 전액 준비금을 산입할 수 있다(서이46012-10418, 2003.03.04.)

2) 그 밖의 수익사업에서 발생한 소득에 100분의 50(「공익법인의 설립·운영에 관한 법률」에 따라 설립된 법인으로서 고유목적사업등에 대한 지출액 중 100분의 50 이상의 금액을 장학금으로 지출하는 법인의 경우에는 100분의 80)을 곱하여 산출한 금액

(나) 고유목적사업준비금의 상계 및 환입

(1) 상계 및 환입

비영리내국법인이 손금으로 계상한 고유목적사업준비금으로서 그 후의 사업연도에 당해 법인의 고유목적사업 또는 지정기부금에 사용한 금액은 먼저 계상한 고유목적사업준비금을 먼저 사용한 것으로 보며, 손금에 산입한 고유목적사업준비금으로서 그 사업연도 종료일 이후 5년이 되는 날까지 고유목적사업 또는 지정기부금에 사용하고 남은 잔액은 그 5년이 되는 날이 속하는 사업연도의 소득금액 계산에 있어서 이를 익금에 산입한다.

손금계상된 고유목적사업준비금 중 5년이 되는 날까지 사용하고 남은 잔액을 익금에 산입하는 경우에, 당해 고유목적사업준비금 잔액을 손금에 산입함에 따라 발생하는 법인세 차액에 「법인세법 시행령」이 정하는 바에 따라 계산한 이자상당액을 해당 사업연도의 법인세에 더하여 납부하여야 한다.

여기서 「법인세법 시행령」이 정하는 바에 따라 계산한 이자상당액이란 당해 고유목적사업준비금의 잔액을 손금에 산입한 사업연도에 그 잔액을 손금에 산입함에 따라 발생한 법인세액의 차액에 손금에 산입한 사업연도의 다음 사업연도의 개시일부터 익금에 산입한 사업연도의 종료일까지의 기간에 대하여 1일 10만분의 22의 율(이 율은 시중 금리를 반영하여 시행령에 정하고 있다)을 곱하여 계산한 금액을 말한다.

(2) 일시환입

손금에 산입한 고유목적사업준비금의 잔액이 있는 비영리내국법인이 다음 중 어느 하나에 해당하게 된 경우에는 그 잔액은 해당 사유가 발생한 날이 속하는 사업연도의 소득금액을 계산할 때 익금에 산입한다.

① 해산한 경우(고유목적사업준비금을 손금에 산입한 비영리내국법인이 사업에 관한 모든 권리와 의무를 다른 비영리내국법인에 포괄적으로 양도하고 해산하는 경우에는 해산등기일 현재의 고유목적사업준비금 잔액을 그 다른 비영리내국법인이 승계한 경우는 제외한다)

② 고유목적사업을 전부 폐지한 경우

③ 법인으로 보는 단체가 「국세기본법」 제13조제3항에 따라 승인이 취소되거나 거주자로 변경된 경우

④ 고유목적사업준비금을 손금에 산입한 사업연도의 종료일 이후 5년이 되는 날까지 고유목적사업 등에 사용하지 아니한 경우(5년 내에 사용하지 아니한 잔액으로 한정한다)

⑤ 고유목적사업준비금을 고유목적사업등이 아닌 용도에 사용한 경우

(다) 고유목적사업준비금의 사용

다음 각각의 금액은 고유목적사업에 지출 또는 사용한 금액으로 본다.

(1) 고유목적사업에 지출한 금액

고유목적사업(당해 비영리내국법인의 법령 또는 정관에 따른 설립 목적을 직접 수행하는 사업)에 지출하는 금액

(2) 고유목적사업에 지출한 금액한 금액으로 보는 경우

비영리내국법인이 해당 고유목적사업의 수행에 직접 소요되는 유형자산 및 무형자산 취득비용(「법인세법 시행령」 제31조제2항에 따른 자본적 지출을 포함한다) 및 인건비 등 필요경비로 사용하는 금액은 고유목적사업에 사용한 것으로 본다.

(라) 고유목적사업준비금 손금산입 규정 적용 배제

고유목적사업준비금 손금산입 규정은 해당 비영리내국법인의 수익사업에서 발생한 소득에 대하여 「법인세법」 또는 「조세특례제한법」에 따른 비과세·면제, 준비금의 손금산입, 소득공제 또는

세액감면(세액공제를 제외한다)을 적용받은 경우에는 이를 적용하지 아니한다. 다만, 고유목적사업준비금만을 적용받은 것으로 수정신고한 경우를 제외한다.

(마) 고유목적사업준비금의 사용과 관련된 해석 사례

(1) 고유목적사업용 고정자산 취득에 사용한 경우

고유목적사업에 직접 사용하는 고정자산 취득에 지출한 비용은 고유목적사업에 지출 또는 사용한 것으로 본다. [법인세법 기본통칙 29-56…4]

(2) 사내(공동)근로복지기금에 전입한 경우

「사내근로복지기금법」에 의하여 설립된 사내근로복지기금이 「법인세법」 제29조의 규정에 의하여 손금에 산입한 고유목적사업준비금을 「사내근로복지기금법」 제16조(「근로복지기본법」 제66조에 해당)의 규정에 의하여 기금에 전입한 경우, 그 전입한 금액은 「법인세법 시행령」 제56조 제6항의 규정에 따라 고유목적사업준비금을 고유목적사업에 지출 또는 사용한 것으로 보는 것임[법인 46012-3631, 1999. 10. 04.]

그러나 고유목적사업준비금을 기금에 전입하고자 할 경우 감독관청의 승인을 받아야 한다는 국세청의 새로운 유권해석이 생산되었고(본인이 서면으로 질의하여 받은 회신임) 고용노동부에서 승인을 해줄 수 있는 법적 근거가 없다는 입장을 보이고 있어 사실상 사내근로복지기금으로 전입은 불가능한 실정이다.

※ 「사내근로복지기금법」에 의하여 설립된 동 기금이 「법인세법」 제29조 및 시행령 제56조제6항의 규정에 의거, 고유목적사업준비금을 기금에 전입한 경우, 고유목적사업에 지출 또는 사용한 것으로 인정받기 위해서는 기금법에 의한 근로자의 복지증진을 위한 용도로 기금에 전입하여야 하고 감독관청의 승인을 받아야 합니다. 또한 당해 비영리법인의 고유목적사업에 지출하기나 지정기부금으로 지출하는 경우, 고유목적사업준비금을 초과해 지출하는 금액으로서 당해 사업연도에 계상할 고유목적사업준비금의 한도액을 초과하는 금액은 손금에 산입하지 아니하는 것입니다. (국세종합상담센터 서면인터넷방문상담2팀-2790 : 2004. 12. 30.)

(3) 사내(공동)근로복지기금이 근로자를 위한 휴양콘도를 구입한 경우

「사내근로복지기금법」에 의하여 설립된 사내근로복지기금이 동 법령 등에 규정된 고유목적사업인 근로자를 위한 휴양콘도미니엄을 구입하기 위하여 지출한 금액은, 당해 자산의 이용이 「법인세법 시행령」 제2조제1항의 수익사업에 해당되는 경우를 제외하고는 같은 령 제56조제6항의 규정에 의한 고유목적사업 등에 지출한 금액으로 보는 것임. 당해 취득한 콘도미니엄을 3년 이상 계속하여 고유목적사업(「법인세법 시행령」 제2조제1항의 수익사업을 제외함)에 직접 사용하고 처분함에 따라 생기는 수입은 「법인세법」 제29조제1항제4호의 고유목적사업준비금의 설정 대상 금액에 해당하지 아니하는 것임[서이46012-10596, 2001.11.23.]

(4) 사옥을 취득하는 경우

「법인세법」 제29조제1항 규정에 의하여 고유목적사업준비금을 손금 산입한 비영리내국법인이 사옥을 취득하여 일부는 당해 법인의 고유목적사업에 직접 사용하고 일부는 수익사업(임대사업)에 사용하는 경우, 고유목적사업에 직접 사용하는 사옥의 취득에 지출한 금액은 같은 조 제2항의 규정에 의하여 고유목적사업 등에 사용한 것으로 보는 것이며, 이 경우 고유목적사업에 속하는 자산과 수익사업에 속하는 자산은 「법인세법」 제113조 규정에 의하여 각각 별개의 회계로 구분하여 경리하여야 함[서이46012-10295, 2003.02.10.]

(5) 기금의 분할로 인한 고유목적사업준비금을 분할하는 경우

기금의 분할로 기본재산과 고유목적사업준비금을 신설되는 기금법인에 인계하는 경우 인계하는 기금은 고유목적사업준비금의 지출로 인정하고, 인수하는 기금은 손금 산입한 사업연도에 이를 손금 산입한 것으로 적용함(법인46012-2930, 1999.06.21.)

다. 과세표준 신고의 특례제도

1) 이자소득에 대한 분리과세 선택

「법인세법」 제62조(비영리내국법인의 과세표준신고 특례)에 따라서 비영리내국법인은 법 제3항제2호에 따른 이자소득(「소득세법」 제16조제1항제11호의 비영업대금의 이익은 제외하고 투자신탁의 이익은 포함)으로서 법 제73조 및 제73조의2에 따라 원천징수된 이자소득에 대하여는 제

60조제1항에도 불구하고 과세표준 신고를 하지 아니할 수 있다. 이 경우 과세표준 신고를 하지 아니한 이자소득은 각 사업연도의 소득금액을 계산할 때 포함하지 아니한다. 그러나 이러한 분리과세 신고방법을 선택하여 과세표준 신고를 하지 않으면 원천징수당한 법인세를 환급받지 못하게 되어 과세표준 신고를 하는 방법보다 불리하다.

2) 비영리내국법인의 자산양도소득에 대한 과세특례

(가) 내용

비영리법인은 일반적으로 규모가 영세하고 관리 능력도 부족한 경우가 일반적이다. 따라서 「법인세법」은 제62조의2(비영리내국법인의 자산양도소득에 대한 과세특례)의 규정에서 비영리내국법인이 부담하게 되는 과다한 납세의무를 완화하기 위하여 비영리내국법인(사업소득에 해당하는 수익사업을 영위하는 비영리내국법인은 제외)이 「토지·건물, 주식·출자지분 등」을 양도하는 경우 발생되는 양도차익에 대한 과세방법은 다음 중 당해 비영리내국법인이 선택하여 정할 수 있도록 하고 있다. 이 경우 과세표준 신고를 하지 아니한 자산양도소득은 각 사업연도의 소득금액을 계산할 때 포함하지 아니한다. 그러나 사내(공동)근로복지기금은 「근로복지기본법」 제67조(기금법인의 부동산 소유) 및 같은 법 시행령 제51조(기금법인의 부동산 소유)에서 기금법인의 운영 및 관리에 필요한 사무실과 그 부속시설, 법 제62조제1항제5호에 따른 근로복지시설의 소유만을 허용하고 있어 자산양도 소득은 거의 발생하지 않을 것으로 판단되지만 실재로 발생했을 경우는 관련 규정이 너무 복잡하고 검토사항 또한 방대하므로 반드시 이 분야의 회계전문가의 도움을 받아야 할 것이다.

(1) 일반적인 납세의무 이행 방법

비영리내국법인의 수익사업의 소득에 대하여 법인세의 납세의무를 이행하고, 기획재정부령이 정하는 시가 급등 지역에서 도지·긴물을 양도하여 「법인세법」 제55조의2의 「토지 등 양도소득에 대한 과세특례」를 적용받는 경우에는 당해 세액을 법인세액에 추가하여 납부하여야 한다.

(2) 특례 적용 방법

각 사업연도 소득에 대한 법인세 납세의무를 이행하지 아니하고, 「소득세법」의 양도소득세에 관한 규정을 준용하여 계산한 과세표준에 「소득세법」의 양도소득세율을 적용하여 계산한 금액을 법인세로 납부하는 방법을 말한다.

비영리내국법인이 토지·건물, 주식 등의 양도차익에 대하여 「법인세법」 제60조제1항의 과세표준 신고를 하지 아니하고 「소득세법」의 양도소득세 과세 방식을 준용하는 특례를 적용하는 경우에, 「소득세법」 제104조제4항의 규정에 의한 가중된 세율[대통령령으로 10퍼센트 범위 안에서 탄력적으로 조정하는 세율]이 적용되는 경우에는 「법인세법」 제55조의2(토지 등 양도소득에 대한 과세특례)를 적용하지 아니한다.

(나) 과세특례 적용 대상 자산

비영리내국법인(제4조제3항제1호에 따른 수익사업을 하는 비영리내국법인은 제외한다. 이하 이 조에서 같다)이 제4조제3항제4호부터 제6호까지의 수입으로서 다음 각 호의 어느 하나에 해당하는 자산의 양도로 인하여 발생하는 소득(이하 이 조에서 "자산양도소득"이라 한다)이 있는 경우에는 제60조제1항에도 불구하고 「법인세」 과세표준 신고를 하지 않는 과세특례를 적용할 수 있다.

(1) 「소득세법」 제94조제1항제3호에 해당하는 주식등과 대통령령으로 정하는 주식등
  ① 「소득세법」 제94조제1항제3호에 해당하는 주식등
    ㉠ 주권상장법인의 주식등으로서 다음의 어느 하나에 해당하는 주식 등의 양도로 발생하는 소득
      ⓐ 소유주식의 비율·시가총액 등을 고려하여 대통령령으로 정하는 주권상장법인의 대주주가 양도하는 주식등
      ⓑ ⓐ에 따른 대주주에 해당하지 아니하는 자가 「자본시장과 금융투자업에 관한 법률」에 따른 증권시장(이하 "증권시장"이라 한다)에서의 거래에 의하지 아니하고 양도하는 주식등. 다만, 「상법」 제360조의2 및 제360조의15에 따른 주식의 포괄적 교환·이전 또는 같은 법 제360조의5 및 제360조의22에 따른 주식의 포괄적 교환·이전에 대한 주식매수청구권 행사로 양도하는 주식등은 제외한다.
  ② 주권비상장법인의 주식등. 다만, 소유주식의 비율·시가총액 등을 고려하여 대통령령으로 정하는 주권비상장법인의 대주주에 해당하지 아니하는 자가 「자본시장과 금융투자업에 관한 법률」 제283조에 따라 설립된 한국금융투자협회가 행하는 같은 법 제286조제1항제5호에 따른 장외매매거래에 의하여 양도하는 대통령령으로 정하는 중소기업(이하 이 장에

서 "중소기업"이라 한다) 및 대통령령으로 정하는 중견기업의 주식등은 제외한다.

③ 외국법인이 발행하였거나 외국에 있는 시장에 상장된 주식등으로서 대통령령으로 정하는 것

(2) 토지 또는 건물(건물에 부속된 시설물과 구축물을 포함한다.)

(3) 「소득세법」 제94조제1항제2호 및 제4호의 자산

① 다음 각 목의 어느 하나에 해당하는 부동산에 관한 권리의 양도로 발생하는 소득

㉠ 부동산을 취득할 수 있는 권리(건물이 완성되는 때에 그 건물과 이에 딸린 토지를 취득할 수 있는 권리를 포함한다)

㉡ 지상권

㉢ 전세권과 등기된 부동산임차권

② 다음 각 목의 어느 하나에 해당하는 자산(이하 이 장에서 "기타자산"이라 한다)의 양도로 발생하는 소득

㉠ 사업에 사용하는 제1호 및 제2호의 자산과 함께 양도하는 영업권(영업권을 별도로 평가하지 아니하였으나 사회통념상 자산에 포함되어 함께 양도된 것으로 인정되는 영업권과 행정관청으로부터 인가·허가·면허 등을 받음으로써 얻는 경제적 이익을 포함한다)

㉡ 이용권·회원권, 그 밖에 그 명칭과 관계없이 시설물을 배타적으로 이용하거나 일반이용자보다 유리한 조건으로 이용할 수 있도록 약정한 단체의 구성원이 된 자에게 부여되는 시설물 이용권(법인의 주식등을 소유하는 것만으로 시설물을 배타적으로 이용하거나 일반이용자보다 유리한 조건으로 시설물 이용권을 부여받게 되는 경우 그 주식등을 포함한다)

㉢ 법인의 자산총액 중 다음의 합계액이 차지하는 비율이 100분의 50 이상인 법인의 과점주주(소유 주식등의 비율을 고려하여 대통령령으로 정하는 주주를 말하며, 이하 이 장에서 "과점주주"라 한다)가 그 법인의 주식등의 100분의 50 이상을 해당 과점주주 외의 자에게 양도하는 경우(과점주주가 다른 과점주주에게 양도한 후 양수한 과점주주가 과점주주 외의 자에게 다시 양도하는 경우로서 대통령령으로 정하는 경우를 포함한다)에 해당 주식등

㉮ 제1호 및 제2호에 따른 자산(이하 이 조에서 "부동산등"이라 한다)의 가액

㉯ 해당 법인이 직접 또는 간접으로 보유한 다른 법인의 주식가액에 그 다른 법인의 부동산등 보유비율을 곱하여 산출한 가액. 이 경우 다른 법인의 범위 및 부동산등 보유비율의 계산방법 등은 대통령령으로 정한다.

㉱ 대통령령으로 정하는 사업을 하는 법인으로서 자산총액 중 다목1) 및 2)의 합계액이 차지하는 비율이 100분의 80 이상인 법인의 주식등

㉲ 제1호의 자산과 함께 양도하는 「개발제한구역의 지정 및 관리에 관한 특별조치법」 제12조제1항제2호 및 제3호의2에 따른 이축을 할 수 있는 권리(이하 "이축권"이라 한다). 다만, 해당 이축권 가액을 대통령령으로 정하는 방법에 따라 별도로 평가하여 신고하는 경우는 제외한다.

(다) 양도소득세 과세 방식의 특례 적용 시 과세표준 계산

과세특례를 적용함에 있어서 「소득세법」 제92조(양도소득세 과세표준의 계산)의 규정을 준용하여 계산하는 과세표준은 자산의 양도로 인하여 발생한 총수입금액('양도가액')에서 필요경비를 공제하여 양도차익을 계산하고, 당해 양도차익에서 「소득세법」 제95조제2항(장기보유 특별공제) 및 제103조(양도소득 기본공제)에 규정하는 금액을 공제하여 계산한다.

(라) 과세특례 적용 시의 양도가액과 필요경비 계산

「소득세법」 제96조(양도가액)·제97조(양도소득의 필요경비계산)·제98조(양도 또는 취득의 시기) 및 제100조(양도차익의 산정)의 규정은 과세특례를 적용하는 경우에 「양도가액·필요경비 및 양도차익의 계산」에 관하여 이를 준용한다.

(마) 과세특례 적용 시 기타의 준용 규정

(1) 부당행위계산부인 및 양도소득금액의 구분계산

과세특례 적용 시 「소득세법」 제101조(양도소득의 부당행위계산) 및 동법 제102조(양도소득금액의 구분계산(결손금 통산기준))의 규정은 양도소득에 대한 과세표준의 계산에 관하여 이를 준용하고, 「소득세법」 제93조(양도소득세액계산의 순서)의 규정은 양도소득에 대한 세액계산에 관하여 이를 준용한다.

(2) 예정신고 및 자진납부

양도소득세 과세 방식으로 계산한 법인세는 「소득세법」의 「양도소득 과세표준의 예정신고와 자진납부」 및 「예정신고납부세액공제」의 규정을 준용하여 양도소득 과세표준 예정신고 및 자진납부를 하여야 한다. 이 경우 「소득세법」 제112조(양도소득세의 분납)및 동법 제112조의2(양도소득세의 물납)의 규정은 이를 준용한다.

(3) 누진세율 적용 대산 자산을 2회 이상 양도하는 경우

비영리내국법인이 「소득세법」의 규정에 근거하여 양도소득 과세표준 예정신고를 한 경우에는 법인세 과세표준에 대한 신고를 한 것으로 본다. 다만, 「소득세법」의 누진세율 적용 대상 자산에 대한 예정신고를 2회 이상 하는 경우로서, 이미 신고한 양도소득과 합산하여 신고를 하지 아니한 경우에는 법인세 과세표준에 대한 신고를 하여야 한다.

라. 협력의무 등 특례제도

1) 수익사업 개시신고

「법인세법」 제110조(비영리법인의 수익사업 개시신고)에 의하면 비영리법인이 새로 수익사업(법 제4조제3항제1호 및 제7호에 따른 수익사업만 해당한다)을 시작한 경우에는 그 개시일부터 2개월 이내에 다음의 사항을 기재한 신고서에 그 사업개시일 현재의 그 수익사업에 관련된 재무상태표와 그밖에 대통령령으로 정하는 서류를 첨부하여 납세지 관할 세무서장에게 신고하여야 한다.

① 법인의 명칭
② 본점이니 주사무소 또는 사업의 실질적 관리장소의 소재지
③ 대표자의 성명과 경영 또는 관리책임자의 성명
④ 고유목적사업
⑤ 수익사업의 종류
⑥ 수익사업 개시일
⑦ 수익사업의 사업장

2) 기장의무

「법인세법」제112조(장부의 비치기장)에 의하면 비영리내국법인은 법 제4조제3항제1호 및 제7호에 따른 수익사업을 하는 경우에 한하여 복식부기에 의한 기장의무를 진다. 이때 복식부기에 의한 기장은 법인의 재산과 자본의 변동을 빠짐없이 이중 기록하여 계산하는 정규의 부기 형식에 의한 기장을 말한다. 다만, 기장의무를 지는 비영리법인은 기장의무를 이행하지 않더라도 가산세를 적용하지 않는다.

3) 기부금영수증 발급명세의 작성·보관

「법인세법 시행령」의 개정(2021.2.17.)으로 회사에서 사내(공동)근로복지기금에 출연하는 금품은 전액 손비 인정을 받을 수 있도록 변경되었으며 기획재정부 〈공익법인 회계준칙〉과 '공공기관 혁신에 관한 지침'에서도 영업비용으로 처리하도록 규정되어 있는 점을 감안하면 복리후생비로 처리함이 타당하다. 다만, 회사에서 사내(공동)근로복지기금에 출연하는 경우 적격증빙 수취와, 증빙불비 가산세 유무에 대해서 국세청에 질의한 결과 출연은 재화와 용역의 공급의 댓가에 해당되지 않음으로 적격증빙 수취와, 증빙불비 가산세 대상에 해당되지 않는다는 회신을 받았다.

그러나 개인이 사내(공동)근로복지기금에 출연하는 경우에는 기획재정부 고시 제2021-28호(2021.9.30.)에 따라 사내(공동)근로복지기금이 공익목적 기부금단체에 고시되어 출연자는 지정기부금 혜택을 받을 수 있으므로 개인으로부터 기부금을 수령한 기금법인은 「법인세법 시행규칙」 [별지 제63호의3 서식]인 기부금 영수증을 발급하고, 다음의 내용이 모두 포함된 「법인세법 시행규칙」 [별지 제75호의2 서식]인 기부자별 발급명세를 작성하고, 발급일로부터 5년간 내부 보관하여야 하며(전자기부금영수증을 발급한 경우에는 그러하지 아니하다), 「법인세법 시행규칙」 [별지 제75호의3 서식]인 기부금영수증 발급합계표를 작성하여 해당 사업연도의 종료일이 속하는 달의 말일부터 6개월 이내에 관할 세무서장에게 제출하여야 한다(전자기부금영수증을 발급한 경우에는 그러하지 아니하다.)

① 기부법인의 상호, 사업자등록번호 및 본점 등의 소재지

② 기부금액

③ 기부금 기부일자

④ 기부금영수증 발급일자

⑤ 그 밖에 기획재정부령이 정하는 사항

4) 지출증빙서류의 수취 및 보관

「법인세법」 제116조(지출증빙서류의 수취 및 보관)에 의하면 법인(국가 및 지방자치단체와 수익사업을 영위하지 아니하는 비영리법인 등 제외)은 그 사업과 관련된 모든 거래에 관한 증명서류를 작성하거나 받아서 법 제60조에 따른 신고기한이 지난날부터 5년간 보관하여야 한다. 거래상대방 법인 역시 법정증빙서류를 발급하여야 한다.

(가) 법인. 다만, 다음 중 어느 하나에 해당하는 법인을 제외한다.
　① 비영리법인(제3조제1항의 수익사업과 관련된 부분은 제외한다)
　② 국가 및 지방자치단체
　③ 금융보험업을 영위하는 법인(「소득세법 시행령」 제208조의2제1항제3호의 규정에 의한 금융·보험용역을 제공하는 경우에 한한다)
　④ 국내사업장이 없는 외국법인

(나) 「부가가치세법」 제3조에 따른 사업자. 다만, 읍·면지역에 소재하는 「부가가치세법」 제61조에 따른 간이과세자로서 「여신전문금융업법」에 의한 신용카드가맹점(이하 "신용카드가맹점"이라 한다) 또는 「조세특례제한법」 제126조의3에 따른 현금영수증가맹점(이하 "현금영수증가맹점"이라 한다)이 아닌 사업자를 제외한다.

(다) 「소득세법」 제1조의2제1항제5호에 따른 사업자 및 같은 법 제119조제3호 및 제5호에 따른 소득이 있는 비서주자. 나만, 같은 법 세120조에 따른 국내사업장이 없는 비거주자를 제외한다.

위의 해당 사업자로부터 재화·용역을 공급받은 경우 수취하여야 하는 법정증빙서류는 다음과 같다. 다만, 법정증빙서류의 수취의무가 면제되는 경우에 그러하지 아니한다.

(가) 「여신전문금융업법」에 따른 신용카드 매출전표(신용카드와 유사한 것으로서 대통령령으로 정하는 것을 사용하여 거래하는 경우에는 그 증명서류를 포함한다.)

(나) 현금영수증

(다) 「부가가치세법」 제32조에 따른 세금계산서

(라) 법 제121조 및 「소득세법」 제163조에 따른 계산서

5) 주주명부 작성비치 의무의 면제

내국법인은 주주 또는 사원의 성명, 주소 및 주민등록번호(법인인 주주 또는 사원의 경우에는 법인명과 법인 본점 소재지 및 사업자등록번호) 등이 기재된 주주명부 또는 사원명부를 작성하여 비치하여야 하나, 「법인세법」 제118조(주주명부 등의 작성·비치)의 규정에 의거, 비영리내국법인은 주주 또는 사원명부의 작성비치 의무가 면제된다.

6) 구분경리

비영리법인은 「법인세법」 제113조(구분경리)에 의하여 구분경리 의무가 있다. 이에 대해서는 제3장에서 자세하게 다루고자 한다.

7) 중간예납

「법인세법」 제63조에서는 사업연도의 기간이 6개월을 초과하는 내국법인은 각 사업연도(합병이나 분할에 의하지 아니하고 새로 설립된 법인의 최초 사업연도는 제외한다) 중 중간예납기간(中間予納期間)에 대한 법인세액(이하 "중간예납세액"이라 한다)을 납부할 의무가 있다. 사내(공동)근로복지기금의 경우 이자수익만 있는 기금법인은 중간예납 의무가 없으나 수익사업(법 제4조제3항제1호 및 제7호에 따른 수익사업 해당)을 실시할 경우는 중간예납 의무가 있다. 또한 사내(공동)근로복지기금이 근로자 대부사업을 실시할 경우는 국세청 유권해석에서 중간예납신고를 하여야 한다고 회신하고 있다. (서면인터넷방문상담2팀-1326, 2005.08.18.) 중간예납기간은 해당 사업연도의 개시일부터 6개월이 되는 날까지로 한다.

마. 기타 세무상 특례 규정

1) 준비금의 손금산입 특례

법인세법 제61조(준비금의 손금계상특례)의 규정에 의하면 비영리내국법인이 공인회계사로부터 외부 회계감사를 받는 경우에는 고유목적사업준비금을 결산조정에 의거, 장부에 직접 손금으로 계상하는 대신 세무조정계산서에 이를 계상하고, 대신 그 금액 상당액을 당해 사업연도의 잉여금 처분 시 당해준비금의 적립금으로 적립하는 경우에도 그 금액을 손금에 계상한 것으로 본다.

이와 같이 회계감사를 받는 비영리법인에 대하여 고유목적사업준비금의 신고조정을 허용하는 이유는 기업회계기준이 고유목적사업준비금전입액의 비용처리를 허용하지 않기 때문에 회계감사 과정에서 회계기준 위배에 따라 발생하는 문제를 해소하기 위한 특례이다.

2) 가산세

세법은 정확한 과세표준의 파악과 성실한 납세의무의 이행, 원활한 납세 자료의 수집 등을 위하여 납세의무자에게 세금의 자진신고 및 납부의무와 협력의무 등을 부담하게 하고 있으며, 이러한 각종 의무를 이행하지 아니하는 경우에는 그에 대한 행정상 제재로 가산세를 부과하고 있다. 그러나 사내(공동)근로복지기금의 경우 수익사업(법 제4조제3항제1호 및 제7호에 따른 수익사업 해당)을 영위하지 않으면 그 적용대상이 제한적이다. 「법인세법」 제75조의4(기부금영수증 발급·작성·보관 불성실 가산세)의 규정에 의거, 기부금영수증 불성실 가산세와, 제75조의8(계산서 등 제출 불성실 가산서)의 규정에 의거 매입처별 계산서 합계표 제출 불성실 가산세를 제외한 가산세의 일부에 대하여는 그 적용 대상에서 제외하고 있다.

(가) 무기장가산세

내국법인이 「법인세법」 제112조(장부의 비치·기장)에 대한 장부의 비치·기장의무를 이행하지 아니한 경우에는 법인세 산출세액(토지등 양도소득에 대한 법인세 제외)의 20퍼센트와 수입금액의 0.07퍼센트 중 큰 금액을 가산세로 부과하지만, 비영리내국법인(수익사업을 영위하지 않는 경우에 한함)에 대하여는 무기장가산세가 적용되지 않는다.

(나) 증빙불비 가산세

법인이 사업과 관련하여 「법인세법 시행령」 제158조제1항의 사업자로부터 재화나 용역을 공급받고 「법인세법」 제116조(지출증빙서류의 수취 및 보관)제2항에 규정하는 증빙서류를 받지 아니하거나 사실과 다른 증빙서류를 받은 경우에는 증빙서류 미수취 금액 또는 사실과 다르게 받은 금액의 20퍼센트를 가산세로 징수하지만, 비영리법인(「법인세법 시행령」 제112조제1항의 규정에 해당하는 수익사업과 관련된 부분은 제외)에 대하여는 이를 적용하지 아니한다.

「법인세법 시행령」 개정(2021. 2. 17.)으로 회사가 사내(공동)근로복지기금에 출연시 회사는 증빙으로 기부금영수증을 수취하지 않아도 증빙불비 가산세 적용을 받지는 않는다는 것을 국세청에 유선으로 질의하여 회신을 받았다.

(다) 계산서 미교부 및 매출·매입처별 계산서합계표 미제출 가산세

법인이 「법인세법」 제121조(계산서의 작성·교부등) 제1항 또는 제항에 의하여 계산서를 교부하지 아니하거나 또는 교부한 계산서에 필요적 기재사항의 전부 또는 일부가 기재되지 아니하거나 사실과 다르게 기재된 경우와, 「법인세법」 제120조의3(매입처별 세금계산서합계표의 제출)제1항 및 「법인세법」 제121조(계산서의 작성·교부 등)제5항에 의거 매입처별세금계산서합계표 또는 매입·매출처별 계산서합계표를 제출 기한 내에 제출하지 아니하거나, 제출한 경우로서 그 합계표에 거래처별 사업자등록번호 및 공급가액의 전부 또는 일부가 기재되지 아니하거나 사실과 다르게 기재될 경우에는 공급가액의 1퍼센트를 가산세로 징수한다. 그러나 비영리법인(「법인세법 시행령」 제2조제1항의 규정에 해당하는 수익사업과 관련된 부분은 제외)에는 이 계산서 미교부 및 매출·매입처별 계산서합계표 미제출 가산세를 작용하지 아니한다.

(라) 기부금영수증 불성실 가산세

「법인세법」 제112조의2(기부금영수증 발급내역의 작성·보관 의무)에 따른 기부금영수증을 발급하는 자가 기부금영수증을 사실과 다르게 발급한 경우에는 사실과 다르게 발급한 금액의 5퍼센트를, 기부법인별 발급내역을 작성·보관하지 않은 경우에는 작성·보관하지 않은 금액의 1000분의 2를 기부금영수증 불성실 가산세로 징수한다. 기금법인의 경우 해당 회사가 아닌 개인(제3자)이 출연하는 경우는 기부금영수증을 발급해주어야 하기에 이를 소홀히 할 경우 기부금영수증 불성실 가산세 대상이 될 수도 있다.

3) 세무조정계산서의 작성

　직전사업연도의 수입금액이 3억원 이상으로서 해당 사업연도 종료일 현재「법인세법」및「조세특례제한법」에 따른 준비금 잔액이 3억원 이상인 법인이거나,「법인세법」제29조의 규정에 따라 고유목적사업준비금을 설정하는 법인 등은「법인세법」제60조 및 같은 법 시행령 제97조의2(외부세무조정 대상법인)에 따라 법인세 신고 시 세무조정계산서를 작성하여야 한다. 이 경우 세무조정계산서는 법 제60조제9항에 규정된 조정반에 소속된 자가 작성하여야 하며 조정반은 같은 법 시행령 제97조의3(조정반)에서 정하고 있다. 자세한 사항은 제8장 1. 세무조정계산서 작성을 참고하기 바란다.

3. 수혜자에 대한 과세제도

가. 회사 지원과의 비교

종업원이 회사로부터 주택구입자금이나 생활안정자금 등을 저리로 융자받거나 학자금이나 경조금 또는 기념품 등을 지원받는 경우에는 이는 모두 근로소득에 포함되어 소득세가 과세된다. 그러나 이러한 지원제도들이 회사가 아닌 사내(공동)근로복지기금을 통하여 이루어지는 경우에는, 수혜 대상 종업원이 사내(공동)근로복지기금에 고용된 상태가 아니므로 근로 제공과는 관계가 없어 근로소득 관련 「소득세법」 규정은 적용되지 않는다. 다만, 이러한 지원 내용이 증여에 해당된다면 증여세의 과세 대상이 될 뿐이다.

나. 비과세되는 증여재산

타인으로부터 무상으로 재산을 증여받은 수증자는 증여세를 납부해야 하지만, 「상속세 및 증여세법」 제46조(비과세되는 증여재산)에 의하면 학자금, 장학금 등의 교육비 또는 이와 유사한 금품과 혼수용품, 기념품, 축하금, 부의금, 이재구호금품, 치료비, 기타 이와 유사한 금품으로서 통상 필요하다고 인정되는, 즉 그 물품 또는 금액을 지급한 자 별로 사회통념상 인정되는 물품 또는 금액을 기준으로 판단하여 타당하다고 인정되는 금품은 비과세되는 증여재산으로 보아 증여세를 부과하지 아니한다.

> 1. 사내(공동)근로복지기금법인에서 지급한 아래 금품에 대해서는 증여세 비과세(「상속세 및 증여세법」 제46조제5호, 같은 법 시행령 제35조제4항)
>   - 이재구호금품, 치료비, 교육비로서 사회통념상 인정되는 금품

- 학자금 또는 장학금 기타 이와 유사한 금품
- 기념품.축의금.부의금 기타 이와 유사한 금품으로서 통상 필요하다고 인정되는 금품
- 무주택근로자가 건물의 총 연 면적이 85제곱미터 이하인 주택을 취득 또는 임차하기 위하여 사내 (공동)근로복지기금으로부터 증여받은 주택취득보조금 중 그 주택취득가액의 100분의 5 이하의 것과 주택임차보조금 중 전세가액의 100분의 10 이하의 금액

2. 금전 대출이자 비과세(「상속세 및 증여세법」 제41조의4)
- 타인으로부터 금전을 무상 또는 적정 이자율(당좌대출이자율을 고려하여 기획재정부장관이 정하는 이자율)보다 낮은 이자율로 대출받은 경우에는 그 금전을 대출받은 날에 그 금액을 다음과 같이 대출받은 자의 증여재산가액으로 한다.
- 이 경우 기금법인으로부터 정관으로 정해진 바에 따라 금전을 무상 또는 저리로 대출받은 경우 적정이자율과의 차이로 인한 이익이 1,000만원 미만일 경우는 증여세가 비과세된다.

3. 분리과세 효과(「상속세 및 증여세법」 제56조)
- 사내근로복지기금으로부터 받는 금품은 근로소득으로 보지 않고 증여소득으로 간주됨에 따라 누진적인 종합소득 과세(6~45퍼센트)에서 제외됨
- 과세대상 증여금품 가액이 1억원 미만일 경우 10퍼센트 세율 적용(자진신고 시 3퍼센트 세액 감면)

그러나 증여세가 비과세되는 교육비 등이라도 필요시마다 직접 이러한 비용에 충당하기 위하여 증여를 통해 취득한 재산만 비과세되는 것이며, 교육비 등의 명목으로 취득한 재산이라도 이를 예입하거나 부동산 또는 유가증권 등 재산 취득 자금으로 사용한 경우에는 증여세가 비과세되는 교육비 등으로 보지 않는다. 따라서 종업원이 기금으로부터 사회통념상 인정되는 범위 내에서 위에 열거한 교육비 등을 지원받았을 경우에는 증여세가 비과세된다. 그러나 「소득세법」 제52조(특별공제)의 규정에 의하면 종합소득세 계산 시 사내근로복지기금으로부터 받은 장학금으로 증여세가 비과세된 금액은 교육비공제 대상에서 제외한다.

다음은 사내근로복지기금에서 지급하는 금품에 대한 국세청 예규이다. 사내근로복지기금에서 지급하는 금품에 대한 근로소득 해당 여부는 필자가 질의하여 받은 예규이다.

◎ 사내근로복지기금에서 지원하는 의료비
사내근로복지기금으로부터 지급받는 의료비는 근로소득에 해당되지 아니함(서일 46011-11333, 2003. 09. 22.)

◎ 복지포인트 사용액(회사에서 지급하는 경우)

회사에서 종업원 개인별로 배정된 복지포인트 사용액은 근로소득으로 과세되며, 동 사용액은 신용카드 소득공제 및 의료비공제 적용 대상임(서일-1114, 2006.08.14.)

◎ 사내근로복지기금이 가입한 보험금을 수령하는 경우

근로자가 의료비를 부담하고 사내근로복지기금에서 근로자를 피보험자로 하여 가입한 단체상해보험의 보험금을 수령하는 경우 해당 의료비는 공제 대상 의료비에 해당하지 않음(서일 46011-569, 2004.04.19.)

◎ 사내근로복지기금에서 지원하는 의료비

근로자가 당해 연도에 발생한 의료비로 사내근로복지기금으로부터 지급받는 의료비지원금은 당해 연도 공제 대상 의료비에서 차감함(서이 46013-10442, 2002.03.11.)

또한 사내근로복지기금에서 종업원 주택 구입과 주택임차자금을 저리로 직접 대부한 경우와 영리법인이 이미 회사 종업원에게 대출해준 대여금을 사내근로복지기금에 기부 출연하여 사내근로복지기금이 주택구입과 주택임차자금을 계속 대부할 경우 인정이자 적용 대상 여부에 대한 질문에 대해 국세청에서는 인정이자를 계산하지 아니한다고 명시하고 있다.(서면인터넷방문상담2팀-570, 2005.04.19.)

다. 증여세 과세가액 및 과세최저한

「상속세 및 증여세법」 제55조(증여세의 과세표준 및 과세최저한)제2항의 규정에 의하면, 증여세 과세표준이 50만원 미만인 경우 증여세를 부과하지 아니한다.

한편 「상속세 및 증여세법」 제47조(증여세과세가액)제2항의 규정에 의하면, 해당 증여일 전 10년 이내에 동일인으로부터 증여받은 증여재산가액을 합친 금액이 1천만원 이상인 경우에는 그 가액을 증여세 과세가액에 가산하도록 되어 있다. 따라서 사내근로복지기금으로부터 지원받은 금액이 건당 50만원 미만이어서 지원 당시에는 증여세가 과세되지 않았다 하더라도, 이 금액들을 합한 금액이 10년간 1천만원 이상이 되는 경우에는 증여세가 과세된다. 다음은 필자가 KBS사내근로복지기금에서 기금업무를 수행하는 과정에서 재해보장지원사업 실시 과정에서 직원 사망 시 유족에게 지급되는 지원금이 상속세에 해당되는지 증여세에 해당되는지 여부를 인덕회계법인 이용기 공인회계사님에게 의뢰하여 받은 국세청 예규이다.

[제목 : 상속세법에 대한 질의]

(질의)

사내근로복지기금법에 의거 설립된 사내근로복지기금이 정관에 규정한 재해보장사업의 일환으로 회사 직원의 유가족에게 사망일로부터 6월 이내에 다음과 같이 사망위로금을 지급하는 경우에 사내 근로복지기금이 지급한 사망위로금이 상속재산에 해당되어 상속세가 부과되는지 또는 유가족에 대 한 증여재산으로 보아 증여세가 과세되는지에 대하여 질의하오니 회시하여 주시기 바랍니다.

- 다 음 -

① ○○주식회사가 현금을 출연하여 「00주식회사 사내근로복지기금」 설립
② ○○주식회사 직원 김XX 사망
③ 「○○주식회사 사내근로복지기금」에서 00주식회사 직원 김XX 유가족에게 사망위로금 5천만원 지급

(회신)

타인의 증여에 의하여 재산을 취득한 자는 상속세법 제29조의2제1항의 규정에 의하여 증여세를 납 부할 의무가 있는 것입니다. (재삼46014-2154, 1996. 9. 20.)

4. 법규상의 문제점

가. 준용 규정

영리법인은 이윤 극대화의 추구가 존립 목적이기 때문에 회계 역시 이윤 측정을 그 대상으로 하며, 잘 정리되고 일반적으로 인정된 회계원칙에 따라 회계처리가 이루어진다.

그러나 비영리법인은 영리성이 없다. 따라서 원가 회수에 대한 기대 없이 일반적으로 목적 달성을 위한 소비지출에 기초하여 운영되고, 이윤은 그 측정 대상이 아니다. 비영리회계는 정리되지 않은 다양한 기준에 의하여 비조직적으로 회계처리가 되고 있다. 다시 말해서 영리회계와 비영리회계는 영리성 유무에 따라 그 측정 대상이 서로 다르므로, 극히 일부 항목을 제외하고는 서로 다른 두 회계를 동일한 회계기준에 따라 처리하는 것이 불가능하다.

비영리회계는 일반적으로 비영리법인의 고유목적사업 수행에 관한 목적사업회계와, 예금이자 등 수익활동과 관련되는 수익사업회계로 구성되어 회계단위별로 구분하여 경리가 이루어진다. 또한 고유목적사업 달성 목적과 법인세 과세 목적으로 각기 회계처리 되어야 하므로 평소에는 각 회계별로 구분경리된다. 그러다가 결산 과정에서 양 개 회계를 통합하는 합산재무제표가 작성되기 때문에, 구분경리나 통합재무제표 작성 등 영리회계와는 다른 여러 가지 절차들이 독립적으로 존재하고 있어 무조건 영리회계 방식에 따라 비영리 회계를 다루는 것은 불가능하다.

사실이 이러함에도 근로복지기본법령에서는 비영리회계의 특수성을 무시한 채 기금법인의 회계가 무조건 기업회계원칙에 따르도록 요구하고 있다. 비영리 사내(공동)근로복지기금회계에 특유한 현상을 처리하는 회계원칙을 별도로 정해두고, 그 밖의 사항에 대하여는 영리기업에 적용되는 회계원칙을 준용하도록 하여야 함에도 불구하고, 사내(공동)근로복지기금의 회계가 무조건 기업회계원칙을 준용하여 회계처리를 하도록 한 법 규정은 문제가 있다.

나. 기본재산의 사용

일반적으로 비영리법인에 대한 출연금은 비영리조직의 기금 또는 기본금에 해당되어 자본을 구성한다. 회계 일반론으로 볼 때 외부 출자(출연)에 의한 자본항목은 감자와 결손금 보전 목적 이외에는 사용할 수 없다. 그러나 「근로복지기본법」 제62조제2항 및 같은 법 시행령 제46조제4 항제1호와 제55조의4에서는 당해 연도 출연금의 50퍼센트 또는 90퍼센트(선택적복지제도를 도입 시, 당해 연도 출연금의 10% 이상 20% 미만을 회사로부터 직접 도급받는 회사 근로자 및 파견 근로자에게 사용 시, 중소기업에서 설립한 기금법인), 90퍼센트(사내근로복지기금이 당해 연도 출연금의 20% 이상을 회사로부터 직접 도급받는 회사 근로자 및 파견근로자에게 사용 시, 둘 이 상의 중소기업이 설립한 공동근로복지기금, 중소기업과 「대·중소기업 상생협력 촉진에 관한 법률」 제2조제2호에 따른 대기업이 설립한 공동근로복지기금이 출연한 금액,) 범위 내, 시행령 제 46조제4항제2호에서는 조성된 기본재산 총액(잔액)이 당해 사업체의 납입자본금의 50퍼센트를 초과 시는 그 초과액의 범위 내, 시행령 제46조제4항제3호에서는 직전 회계연도 말 1인당 기본 재산 금액이 200만원 이상이고 법 제62조제2항제2호에 해당되는 경우 5년에 한번 기본재산총액 (잔액)의 30% 범위 내, 시행령 제46조제7항에서는 사내근로복지기금법인이 공동근로복지기금 에 지원시 지원하는 금액의 50% 한도 내에서 사내(공동)근로복지기금협의회가 정하는 바에 따 라 기본재산의 목적사업에 사용하는 것을 허용하고 있다. 이와 같이 사업주가 출연한 금액(기본 재산)의 일부에 대해 목적사업에 사용할 수 있도록 하는 「근로복지기본법」의 규정은 영리회계나 다른 비영리법인에는 없는 사내)공동)근로복지기금 특유의 제도이다.

만약 기본재산 사용에 대한 구체적 회계처리 방법이 회계규칙에 명시되지 않는다면, 이는 영 리회계를 기초로 하는 일반적인 회계원칙에 위배되는 것으로 취급당할 가능성이 크다. 그러나 「근로복지기본법」과 같은 법 시행령, 같은 법 시행규칙, 심지어는 고용노동부장관 예규에 해당하 는 〈사내·공동근로복지기금 업무처리지침〉에서도 기본재산 사용의 회계처리에 대한 아무런 언급이 없으며, 나만 고용노동부의 행정해석에서 기본재산 사용 해당액을 당해 연도에 사용하기 나 이월하여 사용하고자 할 경우에는 출연한 해의 결산 시 고유목적사업준비금으로 설정해 두어 야 한다고 명시하고 있다. 따라서 고유목적사업 대체 시기와 이 고유목적사업준비금이 자본 항 목인지 부채 항목인지 여부 등의 회계처리 사항에 대하여 법령으로 분명히 해둘 필요가 있을 것 이다.

다. 회계 용어

업무처리지침은 사내(공동)근로복지기금이 예금 등의 운영에서 발생된 이자소득 등에 대하여 지급준비금을 설정하도록 하고 있다가, 2013년 12월 30일 개정되면서 고유목적사업준비금으로 변경되었다. 고유목적사업준비금 설정 범위 역시 100퍼센트 설정이 가능한 이자소득이나 배당소득, 대부이자소득 이외에 50퍼센트 설정이 허용되는 기타의 소득도 있을 수 있으므로, 세법이 허용하는 금액까지 설정할 수 있도록 정할 필요가 있다.

또 기본재산과 자본금(기본금)의 개념이 법령을 통하여 명확히 구분될 필요가 있다. 회계조직 내에 자본의 조달 원천을 나타내는 회계 개념으로서의 자기자본은 자본금과 잉여금으로 나뉘는데, 관계 법령에서 잉여금이라는 용어를 사용하고 있는 것으로 보아 사내(공동)근로복지기금에 대한 출연금은 자본금(기본금)으로 표현됨이 타당할 것이다. 그러나 조직 내에 조달된 자본의 운영 형태인 자산은 비영리조직의 경우 기본재산과 보통재산으로 구분될 수 있을 것인 바, 단식부기의 경우에는 현금주의에 의하기 때문에 차입금 등 외부 부채가 없는 경우에는 기본재산이 바로 자본개념이 될 수 있으나, 수익사업을 영위하여 복식부기를 사용하는 경우에는 기본재산과 자기자본은 부채의 유무에 따라 같을 수도 있고 다를 수도 있다. 따라서 기본재산과 자본은 상호 다른 개념으로 정의되고 사용되어야 한다.

사내(공동)근로복지기금 회계문제와 계정과목에 대해서는 이후 출간될 「사내근로복지기금 회계 및 예산실무」에서 더 자세하게 다루려고 한다.

라. 재무제표의 종류

「근로복지기본법 시행령」 제49조는 사내근로복지기금의 결산서로 재무상태표, 손익계산서 및 이익잉여금처분계산서와 부속명세서를 작성하도록 하고 있다. 그러나 비영리법인은 전술한 바와 같이 영리성이 없기 때문에 이윤은 측정 대상이 아니며, 따라서 재무제표도 순이익을 계산하는 손익계산서 대신 일정 기간 순자산의 변화를 초래하는 거래와 사건의 영향 및 상호관계, 각종 활동이나 서비스 제공을 위한 자원의 사용 등에 관한 유용한 정보를 제공하는 운영성과표와 사업활동, 투자활동 및 재무활동 과정에서의 현금흐름을 나타내는 현금흐름표의 작성이 더욱 의미

가 있으리라 생각된다.

또 기본금 등 자기자본의 변동을 나타내는 자본변동표의 작성 역시 유용할 것이다. 수익사업을 영위한다면「법인세법」에서 요구하는 손익계산서와 이익잉여금처분계산서를 재무제표로 작성하여야 할 것이다. 한국회계기준원에서 발표한「비영리조직의 재무제표 작성과 표시지침서」에 의하면, 비영리조직의 재무제표는 재무상태표, 운영성과표, 현금흐름표로 하고 주기와 주석을 포함하는 것으로 규정하고 있다.

마지막으로「근로복지기본법」등에는 목적사업회계와 수익사업회계 재무제표를 하나로 통합하는 절차에 대한 규정이 없다.

마. 고유목적사업준비금

「법인세법」은 비영리법인이 그 법인의 고유목적사업에 사용하기 위하여 고유목적사업준비금을 손금에 계상하는 경우는 세법이 허용하는 일정 범위 안에서 손금산입을 허용하고 있다. 이때 공인회계사의 외부 회계감사를 받지 않는 법인은 결산조정이 원칙이기 때문에, 손익계산서에는 고유목적사업준비금전입액을, 재무상태표에는 고유목적사업준비금을 계상하여야 한다.

그런데 업무처리지침과 모의정관에서는 고유목적사업준비금을 설정하라고만 규정되어 있을 뿐 구체적인 방법에 대한 지침이 없어, 실무에서는 부채와 자본 중에 어떻게 계상하여야 하는지에 대하여 명확한 지침이 없다. 구분경리가 이루어진다는 전제하에 고유목적사업준비금을 수익사업회계에 표시할 것인지 목적사업회계에 표시할 것인지, 또는 수입이자는 목적사업회계에 표시하되 수익사업회계에서 고유목적사업준비금을 계상하고 수입이자 상당액을 익금 산입하여야 하는지, 손금 산입되는 고유목적사업준비금전입액은 영업외비용 또는 특별손실 어디에 계상하여야 되는지에 대하여「근로복지기본법」과 같은 법 시행령, 같은 법 시행규칙, 업무처리지침 등에는 구체적인 언급이 없다.

바. 구분경리

비영리법인이 수익사업이 수익사업을 겸영하는 경우 고유목적사업의 달성 정도와 과세소득의 계산을 위하여, 비영리법인의 자산·부채 및 손익을 수익사업에 속하는 것과 비영리사업에 속하는 것으로 구분하고 각각 별개의 회계로 구분경리 하여야 한다.

따라서 비수익회계와 수익회계의 합리적인 구분경리 방법과 회계 통합에 따른 전체 재무제표 작성 방법이 제시될 필요가 있다. 이에 대해서는 제3장에서 자세하게 다루고 있다.

사. 보존 기간

「근로복지기본법」 제65조는 기금법인은 관리·운영에 관한 서류를 5년간 보존하도록 하고 있다. 그러나 「상법」의 규정에 의하면 상업장부와 영업에 관한 서류는 10년간, 전표 또는 유사한 서류는 5년간 보존하도록 되어 있으며, 「국세징수법」의 규정에 의하면 일반적인 세목의 경우 국세부과의 제척 기간이 5년 내지 10년으로 되어 있으며 「상속세 및 증여세법」 또한 증빙 보존기간은 10년이다. 「근로복지기본법」으로 전부 개정이 이루어지면서 관리·운영에 관한 서류 보존 기간이 5년으로 개정되어 일부분은 보완되었으나, 5년이 넘는 서류에 대해서는 불합리한 점이 남아 있다.

3장

사내(공동)근로복지기금
구분경리(구분계리)

1. 구분경리 개요

영리법인들은 수익회계밖에 없는 반면에 비영리법인들은 비영리사업인 고유목적사업 수행을 주목적으로 주무관청의 설립인가를 받고 설립되었기에 설립과 동시에 태생적으로 고유목적사업인 비수익사업을 가지고 설립되며 고유목적사업 수행을 위해 기부금이나 출연금을 받으면 자금을 운용하는 과정에서 부수적으로 수익사업이 발생하게 되어 비수익사업과 수익사업 두 개를 동시에 가지게 된다.

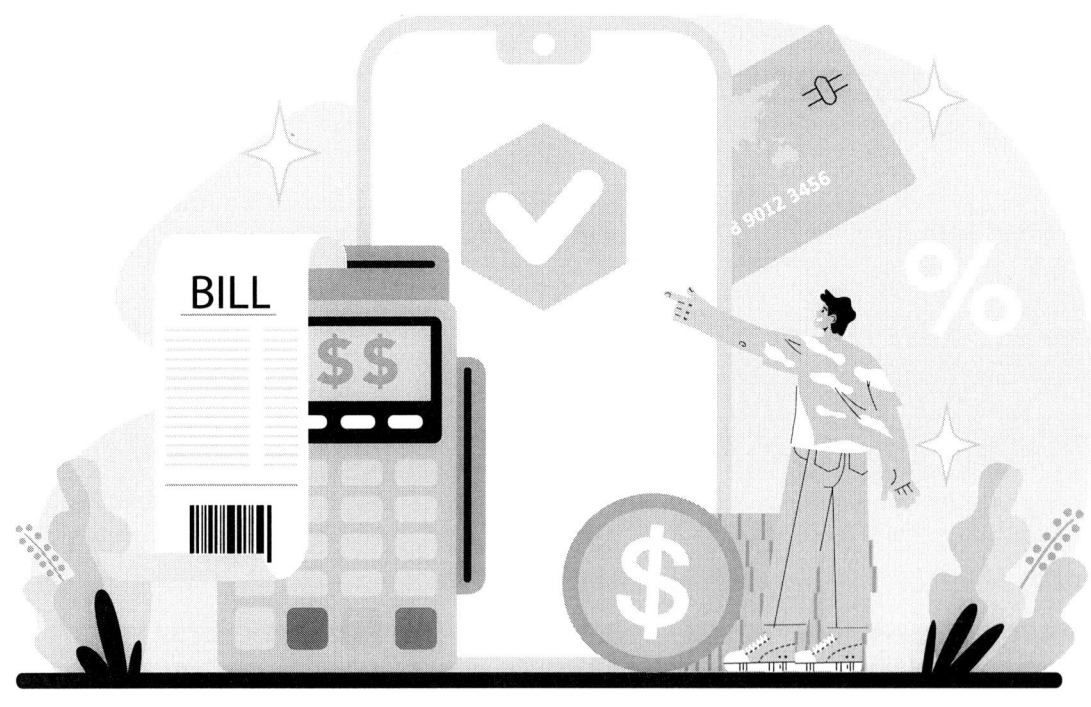

2. 구분경리 근거

비영리법인이 수익사업을 영위하는 경우에는 「법인세법」 제113조에 따라 자산·부채와 손익을 당해 수익사업에 속하는 것과 수익사업이 아닌 기타의 사업('비영리사업')에 속하는 것으로 구분하고, 각각 별개의 회계로 경리하도록 강제하고 있다.

「근로복지기본법」 하부 규정인 고용노동부 예규인 업무처리지침 제19조제1항에서는 기금법인은 고유목적사업 수행을 위한 목적사업회계와 수익금을 기금관리회계로 구분계리하도록 강제하고 있다. 「법인세법」에서는 '구분경리', 「근로복지기본법」에서는 '구분계리'로 명칭을 달리하여 사용하고 있는데 같은 개념이며 모든 회계처리와 조세에 관한 사항은 조세법이 특별법인만큼 조세법이 우선한다고 보아야 할 것이다. 그래서 「근로복지기본법」에서 고용노동부 예규로 구분계리를 의무화하고 있다.

가. 조세법 근거

「법인세법」 제113조(구분경리)는 의하면 비영리법인이 수익사업을 영위하는 경우에는 자산·부채와 손익을 당해 수익사업에 속하는 것과 수익사업이 아닌 기타의 사업('비영리사업')에 속하는 것을 각각 별개의 회계로 구분하여 구분경리 의무를 부여하고 있다.

◎법법 제113조(구분경리) ① 비영리법인이 수익사업을 하는 경우에는 자산·부채 및 손익을 그 수익사업에 속하는 것과 수익사업이 아닌 그 밖의 사업에 속하는 것을 각각 다른 회계로 구분하여 기록하여야 한다.
② ~ ⑦ (생략)
⑧ 제1항부터 제7항까지의 규정에 따른 구분경리의 방법, 동일사업을 하는 법인의 판정, 그 밖에 필

요한 사항은 대통령령으로 정한다. 〈개정 2020. 12. 22., 2021. 12. 21. 〉

[전문개정 2010. 12. 30.]

◎법령 제156조(구분경리) ①법 제113조제1항부터 제5항까지의 규정에 해당하는 법인은 구분하여야 할 사업 또는 재산별로 자산·부채 및 손익을 법인의 장부상 각각 독립된 계정과목에 의하여 기획재정부령으로 정하는 바에 따라 구분경리하여야 한다. 〈개정 2008. 2. 29., 2009. 2. 4. 〉

② (생략)

◎법칙 제75조(구분경리의 범위) ①영 제156조의 규정에 의한 구분경리를 할 때에는 구분하여야 할 사업 또는 재산별로 자산·부채 및 손익을 각각 독립된 계정과목에 의하여 구분기장하여야 한다. 다만, 각 사업 또는 재산별로 구분할 수 없는 공통되는 익금과 손금은 그러하지 아니하다.

② 법률에 의하여 법인세가 감면되는 사업과 기타의 사업을 겸영하는 법인은 제1항과 제76조제6항 및 제7항의 규정을 준용하여 구분경리하여야 한다. 이 경우 제76조제6항제2호 및 제3호의 규정에 의한 업종의 구분은 한국표준산업분류에 의한 소분류에 의하되, 소분류에 해당업종이 없는 경우에는 중분류에 의한다.

또한 「법인세법」 구분경리는 비수익사업을 명확하게 하기 위한 「상속세 및 증여세법」 전용계좌 사용 의무와도 밀접하게 연결되어 있다.

나. 「근로복지기본법」 근거

「근로복지기본법」에서는 회계처리와 관련하여 법령에 명시하지 않고 고용노동부 예규인 업무처리지침에서 구분계리 의무를 부여하고 있다.

◎업무처리지침 제19조(기금의 회계관리) ① 기금의 회계는 다음 각 호와 같이 구분하여 처리하여야 한다.

　　1. 기금의 운용·대부사업에서 발생하는 수익금을 관리하는 기금관리회계

　　2. 기금법인의 고유목적사업 수행을 위한 목적사업회계

② 기금법인은 이자소득 등으로 고유목적사업에 사용하기 위하여 고유목적사업준비금을 설정하여

야 하며, 결손의 보전 그 밖에 부득이한 사유에 따른 회계사고에 충당하기 위하여 특별적립금을 적립할 수 있다.

다. 사내(공동)근로복지기금도 구분경리 대상인가?

2004년 우리나라에서 처음으로 사내근로복지기금 실무자 교육을 개설하여 지금까지 21년째 기금실무자 교육을 진행하면서 수 많은 기금실무자들이 자신들은 회사에서 출연받은 기본재산으로 은행에 예치하여 이자를 받거나 회사 임직원들에게 대부를 실시하고 받는 대부이자, 자사주에서 발생하는 배당수익 외에 특별한 사업을 실시하지 않고 있는데 기금법인이 왜 구분경리를 해야 하느냐, 꼭 해야 하느냐는 질문을 많이 받았다.

은행에서 받는 이자수익과 임직원들로부터 받는 대부이자수익, 배당수익이 대표적인 수익사업이다. 다음의 「법인세법」 제4조의 수익사업 용어 정의를 보면 명확하게 알 수 있다.

◎법법 제4조(과세소득의 범위) ① 내국법인에 법인세가 과세되는 소득은 다음 각 호의 소득으로 한다. 다만, 비영리내국법인의 경우에는 제1호와 제3호의 소득으로 한정한다.

　1. 각 사업연도의 소득

　2. 청산소득(淸算所得)

　3. 제55조의2에 따른 토지등 양도소득

② (생략)

③ 제1항제1호를 적용할 때 비영리내국법인의 각 사업연도의 소득은 다음 각 호의 사업 또는 수입(이하 "수익사업"이라 한다)에서 생기는 소득으로 한정한다.

　1. 제조업, 건설업, 도매 및 소매업 등 「통계법」 제22조에 따라 통계청장이 작성·고시하는 한국표준산업분류에 따른 사업으로서 대통령령으로 정하는 것

　2. 「소득세법」 제16조제1항에 따른 이자소득

　3. 「소득세법」 제17조제1항에 따른 배당소득

　4. 주식·신주인수권 또는 출자지분의 양도로 인한 수입

　5. 유형자산 및 무형자산의 처분으로 인한 수입. 다만, 고유목적사업에 직접 사용하는 자산의 처분으로 인한 대통령령으로 정하는 수입은 제외한다.

6. 「소득세법」제94조제1항제2호 및 제4호에 따른 자산의 양도로 인한 수입

7. 그 밖에 대가(對價)를 얻는 계속적 행위로 인한 수입으로서 대통령령으로 정하는 것

④ ~ ⑤ (생략)

참고로 이자소득과 배당소득을 명시한 「소득세법」 관련 조문을 보면 더 명확해진다.

◎소법 제16조(이자소득) ① 이자소득은 해당 과세기간에 발생한 다음 각 호의 소득으로 한다.

1. 국가나 지방자치단체가 발행한 채권 또는 증권의 이자와 할인액

2. 내국법인이 발행한 채권 또는 증권의 이자와 할인액

3. 국내에서 받는 예금(적금·부금·예탁금 및 우편대체를 포함한다. 이하 같다)의 이자

4. 「상호저축은행법」에 따른 신용계(信用契) 또는 신용부금으로 인한 이익

5. 외국법인의 국내지점 또는 국내영업소에서 발행한 채권 또는 증권의 이자와 할인액

6. 외국법인이 발행한 채권 또는 증권의 이자와 할인액

7. 국외에서 받는 예금의 이자

8. 대통령령으로 정하는 채권 또는 증권의 환매조건부 매매차익

9. 대통령령으로 정하는 저축성보험의 보험차익. 다만, 다음 각 목의 어느 하나에 해당하는 보험의 보험차익은 제외한다.

　가. 최초로 보험료를 납입한 날부터 만기일 또는 중도해지일까지의 기간이 10년 이상으로서 대통령령으로 정하는 요건을 갖춘 보험

　나. (생략)

10. (생략)

11. 비영업대금(非營業貸金)의 이익

12. 제1호부터 제11호까지의 소득과 유사한 소득으로서 금전 사용에 따른 대가로서의 성격이 있는 것

13. (생략)

② 이자소득금액은 해당 과세기간의 총수입금액으로 한다.

③ 제1항 각 호에 따른 이자소득 및 제2항에 따른 이자소득금액의 범위에 관하여 필요한 사항은 대통령령으로 정한다.

◎소법 제17조(배당소득) ① 배당소득은 해당 과세기간에 발생한 다음 각 호의 소득으로 한다.

1. 내국법인으로부터 받는 이익이나 잉여금의 배당 또는 분배금

2. 법인으로 보는 단체로부터 받는 배당금 또는 분배금

2의2. ~ 10. (생략)

② ~ ⑥ (생략)

대부이자수익은 이자수익 중 비영업대금의 이익으로 분류된다. 따라서 이자수익과 대부이자수익, 배당수익 모두 수익사업에 해당되어 구분경리 대상임을 알 수 있다. 기금법인에서 회사 종업원들의 복지증진과 기금운용 수익금 증대를 위해 구내휴게실, 사내구판장, 구내식당, 구내자판기 등을 운영할 경우 이는 법인세법상 수익사업으로 당연히 구분경리를 하여야 한다.

3. 구분경리 미 실시에 따른 불이익

가. 「법인세법」의 불이익

비영리법인이 「법인세법」 제113조에 따른 구분경리를 하지 않았을 때 받게 되는 구체적인 불이익은 명시되어 있지 않다. 오히려 공익법인등에 대해서는 「법인세법 시행령」에서 구분경리 방법으로 「상속세 및 증여세법」 전용계좌를 사용하도록 규정하고 있어 「상속세 및 증여세법」 규제를 더 강하게 받는다고 보아야 할 것이다.

◎법법 제24조(기부금의 손금불산입) ① 이 조에서 "기부금"이란 내국법인이 사업과 직접적인 관계 없이 무상으로 지출하는 금액(대통령령으로 정하는 거래를 통하여 실질적으로 증여한 것으로 인정되는 금액을 포함한다)을 말한다. 〈개정 2018. 12. 24.〉

② (생략)

③ 내국법인이 각 사업연도에 지출한 기부금 및 제5항에 따라 이월된 기부금 중 제1호에 따른 일반기부금은 제2호에 따라 산출한 손금산입한도액 내에서 해당 사업연도의 소득금액을 계산할 때 손금에 산입하되, 손금산입한도액을 초과하는 금액은 손금에 산입하지 아니한다. 〈개정 2020. 12. 22., 2022. 12. 31.〉

    1. 일반기부금: 사회복지·문화·예술·교육·종교·자선·학술 등 공익성을 고려하여 대통령령으로 정하는 기부금(제2항제1호에 따른 기부금은 제외한다. 이하 이 조에서 같다)

    2. 손금산입한도액: 다음 계산식에 따라 산출한 금액

[기준소득금액 - 제3조제1항제1호에 따른 결손금(제3조제1항 각 호 외의 부분 단서에 따라 각 사업연도 소득의 80퍼센트를 한도로 이월결손금 공제를 적용받는 법인은 기준소득금액의 80퍼센트를 한도로 한다) - 제2항에 따른 손금산입액(제5항에 따라 이월하여 손금에 산입한 금액을 포함한다)] × 10퍼센트(사업연도 종료일 현재 「사업적기업육성법」 제2조제1호에 따른 사회적기업은 20퍼센트로 한다)

④ ~ ⑥ (생략)

◎법령 제39조(공익성을 고려하여 정하는 기부금의 범위 등) ①법 제24조제3항제1호에서 "대통령령으로 정하는 기부금"이란 다음 각 호의 어느 하나에 해당하는 것을 말한다.

1. 다음 각 목의 비영리법인(단체 및 비영리외국법인을 포함하며, 이하 이 조에서 "공익법인등"이라 한다)에 대하여 해당 공익법인등의 고유목적사업비로 지출하는 기부금. 다만, 바목에 따라 지정·고시된 법인에 지출하는 기부금은 지정일이 속하는 연도의 1월 1일부터 3년간(지정받은 기간이 끝난 후 2년 이내에 재지정되는 경우에는 재지정일이 속하는 사업연도의 1월 1일부터 6년간으로 한다. 이하 이 조에서 "지정기간"이라 한다) 지출하는 기부금으로 한정한다.

가. ~ 마. (생략)

바. 「민법」 제32조에 따라 주무관청의 허가를 받아 설립된 비영리법인(이하 이 조에서 「민법」상 비영리법인"이라 한다), 비영리외국법인, 「협동조합 기본법」 제85조에 따라 설립된 사회적협동조합(이하 이 조에서 "사회적협동조합"이라 한다), 「공공기관의 운영에 관한 법률」 제4조에 따른 공공기관(같은 법 제5조제4항제1호에 따른 공기업은 제외한다. 이하 이 조에서 "공공기관"이라 한다) 또는 법률에 따라 직접 설립 또는 등록된 기관 중 다음의 요건을 모두 충족한 것으로서 국세청장(주사무소 및 본점소재지 관할 세무서장을 포함한다. 이하 이 조에서 같다)의 추천을 받아 기획재정부장관이 지정하여 고시한 법인. 이 경우 국세청장은 해당 법인의 신청을 받아 기획재정부장관에게 추천해야 한다.

1) ~ 5) (생략)

2. ~ 4. (생략)

②(생략)

③ 제1항제1호 본문 및 제2항에서 "고유목적사업비"란 해당 비영리법인 또는 단체에 관한 법령 또는 정관에 규정된 설립목적을 수행하는 사업으로서 제3조제1항에 해당하는 수익사업(보건업 및 사회복지 서비스업 중 보건업은 제외한다)외의 사업에 사용하기 위한 금액을 말한다.

④ 법 제24조의 규정에 의하여 기부금을 지출한 법인이 손금산입을 하고자 하는 경우에는 기획재정부령이 정하는 기부금영수증을 받아서 보관하여야 한다.

⑤ 제1항제1호 각 목(마목은 제외한다)의 공익법인등은 다음 각 호의 의무를 이행해야 한다. 이 경우 같은 호 바목의 공익법인등은 지정기간(제4호의 경우에는 지정일이 속하는 연도의 직전 연도를 포함한다) 동안 해당 의무를 이행해야 한다.

1. 제1항제1호바목1)부터 3)까지의 요건을 모두 충족할 것(제1항제1호비목에 따른 법인만 해당한다)

2. ~ 5의2. (생략)

6. 「상속세 및 증여세법」 제50조의2제1항에 따른 전용계좌를 개설하여 사용할 것

7. ~ 8. (생략)

⑥ 제1항제1호 각 목에 따른 공익법인등(다음 각 호에 해당하는 공익법인등은 제외한다)은 각 사업연도의 제5항에 따른 의무의 이행 여부(이하 이 조에서 "의무이행여부"라 한다)를 기획재정부령으로 정하는 바에 따라 국세청장에게 보고해야 한다. 이 경우 해당 공익법인등이 의무이행 여부를 보고하지 않으면 국세청장은 기획재정부령으로 정하는 바에 따라 보고하도록 요구해야 한다.

1. ~ 2. (생략)

⑦ ~ ⑯ (생략)

나. 「상속세 및 증여세법」의 불이익

비영리법인인 공익법인등은 「상속세 및 증여세법」 제50조의2에 따라 전용계좌를 사용하여야 하며 해당 공익법인이 이 전용계좌를 개설하지 않았을 경우 같은 법 제78조제10항에 따라 가산세는 물론 고유목적사업 지출로 인정받지 못하게 된다. 전용계좌는 비수익사업인 고유목적사업과 고유목적사업 수행을 위해 직접적으로 필요한 경비를 지출하는 목적사업용 계좌로 이 계좌를 보면 목적사업비와 목적사업을 위한 경비지출을 한 눈에 파악할 수 있고 여타 수익사업과 임대사업 등 비수익사업을 영위하는 비영리법인들이 수익사업 비용을 비수익사업으로 전가하여 법인세를 줄이려는 탈세 감시가 가능하다.

◎상증법 제50조의2(공익법인등의 전용계좌 개설·사용 의무) ① 공익법인등(사업의 특성을 고려하여 대통령령으로 정하는 공익법인등은 제외한다. 이하 이 조에서 같다)은 해당 공익법인등의 직접 공익목적사업과 관련하여 받거나 지급하는 수입과 지출의 경우로서 다음 각 호의 어느 하나에 해당하는 경우에는 대통령령으로 정하는 직접 공익목적사업용 전용계좌(이하 "전용계좌"라 한다)를 사용하여야 한다. 〈개정 2013. 1. 1.〉

1. 직접 공익목적사업과 관련된 수입과 지출을 대통령령으로 정하는 금융회사등을 통하여 결제하거나 결제받는 경우

2. 기부금, 출연금 또는 회비를 받는 경우. 다만, 현금을 직접 받은 경우로서 대통령령으로 정하는 경우는 제외한다.

3. 인건비, 임차료를 지급하는 경우

4. 기부금, 장학금, 연구비 등 대통령령으로 정하는 직접 공익목적사업비를 지출하는 경우. 다만, 100만원을 초과하는 경우로 한정한다.

5. 수익용 또는 수익사업용 자산의 처분대금, 그 밖의 운용소득을 고유목적사업회계에 전입(현금 등 자금의 이전이 수반되는 경우만 해당한다)하는 경우

② 공익법인등은 직접 공익목적사업과 관련하여 제1항 각 호의 어느 하나에 해당되지 아니하는 경우에는 명세서를 별도로 작성·보관하여야 한다. 다만, 「소득세법」 제160조의2제2항제3호 또는 제4호에 해당하는 증명서류를 갖춘 경우 등 대통령령으로 정하는 수입과 지출의 경우에는 그러하지 아니하다.

③ <u>공익법인등은 최초로 공익법인등에 해당하게 된 날부터 3개월 이내에 전용계좌를 개설하여 해당 공익법인등의 납세지 관할세무서장에게 신고하여야 한다.</u> 다만, 2016년 1월 1일, 2017년 1월 1일 또는 2018년 1월 1일이 속하는 소득세 과세기간 또는 법인세 사업연도의 수입금액(해당 공익사업과 관련된 「소득세법」에 따른 수입금액 또는 「법인세법」에 따라 법인세 과세대상이 되는 수익사업과 관련된 수입금액을 말한다)과 그 과세기간 또는 사업연도에 출연받은 재산가액의 합계액이 5억원 미만인 공익법인등으로서 본문에 따라 개설 신고를 하지 아니한 경우에는 2019년 6월 30일까지 전용계좌의 개설 신고를 할 수 있다. 〈개정 2018. 12. 31.〉

④ 공익법인등은 전용계좌를 변경하거나 추가로 개설하려면 대통령령으로 정하는 바에 따라 신고하여야 한다.

⑤ 공익법인등의 전용계좌 개설·신고·변경·추가 및 그 신고방법, 전용계좌를 사용하여야 하는 범위 및 명세서 작성 등에 필요한 사항은 대통령령으로 정한다.

◎상증법령 제43조의4(공익법인등의 전용계좌의 개설·사용의무) ① 법 제50조의2제1항 각 호 외의 부분에서 "대통령령으로 정하는 공익법인등"이란 제12조제1호의 사업을 하는 공익법인등을 말한다. 다만, 제41조의2제6항에 해당하는 공익법인등은 제외한다.

② 법 제50조의2제1항 각 호 외의 부분에서 "대통령령으로 정하는 직접 공익목적사업용 전용계좌"란 다음 각 호의 요건을 모두 갖춘 것을 말한다.

1. 금융회사등에 개설한 계좌일 것

2. 공익법인등의 공익목적사업 외의 용도로 사용되지 아니할 것

③ 법 제50조의2제1항 각 호 외의 부분에 따른 전용계좌(이하 "전용계좌"라 한다)는 공익법인등별로

둘 이상 개설할 수 있다.

④ 법 제50조의2제1항제1호에 따라 전용계좌를 사용하여야 하는 거래의 범위에는 금융회사등의 중개 또는 금융회사등에 대한 위탁 등을 통하여 다음 각 호의 어느 하나에 해당하는 방법으로 그 대금을 결제하는 경우를 포함한다.

1. 송금 및 계좌 간 자금이체

2. 「수표법」 제1조에 따른 수표로 이루어진 거래대금의 지급 및 수취

3. 「어음법」 제1조 및 제75조에 따른 어음으로 이루어진 거래대금의 지급 및 수취

4. 「여신전문금융업법」 또는 「전자금융거래법」에 따른 신용카드·선불카드(선불전자지급수단 및 전자화폐를 포함한다)·직불카드(직불전자지급수단을 포함한다)를 통하여 이루어진 거래대금의 지급 및 수취

⑤ 법 제50조의2제1항제2호 단서에서 "대통령령으로 정하는 경우"란 현금으로 직접 지급받은 기부금·출연금 또는 회비를 지급받는 날부터 5일(5일이 되는 날이 공휴일·토요일 또는 「근로자의 날 제정에 관한 법률」에 따른 근로자의 날에 해당하면 그 다음 날)까지 전용계좌에 입금하는 경우를 말한다. 이 경우 기부금·출연금 또는 회비의 현금수입 명세를 작성하여 보관하여야 한다.

⑥ 법 제50조의2제1항제4호 본문에서 "대통령령으로 정하는 직접 공익목적사업비를 지출하는 경우"란 공익목적 사업과 관련된 기부금·장학금·연구비·생활비 등을 지출하는 경우를 말한다.

⑦ 공익법인등은 법 제50조의2제1항 각 호의 어느 하나에 해당되지 아니하는 거래의 경우 같은 조 제2항에 따라 그 거래일자, 거래상대방(확인이 가능한 경우에 한한다) 및 거래금액 등을 기재한 기획재정부령으로 정하는 전용계좌 외 거래명세서(이하 "전용계좌외거래명세서"라 한다)를 작성하여 보관하여야 한다. 이 경우 전산처리된 테이프 또는 디스크 등에 수록·보관하여 즉시 출력할 수 있는 상태에 둔 때에는 전용계좌외거래명세서를 작성하여 보관한 것으로 본다.

⑧ 법 제50조의2제2항 단서에서 "대통령령으로 정하는 수입과 지출"이란 다음 각 호의 어느 하나에 해당하는 수입과 지출을 말한다.

1. 「소득세법」 제160조의2제2항제3호 또는 제4호에 해당하는 증거서류를 받은 지출

2. 거래건당 금액(부가가치세를 포함한다)이 1만원(2008년 12월 31일까지는 3만원) 이하인 수입과 지출

3. 그 밖에 증거서류를 받기 곤란한 거래 등으로서 기획재정부령으로 정하는 수입과 지출

⑨ 공익법인등은 해당 과세기간 또는 사업연도별로 전용계좌를 사용하여야 할 수입과 지출, 실제 사용한 금액 및 미사용 금액을 구분하여 기록·관리하여야 한다.

⑩ 공익법인등은 법 제50조의2제3항에 따라 해당 기간에 기획재정부령으로 정하는 전용계좌개설(변경·추가)신고서를 납세지 관할 세무서장에게 제출하여야 한다. 이 경우 전용계좌를 변경·추가

하는 때에는 사유 발생일부터 1개월 이내에 납세지 관할 세무서장에게 신고하여야 한다.

⑪ 법 제50조의2제3항을 적용할 때 설립일부터 1년 이내에 「법인세법 시행령」 제39조제1항제1호바목에 따라 지정·고시된 공익법인등의 경우에는 이 영 제12조 각 호 외의 부분 단서에도 불구하고 공익법인등으로 고시된 날을 공익법인등에 해당하게 된 날로 본다.

⑫ 국세청장은 납세관리상 필요한 범위에서 전용계좌의 개설, 신고, 명세서 작성 등에 필요한 세부적인 사항을 정할 수 있다.

이상 조문을 보면 비영리법인, 특히 공익법인에 대해서는 구분경리의 일환인 전용계좌 개설 의무와 사용을 엄격하게 관리하고 있음을 알 수 있다. 다음은 전용계좌를 미 사용시 받게 되는 가산세 조항이다.

◎상증법 제78조(가산세 등) ① 삭제 〈2006. 12. 30.〉

② 삭제 〈2006. 12. 30.〉

③ ~ ⑨ (생략)

⑩ 세무서장등은 공익법인등이 다음 각 호의 어느 하나에 해당하면 각 호의 구분에 따른 금액을 대통령령으로 정하는 바에 따라 그 공익법인등이 납부할 세액에 가산하여 부과한다.

　1. 제50조의2제1항 각 호의 어느 하나에 해당하는 경우로서 전용계좌를 사용하지 아니한 경우 : 전용계좌를 사용하지 아니한 금액의 1천분의 5

　2. 제50조의2제3항에 따른 전용계좌의 개설·신고를 하지 아니한 경우 : 다음 각 목의 금액 중 큰 금액

가. 다음 계산식에 따라 계산한 금액

$$A \times \frac{B}{C} \times 1천분의 5$$

A: 해당 각 과세기간 또는 사업연도의 직접 공익목적사업과 관련한 수입금액의 총액

B: 해당 각 과세기간 또는 사업연도 중 전용계좌를 개설·신고하지 아니한 기간으로서 신고기한의 다음 날부터 신고일 전날까지의 일수

C: 해당 각 과세기간 또는 사업연도의 일수

나. 제50조의2세1항 각 호에 따른 거래금액을 합친 금액의 1천분의 5

⑪ ~ ⑮ (생략)

다. 「근로복지기본법」의 불이익

「근로복지기본법」에서 기금법인의 회계처리에 대한 사항을 이행하지 않았을 경우에는 「근로복지기본법」 제69조에 따라 회계처리 위반(구분경리 미실시)과 시정명령에 해당되며 이를 이행하지 않을 경우 불이익은 회계처리 위반(구분경리 미실시)은 100만원, 시정명령 이행은 300만원에 해당하는 과태료가 부과될 수 있다. 사내(공동)근로복지기금의 구분계리는 의무는 고용노동부 예규인 업무처리지침 중 회계처리 부분인 제19조제1항에 명시되어 있다.

◎근복법 제69조(시정명령) 고용노동부장관은 사용자 또는 기금법인이 제60조제2항, 제64조 및 제66조를 위반한 경우에는 상당한 기간을 정하여 시정을 명할 수 있다.

◎근복법 제99조(과태료) ① 제69조(제86조의15에서 준용하는 경우를 포함한다)에 따른 시정명령을 위반한 사용자, 기금법인 또는 공동기금법인에는 500만원 이하의 과태료를 부과한다. 〈개정 2015.7.20., 2020.12.8.〉 ② ~ ⑤ (생략)

◎근복법령 제67조(과태료의 부과기준) 법 제99조에 따른 과태료의 부과기준은 별표와 같다. 〈개정 2014.7.28.〉

위반행위	근거 법조문	과태료 금액
거. 법 제65조(법 제86조의15에서 준용하는 경우를 포함한다)를 위반하여 서류를 작성·보관하지 않은 경우	법 제99조제3항제1호	100만원
너. 법 제69조(법 제86조의15에서 준용하는 경우를 포함한다)에 따른 시정명령을 위반한 경우	법 제99조제1항	300만원

◎근복법칙 제27조(시정기간) 법 제69조에 따른 시정기간은 10일 이상 60일 이하의 범위에서 주되, 부득이한 사유가 있는 경우에는 한 차례 그 기간을 연장할 수 있다.

◎업무처리지침 제19조(기금의 회계관리) ① 기금의 회계는 다음 각 호와 같이 구분하여 처리하여야 한다.
  1. 기금의 운용·대부사업에서 발생하는 수익금을 관리하는 기금관리회계
  2. 기금법인의 고유목적사업 수행을 위한 목적사업회계
② (생략)

4. 사내(공동)근로복지기금 구분경리 방법

가. 구분경리에 대한 딜레마

내가 사내(공동)근로복지기금 구분경리에서 느낀 딜레마는 크게 세 가지이다. 첫째, 「법인세법」과 업무처리지침 모두 비영리법인에 대해 구분경리 또는 구분계리 의무를 부여하였다. 「법인세법」에서는 구분경리 관련 규정을 정하고 있으나, 이는 전적으로 과세소득 계산 목적의 규정이기 때문에 사내(공동)근로복지기금 실무 회계처리를 하는 과정에서 이를 그대로 적용하기에는 문제가 있다. 예를 들어 수익사업과 비영리사업에 공통으로 사용되는 자산은 수익사업에 속하는 것으로 한다든가, 공통으로 사용되는 자산에서 발생하는 손금은 공통손금이나, 동 자산의 처분손익은 수익사업의 개별손익에 해당하는 것으로 본다는 규정들은 너무나 편의주의적인 것이어서 합리성을 찾기 어렵다. 비수익회계에서 사내(공동)근로복지기금이 어떤 식으로 구분경리를 해야 하는지에 대한 방법을 구체적으로 명시한 지침이나 회계준칙이 없다 보니 계정과목 처리에 대한 기준이 없었다.

둘째, 사내근로복지기금 구분경리 의무가 잘 지켜지지 않았던 더 큰 이유 중의 하나는 나와 이용기 회계사님이 공동으로 작업하여 받은 두 개의 국세청 유권해석(서면인터넷방문상담4팀-1941, 2004.11.30., 서면인터넷방문상담4팀-2066, 2004.12.16.)에 따라 사내근로복지기금이 공익법인에서 빠져나오면서 목적사업용 전용계좌를 개설하여 운영하지 않아도 「상속세 및 증여세법」에 따른 전용계좌 미개설 가산세 불이익 적용도 받지 않게 되었기 때문이다. 「상속세 및 증여세법」에서는 공익법인들은 전용계좌 개설 의무가 있고 미 개설시 목적사업지출 불인정 및 가산세가 부과된다. 구분경리의 핵심은 목적사업용 전용계좌를 만들어 목적사업비와 목적사업 수행을 위한 일반경비를 목적사업계좌에서 내보내야 고유목적사업 지출로 인정받을 수 있는데 목적사업용 전용계좌를 개설하지 않아도 가산세나 목적사업지출 불인정에 대한 불이익이 없으니 거의 대부분 보통예금 계좌 하나로 수익사업과 비수익사업을 함께 운용하는 것이 편했다.

셋째, 사내근로복지기금 구분경리에 대한 내가 연구한 이론과 연구 결과에 대한 확신이 없었다. 기금법인이 회사에서 출연받은 금품을 비수익사업(목적사업회계)에서 받을 때는 「근로복지기본법」에 따르면 기본재산인데 이를 수익회계(기금관리회계)로 보낼 때 계정과목과 수익회계(기금관리회계)에서 이를 수입 회계 처리할 때 상대 계정과목에 대한 확신이 없었고, 재무상태표에서 이 계정과목을 어떻게 처리해야 할 것인가에 대한 고민이 컸었다.

나. 구분경리 방법

1) 재무상태표 항목의 구분경리

(가) 공통되는 자산·부채의 처리
수익사업과 비영리사업에 공통되는 자산과 부채는 이를 수익사업에 속하는 것으로 한다.

(나) 자기자본 계산
수익사업의 자본금은 수익사업의 자산 합계액에서 부채(충당금 포함) 합계액을 공제한 금액으로 한다.

2) 손익계산서 항목의 구분경리

(가) 공통익금
공통익금은 수익사업과 기타 사업의 수입금액 또는 매출액에 비례하여 안분 계산한다.

(나) 공통손금
① 업종이 동일한 경우
    수익사업과 기타 사업의 업종이 동일한 경우의 공통손금은 수익사업과 기타 사업의 수입 금액 또는 매출액에 비례하여 안분 계산한다.
② 업종이 다른 경우
    업종이 다른 경우의 공통손금은 수익사업과 기타 사업의 개별 손금액에 비례하여 안분 계산한다.

다. 구분경리에 대한 확신이 서다

내가 사내(공동)근로복지기금 구분경리에 대해 장기간 고민하는 동안 전국 각지에서 기금실무자는 물론 세무 및 회계전문가, 사내(공동)근로복지기금 설립컨설팅이나 결산컨설팅을 수행하고 컨설팅 관계자들이 사내근로복지기금연구소로 전화를 하여 「사내근로복지기금 결산 및 세무실무」책자를 구입할 수 없느냐, 보관분이라도 있으면 보내달라는 요청이 빗발쳤다.

2024년 10월 29일, 사내근로복지기금연구소에서 〈사내(공동)근로복지기금 회계실무〉 교육을 마치고 나서 사내근로복지기금 구분경리에 대해 어느 정도 확신이 들자 이후 11월부터 한 달 동안 내가 직접 진행하는 〈사내(공동)근로복지기금 회계실무〉와 〈사내(공동)근로복지기금 결산실무〉 교육에 참석하는 교육생들에게 무료로 제공하는 〈사내(공동)근로복지기금 결산 엑셀 SHEET〉에 실재 이자소득만 있는 기금과 대부이자소득이 있는 기금을 대상으로 수익사업과 비수익사업으로 구분하여 입출금 데이터를 입력하여 결산작업을 실시해 보았다. 그 결과가 만족스러워 11월 29일 〈사내(공동)근로복지기금 회계실무〉 교육을 마친 이후 매일, 휴일에도 출근하여 자정이 넘은 시간까지 구분경리를 반영한 〈사내(공동)근로복지기금 결산실무〉 교재 작성 작업에 매달려 사내근로복지기금 구분경리로 만든 새로운 교육 교재로 12월 12~13일 〈사내(공동)근로복지기금 결산실무〉 교육을 진행했는데 별다른 이상이 없어서 바로 《사내근로복지기금 결산실무》 도서 개정작업에 돌입하게 되었다.

비영리법인인 기금법인이 구분경리를 하려면 비수익사업(목적사업회계)과 수익사업(기금관리회계) 기본적으로 입출금이 자유로운 보통예금이나 기업자유예금 통장이 각각 있어야 한다. 비수익사업(목적사업회계)는 고유목적사업과 고유목적사업 수행에 필요한 비용(일반관리비 등)을 집행하는 회계이고, 수익사업(기금관리회계)은 비수익사업으로부터 출연금을 넘겨받아 수익을 만드는 회계이다.

회사로부터 사내(공동)근로복지기금 출연금을 받는 회계는 고유목적사업을 수행하는 비수익회계이다. 비수익회세는 기본새산으로 회계처리를 하고 이 자금을 수익을 극대화하기 위해 수익회계로 송금하게 된다. 수익회계는 비수익회계에서 이 자금을 받을 때 회계처리 계정과목이 핵심이다.

수익회계에서는 금융회사나 임직원들에게 대부를 실시하여 발생한 수익금으로 「법인세법」에 따라 조세특례인 고유목적사업준비금을 설정하면 법인세가 부과되지 않는다. 이렇게 설정한 고유목적사업준비금을 비수익회계로 보낼 때 수익회계는 고유목적사업준비금 사용이 되고 비수익회계는 고유목적사업준비금전입수입으로 회계처리되고 이 재원으로 고유목적사업과 고유목적사업 수행에 필요한 비용(일반관리비 등)에 사용하게 된다. 자세한 사항은 구분경리 사례를 참고하기 바란다. 사내(공동)근로복지기금 회계처리와 구분경리에 대한 자세한 설명을 들으려면 사내근로복지기금연구소에서 매월 실시하는 <사내(공동)근로복지기금 결산실무> 또는 <사내(공동)근로복지기금 회계실무>, <사내(공동)근로복지기금 결산1일특강> 교육에 참석하면 된다.

4장

사내(공동)근로복지기금
결산 사례1 (구분경리 미실시 기금)

(보통예금 계좌 하나로 비수익사업과 수익사업 입출금을 함께 사용하는 기금)

1. 결산 개요

사내(공동)근로복지기금 상담과 컨설팅 업무를 하다 보면 보람을 느낄 때가 많다. 그 중에는 중소기업의 사내(공동)근로복지기금에 대한 사례들이 많은데 대기업도 물론 마찬가지지만, 중소기업은 대부분 회사 직원들이 겸직 업무로 사내(공동)근로복지기금 업무를 처리하고 있어 사내(공동)근로복지기금과 관련된 회계처리와 결산, 재무제표 작성, 법인세 신고와 고용노동부 사내(공동)근로복지기금법인 운영상황 보고서를 작성하는 데 많은 어려움을 겪고 있다.

특히 사내(공동)근로복지기금 실무자들의 지식과 관심 부족으로 간단한 회계처리를 하지 않아 기본재산을 초과 사용하여 「근로복지기본법」을 위반하는 결과가 되고 이러한 사실을 뒤늦게 알고 나서 기금실무자 뿐만 아니라 기금법인과 기금법인 임원들까지 좌불안석이 되어 본 연구소에 전화하여 해결 방안을 묻는 것을 보면 안타까움을 느낀다. 기금법인이 기본재산을 잠식하게 되면 「근로복지기본법」 제62조(수익금과 사용이 허용된 기본재산으로 목적사업을 수행하여야 함) 우반어 되고 이는 같은 법 제97조(벌칙)제1호에 따라 사내(공동)근로복지기금법인의 이사가 1년 이하의 징역 또는 1,000만원 이하의 벌금에 처해지게 된다. 결과적으로 사내(공동)근로복지기금 실무자들이 기금업무를 기피하게 되고 기업들 또한 사내(공동)근로복지기금 설립을 꺼리게 되니 사내(공동)근로복지기금 제도가 위축되게 된다.

2013년 11월, 21년 동안 다녔던 KBS사내근로복지기금을 일반퇴직으로 과감히 사직하고 사내근로복지기금연구소와 사내근로복지기금평생교육원을 설립하여 사내(공동)근로복지기금 실무자 교육에 뛰어든 것도, 이런 우리나라 사내(공동)근로복지기금들의 고충을 이해하고, 기금실무자와 기금법인 임원들에 대한 교육의 필요성을 느꼈기 때문이다.

이번 책에서는 사내(공동)근로복지기금 실무자들의 이해를 돕기 위해 제3차연도 사내(공동)근로복지기금법인 결산을 구분경리를 하지 않고 보통예금(또는 기업자유예금) 하나로 입출금을 하는 기금법인(제4장)과 비수익사업(목적사업회계)과 수익사업(기금관회계)로 나누어 각각 예금통장을 분리하여 원칙대로 구분경리를 하는 기금(제5장)으로 크게 분류하고 이를 다시 각각 회계별로 이자소득만 있는 기금법인, 종업원대부사업을 영위하는 기금법인 네 가지 유형으로 각각 구분하여 작성하였다.

사내근로복지기금연구소(www.sgbok.co.kr) 평생교육원에서는 매월 〈사내(공동)근로복지기금 결산실무〉 또는 〈사내(공동)근로복지기금 회계실무〉 교육이 열리고 있으며 본인이 사내근로복지기금 32년 경험으로 직접 엑셀을 이용하여 만든 '사내근로복지기금 결산시트'를 제공하여 결산 프로세스와 결산 전 과정, 완성된 결산서를 가지고 운영상황보고서 작성, 법인세 과세표준신고 서식 작성, 법인지방소득세 과세표준신고 서식 작성까지 원스톱으로 실습을 통해 쉽고 빠르게 배울 수 있도록 교육하고 있으니 관심있는 분들은 참고하기 바란다.

또한 사내근로복지기금연구소에서는 기금실무자 교육 뿐만 아니라 기금법인 관리·운영에 부담을 느끼는 회사 관계자(협의회위원, 기금법인 이사 및 감사, 기금실무자. 특히 기금실무자들은 기금업무를 겸직업무로 처리하고 있어 기금업무에 대한 부담이 큰 편이다)들을 위해 사내(공동)근로복지기금 결산컨설팅 및 연간자문 서비스를 유료로 제공하고 있다. (결산컨설팅 및 연간자문 서비스 문의 : 02-2644-3244)

2. 이자소득만 있는 기금법인 결산사례(구분경리 미 실시 기금)

가. 결산 사례

◎ 전기 재무제표

재무상태표(통합)

제2기 : 202V년 12월 31일 현재
제1기 : 202U년 12월 31일 현재

[갑사내(공동)근로복지기금]   (단위 : 원)

과 목	제 2 (당) 기		제 1 (전) 기	
〈자 산〉				
Ⅰ. 유동자산		283,917,453		199,655,700
1. 당좌자산	283,603,813		199,655,700	
1) 현금및현금성자산	183,603,813		99,655,700	
2) 단기예금	100,000,000		100,000,000	
2. 기타유동자산	313,640		-	
1) 선급법인세	285,130		-	
2) 선급지방소득세	28,510		-	
Ⅱ. 비유동자산		-		-
1. 투자자산	-		-	
자산 총계		283,917,453		199,655,700
〈부 채〉				
Ⅰ. 유동부채		-		-
Ⅱ. 비유동부채		-		-

과 목	제 2 (당) 기		제 1 (전) 기	
1. 고유목적사업준비금1		-		-
부채 총계		-		-
〈자 본〉 I. 자본금		150,000,000		100,000,000
1. 기본재산	150,000,000		100,000,000	
II. 이익잉여금		133,917,453		99,655,700
1. 고유목적사업준비금2 2. 미처분이익잉여금	133,917,453 -		99,655,700 -	
자본 총계		283,917,453		199,655,700
부채 및 자본 총계		283,917,453		199,655,700

주) 1. 고유목적사업준비금1은 「법인세법」 제29조에 의한 준비금임.
　　2. 고유목적사업준비금2는 「근로복지기본법」 제62조에 의한 준비금임.

손 익 계 산 서(통합)

제2기 : 202V년 1월 1일부터 12월 31일까지
제1기 : 202U년 1월 1일부터 12월 31일까지

[갑사내(공동)근로복지기금]　　　　　　　　　　　　　　　　　　　　　　　　　　　　　　(단위 : 원)

과 목	제 2 (당) 기		제 1 (전) 기	
Ⅰ. 사업수익		2,036,653		-
1. 이자수익	2,036,653		-	
Ⅱ. 고유목적사업비		17,142,400		-
1. 기념품지원	9,600,000		-	
2. 장학금지원	-		-	
3. 동호회지원	3,000,000		-	
4. 단체보험료지원	4,042,400		-	
3. 경조비지원	500,000		-	
Ⅲ. 사업총이익		-15,105,747		-
Ⅳ. 일반관리비		632,500		344,300
1. 세금과공과	62,500		-	
2. 지급수수료	270,000		-	
3. 교육훈련비	300,000		344,300	
Ⅴ. 사업이익		-15,738,247		-344,300
Ⅵ.사업외수익		17,774,900		344,300
1. 고유목적사업준비금1전입수입	2,036,653		-	
2. 고유목적사업준비금2전입수입	15,738,247		344,300	
Ⅶ. 사업외비용		2,036,653		-
1. 고유목적사업준비금전입액	2,036,653		-	
Ⅷ. 법인세비용차감전순이익		-		-
Ⅸ. 법인세비용		-		-
1. 법인세 등	-		-	
Ⅹ. 당기순이익		-		-

1) 202x년 거래내역

(가) 〈보통예금〉

날짜	인출	입금	잔액	세부내역
202x0101		183,603,813	183,603,813	전기이월
202x0127	9,600,500		174,003,313	설 백화점상품권 9,600,000 송금수수료 500
202x0210	27,000,000		147,003,313	1기분 장학금송금 27,000,000
202x0221	4,272,900		142,730,413	단체보험료지원 4,272,400 송금수수료500
202x0310	3,000,000		139,730,413	상반기 동호회비지급 3,000,000
202x0417		274,300	140,004,713	단체보험료지원 환급 274,300
202x0426		285,130	140,289,843	202v년 선급법인세 환급
202x0528		28,510	140,318,353	202v년 선급지방소득세 환급
202x0614		18,294	140,336,647	결산이자 입금 18,294
202x0614	2,810		140,333,837	선급법인세 2,560 선급지방소득세 250 원천징수
202x0829	62,500		140,271,337	법인균등주민세
202x0902	25,000,000		115,271,337	2기분 장학금송금 25,000,000
202x0905	3,000,000		112,271,337	하반기 동호회비지급 3,000,000
202x0925	9,400,500		102,870,837	추석 백화점상품권 9,400,000 송금수수료 500
202x1001	1,200,500		101,670,337	김순경,홍경미,이미숙/경조비 1,200,000 송금수수료 500
202x1203	4,400		101,665,937	공인인증서갱신수수료 4,400
202x1204	400,500		101,265,437	사내근로복지기금 교육비 400,000 송금수수료 500
202x1213		14,314	101,279,751	결산이자 입금 14,314
202x1213	2,200		101,277,551	선급법인세 2,000 선급지방소득세 200 원천징수
202x1215		2,000,000	103,277,551	이자소득(정기예금)
202x1215	308,000		102,969,551	선급법인세 280,000 선급지방소득세 28,000 원천징수
202x1218	252,150		102,717,401	임원변경 수수료 211,150, 등록면허세 41,000
202x1220	110,000		102,607,401	임원 주소변경수수료 110,000
202x1228		100,000,000	202,607,401	202x년 사내근로복지기금 출연

(나) <정기예금>

날짜	인출	입금	잔액	세 부 내 역
202x0101		100,000,000	100,000,000	전기이월
202x1215		2,000,000	102,000,000	만기이자
202x1215	308,000		101,692,000	선급법인세 280,000 선급지방소득세 28,000 원천징수
202x1215	1,692,000		100,000,000	이자 인출
202x1215	100,000,000	100,000,000	100,000,000	정기예금 만기해지/신규가입
계	102,000,000	202,000,000	100,000,000	

• 추가사항

1. 법인세법상 설정 가능한 고유목적사업준비금1을 최대한 설정한다.

2. 당해연도 출연금 50% 고유목적사업준비금2를 설정한다.

3. 목적사업비와 일반관리비를 고유목적사업준비금에서 전입수입 대체한다.

4. 12/12 만기가 도래하는 정기예금은 수익금은 보통예금으로 대체시키고, 원금은 동일 은행으로 재예치한다.

수행 과제

1. 거래내역 분개 2. 계정별 보조부 작성 3. 합계잔액시산표 작성 4. 재무상태표 작성(통합) 5. 손익계산서 작성(통합) 6. 이익잉여금처분(결손금처리)계산서(통합) 작성 7. 재무상태표 작성(구분) 8. 손익계산서 작성(구분) 9. 이익잉여금처분(결손금처리)계산서(통합) 작성 [10. 법인세 과세표준신고서식 작성 11. 운영상황보고서식 작성 12. 지방소득세 과세표준신고서식 작성]

*[ ] 부분은 제6장, 제7장, 제9장에서 다룬다.

2) 거래내역 분개

(가) 보통예금

1/27 (차) 기념품지급   9,600,000 /   (대) 현금및현금성자산(보통예금)   9,600,500
       지급수수료   500

2/10 (차) 장학금지급   27,000,000 /   (대) 현금및현금성자산(보통예금)   27,000,000

2/21 (차) 단체보험료지원   4,272,400 /   (대) 현금및현금성자산(보통예금)   4,272,900
       지급수수료   500

3/10 (차) 동호회비지원   3,000,000 /   (대) 현금및현금성자산(보통예금)   3,000,000

4/17 (차)현금및현금성자산(보통예금)274,300 /   (대) 단체보험료지원   274,300

4/26 (차) 현금및현금성자산(보통예금)285,130 /   (대) 선급법인세   285,130

5/28 (차) 현금및현금성자산(보통예금)28,510 /   (대) 선급지방소득세   28,510

6/14 (차) 현금및현금성자산(보통예금)   15,484 /   (대) 이자수익   18,294
       선급법인세   2,560
       선급지방소득세   250

8/29 (차) 세금과공과   62,500 /   (대) 현금및현금성자산(보통예금)   62,500

9/2 (차) 장학금지급   25,000,000 /   (대) 현금및현금성자산(보통예금)   25,000,000

9/5 (차) 동호회비지원   3,000,000 /   (대) 현금및현금성자산(보통예금)   3,000,000

9/25	(차) 기념품지급	9,400,000 /	(대) 현금및현금성자산(보통예금)	9,400,500
	지급수수료	500		
10/01	(차) 경조비지원	1,200,000 /	(대) 현금및현금성자산(보통예금)	1,200,500
	지급수수료	500		
12/03	(차) 지급수수료	4,400 /	(대) 현금및현금성자산(보통예금)	4,400
12/04	(차) 교육훈련비	400,000 /	(대) 현금및현금성자산(보통예금)	400,500
	지급수수료	500		
12/13	(차) 현금및현금성자산(보통예금) 12,114 /		(대) 이자수익	14,314
	선급법인세	2,000		
	선급지방소득세	200		
12/15	(차) 단기예금	1,692,000 /	(대) 이자소득	2,000,000
	선급법인세	280,000		
	선급지방소득세	28,000		
12/15	(차) 현금및현금성자산(보통예금) 1,692,000 /		(대) 단기예금	1,692,000
12/15	(차) 단기예금	100,000,000 /	(대) 단기예금	100,000,000
12/18	(차) 지급수수료	211,150 /	(대) 현금및현금성자산(보통예금)	252,150
	세금과공과	41,000		
12/20	(차) 지급수수료	110,000 /	(대) 현금및현금성자산(보통예금)	110,000
12/28	(차) 현금및현금성자산(보통예금) 100,000,000 /		(대) 기본재산	100,000,000

(나) 정기예금

12/15	(차) 단기예금(정기예금2)	1,692,000 /	(대) 이자소득	2,000,000
	선급법인세	280,000		
	선급지방소득세	28,000		

12/15	(차) 현금및현금성자산(보통예금2)	1,692,000 /		
			(대) 단기예금(정기예금1)	1,692,000 **

12/15	(차) 단기예금(정기예금2)	100,000,000 /		
			(대) 단기예금(정기예금1)	100,000,000

※ 주) **는 보통예금과 정기예금 사이에 이루어지는 자금 대체거래이다.

◎ 추가 분개사항(고유목적사업준비금 설정 및 전입수입처리)

① 12/31 당해연도 수익금(이자수익)으로 고유목적사업준비금1 설정

- 12/31 (차변) 고유목적사업준비금전입액　　2,032,608 /

　　　　(대변) 고유목적사업준비금1　　2,032,608

② 고유목적사업준비금1 사용 / 고유목적사업준비금1전입전입수입 처리

- 12/31 (차변)고유목적사업준비금1　　2,032,608 /

　　　　(대변) 고유목적사업준비금1전입수입　　2,032,608

③ 고유목적사입준비금Ⅱ 진입수입 처리

- 12/31 (차변)고유목적사업준비금2　　80,997,042 /

　　　　(대변) 고유목적사업준비금2전입수입　　80,997,042

④ 당해 연도 출연금이 있을 경우 고유목적사업준비금Ⅱ 설정

- 12/31 (차변)기본재산　　50,000,000 /　　(대변) 고유목적사업준비금2　　50,000,000

3) 계정별보조부 작성

사업수익 / 이자수익				
날짜	적요	차변	대변	잔액
06/14	보통예금 이자발생		18,294	
12/13	보통예금 이자발생		14,314	
12/15	정기예금 만기이자		2,000,000	
	계	0	2,032,608	2,032,608

사업외수익 / 고유목적사업준비금1전입수입				
날짜	적요	차변	대변	잔액
12/31	고유목적사업준비금1전입수입		2,032,608	
	계	-	2,032,608	2,032,608

사업외수익 / 고유목적사업준비금2전입수입				
날짜	적요	차변	대변	잔액
12/31	고유목적사업준비금2전입수입		80,997,042	
	계	-	80,997,042	80,997,042

고유목적사업비 / 기념품지급				
날짜	적요	차변	대변	잔액
01/27	설날 기념품지급	9,600,000		
09/25	추석 기념품 지급	9,400,000		
	계	19,000,000	-	19,000,000

고유목적사업비 / 장학금지원				
날짜	적요	차변	대변	잔액
02/10	상반기 장학금지원	27,000,000		

고유목적사업비 / 장학금지원				
09/02	하반기 장학금지원	25,000,000		
	계	52,000,000	-	52,000,000

고유목적사업비 / 동호회지원				
날짜	적요	차변	대변	잔액
03/10	상반기 동호회지원	3,000,000		
09/05	하반기 동호회지원	3,000,000		
	계	6,000,000	-	6,000,000

고유목적사업비 / 단체보험료지원				
날짜	적요	차변	대변	잔액
02/21	단체보험료지원	4,272,400		
04/17	퇴사자 보험료 환급		274,300	
	계	4,272,400	274,300	3,998,100

고유목적사업비 / 경조비지원				
날짜	적요	차변	대변	잔액
10/01	하반기 경조비지원	1,200,000		
	계	1,200,000	-	1,200,000

일반관리비 / 세금과공과				
날짜	적요	차변	대변	잔액
08/29	법인균등할주민세 납부	62,500		
12/18	임원변경 등록면허세 납부	41,000		
	계	103,500	-	6,000,000

일반관리비 / 지급수수료				
날짜	적요	차변	대변	잔액
01/27	송금수수료	500		
02/21	송금수수료	500		
09/25	송금수수료	500		
10/01	송금수수료	500		
12/03	공인인증서 갱신수수료	4400		
12/04	송금수수료	500		
12/18	임원변경 등기수수료	211,150		
12/20	임원주소변경 등기수수료	110,000		
	계	328,050	-	328,050

일반관리비 / 교육훈련비				
날짜	적요	차변	대변	잔액
12/04	사내근로복지기금 교육비	400,000		
	계	400,000	-	400,000

사업외비용/ 고유목적사업준비금전입액				
날짜	적요	차변	대변	잔액
12/31	고유목적사업준비금 설정	2,032,608		
	계	2,032,608	-	2,032,608

유동자산 / 현금및현금성자산				
날짜	적요	차변	대변	잔액
01/01	전기이월	183,603,813		
01/27	설 기념품 지급 등		9,600,500	
02/10	상반기 장학금 지원		27,000,000	
02/21	단체보험료 지원		4,272,900	

	유동자산 / 현금및현금성자산			
03/10	상반기 동호회지원		3,000,000	
04/17	단체보험료지원 환급	274,300		
04/26	202v년 선급법인세 환급	285,130		
05/28	202v년 선급지방세 환급	28,510		
06/14	보통예금 결산이자	18,294		
06/14	보통예금이자 원천징수		2,810	
08/29	법인균등할주민세 납부		62,500	
09/02	하반기 장학금지원		25,000,000	
09/05	하반기 동호회지원		3,000,000	
09/25	추석 기념품 지급 등		9,400,500	
10/01	경조비지원 등		1,200,500	
12/03	공인인증서 갱신수수료		4,400	
12/04	사내근로복지기금 교육비등		400,500	
12/13	보통예금 결산이자	14,314		
12/13	보통예금이자 원천징수		2,200	
12/15	정기예금 만기이자	2,000,000		
12/15	정기예금이자 원천징수		308,000	
12/18	임원변경등기수수료 등		252,150	
12/20	임원주소변경등기수수료 등		110,000	
12/28	202x년 기금 출연	100,000,000		
	계	286,224,361	83,616,960	202,607,401

	유동자산 / 단기예금			
날짜	적요	차변	대변	잔액
01/01	전기이월	100,000,000		
12/15	만기이자 발생/이체	1,692,000	1,692,000	
12/15	정기예금 재가입	100,000,000	100,000,000	
	계	201,692,000	101,692,000	100,000,000

유동자산 / 선급법인세				
날짜	적요	차변	대변	잔액
01/01	전기이월	285,130		
04/25	202v년 선급법인세 환급		285,130	
06/14	보통예금 이자 원천징수	2,560		
12/13	보통예금 이자 원천징수	2,000		
12/15	정기예금 이자 원천징수	280,000		
	계	569,690	285,130	284,560

유동자산 / 선급지방소득세				
날짜	적요	차변	대변	잔액
01/01	전기이월	28,510		
04/25	202v년 선급법인세 환급		28,510	
06/14	보통예금 이자 원천징수	250		
12/13	보통예금 이자 원천징수	200		
12/15	정기예금 이자 원천징수	28,000		
	계	56,960	28,510	28,450

비유동부채 / 고유목적사업준비금1				
날짜	적요	차변	대변	잔액
01/01	전기이월	-		
12/31	202x년 당기 설정		2,032,608	
12/31	202x년 당기 지출	2,032,608		
	계	2,032,608	2,032,608	-

자본금 / 기본재산				
날짜	적요	차변	대변	잔액
01/01	전기이월		150,000,000	
12/28	202x년 기금출연		100,000,000	
12/31	202x년 출연금 준비금설정	50,000,000		
	계	50,000,000	250,000,000	200,000,000

이익잉여금 / 고유목적사업준비금2				
날짜	적요	차변	대변	잔액
01/01	전기이월		133,917,453	
12/31	202x년 당기 설정		50,000,000	
12/31	202x년 당기 지출	80,997,042		
	계	80,997,042	183,917,453	102,920,411

4) 합계잔액시산표 작성

합계잔액시산표(통합)

(202x년 12월 31일 현재)

[갑사내(공동)근로복지기금]　　　　　　　　　　　　　　　　　　　　　　　　　(단위:원)

차 변		과 목	대 변	
잔 액	합 계		합 계	잔 액
-	-	Ⅰ. 사업이익	2,032,608	2,032,608
-	-	1. 이자수익	2,032,608	2,032,608
82,198,100	82,472,400	Ⅱ. 고유목적사업비	274,300	-
19,000,000	19,000,000	1. 기념품지급	-	-
52,000,000	52,000,000	2. 장학금지원	-	-
6,000,000	6,000,000	3. 동호회지원	-	-
3,998,100	4,272,400	4. 단체보험료지원	274,300	-
1,200,000	1,200,000	5. 경조비지원	-	-
831,550	831,550	Ⅲ. 일반관리비	-	-
103,500	103,500	1. 세금과공과	-	-
328,050	328,050	2. 지급수수료	-	-
400,000	400,000	3. 교육훈련비	-	-
-	-	Ⅳ. 사업외이익	83,029,650	83,029,650
-	-	1. 고유목적사업준비금1전입수입	2,032,608	2,032,608
-	-	2. 고유목적사업준비금2전입수입	80,997,042	80,997,042
2,032,608	2,032,608	Ⅴ. 사업외비용	-	-
2,032,608	2,032,608	1. 고유목적사업준비금전입액	-	-
-	-	Ⅵ. 법인세비용	-	-
-	-	1. 법인세등	-	-
-	-	Ⅶ. 당기순이익	-	-
85,062,258	85,336,558	(수익비용 누계)	85,336,558	85,062,258
302,920,411	488,543,011	Ⅰ. 유동자산	185,622,600	-
302,607,401	487,916,361	1. 당좌자산	185,308,960	-
202,607,401	286,224,361	가. 현금및현금성자산	83,616,960	-
100,000,000	201,692,000	나. 단기예금	101,692,000	-
313,010	626,650	2. 기타유동자산	313,640	-
284,560	569,690	가. 선급법인세	285,130	-
28,450	56,960	나. 선급지방소득세	28,510	-
-	-	Ⅱ. 비유동자산	-	-
-	-	Ⅲ. 유동부채	-	-
-	2,032,608	Ⅳ. 비유동부채	2,032,608	-
-	2,032,608	1. 고유목적사업준비금1	2,032,608	-
-	50,000,000	Ⅴ. 자본금	250,000,000	200,000,000
-	50,000,000	1. 기본재산	250,000,000	200,000,000
-	80,997,042	Ⅵ. 이익잉여금	183,917,453	102,920,411
-	80,997,042	1. 고유목적사업준비금2	183,917,453	102,920,411
-	-	2. 미처분이익잉여금	-	-
302,920,411	621,572,661	(자산부채자본 합계)	621,572,661	302,920,411
387,982,669	706,909,219	총 합 계	706,909,219	387,982,669

5) 재무상태표(통합) 작성

재 무 상 태 표(통합)

제3기 : 202X년 12월 31일 현재

제2기 : 202V년 12월 31일 현재

[갑사내(공동)근로복지기금]   (단위 : 원)

과 목	제 3 (당) 기		제 2 (전) 기	
〈자 산〉				
Ⅰ. 유동자산		302,920,411		283,917,453
1. 당좌자산	302,607,401		283,603,813	
1) 현금및현금성자산	202,607,401		183,603,813	
2) 단기예금	100,000,000		100,000,000	
2. 기타유동자산	313,010		313,640	
1) 선급법인세	284,560		285,130	
2) 선급지방소득세	28,450		28,510	
Ⅱ. 비유동자산		-		-
자산 총계		302,920,411		283,917,453
〈부 채〉				
Ⅰ. 유동부채		-		-
Ⅱ. 비유동부채		-		-
1. 고유목적사업준비금1	-		-	
부 채 총 계		-		-
〈자 본〉				
Ⅰ. 자본금		200,000,000		150,000,000
1. 기본재산	200,000,000		150,000,000	
Ⅱ. 이익잉여금		102,920,411		133,917,453
1. 고유목적사업준비금2	102,920,411		133,917,453	
2. 미처분이익잉여금	-		-	
자본 총계		302,920,411		283,917,453
부채 및 자본 총계		302,920,411		283,917,453

주) 1. 고유목적사업준비금1은 「법인세법」 제29조에 의한 준비금임.

　 2. 고유목적사업준비금2는 「근로복지기본법」 제62조에 의한 준비금임.

6) 손익계산서(통합) 작성

손 익 계 산 서(통합)

제3기 : 202X년 1월 1일부터 12월 31일까지
제2기 : 202V년 1월 1일부터 12월 31일까지

[갑사내(공동)근로복지기금]   (단위 : 원)

과 목	제 3 (당)기		제 2 (전)기	
Ⅰ. 사업수익		2,032,608		2,036,653
1. 이자수익	2,032,608		2,036,653	
Ⅱ. 고유목적사업비		82,198,100		17,142,400
1. 기념품지급	19,000,000		9,600,000	
2. 장학금지원	52,000,000		-	
3. 동호회지원	6,000,000		3,000,000	
4. 단체보험료지원	3,998,100		4,042,400	
5. 경조비지원	1,200,000		500,000	
Ⅲ. 사업총이익		-80,165,492		-15,105,747
Ⅳ. 일반관리비		831,550		632,500
1. 세금과공과	103,500		62,500	
2. 지급수수료	328,050		270,000	
3. 교육훈련비	400,000		300,000	
Ⅴ. 사업이익		-80,997,042		-15,738,247
Ⅵ. 사업외수익		83,029,650		17,774,900
1. 고유목적사업준비금1전입수입	2,032,608		2,036,653	
2. 고유목적사업준비금2전입수입	80,997,042		15,738,247	
Ⅶ. 사업외비용		2,032,608		2,036,653
1. 고유목적사업준비금전입액	2,032,608		2,036,653	
Ⅷ. 법인세비용차감전순이익		-		-
Ⅸ. 법인세비용		-		-
1. 법인세 등	-		-	
Ⅹ. 당기순이익		-		-

7) 이익잉여금처분계산서(통합) 작성

이익잉여금처분계산서(통합)

제3기 : 202X년 1월 1일부터 12월 31일까지 처분확정일 202Y년 2월 28일

제2기 : 202V년 1월 11일부터 12월 31일까지 처분확정일 202X년 2월 28일

[갑사내(공동)근로복지기금]   (금액단위 : 원)

과 목	제 3 기(당기)		제 2 기(전기)	
Ⅰ. 미처분이익잉여금		-		-
1. 전기이월미처분이익잉여금	-		-	
2. 회계정책변경의 누적효과	-		-	
3. 전기오류수정이익	-		-	
4. 당기순이익(당기순손실)	-		-	
Ⅱ. 임의적립금등의 이입액		-		-
(합 계)		-		-
Ⅲ. 이익잉여금 처분액		-		-
1. 이익준비금	-		-	
2. 기타법정적립금	-		-	
3. 그밖의적립금	-		-	
Ⅳ. 차기이월미처분이익잉여금		-		-

8) 재무상태표(구분) 작성

재무상태표1(구분/당해연도)

제3기 : 202X년 12월 31일 현재

[갑사내(공동)근로복지기금]   (단위 : 원)

과 목	비수익회계 (목적사업회계)	수익회계 (기금관리회계)	계
〈자 산〉			
Ⅰ. 유동자산	-	302,920,411	302,920,411
1. 당좌자산	-	302,607,401	302,607,401
1) 현금및현금성자산	-	202,607,401	202,607,401
2) 단기예금	-	100,000,000	100,000,000
2. 기타유동자산	-	313,010	313,010
1) 선급법인세	-	284,560	284,560
2) 선급지방소득세	-	28,450	28,450
Ⅱ. 비유동자산	-	-	-
자산 총계	-	302,920,411	302,920,411
〈부 채〉			
Ⅰ. 유동부채	-	-	-
Ⅱ. 비유동부채	-	-	-
1. 고유목적사업준비금1	-	-	-
부채 총계	-	-	-
〈자 본〉			
Ⅰ. 자본금	-	200,000,000	200,000,000
1. 기본재산	-	200,000,000	200,000,000
Ⅱ. 이익잉여금	-	102,920,411	102,920,411
1. 고유목적사업준비금2	-	102,920,411	102,920,411
2. 미처분이익잉여금	-	-	-
자본 총계	-	302,920,411	302,920,411
부채 및 자본 총계	-	302,920,411	302,920,411

주) 1. 고유목적사업준비금1은 「법인세법」 제29조에 의한 준비금임.
　　2. 고유목적사업준비금2는 「근로복지기본법」 제62조에 의한 준비금임.

재무상태표2(구분/비교식)

제3기 : 202X년 12월 31일 현재
제2기 : 202V년 12월 31일 현재

[갑사내(공동)근로복지기금   (단위 : 원)

과 목	제 3 (당)기			제 2 (전)기		
	비수익회계 (목적사업회계)	수익회계 (기금관리회계)	계	비수익회계 (목적사업회계)	수익회계 (기금관리회계)	계
〈자 산〉						
I. 유동자산	-	302,920,411	302,920,411	-	283,917,453	283,917,453
1. 당좌자산	-	302,607,401	302,607,401	-	283,603,813	283,603,813
1) 현금및현금성자산	-	202,607,401	202,607,401	-	183,603,813	183,603,813
2) 단기예금	-	100,000,000	100,000,000	-	100,000,000	100,000,000
2. 기타유동자산	-	313,010	313,010	-	313,640	313,640
1) 선급법인세	-	284,560	284,560	-	285,130	285,130
2) 선급지방소득세	-	28,450	28,450	-	28,510	28,510
II. 비유동자산	-	-	-	-	-	-
자산 총계	-	302,920,411	302,920,411	-	283,917,453	283,917,453
〈부 채〉						
I. 유동부채	-	-	-	-	-	-
II. 비유동부채	-	-	-	-	-	-
1. 고유목적사업준비금1	-	-	-	-	-	-
부채 총계	-	-	-	-	-	-
〈자 본〉						
I. 자본금	-	200,000,000	200,000,000	-	150,000,000	150,000,000
1. 기본재산	-	200,000,000	200,000,000	-	150,000,000	150,000,000
II. 이익잉여금	-	102,920,411	102,920,411	-	133,917,453	133,917,453
1. 고유목적사업준비금2	-	102,920,411	102,920,411		133,917,453	133,917,453
2. 미처분이익잉여금	-	-	-	-		
자본 총계	-	302,920,411	302,920,411	-	283,917,453	283,917,453
부채 및 자본 총계	-	302,920,411	302,920,411	-	283,917,453	283,917,453

주) 1. 고유목적사업준비금1은 「법인세법」 제29조에 의한 준비금임.
　　2. 고유목적사업준비금2는 「근로복지기본법」 제62조에 의한 준비금임.

9) 손익계산서(구분) 작성

손익계산서1(구분/당해연도)

제3기 : 202X년 1월 1일부터 12월 31일까지

[갑사내(공동)근로복지기금]   (단위 : 원)

과 목	목적사업회계	기금관리회계	계
Ⅰ. 사업수익	-	2,032,608	2,032,608
1. 이자수익	-	2,032,608	2,032,608
Ⅱ. 고유목적사업비	82,198,100	-	82,198,100
1. 기념품지급	19,000,000	-	19,000,000
2. 장학금지원	52,000,000	-	52,000,000
3. 동호회지원	6,000,000	-	6,000,000
4. 단체보험료지원	3,998,100	-	3,998,100
5. 경조비지원	1,200,000	-	1,200,000
Ⅲ. 사업총이익	-82,198,100	2,032,608	-80,165,492
Ⅳ. 일반관리비	831,550	-	831,550
1. 세금과공과	70,540	-	70,540
2. 지급수수료	361,010	-	361,010
3. 교육훈련비	400,000	-	400,000
Ⅴ. 사업이익	-83,029,650	2,032,608	-80,997,042
Ⅵ. 사업외수익	83,029,650		83,029,650
1. 고유목적사업준비금1전입수입	2,032,608	-	2,032,608
2. 고유목적사업준비금2전입수입	80,997,042	-	80,997,042
Ⅶ. 사업외비용	-	2,032,608	2,032,608
1. 고유목적사업준비금전입액	-	2,032,608	2,032,608
Ⅷ. 법인세비용차감전순이익	-	-	-
Ⅸ. 법인세비용	-	-	-
1. 법인세 등	-	-	-
Ⅹ. 당기순이익	-	-	-

손익계산서2(구분/비교식)

제3기 : 202X년 1월 1일부터 12월 31일까지
제2기 : 202V년 1월 1일부터 12월 31일까지

[갑사내(공동)근로복지기금] (단위 : 원)

과 목	제 3 (당)기			제 2 (전) 기		
	목적사업 회계	기금관리 회계	계	목적사업 회계	기금관리 회계	계
Ⅰ. 사업수익	-	2,032,608	2,032,608	-	2,036,653	2,036,653
1. 이자수익	-	2,032,608	2,032,608	-	2,036,653	2,036,653
Ⅱ. 고유목적사업비	82,198,100	-	82,198,100	17,142,400	-	17,142,400
1. 기념품지급	19,000,000	-	19,000,000	9,600,000	-	9,600,000
2. 장학금지원	52,000,000	-	52,000,000	-	-	-
3. 동호회지원	6,000,000	-	6,000,000	3,000,000	-	3,000,000
4. 단체보험료지원	3,998,100	-	3,998,100	4,042,400	-	4,042,400
5. 경조비지원	1,200,000	-	1,200,000	500,000	-	500,000
Ⅲ. 사업총이익	-82,198,100	2,032,608	-80,165,492	-17,142,400	2,036,653	-15,105,747
Ⅳ. 일반관리비	831,550	-	831,550	632,500	-	632,500
1. 세금과공과	70,540	-	70,540	62,500	-	62,500
2. 지급수수료	361,010	-	361,010	270,000	-	270,000
3. 교육훈련비	400,000	-	400,000	300,000	-	300,000
Ⅴ. 사업이익	-83,029,650	2,032,608	-80,997,042	-17,774,900	2,036,653	-15,738,247
Ⅵ. 사업외수익	83,029,650	-	83,029,650	17,774,900	-	17,774,900
1. 고유목적사업준비금1전입수입	2,032,608	-	2,032,608	2,036,653	-	2,036,653
2. 고유목적사업준비금2전입수입	80,997,042	-	80,997,042	15,738,247	-	15,738,247
Ⅶ. 사업외비용	-	2,032,608	2,032,608	0	2,036,653	2,036,653
1. 고유목적사업준비금전입액	-	2,032,608	2,032,608	0	2,036,653	2,036,653
Ⅷ. 법인세비용차감전순이익	-	-	-	-	-	-
Ⅸ. 법인세비용	-	-	-	-	-	-
1. 법인세 등	-	-	-	-	-	-
Ⅹ. 당기순이익	-	-	-	-	-	-

10) 이익잉여금처분계산서(구분) 작성

이익잉여금처분계산서1(구분/당해연도)

제3기 : 202X년 1월 1일부터 12월 31일까지
처분확정일 202Y년 2월 28일

[갑사내(공동)근로복지기금]   (단위 : 원)

과 목	비수익회계 (목적사업회계)	수익회계 (기금관리회계)	계
Ⅰ. 미처분이익잉여금	-	-	-
1. 전기이월미처분이익잉여금	-	-	-
2. 회계정책변경의 누적효과	-	-	-
3. 전기오류수정이익	-	-	-
4. 당기순이익(당기순손실)	-	-	-
Ⅱ. 임의적립금등의 이입액	-	-	-
(합 계)	-	-	-
Ⅲ. 이익잉여금 처분액	-	-	-
1. 이익준비금	-	-	-
2. 기타법정적립금	-	-	-
3. 그밖의적립금	-	-	-
Ⅳ. 차기이월미처분이익잉여금	-	-	-

이익잉여금처분계산서2(구분/비교식)

제3기 : 202X년 1월 1일부터 12월 31일까지 처분확정일 202Y년 2월 28일
제2기 : 202V년 1월 11일부터 12월 31일까지 처분확정일 202X년 2월 28일

[갑사내(공동)근로복지기금]　　　　　　　　　　　　　　　　　　　　　　　　　　　　(단위 : 원)

과 목	제 3 (당) 기			제 2 (전) 기		
	비수익회계 (목적사업 회계)	수익회계 (기금관리 회계)	계	비수익회계 (목적사업 회계)	수익회계 (기금관리 회계)	계
Ⅰ. 처분전이익잉여금	-	-	-	-	-	-
1. 전기이월미처분이익잉여금	-	-	-	-	-	-
2. 회계정책의 누적효과	-	-	-	-	-	-
3. 전기오류수정이익	-	-	-	-	-	-
4. 당기순이익(당기순손실)	-	-	-	-	-	-
Ⅱ. 임의적립금등의 이입액	-	-	-	-	-	-
(합 계)	-	-	-	-	-	-
Ⅲ. 이익잉여금처분액	-	-	-	-	-	-
1. 이익준비금	-	-	-	-	-	-
2. 그밖의적립금	-	-	-	-	-	-
3. 그밖의잉여금처분액	-	-	-	-	-	-
Ⅳ. 차기이월미처분이익잉여금	-	-	-	-	-	-

11) 부속명세서 작성

1-1-1. 현금및현금성자산 명세서

(단위 : 원)

예금명	금융회사	기초잔액	당기증가	당기감소	기말잔액	비고
보통예금	○○은행	183,603,813	102,620,548	83,616,960	202,607,401	○○은행 ○○동지점
계		183,603,813	102,620,548	83,616,960	202,607,401	

(현금및현금성자산 명세는 잔액증명 참조)

1-1-2. 단기예금 명세서

(단위 : 원)

예금명	금융회사	기초잔액	당기증가	당기감소	기말잔액	비고
정기예금1	○○은행	100,000,000	1,692,000	101,692,000	-	○○은행 ○○동지점
정기예금2	○○은행	-	100,000,000	-	100,000,000	○○은행 ○○동지점
계		100,000,000	101,692,000	101,692,000	100,000,000	

(단기예금 명세는 잔액증명 참조)

1-1-3. 선급법인세 및 선급법인지방소득세 명세서

(단위 : 원)

계정과목	기초잔액	당기증가	당기감소	기말잔액	비고
선급법인세	285,130	284,560	285,130	284,560	
선급법인지방소득세	28,510	28,450	28,510	28,450	
계	313,640	313,010	313,640	313,010	

(선급법인세 및 선급법인지방소득세 명세는 이자수익명세서 참조)

1-1-4. 고유목적사업준비금 명세서

계정과목	기초잔액	당기증가	당기감소	기말잔액	비고
고유목적사업준비금1	-	2,032,608	2,032,608	-	
고유목적사업준비금2	133,917,453	50,000,000	80,997,042	102,920,411	
계	133,917,453	52,032,608	83,029,650	102,920,411	

1-1-5. 기본재산 명세서

(단위 : 원)

계정과목	기초잔액	당기증가	당기감소	기말잔액	비고
기본재산	150,000,000	100,000,000	50,000,000	200,000,000	
계	150,000,000	100,000,000	50,000,000	200,000,000	

1-2-1. 이자수익 명세서

(단위 : 원, %)

수입처	적요	원금	운용기간	이율	이자수익	법인세	지방소득세	입금액	비고
○○은행	보통예금		202v.12.15-202x.06.15		18,294	2,560	250	15,484	
○○은행	보통예금		202x.06.15-202x.12.13		14,314	2,000	200	12,114	
○○은행	정기예금	100,000,000	202v.12.15-2024.12.15	2.0%	2,000,000	280,000	28,000	1,692,000	
계					2,032,608	284,560	28,450	1,719,598	

1-2-2. 고유목적사업비 명세서

(단위 : 원)

계정과목	월	적요	금액	비고
기념품지급	01	설명절 기념품(상품권) 지급	9,600,000	000외 00명
	09	추석명절 기념품(상품권) 지급	9,400,000	000외 00명
	계		19,000,000	
장학금지원	02	1분기 장학금 지원	27,000,000	000외 00명
	09	2분기 장학금 지원	25,000,000	000외 00명
	계		52,000,000	
동호회지원	03	1분기 동호회 지원	3,000,000	00동호회 외 2개
	09	2분기 동호회 지원	3,000,000	00동호회 외 2개
	계		6,000,000	
단체보험료지원	02	직원단체보험료 지원	4,272,400	000외 00명
	04	퇴사자 보험료 환급	-274,300	000외 0명
	계		3,998,100	
경조비지원	10	직원 경조비지원	1,200,000	000 외 2명
	계		1,200,000	
합계			82,198,100	

1-2-3. 일반관리비 명세서

(단위 : 원)

계정과목	월	적요	금액	비고
세금과공과	08	법인균등할주민세 납부	62,500	○○구청
	12	임원변경시 등록면허세 납부	41,000	○○구청
	계		103,500	
지급수수료	01	상품권대금 송금수수료	500	○○은행
	02	단체상해보험 송금수수료	500	○○은행
	09	상품권대금 송금수수료	500	○○은행
	10	경조비 송금수수료	500	○○은행
	12	공인인증서 갱신수수료	4,400	○○은행
	12	교육비 송금수수료	500	○○은행
	12	임원 변경 수수료	211,150	○○법무법인
	12	임원 주소변경 수수료	110,000	○○법무법인
	계		328,050	
교육훈련비	12	사내근로복지기금교육비	400,000	㈜사내근로복지기금연구소
	계		400,000	
합 계			831,550	

1-2-4. 사업외수익 명세서

(단위 : 원)

구 분	금액	비 고
고유목적사업준비금1전입수입	2,032,608	당기 설정 고유목적사업준비금1 전입수입
고유목적사업준비금2전입수입	80,997,042	부족분 고유목적사업준비금2에서 전입수입
계	83,029,650	

1-2-5. 사업외비용 명세서

(단위 : 원)

계정과목	월	적 요	금 액	비 고
고유목적사업준비금전입액	12	당해연도 수익금 준비금설정	2,032,608	법인세법 제29조
계			2,032,608	

1-3-1. 손익예산 집행현황

(단위 : 원)

구 분	계 정 과 목		202X년예산	202X년실적	달성(집행)율	비고
수 익			87,360,000	83,029,650	95.0%	
	사업수익		2,500,000	2,032,608	81.3%	
		이자수익	2,500,000	2,032,608	81.3%	
	사업외수익		84,860,000	80,997,042	95.4%	
		고유목적사업준비금1전입수입	-	(2,032,608)	-	
		고유목적사업준비금2전입수입	84,860,000	80,997,042	95.4%	
비 용			87,360,000	83,029,650	95.0%	
	고유목적사업비		86,500,000	82,198,100	95.0%	
		기념품지급	20,000,000	19,000,000	95.0%	
		장학금지원	54,000,000	52,000,000	96.3%	
		동호회지원	7,000,000	6,000,000	85.7%	
		단체보험료지원	4,000,000	3,998,100	100.0%	
		경조비지원	1,500,000	1,200,000	80.0%	

구 분	계 정 과 목	202X년예산	202X년실적	달성(집행)율	비고
	일반관리비	860,000	831,550	96.7%	
	세금과공과	110,000	103,500	94.1%	
	지급수수료	350,000	328,050	93.7%	
	교육훈련비	400,000	400,000	100.0%	
	사업외비용	-	-	-	
	고유목적사업준비금전입액	-	(2,032,608)	-	
	예비비	-	-	-	
당기순이익		-	-	-	

1-3-2. 자본예산 집행현황 - 해당 없음

1-4-1. 기타(고유목적사업준비금 관리)

(단위 : 원)

구 분		고유목적사업준비금1	고유목적사업준비금2	계
전기 이월		0	133,917,453	133,917,453
당기 증감	증가	2,032,608	50,000,000	52,032,608
	감소	2,032,608	80,997,042	83,029,650
	(소계)	0	- 30,997,042	- 30,997,042
기말 잔액)		0	102,920,411	102,920,411

나. 문제점 및 대책

이상 이자소득만 있는 기금법인 결산을 보면 그나마 이자소득 이외 수익사업이 없어 비용 지출 내용이 단순하게 고유목적사업비와 고유목적사업 수행을 위한 일반관리비 임을 알 수 있다. 그러나 대부분 다른 수익사업을 영위하는 비영리법인들은 구분경리를 하지 않으면 수익사업과 비수익사업에서 발생한 수익금과 비용이 혼재되어 처리에 대해 법인세 과세표준신고를 할 때 어려움에 직면하게 된다. 그래서 이런 혼잡을 피하게 위해 공익법인들은 비수익부분 비용은 반드시 전용계좌를 개설하여 이 전용계좌를 통해서만 지출하도록 강제하고 있다.

또한 회계별 구분 재무제표를 작성시 구분경리를 하지 않으면 인위적으로 수익사업과 비수익사업으로 나누어 작성해야 하는 번거로움이 있다. 주무관청인 고용노동부 근로감독관이 사내(공동)근로복지기금 지도·점점 시 점검 항목에 기금법인의 회계관리를 기금관리회계와 목적사업회계로 구분하여 재무제표를 작성하고 있는지 확인하고 있음도 유념해야 할 것이다.

3. 대부이자소득이 있는 기금법인 (구분경리 미실시 기금)

가. 결산 사례

◎ 전기 재무제표

재 무 상 태 표(통합)

제2기 : 202V년 12월 31일 현재
제1기 : 202U년 12월 31일 현재

[갑사내(공동)근로복지기금]   (단위 : 원)

과 목	제 2 (당) 기		제 1 (전) 기	
〈자 산〉				
Ⅰ. 유동자산		283,917,453		199,655,700
1. 당좌자산	283,603,813		199,655,700	
1) 현금및현금성자산	183,603,813		99,655,700	
2) 단기예금	100,000,000		100,000,000	
2. 기타유동자산	313,640		-	
1) 선급법인세	285,130		-	
2) 선급지방소득세	28,510		-	
Ⅱ. 비유동자산		-		-
1. 투자자산	-		-	
자산 총계		283,917,453		199,655,700

과 목	제 2 (당) 기		제 1 (전) 기	
〈부 채〉				
Ⅰ. 유동부채		-		-
Ⅱ. 비유동부채		-		-
1. 고유목적사업준비금1	-		-	
부채 총계		-		-
〈자 본〉				
Ⅰ. 자본금		150,000,000		100,000,000
1. 기본재산	150,000,000		100,000,000	
Ⅱ. 이익잉여금		133,917,453		99,655,700
1. 고유목적사업준비금2	133,917,453		99,655,700	
2. 미처분이익잉여금	-		-	
자본 총계		283,917,453		199,655,700
부채 및 자본 총계		283,917,453		199,655,700

주 1. 고유목적사업준비금1은 「법인세법」 제29조에 의한 준비금임.
　　2. 고유목적사업준비금2는 「근로복지기본법」 제62조에 의한 준비금임.

손 익 계 산 서(통합)

제2기 : 202V년 1월 1일부터 12월 31일까지
제1기 : 202U년 1월 1일부터 12월 31일까지

[갑사내(공동)근로복지기금] (단위 : 원)

과 목	제 2 (당) 기		제 1 (전) 기	
Ⅰ. 사업수익		2,036,653		-
1. 이자수익	2,036,653		-	
Ⅱ. 고유목적사업비		17,142,400		-
1. 기념품지원	9,600,000		-	
2. 장학금지원	-		-	
3. 동호회지원	3,000,000		-	
4. 단체보험료지원	4,042,400		-	
3. 경조비지원	500,000		-	
Ⅲ. 사업총이익		-15,105,747		-
Ⅳ. 일반관리비		632,500		344,300
1. 세금과공과	62,500		-	
2. 지급수수료	270,000		-	
3. 교육훈련비	300,000		344,300	
Ⅴ. 사업이익		-15,738,247		-344,300
Ⅵ. 사업외수익		17,774,900		344,300
1. 고유목적사업준비금1전입수입	2,036,653		-	
2. 고유목적사업준비금2전입수입	15,738,247		344,300	
Ⅶ. 사업외비용		2,036,653		-
1. 고유목적사업준비금전입액	2,036,653		-	
Ⅷ. 법인세비용차감전순이익		-		-
Ⅸ. 법인세비용		-		-
1. 법인세 등	-		-	
Ⅹ. 당기순이익		-		-

1) 202x년 거래내역

(가) 〈보통예금〉

날짜	인출	입금	잔액	세 부 내 역
202x0101		183,603,813	183,603,813	전기이월
202x0127	9,600,500		174,003,313	설 백화점상품권 9,600,000 송금수수료 500
202x0210	27,000,000		147,003,313	1기분 장학금송금 27,000,000
202x0221	4,272,900		142,730,413	단체보험료지원 4,272,400 송금수수료500
202x0310	3,000,000		139,730,413	상반기 동호회비지급 3,000,000
202x0417		274,300	140,004,713	단체보험료지원 환급 274,300
202x0426		285,130	140,289,843	202V년 선급법인세 환급
202x0528		28,510	140,318,353	202V년 선급지방소득세 환급
202x0614		18,294	140,336,647	결산이자 입금 18,294
202x0614	2,810		140,333,837	선급법인세 2,560 선급지방소득세 250 원천징수
202x0829	62,500		140,271,337	법인균등주민세
202x0902	25,000,000		115,271,337	2기분 장학금송금 25,000,000
202x0905	3,000,000		112,271,337	하반기 동호회비지급 3,000,000
202x0925	9,400,500		102,870,837	추석 백화점상품권 9,400,000 송금수수료 500
202x1001	1,200,500		101,670,337	김순경,홍경미,이미숙/경조비 1,200,000 송금수수료 500
202x1025	50,000,000		51,670,337	홍길동 주택구입자금 대부 실시 50,000,000(2%)
202x1125	30,000,000		21,670,337	이미숙 생활안정자금 대부 실시 30,000,000
202x1125		83,333	21,753,670	11월 대부이자 입금 83,333
202x1203	4,400		21,749,270	공인인증서갱신수수료 4,400
202x1204	400,500		21,348,770	사내근로복지기금 교육비 400,000 송금수수료 500
202x1213		14,314	21,363,084	결산이자 입금 14,314
202x1213	2,200		21,360,884	선급법인세 2,000 선급지방소득세 200 원천징수
202x1215		2,000,000	23,360,884	이자소득(정기예금)
202x1215	308,000		23,052,884	선급법인세 280,000 선급지방소득세 28,000 원천징수
202x1218	252,150		22,800,734	임원변경수수료 211,150 등록면허세 41,000
202x1220	110,000		22,690,734	임원 주소변경 수수료 110,000
202x1226		133,333	22,824,067	12월 대부이자 입금 133,333
202x1228		100,000,000	122,690,734	202x년 사내근로복지기금 출연
202x1229	50,000,000		72,690,734	김정기 주택구입자금 대부실시 50,000,000

(나) <정기예금>

날짜	인출	입금	잔액	세 부 내 역
202x0101		100,000,000	100,000,000	전기이월
202x1215		2,000,000	102,000,000	만기이자
202x1215	308,000		101,692,000	선급법인세 280,000 선급지방소득세 28,000 원천징수
202x1215	1,692,000		100,000,000	이자 인출
202x1215	100,000,000	100,000,000	100,000,000	정기예금 만기해지/신규가입
계	102,000,000	202,000,000	100,000,000	

● 추가사항

1. 법인세법상 설정 가능한 고유목적사업준비금1을 최대한 설정한다.

2. 당해연도 출연금 50% 고유목적사업준비금2를 설정한다.

3. 목적사업비와 일반관리비를 고유목적사업준비금에서 전입수입 대체한다.

4. 12/12 만기가 도래하는 정기예금은 수익금은 보통예금으로 대체시키고, 원금은 동일 은행으로 재예치한다.

수행 과제

1. 거래내역 분개 2. 계정별 보조부 작성 3. 합계잔액시산표 작성 4. 재무상태표 작성(통합) 5. 손익계산서 작성(통합) 6. 이익잉여금처분(결손금처리)계산서(통합) 작성 7. 재무상태표 작성(구분) 8. 손익계산서 작성(구분) 9. 이익잉여금처분(결손금처리)계산서(통합) 작성 [10. 법인세 과세표준신고서식 작성 11. 운영상황보고서식 작성 12. 지방소득세 과세표준신고서식 작성]

*[   ] 부분은 제6장, 제7장, 제9장에서 다룬다.

2) 분개 작업

(가) 보통예금

1/27	(차) 기념품지급 지급수수료	9,600,000 / 500	(대) 현금및현금성자산(보통예금)	9,600,500
2/10	(차) 장학금지급	27,000,000 /	(대) 현금및현금성자산(보통예금)	27,000,000
2/21	(차) 단체보험료지원 지급수수료	4,272,400 / 500	(대) 현금및현금성자산(보통예금)	4,272,900
3/10	(차) 동호회비지원	3,000,000 /	(대) 현금및현금성자산(보통예금)	3,000,000
4/17	(차) 현금및현금성자산(보통예금)	274,300 /	(대) 단체보험료지원	274,300
4/25	(차) 현금및현금성자산(보통예금)	285,130 /	(대) 선급법인세	285,130
5/28	(차) 현금및현금성자산(보통예금)	28,510 /	(대) 선급지방소득세	28,510
6/14	(차) 현금및현금성자산(보통예금) 선급법인세 선급지방소득세	15,484 / 2,560 250	(대) 이자수익	18,294
8/29	(차) 세금과공과	62,500 /	(대) 현금및현금성자산(보통예금)	62,500
9/2	(차) 장학금지급	25,000,000 /	(대) 현금및현금성자산(보통예금)	25,000,000
9/5	(차) 동호회비지원	3,000,000 /	(대) 현금및현금성자산(보통예금)	3,000,000

| 9/25 | (차) 기념품지급 | 9,400,000 / | (대) 현금및현금성자산(보통예금) | 9,400,500 |
| | 지급수수료 | 500 | | |

| 10/01 | (차) 경조비지원 | 1,200,000 / | (대) 현금및현금성자산(보통예금) | 1,200,500 |
| | 지급수수료 | 500 | | |

| 10/25 | (차) 주택구입대부금 | 50,000,000 / | (대) 현금및현금성자산(보통예금) | 50,000,000 |

| 11/25 | (차) 생활안정대부금 | 30,000,000 / | (대) 현금및현금성자산(보통예금) | 30,000,000 |

| 11/25 | (차) 현금및현금성자산(보통예금) 83,333 / | | (대) 대부이자수익 | 83,333 |

| 12/03 | (차) 지급수수료 | 4,400 / | (대) 현금및현금성자산(보통예금) | 4,400 |

| 12/04 | (차) 교육훈련비 | 400,000/ | (대) 현금및현금성자산(보통예금) | 400,500 |
| | 지급수수료 | 500 | | |

12/13	(차) 현금및현금성자산(보통예금) 12,114 /		(대) 이자수익	14,314
	선급법인세	2,000		
	선급지방소득세	200		

12/15	(차) 단기예금	1,692,000 /	(대) 이자소득	2,000,000
	선급법인세	280,000		
	선급지방소득세	28,000		

| 12/15 | (차) 현금및현금성자산(보통예금) 1,692,000 / | | (대) 단기예금 | 1,692,000 |

| 12/15 | (차) 단기예금 | 100,000,000 / | (대) 단기예금 | 100,000,000 |

12/18 (차) 지급수수료   211,150 /   (대) 현금및현금성자산(보통예금)   252,150
        세금과공과   41,000

12/20 (차) 지급수수료   110,000 /   (대) 현금및현금성자산(보통예금)   110,000

12/26 (차) 현금및현금성자산(보통예금) 133,333/   (대) 대부이자수익   133,333

12/28 (차) 현금및현금성자산(보통예금) 100,000,000 / (대) 기본재산   100,000,000

12/29 (차) 주택구입대부금   50,000,000 /   (대) 현금및현금성자산(보통예금)   50,000,000

(나) 정기예금

12/15 (차) 단기예금(정기예금2)   1,692,000 /   (대) 이자소득   2,000,000
        선급법인세   280,000
        선급지방소득세   28,000

12/15 (차) 현금및현금성자산(보통예금2) 1,692,000 / (대) 단기예금(정기예금1)   1,692,000 **

12/15 (차) 단기예금(정기예금2)   100,000,000 /   (대) 단기예금(정기예금1)   100,000,000
※ 주) **는 보통예금과 정기예금 사이에 이루어지는 자금 대체거래이다.

◎ 추가 분개사항(고유목적사업준비금 설정 및 전입수입처리)

① 12/31 당해연도 수익 고유목적사업준비금1 설정
 - 12/31 (차변) 고유목적사업준비금전입액 xxx / (대변) 고유목적사업준비금1 xxx

② 고유목적사업준비금1 전입수입 처리 - 보통예금 통장이 하나인 경우
 - 12/31 (차변)고유목적사업준비금1 xxx / (대변) 고유목적사업준비금1전입수입 xxx

③ 고유목적사업준비금Ⅱ 전입수입 처리 - 보통예금 통장이 하나인 경우

 - 12/31 (차변)고유목적사업준비금2 xxx / (대변) 고유목적사업준비금2전입수입 xxx

④ 당해연도 출연금(기본재산) 중 고유목적사업준비금Ⅱ 설정

 - 12/31 (차변)기본재산 xxx / (대변) 고유목적사업준비금2 xxx

3) 계정별 보조부 작성

사업수익 / 이자수익

날짜	적요	차변	대변	잔액
06/14	보통예금 이자발생		18,294	
12/13	보통예금 이자발생		14,314	
12/15	정기예금 만기이자		2,000,000	
	계	0	2,032,608	2,032,608

사업수익 / 대부이자수익

날짜	적요	차변	대변	잔액
11/25	11월분 대부이자		83,333	
12/26	11월분 대부이자		133,333	
	계	0	216,666	216,666

사업외수익 / 고유목적사업준비금1전입수입

날짜	적요	차변	대변	잔액
12/31	고유목적사업준비금1전입수입		2,249,274	
	계	-	2,249,274	2,249,274

사업외수익 / 고유목적사업준비금2전입수입

날짜	적요	차변	대변	잔액
12/31	고유목적사업준비금2전입수입		80,780,376	
	계	-	80,780,376	80,780,376

고유목적사업비 / 기념품지급

날짜	적요	차변	대변	잔액
01/27	설날 기념품 지급	9,600,000		
09/25	추석 기념품 지급	9,400,000		
	계	19,000,000	-	19,000,000

고유목적사업비 / 장학금지원

날짜	적요	차변	대변	잔액
02/10	상반기 장학금지원	27,000,000		
09/02	하반기 장학금지원	25,000,000		
	계	52,000,000	-	52,000,000

고유목적사업비 / 동호회지원

날짜	적요	차변	대변	잔액
03/10	상반기 동호회지원	3,000,000		
09/05	하반기 동호회지원	3,000,000		
	계	6,000,000	-	6,000,000

고유목적사업비 / 단체보험료지원

날짜	적요	차변	대변	잔액
02/21	단체보험료지원	4,272,400		
04/17	퇴사자 보험료 환급		274,300	
	계	4,272,400	274,300	3,998,100

고유목적사업비 / 경조비지원

날짜	적요	차변	대변	잔액
10/01	하반기 경조비지원	1,200,000		
	계	1,200,000	-	1,200,000

일반관리비 / 세금과공과

날짜	적요	차변	대변	잔액
08/29	법인균등할주민세 납부	62,500		
12/18	임원변경 등록면허세 납부	41,000		
	계	103,500	-	6,000,000

일반관리비 / 지급수수료

날짜	적요	차변	대변	잔액
01/27	송금수수료	500		
02/21	송금수수료	500		
09/25	송금수수료	500		
10/01	송금수수료	500		
12/03	공인인증서 갱신수수료	4400		
12/04	송금수수료	500		
12/18	임원변경 등기수수료	211,150		
12/20	임원주소변경 등기수수료	110,000		
	계	328,050	-	328,050

일반관리비 / 교육훈련비

날짜	적요	차변	대변	잔액
12/04	사내근로복지기금 교육비	400,000		
	계	400,000	-	400,000

사업외비용/ 고유목적사업준비금전입액

날짜	적요	차변	대변	잔액
12/31	고유목적사업준비금 설정	2,249,274		
	계	2,249,274	-	2,249,274

유동자산 / 현금및현금성자산

날짜	적요	차변	대변	잔액
01/01	전기이월	183,603,813		
01/27	설 기념품 지급 등		9,600,500	
02/10	상반기 장학금 지원		27,000,000	
02/21	단체보험료 지원		4,272,900	
03/10	상반기 동호회지원		3,000,000	
04/17	단체보험료지원 환급	274,300		
04/26	202v년 선급법인세 환급	285,130		
05/28	202v년 선급지방세 환급	28,510		
06/14	보통예금 결산이자	18,294		
06/14	보통예금이자 원천징수		2,810	
08/29	법인균등할주민세 납부		62,500	
09/02	하반기 장학금지원		25,000,000	
09/05	하반기 동호회지원		3,000,000	
09/25	추석 기념품 지급 등		9,400,500	
10/01	경조비지원 등		1,200,500	
10/25	주택구입자금 대부(홍길동)		50,000,000	
11/25	생활안정자금 대부(이미숙)		30,000,000	
11/25	11월 대부이자 입금	83,333		
12/03	공인인증서 갱신수수료		4,400	
12/04	사내근로복지기금 교육비등		400,500	
12/13	보통예금 결산이자	14,314		

유동자산 / 현금및현금성자산

날짜	적요	차변	대변	잔액
12/13	보통예금이자 원천징수		2,200	
12/15	정기예금 만기이자	2,000,000		
12/15	정기예금이자 원천징수		308,000	
12/18	임원변경등기수수료 등		252,150	
12/20	임원주소변경등기수수료 등		110,000	
12/26	11월 대부이자 입금	133,333		
12/28	202x년 기금 출연	100,000,000		
12/29	주택구입자금 대부(김정기		50,000,000	
	계	286,441,027	213,616,960	72,824,067

유동자산 / 단기예금

날짜	적요	차변	대변	잔액
01/01	전기이월	100,000,000		
12/15	만기이자 발생/이체	1,692,000	1,692,000	
12/15	정기예금 재가입	100,000,000	100,000,000	
	계	201,692,000	101,692,000	100,000,000

유동자산 / 선급법인세

날짜	적요	차변	대변	잔액
01/01	전기이월	285,130		
04/25	202v년 선급법인세 환급		285,130	
06/14	보통예금 이자 원천징수	2,560		
12/13	보통예금 이자 원천징수	2,000		
12/15	정기예금 이자 원천징수	280,000		
	계	569,690	285,130	284,560

유동자산 / 선급지방소득세

날짜	적요	차변	대변	잔액
01/01	전기이월	28,510		
04/25	202v년 선급법인세 환급		28,510	
06/14	보통예금 이자 원천징수	250		
12/13	보통예금 이자 원천징수	200		
12/15	정기예금 이자 원천징수	28,000		
	계	56,960	28,510	28,450

비유동자산 / 주택구입대부금

날짜	적요	차변	대변	잔액
01/01	전기이월	0		
10/25	대부 실시(홍길동)	50,000,000		
12/29	대부 실시(김정기)	50,000,000		
	계	100,000,000	0	100,000,000

비유동자산 / 생활안정대부금

날짜	적요	차변	대변	잔액
01/01	전기이월	0		
11/25	대부 실시(이미숙)	30,000,000		
	계	30,000,000		30,000,000

비유동부채 / 고유목적사업준비금1

날짜	적요	차변	대변	잔액
01/01	전기이월	-		
12/31	202x년 당기 설정		2,249,274	
12/31	202x년 당기 지출	2,249,274		
	계	2,249,274	2,249,274	-

자본금 / 기본재산

날짜	적요	차변	대변	잔액
01/01	전기이월		150,000,000	
12/28	202x년 기금출연		100,000,000	
12/31	202x년 출연금 준비금설정	50,000,000		
	계	50,000,000	250,000,000	200,000,000

이익잉여금 / 고유목적사업준비금2

날짜	적요	차변	대변	잔액
01/01	전기이월		133,917,453	
12/31	202x년 당기 설정		50,000,000	
12/31	202x년 당기 지출	80,780,376		
	계	80,780,376	183,917,453	103,137,077

4) 합계잔액시산표 작성

합 계 잔 액 시 산 표

(202x년 12월 31일 현재)

[갑사내(공동)근로복지기금] (단위:원)

차 변		과 목	대 변	
잔 액	합 계		합 계	잔 액
-	-	Ⅰ. 사업이익	2,249,274	2,249,274
-	-	1. 이자수익	2,032,608	2,032,608
-	-	2. 대부이자수익	216,666	216,666
82,198,100	82,472,400	Ⅱ. 고유목적사업비	274,300	-
19,000,000	19,000,000	1. 기념품지급	-	-
52,000,000	52,000,000	2. 장학금지원	-	-
6,000,000	6,000,000	3. 동호회지원	-	-
3,998,100	4,272,400	4. 단체보험료지원	274,300	-
1,200,000	1,200,000	5. 경조비지원	-	-
831,550	831,550	Ⅲ. 일반관리비	-	-
103,500	103,500	1. 세금과공과	-	-
328,050	328,050	2. 지급수수료	-	-
400,000	400,000	3. 교육훈련비	-	-
-	-	Ⅳ. 사업외이익	83,029,650	83,029,650
-	-	1. 고유목적사업준비금1전입수입	2,249,274	2,249,274
-	-	2. 고유목적사업준비금2전입수입	80,780,376	80,780,376
2,249,274	2,249,274	Ⅴ. 사업외비용	-	-
2,249,274	2,249,274	1. 고유목적사업준비금전입액	-	-
-	-	Ⅵ. 법인세비용	-	-
-	-	1. 법인세 등	-	-
-	-	Ⅶ. 당기순이익		
85,278,924	85,553,224	(수익비용 계)	85,553,224	85,278,924
173,137,077	488,759,677	Ⅰ. 유동자산	315,622,600	-
172,824,067	488,133,027	1. 당좌자산	315,308,960	-
72,824,067	286,441,027	가. 현금및현금성자산	213,616,960	-
100,000,000	201,692,000	나. 단기예금	101,692,000	-
313,010	626,650	2. 기타유동자산	313,640	-
284,560	569,690	가. 선급법인세	285,130	-
28,450	56,960	나. 선급지방소득세	28,510	-
130,000,000	130,000,000	Ⅱ. 비유동자산	-	-
130,000,000	130,000,000	1. 투자자산	-	-
100,000,000	100,000,000	가. 주택구입대부금	-	-
30,000,000	30,000,000	나. 생활안정대부금	-	-
-	-	Ⅲ. 유동부채	-	-
-	2,249,274	Ⅳ. 비유동부채	2,249,274	-
-	2,249,274	1. 고유목적사업준비금1	2,249,274	-
-	50,000,000	Ⅴ. 자본금	250,000,000	200,000,000
-	50,000,000	1. 기본재산	250,000,000	200,000,000
-	80,780,376	Ⅵ. 이익잉여금	183,917,453	103,137,077
-	80,780,376	2. 고유목적사업준비금2	183,917,453	103,137,077
-	-	1. 미처분이익잉여금	-	-
303,137,077	751,789,327	(자산부채자본 합계)	751,789,327	303,137,077
388,416,001	837,342,551	총 합 계	837,342,551	388,416,001

5) 재무상태표(통합) 작성

재 무 상 태 표(통합)

제3기 : 202X년 12월 31일 현재

제2기 : 202V년 12월 31일 현재

[갑사내(공동)근로복지기금] (단위 : 원)

과 목	제 3 (당) 기		제 2 (전) 기	
〈자 산〉				
Ⅰ. 유동자산		173,137,077		283,917,453
1. 당좌자산	172,824,067		283,603,813	
1) 현금및현금성자산	72,824,067		183,603,813	
2) 단기예금	100,000,000		100,000,000	
2. 기타유동자산	313,010		313,640	
1) 선급법인세	284,560		285,130	
2) 선급지방소득세	28,450		28,510	
Ⅱ. 비유동자산		130,000,000		-
1. 투자자산	130,000,000		-	
1) 주택구입대부금	100,000,000		-	
2) 생활안정대부금	30,000,000		-	
자산 총계		303,137,077		283,917,453
〈부 채〉				
Ⅰ. 유동부채		-		-
Ⅱ. 비유동부채		-		-
1. 고유목적사업준비금1	-		-	
부채 총계		-		-
〈자 본〉				
Ⅰ. 자본금		200,000,000		150,000,000
1. 기본재산	200,000,000		150,000,000	
Ⅱ. 이익잉여금		103,137,077		133,917,453
1. 고유목적사업준비금2	103,137,077		133,917,453	
2. 미처분이익잉여금	-		-	
자본 총계		303,137,077		283,917,453
부채 및 자본 총계		303,137,077		283,917,453

주 1. 고유목적사업준비금1은 「법인세법」 제29조에 의한 준비금임.

　 2. 고유목적사업준비금2는 「근로복지기본법」 제62조에 의한 준비금임.

6) 손익계산서(통합) 작성

손 익 계 산 서(통합)

제3기 : 202X년 1월 1일부터 12월 31일까지
제2기 : 202V년 1월 1일부터 12월 31일까지

[갑사내(공동)근로복지기금]   (단위 : 원)

과 목	제 3 (당) 기		제 2 (전) 기	
Ⅰ. 사업수익		2,249,274		2,036,653
1. 이자수익	2,032,608		2,036,653	
2. 대부이자수익	216,666		-	
Ⅱ. 고유목적사업비		82,198,100		17,142,400
1. 기념품지급	19,000,000		9,600,000	
2. 장학금지원	52,000,000		-	
3. 동호회지원	6,000,000		3,000,000	
4. 단체보험료지원	3,998,100		4,042,400	
5. 경조비지원	1,200,000		500,000	
Ⅲ. 사업총이익		-79,948,826		-15,105,747
Ⅳ. 일반관리비		831,550		632,500
1. 세금과공과	103,500		62,500	
2. 지급수수료	328,050		270,000	
3. 교육훈련비	400,000		300,000	
Ⅴ. 사업이익		-80,780,376		-15,738,247
Ⅵ. 사업외수익		83,029,650		17,774,900
1. 고유목적사업준비금1전입수입	2,249,274		2,036,653	
2. 고유목적사업준비금2전입수입	80,780,376		15,738,247	
Ⅶ. 사업외비용		2,249,274		2,036,653
1. 고유목적사업준비금전입액	2,249,274		2,036,653	
Ⅷ. 법인세비용차감전순이익		-		-
Ⅸ. 법인세비용		-		-
1. 법인세 등	-		-	
Ⅹ. 당기순이익		-		-

7) 이익잉여금처분계산서(통합) 작성

<u>이익잉여금처분계산서(통합)</u>

제3기 : 202X년 1월 1일부터 12월 31일까지 처분확정일 202Y년 2월 28일
제2기 : 202V년 1월 11일부터 12월 31일까지 처분확정일 202X년 2월 28일

[갑사내(공동)근로복지기금] (단위 : 원)

과 목	제 3 (당) 기		제 2 (전) 기	
Ⅰ. 미처분이익잉여금		-		-
1. 전기이월미처분이익잉여금	-		-	
2. 회계정책변경의 누적효과	-		-	
3. 전기오류수정이익	-		-	
4. 당기순이익(당기순손실)	-		-	
Ⅱ. 임의적립금등의 이입액		-		-
(합 계)		-		-
Ⅲ. 이익잉여금 처분액		-		-
1. 이익준비금	-		-	
2. 기타법정적립금	-		-	
3. 그밖의적립금	-		-	
Ⅳ. 차기이월미처분이익잉여금		-		-

8) 재무상태표(구분) 작성

재무상태표1(구분/당해연도)

제3기 : 202X년 12월 31일 현재

갑사내(공동)근로복지기금]   (단위 : 원)

과 목	비수익회계 (목적사업회계)	수익회계 (기금관리회계)	계
〈자 산〉			
I. 유동자산	-	173,137,077	173,137,077
1. 당좌자산	-	172,824,067	172,824,067
1) 현금및현금성자산	-	72,824,067	72,824,067
2) 단기예금	-	100,000,000	100,000,000
2. 기타유동자산	-	313,010	313,010
1) 선급법인세	-	284,560	284,560
2) 선급지방소득세	-	28,450	28,450
II. 비유동자산	-	130,000,000	130,000,000
1. 투자자산	-	130,000,000	130,000,000
1) 주택구입대부금	-	100,000,000	100,000,000
2) 생활안정대부금	-	30,000,000	30,000,000
자산 총계	-	303,137,077	303,137,077
〈부 채〉			
I. 유동부채	-	-	-
II. 비유동부채	-	-	-
1. 고유목적사업준비금1	-	-	-
부채 총계	-	-	-
〈자 본〉			
I. 자본금	-	200,000,000	200,000,000
1. 기본재산	-	200,000,000	200,000,000
II. 이익잉여금	-	103,137,077	103,137,077
1. 고유목적사업준비금2	-	103,137,077	103,137,077
2. 미처분이익잉여금	-	-	-
자본 총계	-	303,137,077	303,137,077
부채 및 자본 총계	-	303,137,077	303,137,077

주) 1. 고유목적사업준비금1은 「법인세법」 제29조에 의한 준비금임.
　　2. 고유목적사업준비금2는 「근로복지기본법」 제62조에 의한 준비금임.

재무상태표2(구분/비교식)

제3기 : 202X년 12월 31일 현재

제2기 : 202V년 12월 31일 현재

[갑사내(공동)근로복지기금]   (단위 : 원)

과 목	제 3 (당)기			제 2 (전)기		
	비수익회계 (목적사업회계)	수익회계 (기금관리회계)	계	비수익회계 (목적사업회계)	수익회계 (기금관리회계)	계
〈자 산〉						
I. 유동자산	-	173,137,077	173,137,077	-	283,917,453	283,917,453
1. 당좌자산	-	172,824,067	172,824,067	-	283,603,813	283,603,813
1) 현금및현금성자산	-	72,824,067	72,824,067	-	183,603,813	183,603,813
2) 단기예금	-	100,000,000	100,000,000	-	100,000,000	100,000,000
2. 기타유동자산	-	313,010	313,010	-	313,640	313,640
1) 선급법인세	-	284,560	284,560	-	285,130	285,130
2) 선급지방소득세	-	28,450	28,450	-	28,510	28,510
II. 비유동자산	-	130,000,000	130,000,000	-	-	-
1. 투자자산	-	130,000,000	130,000,000	-	-	-
1) 주택구입대부금	-	100,000,000	100,000,000	-	-	-
2) 생활안정대부금	-	30,000,000	100,000,000	-	-	-
자산 총계	-	303,137,077	303,137,077	-	283,917,453	283,917,453
〈부 채〉						
I. 유동부채	-	-	-	-	-	-
II. 비유동부채	-	-	-	-	-	-
1. 고유목적사업준비금1	-	-	-	-	-	-
부채 총계	-	-	-	-	-	-
〈자 본〉						
I. 자본금	-	200,000,000	200,000,000	-	150,000,000	150,000,000
1. 기본재산	-	200,000,000	200,000,000	-	150,000,000	150,000,000
II. 이익잉여금	-	103,137,077	103,137,077	-	133,917,453	133,917,453
1. 고유목적사업준비금2	-	103,137,077	103,137,077	-	133,917,453	133,917,453
2. 미처분이익잉여금	-	-	-	-	-	-
자본 총계	-	303,137,077	303,137,077	-	283,917,453	283,917,453
부채 및 자본 총계	-	303,137,077	303,137,077	-	283,917,453	283,917,453

주) 1. 고유목적사업준비금1은 「법인세법」 제29조에 의한 준비금임.

2. 고유목적사업준비금2는 「근로복지기본법」 제62조에 의한 준비금임.

9) 손익계산서(구분) 작성

손익계산서1(구분/당기)

제3기 : 202X년 1월 1일부터 12월 31일까지

[갑사내(공동)근로복지기금]   (단위 : 원)

과 목	목적사업회계	기금관리회계	계
I. 사업수익	-	2,249,274	2,249,274
1. 이자수익	-	2,032,608	2,032,608
2. 대부이자수익	-	216,666	216,666
II. 고유목적사업비	82,198,100	-	82,198,100
1. 기념품지급	19,000,000	-	19,000,000
2. 장학금지원	52,000,000	-	52,000,000
3. 동호회지원	6,000,000	-	6,000,000
4. 단체보험료지원	3,998,100	-	3,998,100
5. 경조비지원	1,200,000	-	1,200,000
III. 사업총이익	-82,198,100	2,249,274	-79,948,826
IV. 일반관리비	831,550	-	831,550
1. 세금과공과	103,500		103,500
2. 지급수수료	328,050		328,050
3. 교육훈련비	400,000	-	400,000
V. 사업이익	-83,029,650	2,249,274	-80,780,376
VI. 사업외수익	83,029,650	-	83,029,650
1. 고유목적사업준비1금전입수입	2,249,274	-	2,249,274
2. 고유목적사업준비2금전입수입	80,780,376	-	80,780,376
VII. 사업외비용	-	2,249,274	2,249,274
1. 고유목적사업준비금전입액	-	2,249,274	2,249,274
VIII. 법인세비용차감전순이익	-	-	-
IX. 법인세비용	-	-	-
1. 법인세 등	-	-	-
X. 당기순이익	-	-	-

손익계산서2(구분/비교식)

제3기 : 202X년 1월 1일부터 12월 31일까지
제2기 : 202V년 1월 1일부터 12월 31일까지

[갑사내(공동)근로복지기금]   (단위 : 원)

과 목	제 3 (당) 기			제 2 (전) 기		
	목적사업 회계	기금관리 회계	계	목적사업 회계	기금관리 회계	계
Ⅰ. 사업수익	-	2,249,274	2,249,274	-	2,036,653	2,036,653
1. 이자수익	-	2,032,608	2,032,608	-	2,036,653	2,036,653
2. 대부이자수익	-	216,666	216,666	-	-	-
Ⅱ. 고유목적사업비	82,198,100	-	82,198,100	17,142,400	-	17,142,400
1. 기념품지급	19,000,000	-	19,000,000	9,600,000	-	9,600,000
2. 장학금지원	52,000,000	-	52,000,000	-	-	-
3. 동호회지원	6,000,000	-	6,000,000	3,000,000	-	3,000,000
4. 단체보험료지원	3,998,100	-	3,998,100	4,042,400	-	4,042,400
5. 경조비지원	1,200,000	-	1,200,000	500,000	-	500,000
Ⅲ. 사업총이익	-82,198,100	2,249,274	-79,948,826	-17,142,400	2,036,653	-15,105,747
Ⅳ. 일반관리비	831,550	-	831,550	632,500	-	632,500
1. 세금과공과	70,540	-	70,540	62,500	-	62,500
2. 지급수수료	361,010	-	361,010	270,000	-	270,000
3. 교육훈련비	400,000	-	400,000	300,000	-	300,000
Ⅴ. 사업이익	-83,029,650	2,249,274	-80,780,376	-17,774,900	2,036,653	-15,738,247
Ⅵ. 사업외수익	83,029,650	-	83,029,650	17,774,900	-	17,774,900
1. 고유목적사업준비금1 전입수입	2,249,274	-	2,249,274	2,036,653	-	2,036,653
2. 고유목적사업준비금2 전입수입	80,780,376	-	80,780,376	15,738,247	-	15,738,247
Ⅶ. 사업외비용	-	2,249,274	2,249,274	-	2,036,653	2,036,653
1. 고유목적사업준비금 전입액	-	2,249,274	2,249,274	-	2,036,653	2,036,653
Ⅷ. 법인세비용차감전순이익	-	-	-	-	-	-
Ⅸ. 법인세비용	-	-	-	-	-	-
1. 법인세 등	-	-	-	-	-	-
Ⅹ. 당기순이익	-	-	-	-	-	-

10) 이익잉여금처분계산서(구분) 작성

이익잉여금처분계산서1(구분/당해연도)

제3기 : 202X년 1월 1일부터 12월 31일까지

처분확정일 202Y년 2월 28일

[갑사내(공동)근로복지기금]   (단위 : 원)

과 목	비수익회계 (목적사업회계)	수익회계 (기금관리회계)	계
Ⅰ. 미처분이익잉여금	-	-	-
1. 전기이월미처분이익잉여금	-	-	-
2. 회계정책변경의 누적효과	-	-	-
3. 전기오류수정이익	-	-	-
4. 당기순이익(당기순손실)	-	-	-
Ⅱ. 임의적립금등의 이입액	-	-	-
(합 계)	-	-	-
Ⅲ. 이익잉여금 처분액	-	-	-
1. 이익준비금	-	-	-
2. 기타법정적립금	-	-	-
3. 그밖의적립금	-	-	-
Ⅳ. 차기이월미처분이익잉여금	-	-	-

이익잉여금처분계산서2(구분/비교식)

제3기 : 202X년 1월 1일부터 12월 31일까지 처분확정일 202Y년 2월 28일

제2기 : 202V년 1월 11일부터 12월 31일까지 처분확정일 202X년 2월 28일

[갑사내(공동)근로복지기금]   (단위 : 원)

과 목	제 3(당) 기			제 2(전) 기		
	비수익회계 (목적사업 회계)	수익회계 (기금관리 회계)	계	비수익회계 (목적사업 회계)	수익회계 (기금관리 회계)	계
Ⅰ. 처분전이익잉여금	-	-	-	-	-	-
1. 전기이월미처분이익잉여금	-	-	-	-	-	-
2. 회계정책의 누적효과	-	-	-	-	-	-
3. 전기오류수정이익	-	-	-	-	-	-
4. 당기순이익(당기순손실)	-	-	-	-	-	-
Ⅱ. 임의적립금등의 이입액	-	-	-	-	-	-
(합 계)	-	-	-	-	-	-
Ⅲ. 이익잉여금처분액	-	-	-	-	-	-
1. 이익준비금	-	-	-	-	-	-
2. 그밖의적립금	-	-	-	-	-	-
3. 그밖의잉여금처분액	-	-	-	-	-	-
Ⅳ. 차기이월미처분이익잉여금	-	-	-	-	-	-

11) 부속명세서 작성

2-1-1. 현금및현금성자산 명세서

(단위 : 원)

예금명	금융회사	기초잔액	당기증가	당기감소	기말잔액	비고
보통예금	ㅇㅇ은행	183,603,813	102,837,214	213,616,960	72,824,067	ㅇㅇ은행 ㅇㅇ동지점
계		183,603,813	102,837,214	213,616,960	72,824,067	

(현금및현금성자산 명세는 잔액증명 참조)

2-1-2. 단기예금 명세서

(단위 : 원)

예금명	금융회사	기초잔액	당기증가	당기감소	기말잔액	비고
정기예금1	ㅇㅇ은행	100,000,000	1,692,000	101,692,000	-	ㅇㅇ은행 ㅇㅇ동지점
정기예금2	ㅇㅇ은행	-	100,000,000	-	100,000,000	ㅇㅇ은행 ㅇㅇ동지점
계		100,000,000	101,692,000	101,692,000	100,000,000	

(단기예금 명세는 잔액증명 참조)

2-1-3. 선급법인세 및 선급법인지방소득세 명세서

(단위 : 원)

계정과목	기초잔액	당기증가	당기감소	기말잔액	비고
선급법인세	285,130	284,560	285,130	284,560	
선급법인지방소득세	28,510	28,450	28,510	28,450	
계	313,640	313,010	313,640	313,010	

(선급법인세 및 선급법인지방소득세 명세는 이자수익명세서 참조)

2-1-4. 투자자산 명세서

(단위 : 원)

계정과목	기초잔액	당기증가	당기감소	기말잔액	비고
주택구입대부금	-	100,000,000	-	100,000,000	○○○ 외 1명
생활안정대부금	-	30,000,000	-	30,000,000	○○○
계	-	130,000,000	-	130,000,000	

(대부금 상세 명세는 대부금 잔액명세서 참조)

2-1-5. 고유목적사업준비금 명세서

(단위 : 원)

계정과목	기초잔액	당기증가	당기감소	기말잔액	비고
고유목적사업준비금1	-	2,249,274	2,249,274	-	
고유목적사업준비금2	133,917,453	50,000,000	80,997,042	103,137,077	
계	133,917,453	52,249,274	83,029,650	103,137,077	

2-1-6. 기본재산 명세서

(단위 : 원)

계정과목	기초잔액	당기증가	당기감소	기말잔액	비고
기본재산	150,000,000	100,000,000	50,000,000	200,000,000	
계	150,000,000	100,000,000	50,000,000	200,000,000	

2-2-1. 이자수익 명세서

(단위 : 원, %)

수입처	적요	원금	운용기간	이율	이자수익	법인세	지방소득세	입금액	비고
○○은행	보통예금		202v.12.15-202x.06.15		18,294	2,560	250	15,484	
○○은행	보통예금		202x.06.15-202x.12.13		14,314	2,000	200	12,114	
○○은행	정기예금	100,000,000	202v.12.15-212x.12.15	2.0%	2,000,000	280,000	28,000	1,692,000	
계					2,032,608	284,560	28,450	1,719,598	

2-2-2. 대부이자수익 명세서

과목	적요	금액	비고
대부이자수익	종업원대부금 대부이자 수입(11월분)	83,333	ㅇㅇㅇ
	종업원대부금 대부이자 수입(12월분)	133,333	ㅇㅇㅇ외 1인
계		216,666	

2-2-3. 고유목적사업비 명세서

(단위 : 원)

계정과목	월	적요	금액	비고
기념품지급	01	설명절 기념품(상품권) 지급	9,600,000	ㅇㅇㅇ외 00명
	09	추석명절 기념품(상품권) 지급	9,400,000	ㅇㅇㅇ외 00명
	계		19,000,000	
장학금지원	02	1분기 장학금 지원	27,000,000	ㅇㅇㅇ외 00명
	09	2분기 장학금 지원	25,000,000	ㅇㅇㅇ외 00명
	계		52,000,000	
동호회지원	03	1분기 동호회 지원	3,000,000	ㅇㅇ동호회 외 2개
	09	2분기 동호회 지원	3,000,000	ㅇㅇ동호회 외 2개
	계		6,000,000	
단체보험료지원	02	직원단체보험료 지원	4,272,400	ㅇㅇㅇ외 00명
	04	퇴사자 보험료 환급	-274,300	ㅇㅇㅇ외 0명
	계		3,998,100	
경조비지원	10	직원 경조비지원	1,200,000	ㅇㅇㅇ외 2명
	계		1,200,000	
합계			82,198,100	

2-2-4. 일반관리비 명세서

(단위 : 원)

계정과목	월	적요	금액	비고
세금과공과	08	법인균등할주민세 납부	62,500	○○구청
	12	임원변경시 등록면허세 납부	41,000	○○구청
	계		103,500	
지급수수료	01	상품권대금 송금수수료	500	○○은행
	02	단체상해보험 송금수수료	500	○○은행
	09	상품권대금 송금수수료	500	○○은행
	10	경조비 송금수수료	500	○○은행
	12	공인인증서 갱신수수료	4,400	○○은행
	12	교육비 송금수수료	500	○○은행
	12	임원 변경 수수료	211,150	○○법무법인
	12	임원 주소변경 수수료	110,000	○○법무법인
	계		328,050	
교육훈련비	12	사내근로복지기금교육비	400,000	(주)사내근로복지기금연구소
	계		400,000	
합 계			831,550	

2-2-5. 사업외수익 명세서

(단위 : 원)

구 분	금액	비 고
고유목적사업준비금1전입수입	2,249,274	당기 설정 고유목적사업준비금1 전입수입
고유목적사업준비금2전입수입	80,780,376	부족분 고유목적사업준비금2에서 전입수입
계	83,029,650	

2-2-6. 사업외비용 명세서

(단위 : 원)

계정과목	월	적요	금액	비고
고유목적사업준비금전입액	12	당해연도 수익금 준비금설정	2,249,274	법인세법 제29조
계			2,249,274	

2-3-1. 손익예산 집행현황

(단위 : 원)

구 분	계 정 과 목		202X년예산	202X년실적	달성(집행)율	비고
수 익			86,360,000	83,029,650	96.1%	
	사업수익		2,200,000	2,249,274	102.2%	
		이자수익	2,000,000	2,032,608	101.6%	
		대부이자수익	200,000	216,666	108.3%	
	사업외수익		84,160,000	80,780,376	96.0%	
		고유목적사업준비금1전입수입	-	(2,249,274)	-	
		고유목적사업준비금2전입수입	84,160,000	80,780,376	96.0%	
비 용			86,360,000	83,029,650	96.1%	
	고유목적사업비		85,500,000	82,198,100	96.1%	
		기념품지급	20,000,000	19,000,000	95.0%	
		장학금지원	53,000,000	52,000,000	98.1%	
		동호회지원	7,000,000	6,000,000	85.7%	
		단체보험료지원	4,000,000	3,998,100	100.0%	
		경조비지원	1,500,000	1,200,000	80.0%	
	일반관리비		860,000	831,550	96.7%	
		세금과공과	110,000	103,500	94.1%	
		지급수수료	350,000	328,050	93.7%	
		교육훈련비	400,000	400,000	100.0%	
	사업외비용		-	-	-	
		고유목적사업준비금전입액	-	(2,249,274)	-	
		예비비	-	-	-	
당기순이익			-	-	-	

2-3-2. 자본예산 집행현황

(단위 : 원, %)

구 분	계 정 과 목		202X년예산	202X년실적	달성(집행)율	비고
비유동자산			130,000,000	130,000,000	100.0%	
	투자자산		130,000,000	130,000,000	100.0%	
		주택구입대부금	100,000,000	100,000,000	100.0%	
		생활안정대부금	30,000,000	30,000,000	100.0%	
계			130,000,000	130,000,000	100.00%	

2-4-1. 기타(고유목적사업준비금 관리)

(단위 : 원)

구 분		고유목적사업준비금1	고유목적사업준비금2	계
전기 이월		-	133,917,453	133,917,453
당기분	설정	2,249,274	50,000,000	52,249,274
	사용	2,249,274	80,780,376	83,029,650
	(증감)	-	- 30,780,376	- 30,780,376
기말 잔액		-	103,137,077	103,137,077

나. 문제점 및 대책

위에서 구분경리를 실시하지 않는 종업원 대부사업을 실시하는 기금법인 결산 사례를 보았다. 이자소득만 있는 기금법인에 비해 대부사업을 실시하면 목적사업비와 일반관리비 뿐만 아니라 대부원리금이 한 계좌에서 수시로 입출금됨을 알 수 있다. 지출되는 비용 성격도 갈수록 모호해 진다. 가령 대부사업을 실시할 경우 발생하는 송금수수료와 근저당설정 비용은 는 엄격히 말하면 수익사업 지급수수료로 구분해야 할 것이다.

또한 구분재무제표 작성도 이자수익만 기금법인처럼 인위적으로 수익사업과 비수익사업으로 나누어 구분재무제표를 작성해야 한다. 회사 출연금 증자에 따른 기본재산 금액이 증가하고 수행사업이 많아지면 수익과 비용 또한 명확히 수익사업과 비수익사업으로 분류하기 각기 다른 회계별 계좌에서 입출금될 수 있도록 구분경리(구분계리)를 통해 관리해야 할 것이다.

특히 대부이자수익이 있으면 법인세 과세표준신고시 별지 제1호서식으로 신고를 해야 하는데 이때 작성해야 하는 표준재무상태표와 표준손익계산서는 수익사업부문 구분재무제표로서 구분경리를 통해 전용계좌를 사용하지 않으면 정확한 구분재무제표 작성에 어려움을 겪게 된다.

5장

사내(공동)근로복지기금
결산 사례2(구분경리 실시 기금)

(예금 계좌를 목적사업회계와 기금관리회계로 각각 별도 운영하는 기금)

1. 결산 개요

사내(공동)근로복지기금 결산에서 「법인세법」과 「근로복지기본법」 (고용노동부 예규로 사내·공동)근로복지기금 업무처리지침)에 따른 사내(공동)근로복지기금 구분경리 방법은 지금까지 누구도 제시하지 못한 전인미답의 길이었다. 그동안 1993년 2월 ㈜대상을 사직하고 KBS사내근로복지기금으로 전직하여 33년간 홀로 사내(공동)근로복지기금 회계처리 방법에 대해 연구하고 고민했던 결과를 본 개정본 책자에서 처음으로 제시한다. 본 도서에서 제시한 구분경리 방 안을 시발점으로 사내(공동)근로복지기금 구분경리 방법에 대한 다양한 발전된 논의가 계속되기를 바란다. 이번에 처음으로 제시하는 본 구분경리에 대한 방법은 특히 사내(공동)근로복지기금 회계프로그램이나 회계시스템 개발업체들은 저작권 보호를 받고 있음을 유념하였으면 한다.

본 책자에서는 사내(공동)근로복지기금 실무자들의 구분경리 결산에 대한 이해를 돕기 위하여 제3차연도 사내(공동)근로복지기금 결산을 이자소득만 있는 기금법인과 종업원대부사업을 영위하는 기금법인으로 크게 분류하여 비수익사업회계(목적사업회계)와 수익사업회계(기금관리회계)로 나누어 각각 예금통장을 분리하여 구분경리를 실시하는 기금으로 구분하여 작성하였다.

2. 이자소득만 있는 기금법인 결산사례(구분경리 실시)

가. 결산 사례

◎ 전기 재무제표

재 무 상 태 표(통합)

제2기 : 202V년 12월 31일 현재
제1기 : 202U년 12월 31일 현재

[갑사내(공동)근로복지기금]   (단위 : 원)

과 목	제 2 (당) 기		제 1 (전) 기	
〈자 산〉				
Ⅰ. 유동자산		283,917,453		199,655,700
1. 당좌자산	283,603,813		199,655,700	
1) 현금및현금성자산	183,603,813		99,655,700	
2) 단기예금	100,000,000		100,000,000	
2. 기타유동자산	313,640		-	
1) 선급법인세	285,130		-	
2) 선급지방소득세	28,510		-	
Ⅱ. 비유동자산		(150,000,000)		(100,000,000)
1. 투자자산	(150,000,000)		(100,000,000)	
1) 출자금	(150,000,000)		(100,000,000)	
자산 총계		283,917,453		199,655,700

과 목	제 2 (당) 기		제 1 (전) 기	
〈부 채〉				
Ⅰ. 유동부채		-		-
Ⅱ. 비유동부채		-		-
1. 고유목적사업준비금1	-		-	
부채 총계		-		-
〈자 본〉				
Ⅰ. 자본금		150,000,000		100,000,000
1. 기본재산	150,000,000		100,000,000	
2. 자본금	(150,000,000)		(100,000,000)	
Ⅱ. 이익잉여금		133,917,453		99,655,700
1. 고유목적사업준비금2	133,917,453		99,655,700	
2. 미처분이익잉여금	-		-	
자본 총계		283,917,453		199,655,700
부채 및 자본 총계		283,917,453		199,655,700

주) 1. 고유목적사업준비금1은 「법인세법」 제29조에 의한 준비금임.

2. 고유목적사업준비금2는 「근로복지기본법」 제62조에 의한 준비금임.

손 익 계 산 서(통합)

제2기 : 202V년 1월 1일부터 12월 31일까지
제1기 : 202U년 1월 1일부터 12월 31일까지

[갑사내(공동)근로복지기금]   (단위 : 원)

과 목	제 2 (당) 기		제 1 (전) 기	
Ⅰ. 사업수익		2,036,653		-
1. 이자수익	2,036,653		-	
Ⅱ. 고유목적사업비		17,142,400		-
1. 기념품지원	9,600,000		-	
2. 장학금지원	-		-	
3. 동호회지원	3,000,000		-	
4. 단체보험료지원	4,042,400		-	
5. 경조비지원	500,000		-	
Ⅲ. 사업총이익		-15,105,747		-
Ⅳ. 일반관리비		632,500		344,300
1. 세금과공과	62,500		-	
2. 지급수수료	270,000		-	
3. 교육훈련비	300,000		344,300	
Ⅴ. 사업이익		-15,738,247		-344,300
Ⅵ. 사업외수익		17,774,900		344,300
1. 고유목적사업준비금1전입수입	2,036,653		-	
2. 고유목적사업준비금2전입수입	15,738,247		344,300	
Ⅶ. 사업외비용		2,036,653		-
1. 고유목적사업준비금전입액	2,036,653		-	
Ⅷ. 법인세비용차감전순이익		-		-
Ⅸ. 법인세비용		-		-
1. 법인세 등	-		-	
Ⅹ. 당기순이익		-		-

1) 202x년 거래내역 작성

(가) 〈보통예금1〉 - 목적사업(비수익)회계

날짜	인출	입금	잔액	세부내역
202x0101		0	0	전기이월
202x0127		9,600,500	9,600,500	설 상품권, 송금수수료 9,600,500 입금
202x0127	9,600,500		0	설 상품권, 송금수수료 9,600,500 집행
202x0210		27,000,000	27,000,000	1기분 장학금 27,000,000 입금
202x0210	27,000,000		0	1기분 장학금 27,000,000 집행
202x0221		4,272,900	4,272,900	단체보험료, 송금수수료 4,272,900 입금
202x0221	4,272,900		0	단체보험료, 송금수수료 4,272,900 집행
202x0310		3,000,000	3,000,000	상반기 동호회비 3,000,000 입금
202x0310	3,000,000		0	상반기 동호회비 3,000,000 집행
202x0417		274,300	274,300	단체보험료 환급 274,300
202x0417	274,300		0	단체보험료 환급액 기금관리회계 송금
202x0829		62,500	62,500	법인균등주민세 입금
202x0829	62,500		0	법인균등주민세 집행
202x0902		25,000,000	25,000,000	2기분 장학금 25,000,000 입금
202x0902	25,000,000		0	2기분 장학금 25,000,000 집행
202x0905		3,000,000	3,000,000	하반기 동호회비지급 3,000,000 입금
202x0905	3,000,000		0	하반기 동호회비지급 3,000,000 집행
202x0925		9,400,500	9,400,500	추석 상품권, 송금수수료 9,400,500 입금
202x0925	9,400,500		0	추석 상품권, 송금수수료 9,400,500 집행
202x1001		1,200,500	1,200,500	김순경,홍경미,이미숙/경조비, 송금수수료 1,200,500 입금
202x1001	1,200,500		0	김순경,홍경미,이미숙/경조비, 송금수수료 1,200,500 집행
202x1203		4,400	4,400	공인인증서 갱신수수료 4,400 입금
202x1203	4,400		0	공인인증서 갱신수수료 4,400 집행
202x1204		400,500	400,500	사내근로복지기금 교육비 등 입금
202x1204	400,500		0	사내근로복지기금 교육비, 송금수수료 400,500 집행
202x1218		252,150	252,150	임원변경 수수료 211,150, 등록면허세 41,000 입금
202x1218	252,150		0	임원변경 수수료 211,150, 등록면허세 41,000 입금
202x1220		110,000	110,000	임원 주소변경수수료 110,000 입금
202x1220	110,000		0	임원 주소변경수수료 110,000 집행
202x1228		100,000,000	100,000,000	202x년 사내근로복지기금 출연금 입금
202x1228	100,000,000		0	202x년 사내근로복지기금 출연금 기금관리회계로 송금

(나) 〈보통예금2〉 - 기금관리(수익)회계

날짜	인출	입금	잔액	세 부 내 역
202x0101		183,603,813	183,603,813	전기이월
202x0127	9,600,500		174,003,313	설 상품권, 수수료 9,600,500 목적회계 송금
202x0210	27,000,000		147,003,313	1기분 장학금 27,000,000 목적회계 송금
202x0221	4,272,900		142,730,413	단체보험료 등 4,272,400 목적회계 송금
202x0310	3,000,000		139,730,413	상반기 동호회비 3,000,000 목적회계 송금
202x0417		274,300	140,004,713	단체보험료 환급분 274,300 입금
202x0426		285,130	140,289,843	202v년 선급법인세 환급
202x0528		28,510	140,318,353	202v년 선급지방소득세 환급
202x0614		18,294	140,336,647	결산이자 입금 18,294
202x0614	2,810		140,333,837	선급법인세 2,560 선급지방소득세 250 원천징수
202x0829	62,500		140,271,337	법인균등주민세 62,500 목적회계 송금
202x0902	25,000,000		115,271,337	2기 장학금 25,000,000 목적회계 송금
202x0905	3,000,000		112,271,337	하반기 동호회비 3,000,000 목적회계 송금
202x0925	9,400,500		102,870,837	추석 상품권 등 9,400,500 목적회계 송금
202x1001	1,200,500		101,670,337	경조비 등 1,200,500 목적회계 송금
202x1203	4,400		101,665,937	공인인증서 수수료 4,400 목적회계 송금
202x1204	400,500		101,265,437	사내근로복지기금 교육비 등 400,500 목적회계 송금
202x1213		14,314	101,279,751	결산이자 입금 14,314
202x1213	2,200		101,277,551	선급법인세 2,000 선급지방소득세 200 원천징수
202x1215		1,692,000	103,277,551	정기예금 이자소득 입금(원천징수 후)
202x1218	252,150		102,717,401	임원변경 수수료 등 252,150 목적회계 송금
202x1220	110,000		102,607,401	임원 주소변경수수료 110,000 목적회계 송금
202x1228		100,000,000	202,607,401	202x년 사내근로복지기금 출연금 입금

(다) 〈정기예금〉 - 기금관리(수익)회계2

날짜	인출	입금	잔액	세 부 내 역
202x0101		100,000,000	100,000,000	전기이월
202x1215		2,000,000	102,000,000	정기예금 만기이자 입금
202x1215	308,000		101,692,000	선급법인세 280,000 선급지방소득세 28,000 원천징수
202x1215	1,692,000		100,000,000	이자 입금분 보통예금계좌 송금
202x1215	100,000,000	100,000,000	100,000,000	정기예금 만기해지/신규가입

• 추가사항

1. 법인세법상 설정 가능한 고유목적사업준비금1을 최대한 설정한다.

2. 당해연도 출연금 50% 고유목적사업준비금2를 설정한다.

3. 목적사업비와 일반관리비를 고유목적사업준비금에서 전입수입 대체한다.

4. 12/12 만기가 도래하는 정기예금은 수익금은 보통예금으로 대체시키고, 원금은 동일 은행으로 재예치한다.

수행 과제

1. 거래내역 분개 2. 계정별 보조부 작성 3. 합계잔액시산표 작성 4. 재무상태표 작성(통합) 5. 손익계산서 작성(통합) 6. 이익잉여금처분(결손금처리)계산서(통합) 작성 7. 재무상태표 작성(구분) 8. 손익계산서 작성(구분) 9. 이익잉여금처분(결손금처리)계산서(통합) 작성 [10. 법인세 과세표준신고서식 작성 11. 운영상황보고서식 작성 12. 지방소득세 과세표준신고서식 작성]

*[   ] 부분은 제6장, 제7장, 제9장에서 다루고 있다.

2) 거래내역 분개 작업

(가) 목적사업(비수익)회계

1/27   (차) 현금및현금성자산(보통예금1)9,600,500 / (대) 고유목적사업준비금2전입수입   9,600,500

1/27   (차) 기념품지급   9,600,000 /   (대) 현금및현금성자산(보통예금1)   9,600,500
         지급수수료   500

2/10   (차) 현금및현금성자산(보통예금1) 27,000,000 /(대) 고유목적사업준비금2전입수입   27,000,000

2/10   (차) 장학금지원   27,000,000 /   (대) 현금및현금성자산(보통예금1)   27,000,000

2/21   (차) 현금및현금성자산(보통예금1) 4,272,900 / (대) 고유목적사업준비금2전입수입   4,272,900

2/21	(차) 단체보험료지원	4,272,400 /	(대) 현금및현금성자산(보통예금1)	4,272,900
	지급수수료	500		

3/10   (차) 현금및현금성자산(보통예금1) 3,000,000 / (대) 고유목적사업준비금2전입수입   3,000,000

3/10	(차) 동호회지원	3,000,000 /	(대) 현금및현금성자산(보통예금1)	3,000,000

4/17   (차) 현금및현금성자산(보통예금1) 274,300 / (대) 단체보험료지원   274,300

4/17   (차) 고유목적사업준비금2전입수입 274,300 / (대) 현금및현금성자산(보통예금1)   274,300

8/29   (차) 현금및현금성자산(보통예금1) 62,500 / (대) 고유목적사업준비금2전입수입   62,500

8/29	(차) 세금과공과	62,500 /	(대) 현금및현금성자산(보통예금1)	62,500

9/2   (차) 현금및현금성자산(보통예금1) 25,000,000 /(대) 고유목적사업준비금2전입수입   25,000,000

9/2	(차) 장학금지원	25,000,000 /	(대) 현금및현금성자산(보통예금1)	25,000,000

9/5   (차) 현금및현금성자산(보통예금1) 3,000,000 / (대) 고유목적사업준비금2전입수입   3,000,000

9/5	(차) 동호회지원	3,000,000 /	(대) 현금및현금성자산(보통예금1)	3,000,000

9/25   (차) 현금및현금성자산(보통예금1) 9,400,000 /(대) 고유목적사업준비금2전입수입   9,400,500
       지급수수료   500

9/25	(차) 기념품지급	9,400,000 /	(대) 현금및현금성자산(보통예금1)	9,400,500
	지급수수료	500		

10/01 (차) 현금및현금성자산(보통예금1) 1,200,500 / (대) 고유목적사업준비금2전입수입　1,200,500

10/01 (차) 경조비지원　　　　　1,200,000 /　　(대) 현금및현금성자산(보통예금1)　1,200,500
　　　　지급수수료　　　　　　500

12/03 (차) 현금및현금성자산(보통예금1) 4,400 /　(대) 고유목적사업준비금2전입수입　4,400

12/03 (차) 지급수수료　　　　　4,400 /　　(대) 현금및현금성자산(보통예금1)　4,400

12/04 (차) 현금및현금성자산(보통예금1) 400,500 /　(대) 고유목적사업준비금2전입수입　400,500

12/04 (차) 교육훈련비　　　　　400,000 /　　(대) 현금및현금성자산(보통예금1)　400,500
　　　　지급수수료　　　　　　500

12/18 (차) 현금및현금성자산(보통예금1) 252,150 /　(대) 고유목적사업준비금2전입수입　252,150

12/18 (차) 지급수수료　　　　　211,150 /　　(대) 현금및현금성자산(보통예금1)　252,150
　　　(차) 세금과공과　　　　41,000

12/20 (차) 현금및현금성자산(보통예금1) 110,000 /　(대) 고유목적사업준비금2전입수입　110,000

12/20 (차) 지급수수료　　　　　110,000 /　　(대) 현금및현금성자산(보통예금1)　110,000

12/28 (차) 현금및현금성자산(보통예금1) 100,000,000 /
　　　　　　　　　　　　　　　　　　　(대) 기본재산　　　　　　　100,000,000

*12/28 (차) 기본재산　　　　　50,000,000 /　　(대) 고유목적사업준비금2　　50,000,000

*12/28 (차) 출자금　　　　　　50,000,000 /　　(대) 현금및현금성자산(보통예금1)　100,000,000

고유목적사업준비금2   50,000,000

※12/31 (차) 고유목적사업준비금2전입수입 2,032,608 /

　　　　　　　　　　　　　　　　(대) 고유목적사업준비금1전입수입   2,032,608

(나) 기금관리(수익)회계1

날짜	차변	금액	대변	금액
1/27	(차)고유목적사업준비금2	9,600,500 /	(대) 현금및현금성자산(보통예금2)	9,600,500
2/10	(차)고유목적사업준비금2	27,000,000 /	(대) 현금및현금성자산(보통예금2)	27,000,000
2/21	(차)고유목적사업준비금2	4,272,900 /	(대) 현금및현금성자산(보통예금2)	4,272,900
3/10	(차)고유목적사업준비금2	3,000,000 /	(대) 현금및현금성자산(보통예금2)	3,000,000
4/17	(차) 현금및현금성자산(보통예금2)	274,300 /	(대) 고유목적사업준비금2	274,300
4/26	(차) 현금및현금성자산(보통예금2)	285,130 /	(대) 선급법인세	285,130
5/28	(차) 현금및현금성자산(보통예금2)	28,510 /	(대) 선급지방소득세	28,510
6/14	(차) 현금및현금성자산(보통예금2) 선급법인세 선급지방소득세	15,484 / 2,560 250	(대) 이자수익	18,294
8/29	(차) 고유목적사업준비금2	62,500 /	(대) 현금및현금성자산(보통예금2)	62,500
9/2	(차) 고유목적사업준비금2	25,000,000 /	(대) 현금및현금성자산(보통예금2)	25,000,000

9/5   (차) 고유목적사업준비금2 3,000,000 /   (대) 현금및현금성자산(보통·예금2)   3,000,000

9/25   (차) 고유목적사업준비금2 9,400,500 /   (대) 현금및현금성자산(보통·예금2)   9,400,500

10/01   (차) 고유목적사업준비금2 1,200,500/   (대) 현금및현금성자산(보통·예금2)   1,200,500

12/03   (차) 고유목적사업준비금2 4,400 /   (대) 현금및현금성자산(보통·예금2)   4,400

12/04   (차) 고유목적사업준비금2 400,500 /   (대) 현금및현금성자산(보통·예금2)   400,500

12/13   (차) 현금및현금성자산(보통·예금2) 12,114 /   (대) 이자수익   14,314
　　　　　　선급법인세   2,000
　　　　　　선급지방소득세   200

12/15   (차) 현금및현금성자산(보통·예금2) 1,692,000 / (대) 단기예금(정기예금1)   1,692,000 **

12/18   (차) 고유목적사업준비금2 252,150 /   (대) 현금및현금성자산(보통·예금2)   252,150

12/20   (차) 고유목적사업준비금2 110,000 /   (대) 현금및현금성자산(보통·예금2)   110,000

12/28   (차) 현금및현금성자산(보통·예금2)   100,000,000 /
　　　　　　　　　　　　　　　(대) 고유목적사업준비금2   50,000,000
　　　　　　　　　　　　　　　　　자본금   50,000,000

※12/31 (차) 고유목적사업준비금전입액   2,032,608 /
　　　　　　　　　　　　　　　(대) 고유목적사업준비금1   2,032,608

※12/31 (차) 고유목적사업준비금1   2,032,608 /
　　　　　　　　　　　　　　　(대) 고유목적사업준비금2   2,032,608

(다) 기금관리(수익)회계2

12/15 (차) 단기예금(정기예금2)	1,692,000 / (대) 이자소득		2,000,000
선급법인세	280,000		
선급지방소득세 2	8,000		

12/15 (차) 현금및현금성자산(보통예금2) 1,692,000 /   (대) 단기예금(정기예금1) 1,692,000 **

12/15 (차) 단기예금(정기예금2) 100,000,000 /   (대) 단기예금(정기예금1) 100,000,000

※ 주) **는 보통예금과 정기예금 사이에 이루어지는 자금 대체거래이다.

◎ 추가 분개사항(고유목적사업준비금 설정 및 전입수입처리)

① 12/31 당해연도 수익금으로 고유목적사업준비금1 설정

- 12/31 (차변) 고유목적사업준비금전입액 2,032,608 / (대변) 고유목적사업준비금1   2,032,608

② 당해 연도 출연금이 있을 경우 고유목적사업준비금Ⅱ 설정

- 12/31 (차변)기본재산   50,000,000 / (대변) 고유목적사업준비금2   50,000,000

3) 계정별 보조부 작성

(가) 목적사업(비수익)회계

사업외수익 / 고유목적사업준비금1전입수입

날짜	적요	차변	대변	잔액
12/31	고유목적사업준비금1전입수입		2,032,608	
	계	-	2,032,608	2,032,608

사업외수익 / 고유목적사업준비금2전입수입

날짜	적요	차변	대변	잔액
01/27	설 기념품 지급 등		9,600,500	
02/10	상반기 장학금 지원		27,000,000	
02/21	단체보험료 지원		4,272,900	
03/10	상반기 동호회지원		3,000,000	
04/17	단체보험료지원 환급	274,300		
08/29	법인균등할주민세 납부		62,500	
09/02	하반기 장학금지원		25,000,000	
09/05	하반기 동호회지원		3,000,000	
09/25	추석 기념품 지급 등		9,400,500	
10/01	경조비지원 등		1,200,500	
12/03	공인인증서 갱신수수료		4,400	
12/04	사내근로복지기금 교육비등		400,500	
12/18	임원변경등기수수료 등		252,150	
12/20	임원주소변경등기수수료 등		110,000	
12/31	고유목적사업준비금1과 대체	2,032,608		
	계	2,306,908	83,303,950	80,997,042

고유목적사업비 / 기념품지급

날짜	적요	차변	대변	잔액
01/27	설날 기념품지급	9,600,000		
09/25	추석 기념품 지급	9,400,000		
	계	19,000,000	-	19,000,000

고유목적사업비 / 장학금지원

날짜	적요	차변	대변	잔액
02/10	상반기 장학금지원	27,000,000		
09/02	하반기 장학금지원	25,000,000		
	계	52,000,000	-	52,000,000

고유목적사업비 / 동호회지원

날짜	적요	차변	대변	잔액
03/10	상반기 동호회지원	3,000,000		
09/05	하반기 동호회지원	3,000,000		
	계	6,000,000	-	6,000,000

고유목적사업비 / 단체보험료지원

날짜	적요	차변	대변	잔액
02/21	단체보험료지원	4,272,400		
04/17	퇴사자 보험료 환급		274,300	
	계	4,272,400	274,300	3,998,100

고유목적사업비 / 경조비지원

날짜	적요	차변	대변	잔액
10/01	하반기 경조비지원	1,200,000		
	계	1,200,000	-	1,200,000

일반관리비 / 세금과공과

날짜	적요	차변	대변	잔액
08/29	법인균등할주민세 납부	62,500		
12/18	임원변경 등록면허세 납부	41,000		
	계	103,500	-	103,500

일반관리비 / 지급수수료

날짜	적요	차변	대변	잔액
01/27	송금수수료	500		
02/21	송금수수료	500		
09/25	송금수수료	500		
10/01	송금수수료	500		
12/03	공인인증서 갱신수수료	4400		
12/04	송금수수료	500		
12/18	임원변경 등기수수료	211,150		
12/20	임원주소변경 등기수수료	110,000		
	계	328,050	-	328,050

일반관리비 / 교육훈련비

날짜	적요	차변	대변	잔액
12/04	사내근로복지기금 교육비	400,000		
	계	400,000	-	400,000

유동자산 / 현금및현금성자산

날짜	적요	차변	대변	잔액
01/01	전기이월	0	0	
01/27	설 기념품 지급 등	9,600,500	9,600,500	
02/10	상반기 장학금 지원	27,000,000	27,000,000	
02/21	단체보험료 지원	4,272,900	4,272,900	
03/10	상반기 동호회지원	3,000,000	3,000,000	
04/17	단체보험료지원 환급	274,300	274,300	
08/29	법인균등할주민세 납부	62,500	62,500	
09/02	하반기 장학금지원	25,000,000	25,000,000	
09/05	하반기 동호회지원	3,000,000	3,000,000	
09/25	추석 기념품 지급 등	9,400,500	9,400,500	
10/01	경조비지원 등	1,200,500	1,200,500	
12/03	공인인증서 갱신수수료	4,400	4,400	
12/04	사내근로복지기금 교육비등	400,500	400,500	
12/18	임원변경등기수수료 등	252,150	252,150	
12/20	임원주소변경등기수수료 등	110,000	110,000	
12/28	202x년 기금 출연	100,000,000	100,000,000	
	계	183,578,250	183,578,250	0

비유동자산 / (출자금)

날짜	적요	차변	대변	잔액
01/01	전기이월	(150,000,000)		
12/28	당기증가	(50,000,000)		
	계	(200,000,000)	-	(200,000,000)

자본금 / (기본재산)

날짜	적요	차변	대변	잔액
01/01	전기이월		(150,000,000)	
12/28	당기증가	(50,000,000)	(100,000,000)	
	계	(50,000,000)	(250,000,000)	(200,000,000)

(나) 기금관리(수익)회계1

사업수익 / 이자수익

날짜	적요	차변	대변	잔액
06/14	보통예금 이자발생		18,294	
12/13	보통예금 이자발생		14,314	
12/15	정기예금 만기이자		2,000,000	
	계	0	2,032,608	2,032,608

사업외비용/ 고유목적사업준비금전입액

날짜	적요	차변	대변	잔액
12/31	고유목적사업준비금 설정	2,032,608		
	계	2,032,608	-	2,032,608

유동자산 / 현금및현금성자산

날짜	적요	차변	대변	잔액
01/01	전기이월	183,603,813		
01/27	설 기념품 지급 등		9,600,500	
02/10	상반기 장학금 지원		27,000,000	
02/21	단체보험료 지원		4,272,900	
03/10	상반기 동호회지원		3,000,000	
04/17	단체보험료지원 환급	274,300		

유동자산 / 현금및현금성자산

날짜	적요	차변	대변	잔액
04/26	202v년 선급법인세 환급	285,130		
05/28	202v년 선급지방세 환급	28,510		
06/14	보통예금 결산이자	15,484		
08/29	법인균등할주민세 납부		62,500	
09/02	하반기 장학금지원		25,000,000	
09/05	하반기 동호회지원		3,000,000	
09/25	추석 기념품 지급 등		9,400,500	
10/01	경조비지원 등		1,200,500	
12/03	공인인증서 갱신수수료		4,400	
12/04	사내근로복지기금 교육비등		400,500	
12/13	보통예금 결산이자	12,114		
12/15	정기예금 만기이자 입금	1,692,000		
12/18	임원변경등기수수료 등		252,150	
12/20	임원주소변경등기수수료 등		110,000	
12/28	202x년 기금 출연	100,000,000		
	계	285,911,351	83,303,950	202,607,401

유동자산 / 단기예금

날짜	적요	차변	대변	잔액
01/01	전기이월	100,000,000		
12/15	만기이자 발생/이체	1,692,000	1,692,000	
12/15	정기예금 재가입	100,000,000	100,000,000	
	계	201,692,000	101,692,000	100,000,000

유동자산 / 선급법인세

날짜	적요	차변	대변	잔액
01/01	전기이월	285,130		
04/25	202v년 선급법인세 환급		285,130	
06/14	보통예금 이자 원천징수	2,560		
12/13	보통예금 이자 원천징수	2,000		
12/15	정기예금 이자 원천징수	280,000		
	계	569,690	285,130	284,560

유동자산 / 선급지방소득세

날짜	적요	차변	대변	잔액
01/01	전기이월	28,510		
04/25	202v년 선급법인세 환급		28,510	
06/14	보통예금 이자 원천징수	250		
12/13	보통예금 이자 원천징수	200		
12/15	정기예금 이자 원천징수	28,000		
	계	56,960	28,510	28,450

비유동부채 / 고유목적사업준비금1

날짜	적요	차변	대변	잔액
01/01	전기이월	-		
12/31	202x년 당기 설정		2,032,608	
12/31	202x년 당기 지출	2,032,608		
	계	2,032,608	2,032,608	-

자본금 / (자본금)

날짜	적요	차변	대변	잔액
01/01	전기이월		150,000,000	
12/28	202x년 기금출연분		50,000,000	
	계	0	200,000,000	200,000,000

이익잉여금 / 고유목적사업준비금2

날짜	적요	차변	대변	잔액
01/01	전기이월		133,917,453	
01/27	설 기념품 지급 등	9,600,500		
02/10	상반기 장학금 지원	27,000,000		
02/21	단체보험료 지원	4,272,900		
03/10	상반기 동호회지원	3,000,000		
04/17	단체보험료지원 환급		274,300	
08/29	법인균등할주민세 납부	62,500		
09/02	하반기 장학금지원	25,000,000		
09/05	하반기 동호회지원	3,000,000		
09/25	추석 기념품 지급 등	9,400,500		
10/01	경조비지원 등	1,200,500		
12/03	공인인증서 갱신수수료	4,400		
12/04	사내근로복지기금 교육비등	400,500		
12/18	임원변경등기수수료 등	252,150		
12/20	임원주소변경등기수수료 등	110,000		
12/31	고유목적사업준비금2 설정		50,000,000	
12/31	고유목적사업준비금1 환입		2,032,608	
	계	83,303,950	186,224,361	102,920,411

4) 합계잔액시산표 작성

합계잔액시산표(통합)

(202X년 12월 31일 현재)

[갑사내(공동)근로복지기금]   (단위:원)

차 변		과 목	대 변	
잔 액	합 계		합 계	잔 액
-	-	I. 사업이익	2,032,608	2,032,608
-	-	1. 이자수익	2,032,608	2,032,608
82,198,100	82,472,400	II. 고유목적사업비	274,300	-
19,000,000	19,000,000	1. 기념품지급	-	-
52,000,000	52,000,000	2. 장학금지원	-	-
6,000,000	6,000,000	3. 동호회지원	-	-
3,998,100	4,272,400	4. 단체보험료지원	274,300	-
1,200,000	1,200,000	5. 경조비지원	-	-
831,550	831,550	III. 일반관리비	-	-
103,500	103,500	1. 세금과공과	-	-
328,050	328,050	2. 지급수수료	-	-
400,000	400,000	3. 교육훈련비	-	-
-	2,306,908	IV. 사업외이익	85,336,558	83,029,650
-	-	1. 고유목적사업준비금1전입수입	2,032,608	2,032,608
-	2,306,908	2. 고유목적사업준비금2전입수입	83,303,950	80,997,042
2,032,608	2,032,608	V. 사업외비용	-	-
2,032,608	2,032,608	1. 고유목적사업준비금전입액	-	-
-	-	VI. 법인세비용	-	-
-	-	1. 법인세등	-	-
-	-	VII. 당기순이익	-	-
85,062,258	87,643,466	(수익비용 누계)	87,643,466	85,062,258
302,920,411	671,808,251	I. 유동자산	368,887,840	-
302,607,401	671,181,601	1. 당좌자산	368,574,200	-
202,607,401	469,489,601	가. 현금및현금성자산	266,882,200	-
100,000,000	201,692,000	나. 단기예금	101,692,000	-
313,010	626,650	2. 기타유동자산	313,640	-
284,560	569,690	가. 선급법인세	285,130	-
28,450	56,960	나. 선급지방소득세	28,510	-
(200,000,000)	(200,000,000)	II. 비유동자산	-	-
(200,000,000)	(200,000,000)	1. 투자자산	-	-
(200,000,000)	(200,000,000)	가. 출자금	-	-
-	-	III. 유동부채	-	-
-	2,032,608	IV. 비유동부채	2,032,608	-
-	2,032,608	1. 고유목적사업준비금1	2,032,608	-
-	50,000,000	V. 자본금	250,000,000	200,000,000
-	50,000,000	1. 기본재산	250,000,000	200,000,000
-	-	2. 자본금	(200,000,000)	(200,000,000)
-	83,303,950	VI. 이익잉여금	186,224,361	102,920,411
-	83,303,950	1. 고유목적사업준비금2	186,224,361	102,920,411
-	-	2. 미처분이익잉여금	-	-
302,920,411	807,144,809	(자산부채자본 합계)	807,144,809	302,920,411
387,982,669	894,788,275	총 합 계	894,788,275	387,982,669

합계잔액시산표(목적사업회계-비수익회계)

(202X년 12월 31일 현재)

[갑사내(공동)근로복지기금 목적사업회계]   (단위:원)

차 변		과 목	대 변	
잔 액	합 계		합 계	잔 액
-	-	I. 사업이익	-	-
-	-	1. 이자수익	-	-
82,198,100	82,472,400	II. 고유목적사업비	274,300	-
19,000,000	19,000,000	1. 기념품지급	-	-
52,000,000	52,000,000	2. 장학금지원	-	-
6,000,000	6,000,000	3. 동호회지원	-	-
3,998,100	4,272,400	4. 단체보험료지원	274,300	-
1,200,000	1,200,000	5. 경조비지원	-	-
831,550	831,550	III. 일반관리비	-	-
103,500	103,500	1. 세금과공과	-	-
328,050	328,050	2. 지급수수료	-	-
400,000	400,000	3. 교육훈련비	-	-
-	2,306,908	IV. 사업외이익	85,336,558	83,029,650
-	-	1. 고유목적사업준비금1전입수입	2,032,608	2,032,608
-	2,306,908	2. 고유목적사업준비금2전입수입	83,303,950	80,997,042
2,032,608	2,032,608	V. 사업외비용	-	-
2,032,608	2,032,608	1. 고유목적사업준비금전입액	-	-
-	-	VI. 법인세비용	-	-
-	-	1. 법인세등	-	-
-	-	VII. 당기순이익	-	-
83,029,650	85,610,858	(수익비용 누계)	85,610,858	83,029,650
-	183,578,250	I. 유동자산	183,578,250	-
-	183,578,250	1. 당좌자산	183,578,250	-
-	183,578,250	가. 현금및현금성자산	183,578,250	-
-	-	나. 단기예금	-	-
-	-	2. 기타유동자산	313,640	-
-	-	가. 선급법인세	-	-
-	-	나. 선급지방소득세	-	-
(200,000,000)	(200,000,000)	II. 비유동자산	-	-
(200,000,000)	(200,000,000)	1. 투자자산	-	-
(200,000,000)	(200,000,000)	가. 출자금	-	-
-	-	III. 유동부채	-	-
-	-	IV. 비유동부채	-	-
-	-	1. 고유목적사업준비금1	-	-
-	(50,000,000)	V. 자본금	(250,000,000)	(200,000,000)
-	(50,000,000)	1. 기본재산	(250,000,000)	(200,000,000)
-	-	2. 자본금	-	-
-	-	VI. 이익잉여금	-	-
-	-	1. 고유목적사업준비금2	-	-
-	-	2. 미처분이익잉여금	-	-
-	183,578,250	(자산부채자본 합계)	183,578,250	-
83,029,650	269,189,108	총 합 계	269,189,108	83,029,650

합계잔액시산표(기금관리회계-수익회계)

(202X년 12월 31일 현재)

[갑사내(공동)근로복지기금 기금관리회계 　　　　　　　　　　　　　　　　　] (단위:원)

차 변		과 목	대 변	
잔 액	합 계		합 계	잔 액
-	-	Ⅰ. 사업이익	2,032,608	2,032,608
-	-	1. 이자수익	2,032,608	2,032,608
-	-	Ⅱ. 고유목적사업비	-	-
-	-	1. 기념품지급	-	-
-	-	2. 장학금지원	-	-
-	-	3. 동호회지원	-	-
-	-	4. 단체보험료지원	-	-
-	-	5. 경조비지원	-	-
-	-	Ⅲ. 일반관리비	-	-
-	-	1. 세금과공과	-	-
-	-	2. 지급수수료	-	-
-	-	3. 교육훈련비	-	-
-	-	Ⅳ. 사업외이익	-	-
-	-	1. 고유목적사업준비금1전입수입	-	-
-	-	2. 고유목적사업준비금2전입수입	-	-
2,032,608	2,032,608	Ⅴ. 사업외비용	-	-
2,032,608	2,032,608	1. 고유목적사업준비금전입액	-	-
-	-	Ⅵ. 법인세비용	-	-
-	-	1. 법인세등	-	-
-	-	Ⅶ. 당기순이익	-	-
2,032,608	2,032,608	(수익비용 누계)	2,032,608	2,032,608
302,920,411	488,543,011	Ⅰ. 유동자산	185,309,590	-
302,607,401	487,916,361	1. 당좌자산	184,995,950	-
202,607,401	285,911,351	가. 현금및현금성자산	83,303,950	-
100,000,000	201,692,000	나. 단기예금	101,692,000	-
313,010	626,650	2. 기타유동자산	313,640	-
284,560	569,690	가. 선급법인세	285,130	-
28,450	56,960	나. 선급지방소득세	28,510	-
-	-	Ⅱ. 비유동자산	-	-
-	-	1. 투자자산	-	-
-	-	가. 출자금	-	-
-	-	Ⅲ. 유동부채	-	-
-	2,032,608	Ⅳ. 비유동부채	2,032,608	-
-	2,032,608	1. 고유목적사업준비금1	2,032,608	-
-	50,000,000	Ⅴ. 자본금	250,000,000	200,000,000
-	50,000,000	1. 기본재산	250,000,000	200,000,000
-	-	2. 자본금	(200,000,000)	(200,000,000)
-	83,303,950	Ⅵ. 이익잉여금	186,224,361	102,920,411
-	83,303,950	1. 고유목적사업준비금2	186,224,361	102,920,411
-	-	2. 미처분이익잉여금	-	-
302,920,411	623,566,559	(자산부채자본 합계)	623,566,559	302,920,411
304,953,019	625,599,167	총 합 계	625,599,167	304,953,019

5) 재무상태표(통합) 작성

재 무 상 태 표(통합)

제3기 : 202X년 12월 31일 현재

제2기 : 202V년 12월 31일 현재

[갑사내(공동)근로복지기금] (단위 : 원)

과 목	제 3 (당) 기		제 2 (전) 기	
〈자 산〉				
Ⅰ. 유동자산		302,920,411		283,917,453
1. 당좌자산	302,607,401		283,603,813	
1) 현금및현금성자산	202,607,401		183,603,813	
2) 단기예금	100,000,000		100,000,000	
2. 기타유동자산	313,010		313,640	
1) 선급법인세	284,560		285,130	
2) 선급지방소득세	28,450		28,510	
Ⅱ. 비유동자산		(200,000,000)		(150,000,000)
1. 투자자산	(200,000,000)		(150,000,000)	
1) 출자금	(200,000,000)		(150,000,000)	
자산 총계		302,920,411		283,917,453
〈부 채〉				
Ⅰ. 유동부채		-		-
Ⅱ. 비유동부채		-		-
1. 고유목적사업준비금1	-		-	
부채 총계		-		-
〈자 본〉				
Ⅰ. 자본금		200,000,000		150,000,000
1. 기본재산	200,000,000		150,000,000	
2. 자본금	(200,000,000)		(150,000,000)	
Ⅱ. 이익잉여금		102,920,411		133,917,453
1. 고유목적사업준비금2	102,920,411		133,917,453	
2. 미처분이익잉여금	-		-	
자본 총계		302,920,411		283,917,453
부채 및 자본 총계		302,920,411		283,917,453

주) 1. 고유목적사업준비금1은 「법인세법」 제29조에 의한 준비금임.

    2. 고유목적사업준비금2는 「근로복지기본법」 제62조에 의한 준비금임.

6) 손익계산서(통합) 작성

손 익 계 산 서(통합)

제3기 : 202X년 1월 1일부터 12월 31일까지
제2기 : 202V년 1월 1일부터 12월 31일까지

[갑사내(공동)근로복지기금]   (단위:원)

과 목	제 3 (당) 기		제 2 (전) 기	
Ⅰ. 사업수익		2,032,608		2,036,653
1. 이자수익	2,032,608		2,036,653	
Ⅱ. 고유목적사업비		82,198,100		17,142,400
1. 기념품지급	19,000,000		9,600,000	
2. 장학금지원	52,000,000		-	
3. 동호회지원	6,000,000		3,000,000	
4. 단체보험료지원	3,998,100		4,042,400	
5. 경조비지원	1,200,000		500,000	
Ⅲ. 사업총이익		-80,165,492		-15,105,747
Ⅳ. 일반관리비		831,550		632,500
1. 세금과공과	103,500		62,500	
2. 지급수수료	328,050		270,000	
3. 교육훈련비	400,000		300,000	
Ⅴ. 사업이익		-80,997,042		-15,738,247
Ⅵ. 사업외수익		83,029,650		17,774,900
1. 고유목적사업준비금1전입수입	2,032,608		2,036,653	
2. 고유목적사업준비금2전입수입	80,997,042		15,738,247	
Ⅶ. 사업외비용		2,032,608		2,036,653
1. 고유목적사업준비금전입액	2,032,608		2,036,653	
Ⅷ. 법인세비용차감전순이익		-		-
Ⅸ. 법인세비용		-		-
1. 법인세 등	-		-	
Ⅹ. 당기순이익		-		-

7) 이익잉여금처분계산서(통합) 작성

이익잉여금처분계산서(통합)

제3기 : 202X년 1월 1일부터 12월 31일까지 처분확정일 202Y년 2월 28일

제2기 : 202V년 1월 11일부터 12월 31일까지 처분확정일 202X년 2월 28일

[갑사내(공동)근로복지기금]   (단위 : 원)

과 목	제 3 (당) 기		제 2 (전) 기	
Ⅰ. 미처분이익잉여금		-		-
1. 전기이월미처분이익잉여금	-		-	
2. 회계정책변경의 누적효과	-		-	
3. 전기오류수정이익	-		-	
4. 당기순이익(당기순손실)	-		-	
Ⅱ. 임의적립금등의 이입액		-		-
(합 계)		-		-
Ⅲ. 이익잉여금 처분액		-		-
1. 이익준비금	-		-	
2. 기타법정적립금	-		-	
3. 그밖의적립금	-		-	
Ⅳ. 차기이월미처분이익잉여금		-		-

8) 재무상태표(구분) 작성

재무상태표1(구분/당해연도)

제3기 : 202X년 12월 31일 현재

[갑사내(공동)근로복지기금]   (단위 : 원)

과 목	비수익회계 (목적사업회계)	수익회계 (기금관리회계)	계
〈자 산〉			
Ⅰ. 유동자산	-	302,920,411	302,920,411
1. 당좌자산	-	302,607,401	302,607,401
1) 현금및현금성자산	-	202,607,401	202,607,401
2) 단기예금	-	100,000,000	100,000,000
2. 기타유동자산	-	313,010	313,010
1) 선급법인세	-	284,560	284,560
2) 선급지방소득세	-	28,450	28,450
Ⅱ. 비유동자산	(200,000,000)	-	(200,000,000)
1. 투자자산	(200,000,000)	-	(200,000,000)
1) 출자금	(200,000,000)	-	(200,000,000)
자 산 총 계	(200,000,000)	302,920,411	302,920,411
〈부 채〉			
Ⅰ. 유동부채	-	-	-
Ⅱ. 비유동부채	-	-	-
1. 고유목적사업준비금1	-	-	-
부 채 총 계	-	-	-
〈자 본〉			
Ⅰ. 자본금	(200,000,000)	200,000,000	200,000,000
1. 기본재산	(200,000,000)	-	(200,000,000)
2. 자본금	-	200,000,000	200,000,000
Ⅱ. 이익잉여금	-	102,920,411	102,920,411
1. 고유목적사업준비금2	-	102,920,411	102,920,411
2. 미처분이익잉여금	-	-	-
자 본 총 계	(200,000,000)	302,920,411	302,920,411
부채 및 자본 총계	(200,000,000)	302,920,411	302,920,411

주) 1. 고유목적사업준비금1은 「법인세법」 제29조에 의한 준비금임.
　　2. 고유목적사업준비금2는 「근로복지기본법」 제62조에 의한 준비금임.

재무상태표2(구분/비교식)

제3기 : 202X년 12월 31일 현재

제2기 : 202V년 12월 31일 현재

[갑사내(공동)근로복지기금]   (단위 : 원)

과 목	제 3 (당) 기			제 2 (전) 기		
	비수익회계 (목적사업회계)	수익회계 (기금관리회계)	계	비수익회계 (목적사업회계)	수익회계 (기금관리회계)	계
〈자 산〉						
Ⅰ. 유동자산	-	302,920,411	302,920,411	-	283,917,453	283,917,453
1. 당좌자산	-	302,607,401	302,607,401	-	283,603,813	283,603,813
1) 현금및현금성자산	-	202,607,401	202,607,401	-	183,603,813	183,603,813
2) 단기예금	-	100,000,000	100,000,000	-	100,000,000	100,000,000
2. 기타당좌자산	-	313,010	313,010	-	313,640	313,640
1) 선급법인세	-	284,560	284,560	-	285,130	285,130
2) 선급지방소득세	-	28,450	28,450	-	28,510	28,510
Ⅱ. 비유동자산	(200,000,000)	-	(200,000,000)	(150,000,000)	-	(150,000,000)
1. 투자자산	(200,000,000)	-	(200,000,000)	(150,000,000)	-	(150,000,000)
1) 출자금	(200,000,000)	-	(200,000,000)	(150,000,000)	-	(150,000,000)
자산 총계	(200,000,000)	302,920,411	302,920,411	(150,000,000)	283,917,453	283,917,453
〈부 채〉						
Ⅰ. 유동부채	-	-	-	-	-	-
Ⅱ. 비유동부채	-	-	-	-	-	-
1.고유목적사업준비금1						
부채 총계	-	-	-	-	-	-
〈자 본〉						
Ⅰ. 자본금	(200,000,000)	200,000,000	200,000,000	(150,000,000)	150,000,000	150,000,000
1. 기본재산	(200,000,000)		(200,000,000)	(150,000,000)	0	(150,000,000)
2. 자본금	-	200,000,000	200,000,000	-	150,000,000	150,000,000
Ⅱ. 이익잉여금	-	102,920,411	102,920,411	-	133,917,453	133,917,453
1. 고유목적사업준비금2	-	102,920,411	102,920,411	-	133,917,453	133,917,453
2. 미처분이익잉여금	-	-	-	-	-	-
자본 총계	(200,000,000)	302,920,411	302,920,411	(150,000,000)	283,917,453	283,917,453
부채 및 자본 총계	(200,000,000)	302,920,411	302,920,411	(150,000,000)	283,917,453	283,917,453

주) 1. 고유목적사업준비금1은 「법인세법」 제29조에 의한 준비금임.

   2. 고유목적사업준비금2는 「근로복지기본법」 제62조에 의한 준비금임.

9) 손익계산서(구분) 작성

손익계산서1(구분/당해 연도)

제3기 : 202X년 1월 1일부터 12월 31일까지

[갑사내(공동)근로복지기금]   (단위 : 원)

과 목	목적사업회계	기금관리회계	계
Ⅰ. 사업수익	-	2,032,608	2,032,608
1. 이자수익	-	2,032,608	2,032,608
Ⅱ. 고유목적사업비	82,198,100	-	82,198,100
1. 기념품지급	19,000,000	-	19,000,000
2. 장학금지원	52,000,000	-	52,000,000
3. 동호회지원	6,000,000	-	6,000,000
4. 단체보험료지원	3,998,100	-	3,998,100
5. 경조비지원	1,200,000	-	1,200,000
Ⅲ. 사업총이익	-82,198,100	2,032,608	-80,165,492
Ⅳ. 일반관리비	831,550	-	831,550
1. 세금과공과	70,540	-	70,540
2. 지급수수료	361,010	-	361,010
3. 교육훈련비	400,000	-	400,000
Ⅴ. 사업이익	-83,029,650	2,032,608	-80,997,042
Ⅵ. 사업외수익	83,029,650	-	83,029,650
1. 고유목적사업준비금1전입수입	2,032,608	-	2,032,608
2. 고유목적사업준비금2전입수입	80,997,042	-	80,997,042
Ⅶ. 사업외비용	-	2,032,608	2,032,608
1.고유목적사업준비금전입액	-	2,032,608	2,032,608
Ⅷ. 법인세비용차감전순이익	-	-	-
Ⅸ. 법인세비용	-	-	-
1. 법인세 등	-	-	-
Ⅹ. 당기순이익	-	-	-

손익계산서2(구분/비교식)

제3기 : 202X년 1월 1일부터 12월 31일까지
제2기 : 202V년 1월 1일부터 12월 31일까지

[갑사내(공동)근로복지기금] (단위 : 원)

과 목	제 3 (당) 기			제 2 (전) 기		
	목적사업회계	기금관리회계	계	목적사업회계	기금관리회계	계
Ⅰ. 사업수익	-	2,032,608	2,032,608	-	2,036,653	2,036,653
1. 이자수익	-	2,032,608	2,032,608	-	2,036,653	2,036,653
Ⅱ. 고유목적사업비	82,198,100	-	82,198,100	17,142,400	-	17,142,400
1. 기념품지급	19,000,000	-	19,000,000	9,600,000	-	9,600,000
2. 장학금지원	52,000,000	-	52,000,000	-	-	-
3. 동호회지원	6,000,000	-	6,000,000	3,000,000	-	3,000,000
4. 단체보험료지원	3,998,100	-	3,998,100	4,042,400	-	4,042,400
5. 경조비지원	1,200,000	-	1,200,000	500,000	-	500,000
Ⅲ. 사업총이익	-82,198,100	2,032,608	-80,165,492	-17,142,400	2,036,653	-15,105,747
Ⅳ. 일반관리비	831,550	-	831,550	632,500	-	632,500
1. 세금과공과	70,540	-	70,540	62,500	-	62,500
2. 지급수수료	361,010	-	361,010	270,000	-	270,000
3. 교육훈련비	400,000	-	400,000	300,000	-	300,000
Ⅴ. 사업이익	-83,029,650	2,032,608	-80,997,042	-17,774,900	2,036,653	-15,738,247
Ⅵ. 사업외수익	83,029,650	-	83,029,650	17,774,900	-	17,774,900
1. 고유목적사업준비금1 전입수입	2,032,608	-	2,032,608	2,036,653	-	2,036,653
2. 고유목적사업준비금2 전입수입	80,997,042	-	80,997,042	15,738,247	-	15,738,247
Ⅶ. 사업외비용	-	2,032,608	2,032,608	-	2,036,653	2,036,653
1. 고유목적사업준비금 전입액	-	2,032,608	2,032,608	-	2,036,653	2,036,653
Ⅷ. 법인세비용차감전순이익	-	-	-	-	-	-
Ⅸ. 법인세비용	-	-	-	-	-	-
1. 법인세 등	-	-	-	-	-	-
Ⅹ. 당기순이익						

10) 이익잉여금처분계산서(구분) 작성

이익잉여금처분계산서1(구분/당해연도)

제3기 : 202X년 1월 1일부터 12월 31일까지
처분확정일 202Y년 2월 28일

[갑사내(공동)근로복지기금]   (금액단위 : 원)

과 목	비수익회계 (목적사업회계)	수익회계 (기금관리회계)	계
Ⅰ. 미처분이익잉여금	-	-	-
1. 전기이월미처분이익잉여금	-	-	-
2. 회계정책변경의 누적효과	-	-	-
3. 전기오류수정이익	-	-	-
4. 당기순이익(당기순손실)	-	-	-
Ⅱ. 임의적립금등의 이입액	-	-	-
(합 계)	-	-	-
Ⅲ. 이익잉여금 처분액	-	-	-
1. 이익준비금	-	-	-
2. 기타법정적립금	-	-	-
3. 그밖의적립금	-	-	-
Ⅳ. 차기이월미처분이익잉여금	-	-	-

이익잉여금처분계산서2(구분/비교식)

제3기 : 202X년 1월 1일부터 12월 31일까지 처분확정일 202Y년 2월 28일

제2기 : 202V년 1월 11일부터 12월 31일까지 처분확정일 202X년 2월 28일

[갑사내(공동)근로복지기금] (단위 : 원)

과 목	제 3 (당)기			제 2 (전)기		
	비수익회계 (목적사업회계)	수익회계 (기금관리회계)	계	비수익회계 (목적사업회계)	수익회계 (기금관리회계)	계
Ⅰ. 처분전이익잉여금	-	-	-	-	-	-
1. 전기이월미처분이익잉여금	-	-	-	-	-	-
2. 회계정책의 누적효과	-	-	-	-	-	-
3. 전기오류수정이익	-	-	-	-	-	-
4. 당기순이익(당기순손실)	-	-	-	-	-	-
Ⅱ. 임의적립금등의 이입액	-	-	-	-	-	-
(합 계)	-	-	-	-	-	-
Ⅲ. 이익잉여금처분액	-	-	-	-	-	-
1. 이익준비금	-	-	-	-	-	-
2. 그밖의적립금	-	-	-	-	-	-
3. 그밖의잉여금처분액	-	-	-	-	-	-
Ⅳ. 차기이월미처분이익잉여금	-	-	-	-	-	-

11) 부속명세서 작성

(가) 재무상태표 부속명세서

(1) 목적사업회계(비수익회계) 재무상태표 부속명세서

3-1-1-1. 현금및현금성자산 명세서

(단위 : 원)

예금명	금융회사	기초잔액	당기증가	당기감소	기말잔액	비고
보통예금	○○은행	-	183,578,250	183,578,250	-	○○은행 ○○동지점
계		-	183,578,250	183,578,250	-	

(보통예금 명세는 첨부 잔액증명서 참조)

3-1-1-2. 출자금 명세서

(단위 : 원)

구분	기초잔액	당기증가	당기감소	기말잔액	비고
기금관리회계 출자금	150,000,000	50,000,000	-	200,000,000	수익회계 자본금
계	150,000,000	50,000,000	-	200,000,000	

(목적사업회계 출자금은 기금관리회계 자본금과 대응됨)

3-1-1-3. 기본재산 명세서

(단위 : 원)

계정과목	기초잔액	당기증가	당기감소	기말잔액	비고
기본재산	150,000,000	100,000,000	50,000,000	200,000,000	
계	150,000,000	100,000,000	50,000,000	200,000,000	

(목적사업회계 기본재산은 기금관리회계 자본금으로 출자 처리함)

(2) 기금관리회계(수익회계) 재무상태표 부속명세서

3-1-2-1. 현금및현금성자산 명세서

(단위 : 원)

예금명	금융회사	기초잔액	당기증가	당기감소	기말잔액	비고
보통예금	○○은행	183,603,813	102,307,538	83,303,950	202,607,401	○○은행 ○○동지점
계		183,603,813	102,307,538	83,303,950	202,607,401	-

(보통예금 명세는 첨부 잔액증명서 참조)

3-1-2-2. 단기예금 명세서

(단위 : 원)

예금명	금융회사	기초잔액	당기증가	당기감소	기말잔액	비고
정기예금1	○○은행	100,000,000	1,692,000	101,692,000	-	○○은행 ○○동지점
정기예금2	○○은행	-	100,000,000	-	100,000,000	○○은행 ○○동지점
계		100,000,000	101,692,000	101,692,000	100,000,000	

(정기예금 명세는 첨부 잔액증명서 참조)

3-1-2-3. 선급법인세 및 선급법인지방소득세 명세서

(단위 : 원)

계정과목	기초잔액	당기증가	당기감소	기말잔액	비고
선급법인세	285,130	284,560	285,130	284,560	
선급법인지방소득세	28,510	28,450	28,510	28,450	
계	313,640	313,010	313,640	313,010	

(선급법인세 및 선급법인지방소득세 세부 명세는 이자수익 명세서 참조)

3-1-2-4. 고유목적사업준비금 명세서

계정과목	기초잔액	당기증가	당기감소	기말잔액	비고
고유목적사업준비금1	-	2,032,608	2,032,608	-	
고유목적사업준비금2	133,917,453	52,306,908	83,303,950	102,920,411	
계	133,917,453	54,339,516	85,336,558	102,920,411	

(고유목적사업준비금 세부 명세는 고유목적사업준비금 사용내역 명세서 참조)

3-1-2-5. 자본금 명세서

(단위 : 원)

계정과목	기초잔액	당기증가	당기감소	기말잔액	비고
자본금	150,000,000	50,000,000	-	200,000,000	
계	150,000,000	50,000,000	-	200,000,000	

(기금관리회계 자본금은 목적사업회계 출자금과 대응됨)

(나) 손익계산서 부속명세서

(1) 목적사업회계(비수익회계) 손익계산서 부속명세서

3-2-1-1. 고유목적사업비 명세서

(단위 : 원)

계정과목	월	적요	금액	비고
기념품지급	01	설명절 기념품(상품권) 지급	9,600,000	○○○외 00명
	09	추석명절 기념품(상품권) 지급	9,400,000	○○○외 00명
	계		19,000,000	
장학금지원	02	1분기 장학금 지원	27,000,000	○○○외 00명
	09	2분기 장학금 지원	25,000,000	○○○외 00명
	계		52,000,000	

계정과목	월	적요	금액	비고
동호회지원	03	1분기 동호회 지원	3,000,000	○○동호회 외 2개
	09	2분기 동호회 지원	3,000,000	○○동호회 외 2개
	계		6,000,000	
단체보험료지원	02	직원단체보험료 지원	4,272,400	○○○외 00명
	04	퇴사자 보험료 환급	-274,300	○○○외 00명
	계		3,998,100	
경조비지원	10	직원 경조비지원	1,200,000	○○○외 2명
	계		1,200,000	
합계			82,198,100	

3-2-1-2. 일반관리비 명세서

(단위 : 원)

계정과목	월	적요	금액	비고
세금과공과	08	법인균등할주민세 납부	62,500	○○구청
	12	임원변경시 등록면허세 납부	41,000	○○구청
	계		103,500	
지급수수료	01	상품권대금 송금수수료	500	○○은행
	02	단체보험료 송금수수료	500	○○은행
	09	상품권대금 송금수수료	500	○○은행
	10	경조비 송금수수료	500	○○은행
	12	공인인증서 갱신수수료	4,400	○○은행
	12	교육비 송금수수료	500	○○은행
	12	임원 변경 수수료	211,150	000법무법인
	12	임원 주소변경 수수료	110,000	000법무법인
	계		328,050	
교육훈련비	12	사내근로복지기금교육비	400,000	(주)사내근로복지기금연구소
	계		400,000	
합 계			831,550	

3-2-1-3. 사업외수익 명세서

(단위 : 원)

구 분	금액	비 고
고유목적사업준비금1전입수입	2,032,608	당기 설정 고유목적사업준비금1에서 전입수입
고유목적사업준비금2전입수입	80,997,042	부족분 고유목적사업준비금2에서 전입수입
계	83,029,650	

(2) 기금관리회계(수익회계) 손익계산서 부속명세서

3-2-2-1. 이자수익 명세서

(단위 : 원)

수입처	적요	원금	운용기간	이율	이자수익	법인세	지방소득세	입금액	비고
○○은행	보통예금		202v.12.15-202x.06.15		18,294	2,560	250	15,484	
○○은행	보통예금		202x.06.15-202x.12.13		14,314	2,000	200	12,114	
○○은행	정기예금	100,000,000	202v.12.15-202x.12.15	2.0%	2,000,000	280,000	28,000	1,692,000	
계					2,032,608	284,560	28,450	1,719,598	

3-2-2-2. 사업외비용 명세서

(단위 : 원)

계정과목	월	적요	금 액	비 고
고유목적사업준비금전입액	12	당해연도 수익금 준비금설정	2,032,608	법인세법 제29조
계			2,032,608	

3-3-1. 손익예산 집행현황

(단위 : 원)

구 분	계 정 과 목		202X년예산	202X년실적	달성(집행)율	비고
수 익			87,360,000	83,029,650	95.0%	
	사업수익		2,500,000	2,032,608	81.3%	
		이자수익	2,500,000	2,032,608	81.3%	
	사업외수익		84,860,000	80,997,042	95.4%	
		고유목적사업준비금1전입 수입	-	(2,032,608)	-	
		고유목적사업준비금2전입 수입	84,860,000	80,997,042	95.4%	
비 용			87,360,000	83,029,650	95.0%	
	고유목적사업비		86,500,000	82,198,100	95.0%	
		기념품지급	20,000,000	19,000,000	95.0%	
		장학금지원	54,000,000	52,000,000	96.3%	
		동호회지원	7,000,000	6,000,000	85.7%	
		단체보험료지원	4,000,000	3,998,100	100.0%	
		경조비지원	1,500,000	1,200,000	80.0%	
	일반관리비		860,000	831,550	96.7%	
		세금과공과	110,000	103,500	94.1%	
		지급수수료	350,000	328,050	93.7%	
		교육훈련비	400,000	400,000	100.0%	
	사업외비용		-	-	-	
		고유목적사업준비금전입액	-	(2,032,608)	-	
		예비비	-	-	-	
당기순이익			-	-	-	

3-3-2. 자본예산 집행현황 - 해당 없음

3-4-1. 기타(고유목적사업준비금 관리)

(단위 : 원)

구 분		고유목적사업준비금1	고유목적사업준비금2	계
전기 이월		-	133,917,453	133,917,453
당기 증감	증가	2,032,608	52,306,908	54,339,516
	감소	2,032,608	83,303,950	85,336,558
	(소계)	-	- 30,997,042	- 30,997,042
기말 잔액)		-	102,920,411	102,920,411

나. 후속조치 사례

1) 202x년 기금법인 결산(안) 및 후속 업무처리 계획 보고

기금실무자가 202X년 기금법인 결산을 마치면 기금법인 이사에게 결산(안) 및 후속 업무처리 계획을 보고하여야 한다. 본인이 1993년 2월부터 2013년 11월까지 21년 동안 KBS사내근로복지기금에서 사내근로복지기금 실무를 하면서 매년 기금법인 결산을 실시하여 결산서(안)과 후속조치 계획을 보고했던 사례를 공유하면 다음과 같다.

문서번호 복지기금—

시행일자 202Y. 2. . (5년)

          (제 1 안)

수 신 내부결재

참 조

제 목 202X년도 사내근로복지기금 결산(안)

    202X년도 사내근로복지기금 결산(안) 요약 및 후속업무처리 계획을 다음과 같이 보고합니다.

    1. 재산 현황

(단위 : 천원)

구 분		202X년말	202V년말	증감액	비 고
자산	예금	302,607	283,604	-19,003	- 정기예금 100,000 보통예금 202,607
	기타	313	313	-	- 기타는 선급법인세 등
	자산총계	302,920	283,917	19,003	
부채	준비금1	-	-	-	
자본	기본재산	200,000	150,000	50,000	
	준비금2	102,920	133,917	-30,997	
	계	302,920	283,917	19,003	
부채및자본총계		302,920	283,917	19,003	

    2. 손익 현황

(단위: 천원)

구 분		202X년말	202V년말	증감액	비 고
수익	이자수익	2,033	2,037	-4	
비용	준비금전입액	2,033	2,037	-4	수익금 전액 준비금 설정
당기순이익		-	-	-	

※ 이자수익과 대부이자수익 전액을 고유목적사업준비금전입액으로 설정(법인세법)

    3. 이익잉여금처분계산서(안) : 0

4. 목적사업비 집행 현황

(단위: 천원)

구 분	202X년말	202V년말	증감액	비 고
기념품지급	19,000	9,600	9,400	○○○ 외 00명
장학금지원	52,000	-	52,000	○○○ 외 0명
동호회지원	6,000	3,000	3,000	○○○○○동호회 외 0
단체보험료지원	3,998	4,042	-44	○○○ 외 00명
경조비지원	1,200	500	700	○○○ 외 0명
계	82,198	17,142	65,056	

5. 손익예산 집행 현황

(단위: 천원)

구 분			202X년예산	202X년실적	집행율	비 고
수익	사업수익	이자수익	2,500	2,033	81.3	
	사업외수익	준비금2전입수입	84,860	80,997	95.4	
	계		87,360	83,030	95.0	
비용	목적사업비	기념품지급	20,000	19,000	95.0	
		장학금지원	54,000	52,000	96.3	
		동호회지원	7,000	6,000	85.7	
		단체보험료지원	4,000	3,998	100.0	
		경조비지원	1,500	1,200	80.0	
		(소계)	86,500	82,198	95.0	
	일반관리비	지급수수료 등	860	832	96.7	
	계		87,360	83,030	95.0	
계			-	-	-	

6. 후속 업무처리계획

　가. 감사 의뢰

　　- 근거 : 기금법인 정관 제00조(감사의 직무) 제1항

　나. 기금이사회 상정

　　- 근거 : 기금법인 정관 제00조(이사회의 의결 사항) 제1항제2호

　다. 협의회 상정

　　- 근거 : 기금법인 정관 제0장(협의회) 제0조(회의 의결사항) 제1항제3호

　라. 기금법인 운영상황 공개

　　- 근거 : 기금법인 정관 제00조(운영상황 공개) 제1항

　마. 기금법인 운영상황 보고

　　- 00지방고용노동지청에 결산서 등을 첨부하여 서면으로 보고(「근로복지기본법 시행령」 제63조제1항, 보고기한 3월 말)

　바. 법인세 과세표준신고

　　- 국세청 홈택스를 이용하여 법인세 과세표준 전자신고 실시(「법인세법」 제60조, 신고기한 3/31)

　사. 법인지방소득세 과세표준신고

　　- 주소지 관할 000구청에 법인지방소득세 과세표준신고 실시(「지방세법」 제103조의23, 신고기한 4/30)

첨부 : 1. 202X년도 결산서(안) 1부

　　2. 예금잔액증명 각 1부. 끝.

(제2안)

수 신　수신처 참조
참 조
제 목　202X년도 결산 감사보고서 요청

---

1. ○○사내근로복지기금 정관 제00조제1항 및 제00조제2항과 관련입니다.

2. ○○사내근로복지기금 202X년 결산에 따른 감사보고서를 요청하오니 협조하여 주시기 바랍니다.

　　　가. 202X년 결산서(안)

　　　　　(1) 재산현황 : 제(1)안과 동일

　　　　　(2) 손익현황 : 제(1)안과 동일

　　　　　(3) 이익잉여금처분(안) : 제(1)안과 동일

　　　　　(4) 목적사업비 집행현황 : 제(1)안과 동일

　　　　　(5) 손익예산 집행현황 : 제(1)안과 동일

첨부 : 1. 202X년 결산서(안) 1부

　　　 2. 예금잔액증명 사본 각 1부

　　　 3. ○○사내근로복지기금 정관 해당 조문 1부. 끝.

수신처 : ○○○ 감사, ○○○ 감사

2) 기금법인 감사 실시 - 감사보고서를 제출

3) 협의회 개최 품의, 개최

(가) 협의회 개최, 감사보고서(안) 상정 및 의결

(나) 협의회 회의록 작성(사례)

제 00 차 (정기·임시) 사내(공동)근로복지기금협의회 회의록

(앞쪽)

회의 일시	202X 년 3 월 00 일(10시 00분 ~ 11시 00분)
회의 장소	○○주식회사 본사 00층 임원회의실

의제
○ 의안 제00호 : 202X년 감사보고서(안)

협의사항
○ 출석한 사용자측 및 근로자측 위원의 호선으로 사용자측 000 위원을 의장으로 선출하다. 의장 000은 「근로복지기본법」의 규정에 따라 의장석에 등단하여 위와 같이 법정수에 달하는 위원이 출석하였으므로 본 협의회가 적법하게 성립하였음을 고하고 개회를 선언하다.

별도 용지 사용 가능

결정사항
○ 의안 제00호 : 202X년 감사보고서(안) - 원안대로 의결
  - 재무상태표(안) :
    ▷ 자산총계 : 302,920천원(예금 302,920천원, 기타 313천원)
    ▷ 부채총계 : 0원
    ▷ 자본총계 : 302,920천원(기본재산 200,000천원, 고유목적사업준비금2 102,920천원)
  - 손익계산서(안) :
    ▷ 수익 : 2,033천원(이자수익 2,033천원)
    ▷ 비용 : 2,033천원(고유목적사업준비금전입액 2,033천원)
    ※ 고유목적사업비 실적 : 82,198천원(기념품지원 19,000 장학금지원 52,000 동호회지원 6,000 단체보험료지원 3,998 경조비지원 1,200)
  - 이익잉여금처분계산서(안) : 0

그 밖의 토의사항

210mm×297mm[백상지(80g/㎡) 또는 중질지(80g/㎡)]

구분	근로자위원	서명	사용자위원	서명
참석위원	○○○	(인)	□ □ □	(인)
	○○○	(인)	□ □ □	(인)
	○○○	(인)	□ □ □	(인)

3. 그 밖의 수익사업(대부사업)을 실시하는 기금법인 사례(구분경리 실시)

가. 결산 사례

◎ 전기 재무제표

재 무 상 태 표(통합)

제2기 : 202V년 12월 31일 현재
제1기 : 202U년 12월 31일 현재

[갑사내(공동)근로복지기금]   (단위 : 원)

과 목	제 2 (당) 기		제 1 (전) 기	
〈자 산〉				
Ⅰ. 유동자산		283,917,453		199,655,700
1. 당좌자산	283,603,813		199,655,700	
1) 현금및현금성자산	183,603,813		99,655,700	
2) 단기예금	100,000,000		100,000,000	
2. 기타유동자산	313,640		-	
1) 선급법인세	285,130		-	
2) 선급지방소득세	28,510		-	
Ⅱ. 비유동자산		(150,000,000)		(100,000,000)
1. 투자자산	(150,000,000)		(100,000,000)	
1) 출자금	(150,000,000)		(100,000,000)	
자산 총계		283,917,453		199,655,700

과 목	제 2 (당) 기		제 1 (전) 기	
〈부 채〉				
Ⅰ. 유동부채		-		-
Ⅱ. 비유동부채		-		-
1. 고유목적사업준비금1	-		-	
부채 총계		-		-
〈자 본〉				
Ⅰ. 자본금		150,000,000		100,000,000
1. 기본재산	150,000,000		100,000,000	
2. 자본금	(150,000,000)		(100,000,000)	
Ⅱ. 이익잉여금		133,917,453		99,655,700
1. 고유목적사업준비금2	133,917,453		99,655,700	
2. 미처분이익잉여금	-		-	
자본 총계		283,917,453		199,655,700
부채 및 자본 총계		283,917,453		199,655,700

주) 1. 고유목적사업준비금1은 「법인세법」 제29조에 의한 준비금임.
    2. 고유목적사업준비금2는 「근로복지기본법」 제62조에 의한 준비금임.

손익계산서(통합)

제2기 : 202V년 1월 1일부터 12월 31일까지

제1기 : 202U년 1월 1일부터 12월 31일까지

[갑사내(공동)근로복지기금]   (단위 : 원)

과 목	제 2 (당) 기		제 1 (전) 기	
Ⅰ. 사업수익		2,036,653		-
1. 이자수익	2,036,653		-	
Ⅱ. 고유목적사업비		17,142,400		-
1. 기념품지원	9,600,000		-	
2. 장학금지원	-		-	
3. 동호회지원	3,000,000		-	
4. 단체보험료지원	4,042,400		-	
5. 경조비지원	500,000		-	
Ⅲ. 사업총이익		-15,105,747		-
Ⅳ. 일반관리비		632,500		344,300
1. 세금과공과	62,500		-	
2. 지급수수료	270,000		-	
3. 교육훈련비	300,000		344,300	
Ⅴ. 사업이익		-15,738,247		-344,300
Ⅵ. 사업외수익		17,774,900		344,300
1. 고유목적사업준비금1전입수입	2,036,653		-	
2. 고유목적사업준비금2전입수입	15,738,247		344,300	
Ⅶ. 사업외비용		2,036,653		-
1. 고유목적사업준비금전입액	2,036,653		-	
Ⅷ. 법인세비용차감전순이익		-		-
Ⅸ. 법인세비용		-		-
1. 법인세 등	-		-	
Ⅹ. 당기순이익		-		-

1) 202X년 거래내역 작성

(가) 〈보통예금1〉 - 목적사업(비수익)회계

날짜	인출	입금	잔액	세부내역
202x0101		0	0	전기이월
202x0127		9,600,500	9,600,500	설 상품권, 송금수수료 9,600,500 입금
202x0127	9,600,500		0	설 상품권, 송금수수료 9,600,500 집행
202x0210		27,000,000	27,000,000	1기분 장학금 27,000,000 입금
202x0210	27,000,000		0	1기분 장학금 27,000,000 집행
202x0221		4,272,900	4,272,900	단체보험료, 송금수수료 4,272,900 입금
202x0221	4,272,900		0	단체보험료, 송금수수료 4,272,900 집행
202x0310		3,000,000	3,000,000	상반기 동호회비 3,000,000 입금
202x0310	3,000,000		0	상반기 동호회비 3,000,000 집행
202x0417		274,300	274,300	단체보험료 환급 274,300
202x0417	274,300		0	단체보험료 환급액 기금관리회계 송금
202x0829		62,500	62,500	법인균등주민세 입금
202x0829	62,500		0	법인균등주민세 집행
202x0902		25,000,000	25,000,000	2기분 장학금 25,000,000 입금
202x0902	25,000,000		0	2기분 장학금 25,000,000 집행
202x0905		3,000,000	3,000,000	하반기 동호회비지급 3,000,000 입금
202x0905	3,000,000		0	하반기 동호회비지급 3,000,000 집행
202x0925		9,400,500	9,400,500	추석 상품권, 송금수수료 9,400,500 입금
202x0925	9,400,500		0	추석 상품권, 송금수수료 9,400,500 집행
202x1001		1,200,500	1,200,500	김순경,홍경미,이미숙/경조비, 송금수수료 1,200,500 입금
202x1001	1,200,500		0	김순경,홍경미,이미숙/경조비, 송금수수료 1,200,500 집행
202x1203		4,400	4,400	공인인증서 갱신수수료 4,400 입금
202x1203	4,400		0	공인인증서 갱신수수료 4,400 집행
202x1204		400,500	400,500	사내근로복지기금 교육비 등 입금
202x1204	400,500		0	사내근로복지기금 교육비, 송금수수료 400,500 집행
202x1218		252,150	252,150	임원변경 수수료 211,150, 등록면허세 41,000 입금
202x1218	252,150		0	임원변경 수수료 211,150, 등록면허세 41,000 입금
202x1220		110,000	110,000	임원 주소변경수수료 110,000 입금
202x1220	110,000		0	임원 주소변경수수료 110,000 집행
202x1228		100,000,000	100,000,000	202x년 사내근로복지기금 출연금 입금
202x1228	100,000,000		0	202x년 사내근로복지기금 출연금 기금관리회계로 송금

(나) 〈보통예금2〉 - 기금관리(수익)회계

날짜	인출	입금	잔액	세 부 내 역
202x0101		183,603,813	183,603,813	전기이월
202x0127	9,600,500		174,003,313	설 상품권, 수수료 9,600,500 목적회계 송금
202x0210	27,000,000		147,003,313	1기분 장학금 27,000,000 목적회계 송금
202x0221	4,272,900		142,730,413	단체보험료 등 4,272,400 목적회계 송금
202x0310	3,000,000		139,730,413	상반기 동호회비 3,000,000 목적회계 송금
202x0417		274,300	140,004,713	단체보험료 환급분 274,300 입금
202x0426		285,130	140,289,843	202v년 선급법인세 환급
202x0528		28,510	140,318,353	202v년 선급지방소득세 환급
202x0614		18,294	140,336,647	결산이자 입금 18,294
202x0614	2,810		140,333,837	선급법인세 2,560 선급지방소득세 250 원천징수
202x0829	62,500		140,271,337	법인균등주민세 62,500 목적회계 송금
202x0902	25,000,000		115,271,337	2기 장학금 25,000,000 목적회계 송금
202x0905	3,000,000		112,271,337	하반기 동호회비 3,000,000 목적회계 송금
202x0925	9,400,500		102,870,837	추석 상품권 등 9,400,500 목적회계 송금
202x1001	1,200,500		101,670,337	경조비 등 1,200,500 목적회계 송금
202x1025	50,000,000		51,670,337	홍길동 주택구입자금 대부 실시 50,000,000 2%
202x1125	30,000,000		21,670,337	이미숙 생활안정자금 대부 실시 30,000,000 2%
202x1125		83,333	21,753,670	11월 대부이자 입금
202x1203	4,400		21,749,270	공인인증서 수수료 4,400 목적회계 송금
202x1204	400,500		21,348,770	사내근로복지기금 교육비 등 400,500 목적회계 송금
202x1213		14,314	21,363,084	결산이자 입금 14,314
202x1213	2,200		21,360,884	선급법인세 2,000 선급지방소득세 200 원천징수
202x1215		1,692,000	23,052,884	정기예금 이자소득 입금(원천징수 후)
202x1218	252,150		22,800,734	임원변경 수수료 등 252,150 목적회계 송금
202x1220	110,000		22,690,734	임원 주소변경수수료 110,000 목적회계 송금
202x1226		133,333	22,824,067	11월 대부이자 입금
202x1228		100,000,000	122,824,067	202x년 사내근로복지기금 출연금 입금
202x1229	50,000,000		72,824,067	김정기 주택구입자금 대부 실시 50,000,000 2%

(다) 〈정기예금〉 - 기금관리(수익)회계2

날짜	인출	입금	잔액	세부내역
202x0101		100,000,000	100,000,000	전기이월
202x1215		2,000,000	102,000,000	정기예금 만기이자 입금
202x1215	308,000		101,692,000	선급법인세 280,000 선급지방소득세 28,000 원천징수
202x1215	1,692,000		100,000,000	이자 입금분 보통예금계좌 송금
202x1215	100,000,000	100,000,000	100,000,000	정기예금 만기해지/신규가입

- 추가사항

1. 법인세법상 설정가능한 고유목적사업준비금1을 최대한 설정한다.

2. 당해연도 출연금 50% 고유목적사업준비금2을 설정한다.

3. 목적사업비와 일반관리비를 고유목적사업준비금에서 지출 처리한다.

4. 12/12 만기가 도래하는 정기예금은 수익금은 보통예금으로 대체시키고, 원금은 동일 은행으로 재예치한다.

수행 과제

1. 거래내역 분개 2. 계정별 보조부 작성 3. 합계잔액시산표 작성 4. 재무상태표 작성(통합) 5. 손익계산서 작성(통합) 6. 이익잉여금처분(결손금처리)계산서(통합) 작성 7. 재무상태표 작성(구분) 8. 손익계산서 작성(구분) 9. 이익잉여금처분(결손금처리)계산서(통합) 작성 [10. 법인세 과세표준신고서식 작성 11. 운영상황보고서식 작성 12. 지방소득세 과세표준신고서식 작성]

*[ ] 부분은 제6장, 제7장, 제9장에서 다룬다.

2) 거래내역 분개 작업

(1) 목적사업(비수익)회계

1/27   (차) 현금및현금성자산(보통예금1)   9,600,500 /(대) 고유목적사업준비금2전입수입   9,600,500

1/27   (차) 기념품지급   9,600,000 /   (대) 현금및현금성자산(보통예금1)   9,600,500
            지급수수료   500

2/10   (차) 현금및현금성자산(보통예금1) 27,000,000 /(대) 고유목적사업준비금2전입수입   27,000,000

2/10   (차) 장학금지원   27,000,000 /   (대) 현금및현금성자산(보통예금1)   27,000,000

2/21   (차) 현금및현금성자산(보통예금1) 4,272,900 / (대) 고유목적사업준비금2전입수입   4,272,900

2/21   (차) 단체보험료지원   4,272,400 /   (대) 현금및현금성자산(보통예금1)   4,272,900
            지급수수료   500

3/10   (차) 현금및현금성자산(보통예금1) 3,000,000 / (대) 고유목적사업준비금2전입수입   3,000,000

3/10   (차) 동호회지원   3,000,000 /   (대) 현금및현금성자산(보통예금1)   3,000,000

4/17   (차) 현금및현금성자산(보통예금1) 274,300 /   (대) 단체보험료지원   274,300

4/17   (차) 고유목적사업준비금2전입수입 274,300 / (대) 현금및현금성자산(보통예금1)   274,300

8/29   (차) 현금및현금성자산(보통예금1) 62,500 /   (대) 고유목적사업준비금2전입수입   62,500

8/29   (차) 세금과공과   62,500 /   (대) 현금및현금성자산(보통예금1)   62,500

9/2   (차) 현금및현금성자산(보통예금1) 25,000,000 /   (대) 고유목적사업준비금2전입수입   25,000,000

9/2   (차) 장학금지원   25,000,000 /   (대) 현금및현금성자산(보통예금1)   25,000,000

9/5   (차) 현금및현금성자산(보통예금1) 3,000,000/   (대) 고유목적사업준비금2전입수입   3,000,000

9/5   (차) 동호회지원   3,000,000 /   (대) 현금및현금성자산(보통예금1)   3,000,000

9/25   (차) 현금및현금성자산(보통예금1) 9,400,000 /   (대) 고유목적사업준비금2전입수입   9,400,500

         지급수수료 500

9/25   (차) 기념품지급   9,400,000 /   (대) 현금및현금성자산(보통예금1)   9,400,500

         지급수수료   500

10/01   (차) 현금및현금성자산(보통예금1) 1,200,500 /   (대) 고유목적사업준비금2전입수입   1,200,500

10/01   (차) 경조비지원   1,200,000 /   (대) 현금및현금성자산(보통예금1)   1,200,500

         지급수수료   500

12/03   (차) 현금및현금성자산(보통예금1) 4,400 /   (대) 고유목적사업준비금2전입수입   4,400

12/03   (차) 지급수수료   4,400 /   (대) 현금및현금성자산(보통예금1)   4,400

12/04   (차) 현금및현금성자산(보통예금1) 400,500 /   (대) 고유목적사업준비금2전입수입   400,500

12/04   (차) 교육훈련비   400,000 /   (대) 현금및현금성자산(보통예금1)   400,500

         지급수수료   500

12/18   (차) 현금및현금성자산(보통예금1) 252,150 /   (대) 고유목적사업준비금2전입수입   252,150

12/18 (차) 지급수수료 211,150 / (대) 현금및현금성자산(보통예금1) 252,150

　　(차) 세금과공과 41,000

12/20 (차) 현금및현금성자산(보통예금1) 110,000 / (대) 고유목적사업준비금2전입수입 110,000

12/20 (차) 지급수수료 110,000 / (대) 현금및현금성자산(보통예금1) 110,000

12/28 (차) 현금및현금성자산(보통예금1) 100,000,000 / (대) 기본재산 100,000,000

*12/28 (차) 기본재산 50,000,000 / (대) 고유목적사업준비금2 50,000,000

*12/28 (차) 기본재산 50,000,000 / (대) 현금및현금성자산(보통예금1) 100,000,000

　　고유목적사업준비금2 50,000,000

※12/31 (차) 고유목적사업준비금2전입수입 2,032,608 / (대) 고유목적사업준비금1전입수입 2,032,608

(2) 기금관리(수익)회계1

1/27 (차) 고유목적사업준비금2 9,600,500 / (대) 현금및현금성자산(보통예금2) 9,600,500

2/10 (차) 고유목적사업준비금2 27,000,000 / (대) 현금및현금성자산(보통예금2) 27,000,000

2/21 (차) 고유목적사업준비금2 4,272,900 / (대) 현금및현금성자산(보통예금2) 4,272,900

3/10 (차) 고유목적사업준비금2 3,000,000 / (대) 현금및현금성자산(보통예금2) 3,000,000

4/17 (차) 현금및현금성자산(보통예금2) 274,300 / (대) 고유목적사업준비금2 274,300

4/26 (차) 현금및현금성자산(보통예금2) 285,130 / (대) 선급법인세 285,130

5/28 (차) 현금및현금성자산(보통·예금2) 28,510 /   (대) 선급지방소득세   28,510

6/14 (차) 현금및현금성자산(보통·예금2) 15,484 /   (대) 이자수익   18,294
　　　　선급법인세　　　　　　2,560
　　　　선급지방소득세　　　　　250

8/29 (차) 고유목적사업준비금2 62,500 /   (대) 현금및현금성자산(보통·예금2)   62,500

9/2 (차) 고유목적사업준비금2 25,000,000 /   (대) 현금및현금성자산(보통·예금2)   25,000,000

9/5 (차) 고유목적사업준비금2 3,000,000 /   (대) 현금및현금성자산(보통·예금2)   3,000,000

9/25 (차) 고유목적사업준비금2 9,400,500 /   (대) 현금및현금성자산(보통·예금2)   9,400,500

10/01 (차) 고유목적사업준비금2 1,200,500 /   (대) 현금및현금성자산(보통·예금2)   1,200,500

10/25 (차) 주택구입대부금 50,000,000 /   (대) 현금및현금성자산(보통·예금2)   50,000,000

11/25 (차) 생활안정대부금 30,000,000 /   (대) 현금및현금성자산(보통·예금2)   30,000,000

11/25 (차) 현금및현금성자산(보통·예금2) 83,333 /   (대) 대부이자수익   83,333

12/03 (차) 고유목적사업준비금2 4,400 /   (대) 현금및현금성자산(보통·예금2)   4,400

12/04 (차) 고유목적사업준비금2 400,500 /   (대) 현금및현금성자산(보통·예금2)   400,500

12/13 (차) 현금및현금성자산(보통·예금2) 12,114 /   (대) 이자수익   14,314
　　　　선급법인세 2,000
　　　　선급지방소득세 200

12/15 (차) 현금및현금성자산(보통예금2) 1,692,000 / (대) 단기예금(정기예금1)   1,692,000 **

12/15 (차) 단기예금(정기예금2)   100,000,000 /   (대) 단기예금(정기예금1)   100,000,000

12/18 (차) 고유목적사업준비금2   252,150 /   (대) 현금및현금성자산(보통예금2)   252,150

12/20 (차) 고유목적사업준비금2   110,000 /   (대) 현금및현금성자산(보통예금2)   110,000

12/26 (차) 현금및현금성자산(보통예금2) 133,333 /   (대) 대부이자수익   133,333

12/28 (차) 현금및현금성자산(보통예금2) 100,000,000 / (대) 자본금   50,000,000

　　　　　　　　　　　　　　　　　　　　　　　　　　고유목적사업준비금2   50,000,000

12/29 (차) 주택구입대부금   50,000,000 /   (대) 현금및현금성자산(보통예금2)   50,000,000

※12/31 (차) 고유목적사업준비금전입액   2,249,274 /

　　　　　　　　　　　　　　　　　　　　　　　　　(대) 고유목적사업준비금1   2,249,274

※12/31 (차) 고유목적사업준비금1   2,249,274 /   (대) 고유목적사업준비금2   2,249,274

(3) 기금관리(수익)회계2

12/15 (차) 단기예금(정기예금1)   1,692,000 /   (대) 이자소득   2,000,000

　　　　　선급법인세   280,000

　　　　　선급지방소득세   28,000

12/15 (차) 현금및현금성자산(보통예금2) 1,692,000 / (대) 단기예금(정기예금1)   1,692,000 **

12/15 (차) 단기예금(정기예금2)   100,000,000 /   (대) 단기예금(정기예금1)   100,000,000

◎ 추가 분개사항(고유목적사업준비금 설정 및 전입수입처리)

  ① 12/31 당해연도 수익금으로 고유목적사업준비금1 설정

   - 12/31 (차변) 고유목적사업준비금전입액 2,249,274 /(대변) 고유목적사업준비금1 2,249,274

  ② 당해 연도 출연금이 있을 경우 고유목적사업준비금Ⅱ 설정

   - 12/31 (차변)기본재산 50,000,000 /   (대변) 고유목적사업준비금2 50,000,000

3) 계정별 보조부 작성

(가) 목적사업(비수익)회계

사업외수익 / 고유목적사업준비금1전입수입

날짜	적요	차변	대변	잔액
12/31	고유목적사업준비금1전입수입		2,249,274	
	계	-	2,249,274	2,249,274

사업외수익 / 고유목적사업준비금2전입수입

날짜	적요	차변	대변	잔액
01/27	설 기념품 지급 등		9,600,500	
02/10	상반기 장학금 지원		27,000,000	
02/21	단체보험료 지원		4,272,900	
03/10	상반기 동호회지원		3,000,000	
04/17	단체보험료지원 환급	274,300		
08/29	법인균등할주민세 납부		62,500	
09/02	하반기 장학금지원		25,000,000	
09/05	하반기 동호회지원		3,000,000	
09/25	추석 기념품 지급 등		9,400,500	
10/01	경조비지원 등		1,200,500	
12/03	공인인증서 갱신수수료		4,400	

사업외수익 / 고유목적사업준비금2전입수입

날짜	적요	차변	대변	잔액
12/04	사내근로복지기금 교육비등		400,500	
12/18	임원변경등기수수료 등		252,150	
12/20	임원주소변경등기수수료 등		110,000	
12/31	고유목적사업준비금1과 대체	2,249,274		
	계	2,523,574	83,303,950	80,780,376

고유목적사업비 / 기념품지급

날짜	적요	차변	대변	잔액
01/27	설날 기념품지급	9,600,000		
09/25	추석 기념품 지급	9,400,000		
	계	19,000,000	-	19,000,000

고유목적사업비 / 장학금지원

날짜	적요	차변	대변	잔액
02/10	상반기 장학금지원	27,000,000		
09/02	하반기 장학금지원	25,000,000		
	계	52,000,000	-	52,000,000

고유목적사업비 / 동호회지원

날짜	적요	차변	대변	잔액
03/10	상반기 동호회지원	3,000,000		
09/05	하반기 동호회지원	3,000,000		
	계	6,000,000	-	6,000,000

고유목적사업비 / 단체보험료지원

날짜	적요	차변	대변	잔액
02/21	단체보험료지원	4,272,400		
04/17	퇴사자 보험료 환급		274,300	
	계	4,272,400	274,300	3,998,100

고유목적사업비 / 경조비지원

날짜	적요	차변	대변	잔액
10/01	하반기 경조비지원	1,200,000		
	계	1,200,000	-	1,200,000

일반관리비 / 세금과공과

날짜	적요	차변	대변	잔액
08/29	법인균등할주민세 납부	62,500		
12/18	임원변경 등록면허세 납부	41,000		
	계	103,500	-	103,500

일반관리비 / 지급수수료

날짜	적요	차변	대변	잔액
01/27	송금수수료	500		
02/21	송금수수료	500		
09/25	송금수수료	500		
10/01	송금수수료	500		
12/03	공인인증서 갱신수수료	4400		
12/04	송금수수료	500		
12/18	임원변경 등기수수료	211,150		
12/20	임원주소변경 등기수수료	110,000		
	계	328,050	-	328,050

일반관리비 / 교육훈련비

날짜	적요	차변	대변	잔액
12/04	사내근로복지기금 교육비	400,000		
	계	400,000	-	400,000

유동자산 / 현금및현금성자산

날짜	적요	차변	대변	잔액
01/01	전기이월	0	0	
01/27	설 기념품 지급 등	9,600,500	9,600,500	
02/10	상반기 장학금 지원	27,000,000	27,000,000	
02/21	단체보험료 지원	4,272,900	4,272,900	
03/10	상반기 동호회지원	3,000,000	3,000,000	
04/17	단체보험료지원 환급	274,300	274,300	
08/29	법인균등할주민세 납부	62,500	62,500	
09/02	하반기 장학금지원	25,000,000	25,000,000	
09/05	하반기 동호회지원	3,000,000	3,000,000	
09/25	추석 기념품 지급 등	9,400,500	9,400,500	
10/01	경조비지원 등	1,200,500	1,200,500	
12/03	공인인증서 갱신수수료	4,400	4,400	
12/04	사내근로복지기금 교육비등	400,500	400,500	
12/18	임원변경등기수수료 등	252,150	252,150	
12/20	임원주소변경등기수수료 등	110,000	110,000	
12/28	202x년 기금 출연	100,000,000	100,000,000	
	계	183,578,250	183,578,250	0

비유동자산 / (출자금)

날짜	적요	차변	대변	잔액
01/01	전기이월	(150,000,000)		
12/28	당기증가	(50,000,000)		
	계	(200,000,000)	-	(200,000,000)

자본금 / (기본재산)

날짜	적요	차변	대변	잔액
01/01	전기이월		(150,000,000)	
12/28	당기증가	(50,000,000)	(100,000,000)	
	계	(50,000,000)	(250,000,000)	(200,000,000)

(나) 기금관리(수익)회계1

사업수익 / 이자수익

날짜	적요	차변	대변	잔액
06/14	보통예금 이자발생		18,294	
12/13	보통예금 이자발생		14,314	
12/15	정기예금 만기이자		2,000,000	
	계	0	2,032,608	2,032,608

사업수익 / 대부이자수익

날짜	적요	차변	대변	잔액
11/25	11월분 대부이자		83,333	
12/26	11월분 대부이자		133,333	
	계	0	216,666	216,666

사업외비용/ 고유목적사업준비금전입액

날짜	적요	차변	대변	잔액
12/31	고유목적사업준비금 설정	2,249,274		
	계	2,249,274	-	2,249,274

유동자산 / 현금및현금성자산

날짜	적요	차변	대변	잔액
01/01	전기이월	183,603,813		
01/27	설 기념품 지급 등		9,600,500	
02/10	상반기 장학금 지원		27,000,000	
02/21	단체보험료 지원		4,272,900	
03/10	상반기 동호회지원		3,000,000	
04/17	단체보험료지원 환급	274,300		
04/26	202v년 선급법인세 환급	285,130		
05/28	202v년 선급지방세 환급	28,510		
06/14	보통예금 결산이자	15,484		
08/29	법인균등할주민세 납부		62,500	
09/02	하반기 장학금지원		25,000,000	
09/05	하반기 동호회지원		3,000,000	
09/25	추석 기념품 지급 등		9,400,500	
10/01	경조비지원 등		1,200,500	
10/25	주택자금 대부실시(홍길동)		50,000,000	
11/25	생활안정 대부실시(이미숙)		30,000,000	
11/25	11월 대부이자 입금	83,333		
12/03	공인인증서 갱신수수료		4,400	
12/04	사내근로복지기금 교육비등		400,500	
12/13	보통예금 결산이자	12,114		
12/15	정기예금 만기이자 입금	1,692,000		

유동자산 / 현금및현금성자산

날짜	적요	차변	대변	잔액
12/18	임원변경등기수수료 등		252,150	
12/20	임원주소변경등기수수료 등		110,000	
12/26	12월 대부이자 입금	133,333		
12/28	202x년 기금 출연	100,000,000		
12/29	주택자금 대부실시(김정기)		50,000,000	
	계	286,128,017	213,303,950	72,824,067

유동자산 / 단기예금

날짜	적요	차변	대변	잔액
01/01	전기이월	100,000,000		
12/15	만기이자 발생/이체	1,692,000	1,692,000	
12/15	정기예금 재가입	100,000,000	100,000,000	
	계	201,692,000	101,692,000	100,000,000

유동자산 / 선급법인세

날짜	적요	차변	대변	잔액
01/01	전기이월	285,130		
04/25	202v년 선급법인세 환급		285,130	
06/14	보통예금 이자 원천징수	2,560		
12/13	보통예금 이자 원천징수	2,000		
12/15	정기예금 이자 원천징수	280,000		
	계	569,690	285,130	284,560

유동자산 / 선급지방소득세

날짜	적요	차변	대변	잔액
01/01	전기이월	28,510		
04/25	202v년 선급법인세 환급		28,510	
06/14	보통예금 이자 원천징수	250		
12/13	보통예금 이자 원천징수	200		
12/15	정기예금 이자 원천징수	28,000		
	계	56,960	28,510	28,450

비유동자산 / 주택구입대부금

날짜	적요	차변	대변	잔액
01/01	전기이월	0		
10/25	대부 실시(홍길동)	50,000,000		
12/29	대부 실시(김정기)	50,000,000		
	계	100,000,000	0	100,000,000

비유동자산 / 생활안정대부금

날짜	적요	차변	대변	잔액
01/01	전기이월	0		
11/25	대부 실시(이미숙)	30,000,000		
	계	30,000,000		30,000,000

비유동부채 / 고유목적사업준비금1

날짜	적요	차변	대변	잔액
01/01	전기이월	-		
12/31	202x년 당기 설정		2,249,274	
12/31	202x년 당기 지출	2,249,274		
	계	2,249,274	2,249,274	-

자본금 / (자본금)

날짜	적요	차변	대변	잔액
01/01	전기이월		150,000,000	
12/28	202x년 기금출연분		50,000,000	
	계	0	200,000,000	200,000,000

이익잉여금 / 고유목적사업준비금2

날짜	적요	차변	대변	잔액
01/01	전기이월		133,917,453	
01/27	설 기념품 지급 등	9,600,500		
02/10	상반기 장학금 지원	27,000,000		
02/21	단체보험료 지원	4,272,900		
03/10	상반기 동호회지원	3,000,000		
04/17	단체보험료지원 환급		274,300	
08/29	법인균등할주민세 납부	62,500		
09/02	하반기 장학금지원	25,000,000		
09/05	하반기 동호회지원	3,000,000		
09/25	추석 기념품 지급 등	9,400,500		
10/01	경조비지원 등	1,200,500		
12/03	공인인증서 갱신수수료	4,400		
12/04	사내근로복지기금 교육비등	400,500		
12/18	임원변경등기수수료 등	252,150		
12/20	임원주소변경등기수수료 등	110,000		
12/31	고유목적사업준비금2 설정		50,000,000	
12/31	고유목적사업준비금1 환입		2,249,274	
	계	83,303,950	186,441,027	103,137,077

3) 합계잔액시산표 작성

합계잔액시산표1(통합)

(202X년 12월 31일 현재)

[갑사내(공동)근로복지기금] (단위:원)

차변		과목	대변	
잔액	합계		합계	잔액
-	-	Ⅰ. 사업이익	2,249,274	2,249,274
-	-	1. 이자수익	2,032,608	2,032,608
-	-	2. 대부이자수익	216,666	216,666
82,198,100	82,472,400	Ⅱ. 고유목적사업비	274,300	-
19,000,000	19,000,000	1. 기념품지급	-	-
52,000,000	52,000,000	2. 장학금지원	-	-
6,000,000	6,000,000	3. 동호회지원	-	-
3,998,100	4,272,400	4. 단체보험료지원	274,300	-
1,200,000	1,200,000	5. 경조비지원	-	-
831,550	831,550	Ⅲ. 일반관리비	-	-
103,500	103,500	1. 세금과공과	-	-
328,050	328,050	2. 지급수수료	-	-
400,000	400,000	3. 교육훈련비	-	-
-	2,523,574	Ⅳ. 사업외이익	85,553,224	83,029,650
-	-	1. 고유목적사업준비금1전입수입	2,249,247	2,249,274
-	2,523,574	2. 고유목적사업준비금2전입수입	83,303,950	80,780,376
2,249,247	2,249,247	Ⅴ. 사업외비용	-	-
2,249,247	2,249,247	1. 고유목적사업준비금전입액	-	-
-	-	Ⅵ. 법인세비용	-	-
-	-	1. 법인세등	-	-
-	-	Ⅶ. 당기순이익	-	-
85,278,924	88,076,798	(수익비용 누계)	88,076,798	85,278,924
173,137,077	672,024,917	Ⅰ. 유동자산	498,887,840	-
172,824,067	671,398,267	1. 당좌자산	498,574,200	-
72,824,067	469,706,267	가. 현금및현금성자산	396,882,200	-
100,000,000	201,692,000	나. 단기예금	101,692,000	-
313,010	626,650	2. 기타유동자산	313,640	-
284,560	569,690	가. 선급법인세	285,130	-
28,450	56,960	나. 선급지방소득세	28,510	-
130,000,000	130,000,000	Ⅱ. 비유동자산	-	-
130,000,000	130,000,000	1. 투자자산	-	-
100,000,000	100,000,000	가. 주택구입대부금	-	-
30,000,000	30,000,000	나. 생활안정대부금	-	-
(200,000,000)	(200,000,000)	다. 출자금	-	-
-	-	Ⅲ. 유동부채	-	-
-	2,249,247	Ⅳ. 비유동부채	2,249,247	-
-	2,249,247	1. 고유목적사업준비금1	2,249,247	-
-	50,000,000	Ⅴ. 자본금	250,000,000	200,000,000
-	50,000,000	1. 기본재산	250,000,000	200,000,000
-	-	2. 자본금	(200,000,000)	(200,000,000)
-	83,303,950	Ⅵ. 이익잉여금	186,441,027	103,137,077
-	83,303,950	1. 고유목적사업준비금2	186,441,027	103,137,077
-	-	2. 미처분이익잉여금	-	-
303,137,077	937,578,141	(자산부채자본 합계)	937,578,141	303,137,077
388,416,001	1,025,654,939	총 합 계	1,025,654,939	388,416,001

합계잔액시산표2(목적사업회계-비수익회계)

(202X년 12월 31일 현재)

[갑사내(공동)근로복지기금 목적사업회계]   (단위:원)

차변 잔액	차변 합계	과목	대변 합계	대변 잔액
-	-	Ⅰ. 사업이익	-	-
-	-	1. 이자수익	-	-
-	-	2. 대부이자수익	-	-
82,198,100	82,472,400	Ⅱ. 고유목적사업비	274,300	-
19,000,000	19,000,000	1. 기념품지급	-	
52,000,000	52,000,000	2. 장학금지원	-	
6,000,000	6,000,000	3. 동호회지원	-	
3,998,100	4,272,400	4. 단체보험료지원	274,300	
1,200,000	1,200,000	5. 경조비지원	-	
831,550	831,550	Ⅲ. 일반관리비	-	-
103,500	103,500	1. 세금과공과	-	-
328,050	328,050	2. 지급수수료	-	-
400,000	400,000	3. 교육훈련비	-	-
-	2,523,574	Ⅳ. 사업외이익	85,553,224	83,029,650
-	-	1. 고유목적사업준비금1전입수입	2,249,247	2,249,274
-	2,523,574	2. 고유목적사업준비금2전입수입	83,303,950	80,780,376
-	-	Ⅴ. 사업외비용	-	-
-	-	1. 고유목적사업준비금전입액	-	-
-	-	Ⅵ. 법인세비용	-	-
-	-	1. 법인세등	-	-
-	-	Ⅶ. 당기순이익	-	-
83,029,650	85,827,524	(수익비용 누계)	85,827,524	83,029,650
-	183,578,250	Ⅰ. 유동자산	183,578,250	-
-	183,578,250	1. 당좌자산	183,578,250	-
-	183,578,250	가. 현금및현금성자산	183,578,250	-
-	-	나. 단기예금	-	-
-	-	2. 기타유동자산	-	-
-	-	가. 선급법인세	-	-
-	-	나. 선급지방소득세	-	-
(200,000,000)	(200,000,000)	Ⅱ. 비유동자산	-	-
(200,000,000)	(200,000,000)	1. 투자자산	-	-
-	-	가. 주택구입대부금	-	-
-	-	나. 생활안정대부금	-	-
(200,000,000)	(200,000,000)	다. 출자금	-	-
-	-	Ⅲ. 유동부채	-	-
-	-	Ⅳ. 비유동부채	-	-
-	-	1. 고유목적사업준비금1	-	-
-	(50,000,000)	Ⅴ. 자본금	(250,000,000)	(200,000,000)
-	(50,000,000)	1. 기본재산	(250,000,000)	(200,000,000)
-	-	2. 자본금	-	-
-	-	Ⅵ. 이익잉여금	-	-
-	-	1. 고유목적사업준비금2	-	-
-	-	2. 미처분이익잉여금	-	-
-	183,578,250	(자산부채자본 합계)	183,578,250	-
83,029,650	269,405,774	총 합 계	269,405,774	83,029,650

합계잔액시산표3(기금관리회계-수익회계)

(202X년 12월 31일 현재)

[갑사내(공동)근로복지기금 기금관리회계]   (단위:원)

차 변		과 목	대 변	
잔 액	합 계		합 계	잔 액
-	-	Ⅰ. 사업이익	2,249,274	2,249,274
-	-	1. 이자수익	2,032,608	2,032,608
-	-	2. 대부이자수익	216,666	216,666
-	-	Ⅱ. 고유목적사업비	-	-
-	-	1. 기념품지급	-	-
-	-	2. 장학금지원	-	-
-	-	3. 동호회지원	-	-
-	-	4. 단체보험료지원	-	-
-	-	5. 경조비지원	-	-
-	-	Ⅲ. 일반관리비	-	-
-	-	1. 세금과공과	-	-
-	-	2. 지급수수료	-	-
-	-	3. 교육훈련비	-	-
-	-	Ⅳ. 사업외이익	-	-
-	-	1. 고유목적사업준비금1전입수입	-	-
-	-	2. 고유목적사업준비금2전입수입	-	-
2,249,247	2,249,247	Ⅴ. 사업외비용	-	-
2,249,247	2,249,247	1. 고유목적사업준비금전입액	-	-
-	-	Ⅵ. 법인세비용	-	-
-	-	1. 법인세등	-	-
-	-	Ⅶ. 당기순이익	-	-
2,249,247	2,249,247	(수익비용 누계)	2,249,247	2,249,247
173,137,077	488,446,667	Ⅰ. 유동자산	315,309,590	-
172,824,067	487,820,017	1. 당좌자산	314,995,950	-
72,824,067	286,128,017	가. 현금및현금성자산	213,303,950	-
100,000,000	201,692,000	나. 단기예금	101,692,000	-
313,010	626,650	2. 기타유동자산	313,640	-
284,560	569,690	가. 선급법인세	285,130	-
28,450	56,960	나. 선급지방소득세	28,510	-
130,000,000	130,000,000	Ⅱ. 비유동자산	-	-
130,000,000	130,000,000	1. 투자자산	-	-
100,000,000	100,000,000	가. 주택구입대부금	-	-
30,000,000	30,000,000	나. 생활안정대부금	-	-
-	-	다. 출자금	-	-
-	-	Ⅲ. 유동부채	-	-
-	2,249,247	Ⅳ. 비유동부채	2,249,247	-
-	2,249,247	1. 고유목적사업준비금1	2,249,247	-
-	50,000,000	Ⅴ. 자본금	250,000,000	200,000,000
-	50,000,000	1. 기본재산	250,000,000	200,000,000
-	-	2. 자본금	(200,000,000)	(200,000,000)
-	83,303,950	Ⅵ. 이익잉여금	186,441,027	103,137,077
-	83,303,950	1. 고유목적사업준비금2	186,441,027	103,137,077
-	-	2. 미처분이익잉여금	-	-
303,137,077	753,999,891	(자산부채자본 합계)	753,999,891	303,137,077
305,386,351	756,249,165	총 합 계	756,249,165	305,386,351

4) 재무상태표(통합) 작성

재무상태표(통합)

제3기 : 202X년 12월 31일 현재

제2기 : 202V년 12월 31일 현재

[갑사내(공동)근로복지기금] (단위 : 원)

과 목	제 3 (당) 기		제 2 (전) 기	
〈자 산〉				
Ⅰ. 유동자산		173,137,077		283,917,453
1. 당좌자산	172,824,067		283,603,813	
1) 현금및현금성자산	72,824,067		183,603,813	
2) 단기예금	100,000,000		100,000,000	
2. 기타유동자산	313,010		313,640	
1) 선급법인세	284,560		285,130	
2) 선급지방소득세	28,450		28,510	
Ⅱ. 비유동자산		130,000,000		-
1. 투자자산	130,000,000		-	
1) 주택구입대부금	100,000,000		-	
2) 생활안정대부금	30,000,000		-	
3) 출자금	(200,000,000)		(150,000,000)	
자산 총계		303,137,077		283,917,453
〈부 채〉				
Ⅰ. 유동부채		-		-
Ⅱ. 비유동부채		-		-
1. 고유목적사업준비금1	-		-	
부채 총계		-		-
〈자 본〉				
Ⅰ. 자본금		200,000,000		150,000,000
1. 기본재산	200,000,000		150,000,000	
2. 자본금	(200,000,000)		(150,000,000)	
Ⅱ. 이익잉여금		103,137,077		133,917,453
1. 고유목적사업준비금2	103,137,077		133,917,453	
2. 미처분이익잉여금	-		-	
자본 총계		303,137,077		283,917,453
부채 및 자본 총계		303,137,077		283,917,453

주) 1. 고유목적사업준비금1은 「법인세법」 제29조에 의한 준비금임.

　　2. 고유목적사업준비금2는 「근로복지기본법」 제62조에 의한 준비금임.

5) 손익계산서(통합) 작성

손익계산서(통합)

제3기 : 202X년 1월 1일부터 12월 31일까지

제2기 : 202V년 1월 1일부터 12월 31일까지

[갑사내(공동)근로복지기금]   (단위 : 원)

과 목	제 3 (당) 기		제 2 (전) 기	
Ⅰ. 사업수익		2,249,274		2,036,653
1. 이자수익	2,032,608		2,036,653	
2. 대부이자수익	216,666		-	
Ⅱ. 고유목적사업비		82,198,100		17,142,400
1. 기념품지급	19,000,000		9,600,000	
2. 장학금지원	52,000,000		-	
3. 동호회지원	6,000,000		3,000,000	
4. 단체보험료지원	3,998,100		4,042,400	
5. 경조비지원	1,200,000		500,000	
Ⅲ. 사업총이익		-79,948,826		-15,105,747
Ⅳ. 일반관리비		831,550		632,500
1. 세금과공과	103,500		62,500	
2. 지급수수료	328,050		270,000	
3. 교육훈련비	400,000		300,000	
Ⅴ. 사업이익		-80,780,376		-15,738,247
Ⅵ. 사업외수익		83,029,650		17,774,900
1. 고유목적사업준비금1전입수입	2,249,274		2,036,653	
2. 고유목적사업준비금2전입수입	80,780,376		15,738,247	
Ⅶ. 사업외비용		2,249,274		2,036,653
1. 고유목적사업준비금전입액	2,249,274		2,036,653	
Ⅷ. 법인세비용차감전순이익		-		-
Ⅸ. 법인세비용		-		-
1. 법인세 등	-		-	
Ⅹ. 당기순이익		-		-

6) 이익잉여금처분계산서(통합) 작성

이익잉여금처분계산서(통합)

제3기 : 202X년 1월 1일부터 12월 31일까지 처분확정일 202Y년 2월 28일

제2기 : 202V년 1월 11일부터 12월 31일까지 처분확정일 202X년 2월 28일

[김승훈사내(공동)근로복지기금]   (단위 : 원)

과 목	제 3 (당) 기		제 2 (전) 기	
Ⅰ. 미처분이익잉여금		-		-
1. 전기이월미처분이익잉여금	-		-	
2. 회계정책변경의 누적효과	-		-	
3. 전기오류수정이익	-		-	
4. 당기순이익(당기순손실)	-		-	
Ⅱ. 임의적립금등의 이입액		-		-
(합 계)		-		-
Ⅲ. 이익잉여금 처분액		-		-
1. 이익준비금	-		-	
2. 기타법정적립금	-		-	
3. 그밖의적립금	-		-	
Ⅳ. 차기이월미처분이익잉여금		-		-

7) 재무상태표(구분) 작성

재무상태표1(구분/당해연도)

제3기 : 202X년 12월 31일 현재

[갑사내(공동)근로복지기금]   (단위 : 원)

과 목	비수익회계 (목적사업회계)	수익회계 (기금관리회계)	계
〈자 산〉			
Ⅰ. 유동자산	-	173,137,077	173,137,077
1. 당좌자산	-	172,824,067	172,824,067
1) 현금및현금성자산	-	72,824,067	72,824,067
2) 단기예금	-	100,000,000	100,000,000
2. 기타유동자산	-	313,010	313,010
1) 선급법인세	-	284,560	284,560
2) 선급지방소득세	-	28,450	28,450
Ⅱ. 비유동자산	(200,000,000)	130,000,000	130,000,000
1. 투자자산	(200,000,000)	130,000,000	130,000,000
1) 주택구입대부금	-	100,000,000	100,000,000
2) 생활안정대부금	-	30,000,000	30,000,000
3) 출자금	(200,000,000)	-	(200,000,000)
자산 총계	(200,000,000)	303,137,077	303,137,077
〈부 채〉			
Ⅰ. 유동부채	-	-	-
Ⅱ. 비유동부채	-	-	-
1. 고유목적사업준비금1			
부채 총계	-	-	-
〈자 본〉			
Ⅰ. 자본금	(200,000,000)	200,000,000	200,000,000
1. 기본재산	(200,000,000)	-	(200,000,000)
2. 자본금	-	200,000,000	200,000,000
Ⅱ. 이익잉여금	-	103,137,077	103,137,077
1. 고유목적사업준비금2	-	103,137,077	103,137,077
2. 미처분이익잉여금	-	-	-
자본 총계	-	303,137,077	303,137,077
부채 및 자본 총계	-	303,137,077	303,137,077

주) 1. 고유목적사업준비금1은 「법인세법」 제29조에 의한 준비금임.
　　2. 고유목적사업준비금2는 「근로복지기본법」 제62조에 의한 준비금임.

재무상태표2(구분/비교식)

제3기 : 202X년 12월 31일 현재

제2기 : 202V년 12월 31일 현재

[갑사내(공동)근로복지기금]   (단위 : 원)

과목	제 3 (당)기			제 2 (전)기		
	비수익회계 (목적사업회계)	수익회계 (기금관리회계)	계	비수익회계 (목적사업회계)	수익회계 (기금관리회계)	계
〈자 산〉						
Ⅰ. 유동자산	-	173,137,077	173,137,077	-	283,917,453	283,917,453
1. 당좌자산	-	172,824,067	172,824,067	-	283,603,813	283,603,813
1) 현금및현금성자산	-	72,824,067	72,824,067	-	183,603,813	183,603,813
2) 단기예금	-	100,000,000	100,000,000	-	100,000,000	100,000,000
2. 기타유동자산	-	313,010	313,010	-	313,640	313,640
1) 선급법인세		284,560	284,560		285,130	285,130
2) 선급지방소득세	-	28,450	28,450		28,510	28,510
Ⅱ. 비유동자산	(200,000,000)	130,000,000	130,000,000	(150,000,000)	-	(150,000,000)
1. 투자자산	(200,000,000)	130,000,000	130,000,000	(150,000,000)	-	(150,000,000)
1) 주택구입대부금	-	100,000,000	100,000,000	-	-	-
2) 생활안정대부금	-	30,000,000	30,000,000	-	-	-
3) 출자금	(200,000,000)	-	-	(150,000,000)	-	(150,000,000)
자산 총계	(200,000,000)	303,137,077	303,137,077	(150,000,000)	283,917,453	283,917,453
〈부 채〉						
Ⅰ. 유동부채	-	-	-	-	-	-
Ⅱ. 비유동부채	-	-	-	-	-	-
1. 고유목적사업준비금1	-	-	-	-	-	-
부채 총계	-	-	-	-	-	-
〈자 본〉						
Ⅰ. 자본금	(200,000,000)	200,000,000	200,000,000	(150,000,000)	150,000,000	150,000,000
1. 기본재산	(200,000,000)	-	(200,000,000)	(150,000,000)	-	(150,000,000)
2. 자본금	-	200,000,000	200,000,000	-	150,000,000	150,000,000
Ⅱ. 이익잉여금	-	103,137,077	103,137,077	-	133,917,453	133,917,453
1. 고유목적사업준비금2	-	103,137,077	103,137,077	-	133,917,453	133,917,453
2. 미처분이익잉여금	-	-	-	-	-	-
자본 총계	(200,000,000)	303,137,077	303,137,077	(150,000,000)	283,917,453	283,917,453
부채 및 자본 총계	(200,000,000)	303,137,077	303,137,077	(150,000,000)	283,917,453	283,917,453

주) 1. 고유목적사업준비금1은 「법인세법」 제29조에 의한 준비금임.
    2. 고유목적사업준비금2는 「근로복지기본법」 제62조에 의한 준비금임.

8) 손익계산서(구분) 작성

손익계산서1(구분/당해연도)

제3기 : 202X년 1월 1일부터 12월 31일까지

[갑사내(공동)근로복지기금] (단위 : 원)

과 목	목적사업회계	기금관리회계	계
Ⅰ. 사업수익	-	2,249,274	2,249,274
1. 이자수익	-	2,032,608	2,032,608
2. 대부이자수익	-	216,666	216,666
Ⅱ. 고유목적사업비	82,198,100	-	82,198,100
1. 기념품지급	19,000,000	-	19,000,000
2. 장학금지원	52,000,000	-	52,000,000
3. 동호회지원	6,000,000	-	6,000,000
4. 단체보험료지원	3,998,100	-	3,998,100
5. 경조비지원	1,200,000	-	1,200,000
Ⅲ. 사업총이익	-82,198,100	2,249,274	-79,948,826
Ⅳ. 일반관리비	831,550	-	831,550
1. 세금과공과	103,500	-	103,500
2. 지급수수료	328,050	-	328,050
3. 교육훈련비	400,000	-	400,000
Ⅴ. 사업이익	-83,029,650	2,249,274	-80,780,376
Ⅵ. 사업외수익	83,029,650	-	83,029,650
1. 고유목적사업준비1금전입수입	2,249,274	-	2,249,274
2. 고유목적사업준비2금전입수입	80,780,376	-	80,780,376
Ⅶ. 사업외비용	-	2,249,274	2,249,274
1. 고유목적사업준비금전입액	-	2,249,274	2,249,274
Ⅷ. 법인세비용차감전순이익	-	-	-
Ⅸ. 법인세비용	-	-	-
1. 법인세 등	-	-	-
Ⅹ. 당기순이익	-	-	-

손익계산서2(구분/비교식)

제3기 : 202X년 1월 1일부터 12월 31일까지

제2기 : 202V년 1월 1일부터 12월 31일까지

[갑사내(공동)근로복지기금] (단위 : 원)

과 목	제 3 (당)기			제 2 (전)기		
	목적사업회계	기금관리회계	계	목적사업회계	기금관리회계	계
Ⅰ. 사업수익	-	2,249,274	2,249,274	-	2,036,653	2,036,653
1. 이자수익	-	2,032,608	2,032,608	-	2,036,653	2,036,653
2. 대부이자수익	-	216,666	216,666	-	-	-
Ⅱ. 고유목적사업비	82,198,100	-	82,198,100	17,142,400	-	17,142,400
1. 기념품지급	19,000,000	-	19,000,000	9,600,000	-	9,600,000
2. 장학금지원	52,000,000	-	52,000,000	-	-	-
3. 동호회지원	6,000,000	-	6,000,000	3,000,000	-	3,000,000
4. 단체보험료지원	3,998,100	-	3,998,100	4,042,400	-	4,042,400
5. 경조비지원	1,200,000	-	1,200,000	500,000	-	500,000
Ⅲ. 사업총이익	-82,198,100	2,249,274	-79,948,826	-17,142,400	2,036,653	-15,105,747
Ⅳ. 일반관리비	831,550	-	831,550	632,500	-	632,500
1. 세금과공과	70,540	-	70,540	62,500	-	62,500
2. 지급수수료	361,010	-	361,010	270,000	-	270,000
3. 교육훈련비	400,000	-	400,000	300,000	-	300,000
Ⅴ. 사업이익	-83,029,650	2,249,274	-80,780,376	-17,774,900	2,036,653	-15,738,247
Ⅵ. 사업외수익	83,029,650	-	83,029,650	17,774,900	-	17,774,900
1. 고유목적사업준비금1전입수입	2,249,274	-	2,249,274	2,036,653	-	2,036,653
2. 고유목적사업준비금2전입수입	80,780,376	-	80,780,376	15,738,247	-	15,738,247
Ⅶ. 사업외비용	-	2,249,274	2,249,274	-	2,036,653	2,036,653
1. 고유목적사업준비금전입액	-	2,249,274	2,249,274	-	2,036,653	2,036,653
Ⅷ. 법인세비용차감전순이익	-	-	-	-	-	-
Ⅸ. 법인세비용	-	-	-	-	-	-
1. 법인세 등						
Ⅹ. 당기순이익	-	-	-	-	-	-

9) 이익잉여금처분계산서(구분) 작성

이익잉여금처분계산서1(구분/당해연도)

제3기 : 202X년 1월 1일부터 12월 31일까지

처분확정일 202Y년 2월 28일

[갑사내(공동)근로복지기금]   (단위 : 원)

과 목	비수익회계 (목적사업회계)	수익회계 (기금관리회계)	계
Ⅰ. 미처분이익잉여금	-	-	-
1. 전기이월미처분이익잉여금	-	-	-
2. 회계정책변경의 누적효과	-	-	-
3. 전기오류수정이익	-	-	-
4. 당기순이익(당기순손실)	-	-	-
Ⅱ. 임의적립금등의 이입액	-	-	-
(합 계)	-	-	-
Ⅲ. 이익잉여금 처분액	-	-	-
1. 이익준비금	-	-	-
2. 기타법정적립금	-	-	-
3. 그밖의적립금	-	-	-
Ⅳ. 차기이월미처분이익잉여금	-	-	-

이익잉여금처분계산서2(구분/비교식)

제3기 : 202X년 1월 1일부터 12월 31일까지 처분확정일 202Y년 2월 28일

제2기 : 202V년 1월 11일부터 12월 31일까지 처분확정일 202X년 2월 28일

[갑사내(공동)근로복지기금] (단위 : 원)

과 목	제 3 (당)기			제 2 (전)기		
	비수익회계 (목적사업회계)	수익회계 (기금관리회계)	계	비수익회계 (목적사업회계)	수익회계 (기금관리회계)	계
Ⅰ. 처분전이익잉여금	-	-	-	-	-	-
1. 전기이월미처분이익잉여금	-	-	-	-	-	-
2. 회계정책의 누적효과	-	-	-	-	-	-
3. 전기오류수정이익	-	-	-	-	-	-
4. 당기순이익(당기순손실)	-	-	-	-	-	-
Ⅱ. 임의적립금등의 이입액	-	-	-	-	-	-
(합 계)	-	-	-	-	-	-
Ⅲ. 이익잉여금처분액	-	-	-	-	-	-
1. 이익준비금	-	-	-	-	-	-
2. 그밖의적립금	-	-	-	-	-	-
3. 그밖의잉여금처분액	-	-	-	-	-	-
Ⅳ. 차기이월미처분이익잉여금	-	-	-	-	-	-

10) 부속명세서 작성

(가) 재무상태표 부속명세서

(1) 목적사업회계(비수익회계) 재무상태표 부속명세서

4-1-1-1. 현금및현금성자산 명세서

(단위 : 원)

예금명	금융회사	기초잔액	당기증가	당기감소	기말잔액	비고
보통예금1	○○은행	-	183,578,250	183,578,250	-	○○은행 ○○동지점
계		-	183,578,250	183,578,250	-	

(보통예금 명세는 첨부 잔액증명서 참조)

4-1-1-2. 출자금 명세서

(단위 : 원)

구분	기초잔액	당기증가	당기감소	기말잔액	비고
기금관리회계 출자금	150,000,000	50,000,000	-	200,000,000	수익회계 자본금
계	150,000,000	50,000,000	-	200,000,000	

(목적사업회계 출자금은 기금관리회계 자본금과 대응됨)

4-1-1-3. 기본재산 명세서

(단위 : 원)

계정과목	기초잔액	당기증가	당기감소	기말잔액	비고
기본재산	150,000,000	100,000,000	50,000,000	200,000,000	
계	150,000,000	100,000,000	50,000,000	200,000,000	

(목적사업회계 기본재산은 기금관리회계 자본금으로 출자 처리함)

(2) 기금관리회계(수익회계) 재무상태표 부속명세서

4-1-2-1. 현금및현금성자산 명세서

(단위 : 원)

예금명	금융회사	기초잔액	당기증가	당기감소	기말잔액	비고
보통예금2	○○은행	183,603,813	102,524,204	213,303,950	72,824,067	○○은행 ○○동지점
계		183,603,813	102,524,204	213,303,950	72,824,067	

(보통예금 명세는 첨부 잔액증명서 참조)

4-1-2-2. 단기예금 명세서

(단위 : 원)

예금명	금융회사	기초잔액	당기증가	당기감소	기말잔액	비고
정기예금1	○○은행	100,000,000	1,692,000	101,692,000	-	○○은행 ○○동지점
정기예금2	○○은행	-	100,000,000	-	100,000,000	○○은행 ○○동지점
계		100,000,000	101,692,000	101,692,000	100,000,000	

(정기예금 명세는 첨부 잔액증명서 참조)

4-1-2-3. 선급법인세 및 선급법인지방소득세 명세서

(단위 : 원)

계정과목	기초잔액	당기증가	당기감소	기말잔액	비고
선급법인세	285,130	284,560	285,130	284,560	
선급법인지방소득세	28,510	28,450	28,510	28,450	
계	313,640	313,010	313,640	313,010	

(선급법인세 및 선급법인지방소득세 세부 명세는 이자수익 명세서 참조)

4-1-2-4. 투자자산 명세서

계정과목	기초잔액	당기증가	당기감소	기말잔액	비고
주택구입대부금	-	100,000,000	-	100,000,000	홍길동, 김정기
생활안정대부금	-	30,000,000	-	30,000,000	이미숙
계	-	130,000,000	-	130,000,000	

(대부금 명세서는 대부금 잔액명세서 참조)

4-1-2-5. 고유목적사업준비금 명세서

(단위 : 원)

계정과목	기초잔액	당기증가	당기감소	기말잔액	비고
고유목적사업준비금1	-	2,249,274	2,249,274	-	법인세법
고유목적사업준비금2	133,917,453	52,523,574	83,303,950	103,137,077	근로복지 기본법
계	133,917,453	54,772,848	85,553,224	103,137,077	

(고유목적사업준비금 세부 명세는 고유목적사업준비금 사용내역 명세서 참조)

4-1-2-6. 자본금 명세서

(단위 : 원)

계정과목	기초잔액	당기증가	당기감소	기말잔액	비고
자본금	150,000,000	50,000,000	-	200,000,000	
계	150,000,000	50,000,000	-	200,000,000	

(기금관리회계 자본금은 목적사업회계 출자금과 대응됨)

(나) 손익계산서 부속명세서

(1) 목적사업회계(비수익회계) 손익계산서 부속명세서

4-2-1-1. 고유목적사업비 명세서

(단위 : 원)

계정과목	월	적요	금액	비고
기념품지급	01	설명절 기념품(상품권) 지급	9,600,000	○○○외 00명
	09	추석명절 기념품(상품권) 지급	9,400,000	○○○외 00명
	계		19,000,000	
장학금지원	02	1분기 장학금 지원	27,000,000	○○○외 00명
	09	2분기 장학금 지원	25,000,000	○○○외 00명
	계		52,000,000	
동호회지원	03	1분기 동호회 지원	3,000,000	00동호회 외 2개
	09	2분기 동호회 지원	3,000,000	00동호회 외 2개
	계		6,000,000	
단체보험료지원	02	직원단체보험료 지원	4,272,400	○○○외 00명
	04	퇴사자 보험료 환급	-274,300	000외 0명
	계		3,998,100	
경조비지원	10	직원 경조비지원	1,200,000	000 외 2명
	계		1,200,000	
합계			82,198,100	

4-2-1-2. 일반관리비 명세서

(단위 : 원)

계정과목	월	적요	금액	비고
세금과공과	08	법인균등할주민세 납부	62,500	00구청
	12	임원변경시 등록면허세 납부	41,000	00구청
	계		103,500	
지급수수료	01	상품권대금 송금수수료	500	○○은행
	02	단체보험료 송금수수료	500	○○은행
	09	상품권대금 송금수수료	500	○○은행
	10	경조비 송금수수료	500	○○은행
	12	공인인증서 갱신수수료	4,400	○○은행
	12	교육비 송금수수료	500	○○은행
	12	임원 변경 수수료	211,150	000법무법인
	12	임원 주소변경 수수료	110,000	000법무법인
	계		328,050	
교육훈련비	12	사내근로복지기금교육비	400,000	(주)사내근로복지기금연구소
	계		400,000	
합 계			831,550	

4-2-1-3. 사업외수익 명세서

(단위 : 원)

구 분	금액	비 고
고유목적사업준비금1전입수입	2,249,274	당기 설정 고유목적사업준비금1에서 전입수입
고유목적사업준비금2전입수입	80,780,376	부족분 고유목적사업준비금2에서 전입수입
계	83,029,650	

(2) 기금관리회계(수익회계) 손익계산서 부속명세서

4-2-2-1. 이자수익 명세서

(단위 : 원, %)

수입처	적요	원금	운용기간	이율	이자수익	법인세	지방소득세	입금액	비고
○○은행	보통예금		202v.12.15 -202x.06.15		18,294	2,560	250	15,484	
○○은행	보통예금		202x.06.15 -202x.12.13		14,314	2,000	200	12,114	
○○은행	정기예금	100,000,000	202v.12.15 -202x.12.15	2.0%	2,000,000	280,000	28,000	1,692,000	
계					2,032,608	284,560	28,450	1,719,598	

4-2-2-2. 대부이자수익 명세서

(단위 : 원, %)

과목	적요	금액	비고
대부이자수익	근로자대부금 대부이자 수입(11월분)	83,333	홍길동
	근로자대부금 대부이자 수입(12월분)	133,333	홍길동 외 1인
계		216,666	

4-2-2-3. 사업외비용 명세서

(단위 : 원)

계정과목	월	적 요	금 액	비 고
고유목적사업준비금전입액	12	당해연도 수익금 준비금설정	2,249,274	법인세법 제29조
계			2,249,274	

4-3-1-1. 손익예산 집행현황

(단위 : 원)

구 분	계 정 과 목		202X년예산	202X년실적	달성 (집행)율	비 고
수 익			86,360,000	83,029,650	96.1%	
	사업수익		2,200,000	2,249,274	102.2%	
		이자수익	2,000,000	2,032,608	101.6%	
		대부이자수익	200,000	216,666	108.3%	
	사업외수익		84,160,000	80,780,376	96.0%	
		고유목적사업준비금1전입수입	-	(2,249,274)	-	
		고유목적사업준비금2전입수입	84,160,000	80,780,376	96.0%	
비 용			86,360,000	83,029,650	96.1%	
	고유목적사업비		86,500,000	82,198,100	96.1%	
		기념품지급	20,000,000	19,000,000	95.0%	
		장학금지원	53,000,000	52,000,000	98.1%	
		동호회지원	7,000,000	6,000,000	85.7%	
		단체보험료지원	4,000,000	3,998,100	100.0%	
		경조비지원	1,500,000	1,200,000	80.0%	
	일반관리비		860,000	831,550	96.7%	
		세금과공과	110,000	103,500	94.1%	
		지급수수료	350,000	328,050	93.7%	
		교육훈련비	400,000	400,000	100.0%	
	사업외비용		-	-	-	
		고유목적사업준비금전입액	-	(2,249,274)	-	
		예비비	-	-	-	
당기순이익			-	-	-	

4-3-1-2. 자본예산 집행현황

(단위 : 원, %)

과 목		2024년예산	2024년실적	집행율	비고
비유동자산		130,000,000	130,000,000	100.0%	
	투자자산	130,000,000	130,000,000	100.0%	
	주택구입대부금	100,000,000	100,000,000	100.0%	
	생활안정대부금	30,000,000	30,000,000	100.0%	
자본예산 계		130,000,000	130,000,000	100.0%	

4-4-1. 기타(고유목적사업준비금 관리)

(단위 : 원, %)

구 분		고유목적사업준비금1	고유목적사업준비금2	계
전기 이월		-	133,917,453	133,917,453
당기분	설정	2,249,274	52,523,574	54,772,848
	사용	2,249,274	83,303,950	85,553,224
	(증감)	-	- 30,780,376	- 30,780,376
기말 잔액		-	103,137,077	103,137,077

나. 후속조치 사례

1) 202x년 기금법인 결산(안) 및 후속 업무처리 계획 보고

기금실무자가 202X년 기금법인 결산을 마치면 기금법인 이사에게 결산(안) 및 후속 업무처리 계획을 보고하여야 한다. 본인이 1993년 2월부터 2013년 11월까지 21년 동안 KBS사내근로복지기금에서 사내근로복지기금 실무를 하면서 매년 기금법인 결산을 실시하여 결산서(안)과 후속조치 계획을 보고했던 사례를 공유하면 다음과 같다.

문서번호 복지기금—

시행일자 202Y. 2. . (5년)

(제 1 안)

수 신 내부결재

참 조

제 목 202X년도 사내근로복지기금 결산(안)

202X년도 사내근로복지기금 결산(안) 요약 및 후속업무처리 계획을 다음과 같이 보고합니다.

1. 재산 현황

(단위 : 천원)

구 분		202X년말	202V년말	증감액	비 고
자산	예금	172,824	283,604	-110,780	- 정기예금 100,000 보통예금 202,607
	기타	313	313	-	- 기타는 선급법인세 등
	대부금	130,000	0	130,000	- 주택자금 100,000 생활자금 30,000
	자산총계	303,137	283,917	19,220	
부채	준비금1	-	-	-	
자본	기본재산	200,000	150,000	50,000	
	준비금2	103,137	133,917	-30,780	
	계	303,137	283,917	19,220	
부채및자본총계		303,137	283,917	19,220	

2. 손익 현황

(단위 : 천원)

구 분		202X년말	202V년말	증감액	비 고
수익	이자수익외	2,249	2,037	212	
비용	준비금전입액	2,249	2,037	212	수익금 전액 준비금 설정
당기순이익		-	-	-	

※ 이자수익과 대부이자수익 전액을 고유목적사업준비금전입액으로 설정(법인세법)

3. 이익잉여금처분계산서(안) : 0

4. 목적사업비 집행 현황

(단위 : 천원)

구 분	202X년말	202V년말	증감액	비 고
기념품지급	19,000	9,600	9,400	○○○외 00명
장학금지원	52,000	-	52,000	○○○외 0명
동호회지원	6,000	3,000	3,000	○○○○○동호회 외 0
단체보험료지원	3,998	4,042	-44	○○○외 00명
경조비지원	1,200	500	700	○○○외 0명
계	82,198	17,142	65,056	

5. 손익예산 집행 현황

(단위 : 천원)

구 분			202X년예산	202X년실적	집행율	비 고
수익	사업수익	이자수익	2,000	2,032	101.6	
		대부이자수익	200	217	108.3	
	사업외수익	준비금2전입수입	84,160	80,780	96.0	
	계			86,360	83,030	96.1	
비용	목적사업비	기념품지급	20,000	19,000	95.0	
		장학금지원	53,000	52,000	98.1	
		동호회지원	7,000	6,000	85.7	
		단체보험료지원	4,000	3,998	100.0	
		경조비지원	1,500	1,200	80.0	
		(소계)	85,500	82,198	96.1	
	일반관리비	지급수수료 등	860	832	96.7	
	계		86,360	83,030	96.1	
계			-	-	-	

6. 후속 업무처리계획

　가. 감사 의뢰

　　　- 근거 : 기금법인 정관 제00조(감사의 직무) 제1항

　나. 기금이사회 상정

　　　- 근거 : 기금법인 정관 제00조(이사회의 의결 사항) 제1항제2호

　다. 협의회 상정

　　　- 근거 : 기금법인 정관 제0장(협의회) 제0조(회의 의결사항) 제1항제3호

　라. 기금법인 운영상황 공개

　　　- 근거 : 기금법인 정관 제00조(운영상황 공개) 제1항

　마. 기금법인 운영상황 보고

　　　- 00지방고용노동지청에 결산서 등을 첨부하여 서면으로 보고(「근로복지기본법 시행령」 제63조제1항, 보고기한 3월 말)

　바. 법인세 과세표준신고

　　　- 국세청 홈텍스를 이용하여 법인세 과세표준 전자신고 실시(「법인세법」 제60조, 신고기한 3/31)

　사. 법인지방소득세 과세표준신고

　　　- 주소지 관할 000구청에 법인지방소득세 과세표준신고 실시(「지방세법」 제103조의23, 신고기한 4/30)

첨부 : 1. 202X년도 결산서(안) 1부

　　　 2. 예금잔액증명 각 1부. 끝.

(제2안)

수 신 수신처 참조

참 조

제 목 202X년도 결산 감사보고서 요청

---

1. ○○사내근로복지기금 정관 제00조제1항 및 제00조제2항과 관련입니다.

2. ○○사내근로복지기금 202X년 결산에 따른 감사보고서를 요청하오니 협조하여 주시기 바랍니다.

가. 202X년 결산서(안)

(1) 재산현황 : 제(1)안과 동일

(2) 손익현황 : 제(1)안과 동일

(3) 이익잉여금처분(안) : 제(1)안과 동일

(4) 목적사업비 집행현황 : 제(1)안과 동일

(5) 손익예산 집행현황 : 제(1)안과 동일

첨부 : 1. 202X년 결산서(안) 1부

2. 예금잔액증명 사본 각 1부

3. ○○사내근로복지기금 정관 해당 조문 1부. 끝.

수신처 : ○ ○ ○감 사 , ○ ○ ○감 사

2) 기금법인 감사 실시 - 감사보고서를 제출

※ 감사보고서 사례

감 사 보 고 서

본 감사는 갑사내(공동)근로복지기금법인(이하 "기금법인"이라 함)의 정관 제00조 제1항 및 제00조 제1항 내지 제2항에 따라 기금법인 제xx기(202X년 1월 1일부터 202X년 12월 31일까지)의 회계 및 업무처리에 대한 정기 감사를 실시하고 그 결과를 다음과 같이 보고합니다.

회계감사를 위하여 기금법인의 정관 제00조의 회계의 구분 및 제00조의 회계처리와 일반적으로 인정되는 기업회계기준을 준용하여 회계에 관한 장부와 관계서류 및 증빙 등을 열람하고 재무제표 및 부속명세서에 대하여도 면밀히 검토하였고, 기타 감사에 필요하다고 인정되는 증빙 대조, 실사, 입회, 기타 적절한 감사 절차를 적용하여 조사하였습니다.

또한 업무처리에 대한 감사를 위하여 사내(공동)근로복지기금협의회와 기금법인 이사회 등 중요한 회의에 출석하였고 필요하다고 인정되는 경우 기금법인 이사로부터 업무에 관한 보고와 관련 자료 열람도 하여 확인 검토하였습니다.

본 감사의 의견으로는 별첨 재무제표는 기금법인의 202X년 12월 31일 현재의 재무상태와 동일자로 종료되는 회계연도의 운영성과를 「근로복지기본법 시행령」에서 규정하는 회계처리 기준과 기금법인의 정관에 따라 적정하게 표시하고 있습니다.

202x년 2월 xx일

갑사내(공동)근로복지기금

감 사 ○ ○ ○

감 사 ○ ○ ○

3) 협의회 개최 품의, 개최

(가) 협의회 개최, 감사보고서(안) 상정 및 의결

(나) 협의회 회의록 작성(사례)

제 00 차 (정기·임시) 사내(공동)근로복지기금협의회 회의록

(앞쪽)

회의 일시	202X 년 3 월 00 일(10시 00분 ~ 11시 00분)
회의 장소	○○주식회사 본사 ○○층 임원회의실

의제

○ 의안 제00호 : 202X년 감사보고서(안)

협의사항

○ 출석한 사용자측 및 근로자측 위원의 호선으로 사용자측 000 위원을 의장으로 선출하다. 의장 000은「근로복지기본법」의 규정에 따라 의장석에 등단하여 위와 같이 법정수에 달하는 위원이 출석하였으므로 본 협의회가 적법하게 성립하였음을 고하고 개회를 선언하다.

별도 용지 사용 가능

결정사항

○ 의안 제00호 : 202X년 감사보고서(안) - 원안대로 의결
  - 재무상태표(안) :
    ▷ 자산총계 : 303,137천원(예금 172,824천원, 대부금 130,000천원, 기타 313천원)
    ▷ 부채총계 : 0원
    ▷ 자본총계 : 303,137천원(기본재산 200,000천원, 고유목적사업준비금2 103,137천원)
  - 손익계산서(안) :
    ▷ 수익 : 2,249천원(이자수익 2,032천원, 대부이자수익 217천원)
    ▷ 비용 : 2,249천원(고유목적사업준비금전입액 2,249천원)
    ※ 고유목적사업비 실적 : 82,198천원(기념품지원 19,000 장학금지원 52,000 동호회지원 6,000 단체보험료지원 3,998 경조비지원 1,200)
  - 이익잉여금처분계산서(안) : 0

그 밖의 토의사항

210mm×297mm[백상지(80g/㎡) 또는 중질지(80g/㎡)]

구분	근로자위원	서명	사용자위원	서명
참석위원	○○○	(인)	□ □ □	(인)
	○○○	(인)	□ □ □	(인)
	○○○	(인)	□ □ □	(인)

6장

사내(공동)근로복지기금
법인세 과세표준신고 사례

1. 이자소득만 있는 기금
(종업원대부사업 미실시)

가. 신고방법

이자소득만 있는 기금법인의 법인세 과세표준 신고방법은 두 가지 방법이 있다. 첫째는 별도로 법인세 과세표준 신고를 하지 아니하고도 이자소득을 수령할 때마다 법인세를 원천징수 당한 것으로써 법인세 납세의무가 종결되는 방법(분리과세 원천징수방법)과 둘째는 사업연도 중에 수입한 이자를 합계하여 별도의 신고 절차를 밟아 신고하는 방법(종합과세 신고납부 방법)이 있다. 이때 과세표준 신고를 하지 아니한 이자소득에 대해여는 기한 후 신고, 수정신고 또는 경정 등에 의하여 과세표준에 포함할 수 없다(법령 제99조제2항)

이자소득만 있는 기금법인의 법인세과세표준신고시 제출하는 서류는 ① 법인세·농어촌특별세 과세표준(조정계산) 및 세액신고서(이자소득만 있는 비영리법인신고용) [별지 제56호 서식] ② 원천납부세액 명세서(갑)(을) [별지 제10호 서식(갑)(을)] ③ 고유목적사업준비금조정명세서(갑) [별지 제27호(갑) 서식] ④ 고유목적사업준비금조정명세서(을) [별지 제27호(을) 서식]이다.

나. 신고사례1(이자소득만 있는 기금법인)

제4장과 제5장에서 이자소득만 있는 사내(공동)근로복지기금의 법인세 과세표준 신고 사례이다. 발생된 이자소득에 대해서는 수익회계(기금관리회계)에서 전액 고유목적사업준비금으로 설정하여 전액 손비 인정을 받아 법인세 과세표준이 0이 되어 법인세를 납부하지 않게 되고 이렇게 설정된 고유목적사업준비금을 비수익회계(목적사업회계)로 보내 고유목적사업비용과 일반관리비에 지출하게 된다. 구분경리를 이해하면 보다 명확하게 이해할 수 있다.

이자소득만 있는 기금법인 법인세 과세표준 신고서식 작성 방법은 다음과 같다.

법인세·농어촌특별세 과세표준(조정계산) 및 세액신고서
(이자소득만 있는 비영리법인 신고용)

※ 뒤쪽의 작성방법을 읽고 작성하여 주시기 바랍니다.　　　　　　　　　　　　　　　　　　　(앞쪽)

①소 재 지	서울특별시 ○○구 ○○로 ○○(○○동)		②전자우편주소	00000@000000
③법 인 명	○○사내(공동)근로복지기금	④대표자성명	○○○	
⑤사업자등록번호	000-82-00000	⑥사업연도　202x	⑦전화번호	02-0000-0000

	구 분		법 인 세	농 어 촌 특 별 세
과세표준 계산	⑧이 자 소 득 금 액 계		2,032,608	
	⑨준 비 금 손 금 산 입 액		2,032,608	
	⑩기 부 금 손 금 산 입 액		0	
	⑪기부금한도초과 이월액 손금산입		0	
	⑫각 사 업 연 도 소 득 금 액 　(⑧ - ⑨-⑩-⑪)		0	
	⑬비 과 세 소 득		0	
	⑭과 세 표 준(⑫ - ⑬)		0	
세액의 계산	⑮세 율		10	
	⑯산 출 세 액		0	
	(미납세액, 미납일수, 세율) ⑰납부지연 가 산 세 액		0	(　　,　　　, 2.2/10,000)
	⑱가감계(⑯+⑰)		0	
	기 납부 세액	⑲중 간 예 납 세 액	0	
		⑳원 천 납 부 세 액	284,560	
		(　　)세 액		
		계(⑲ + ⑳ + ㉑)	284,560	
	(세액, 미납일수, 세율) ㉓추 가 납 부 세 액		(　　,　　　, 2.2/10,000) 0	
	㉔차 감 납 부 할 세 액(⑱ - ㉒ + ㉓)		- 284,560	
	㉕분 납 할 세 액		0	
	㉖차감납부할세액(㉔ - ㉕)		- 284,560	

국세환급금 계좌신고	예 입 처	□□ 은행 △△△ (본)지점
	예금종류	보통 예금
	계좌번호	000-0000-0000-00

신고인은 「법인세법」 제60조에 따라 위의 내용을 신고하며, 위 내용을 충분히 검토하였고 신고인이 알고 있는 사실 그대로를 정확하게 적었음을 확인합니다.

신고인(대표자)　　　　　　　　○○○ (서명 또는 인)

세무대리인은 조세전문자격자로서 위 신고서를 성실하고 공정하게 작성하였음을 확인합니다.

202x 년 3 월 27 일

세무대리인　　　　　　　　　(서명 또는 인)

00세무서장 귀하

210mm×297mm[백상지 80g/㎡ 또는 중질지 80g/㎡]

작 성 방 법

1. ⑧이자소득금액계란: 해당 사업연도 중에 수입된 「법인세법」 제4조제3항제2호에 따른 이자할인액 및 이익과 「소득세법」 제17조제1항 제5호에 따른 증권투자신탁수익의 분배금 및 고유목적사업준비금 중 5년 이내 미사용하여 익금에 산입한 금액[고유목적사업준비금조 정명세서(갑)(별지 제27호서식(갑))상의 ⑲란의 금액]을 더하여 적습니다.

2. ⑨준비금손금산입액란: 당기 계상 고유목적사업준비금 중 손금산입한도내 금액 {고유목적사업준비금조정명세서(갑)[별지 제27호서식 (갑)]상의 ⑪손금산입한도액란의 금액과 ②당기계상 고유목적사업 준비금란의 금액 중 적은 금액} 을 적습니다.

3. ⑩기부금손금산입액란: 고유목적사업준비금을 설정할 수 없는 비영리법인이 수익사업에서 발생한 소득을 고유목적사업비로 지출한 금액 또는 고유목적사업준비금 설정 가능한 비영리법인이 고유목적사업준비금을 설정하는 것과 별도로 기부금을 지출하는 경우 손금 산입 한도내의 금액 등[기부금 조정명세서(별지 제21호서식)상의 ㉜란의 금액]을 적습니다.

4. ⑪기부금한도초과 이월액 손금산입란: 전기 이월된 한도초과액 잔액 중 해당연도에 손금 산입되는 금액[기부금 조정명세서[별지 제21 호서식]상의 ㉔란의 합계금액]을 적습니다.

5. ⑭·⑯란 중 농어촌특별세란: 농어촌특별세 과세표준 및 세액조정계산서(별지 제12호서식)상의 ⑧소계란 중 ②과세표준금액 및 ③세액 을 각각 적습니다.

6. ⑮세율란: 법인세의 경우 「법인세법」 제55조 또는 「조세특례제한법」 제72조제1항 중 최고세율을 적고, 농어촌특별세의 경우 「농어촌특 별세법」 제5조에 따른 세율 중 최고세율을 적습니다.

7. ⑰납부지연가산세액란: 법인세의 경우 "가산세액계산서(별지 제56호서식 부표)"의 가산세 합계액을 적습니다.

8. ㉓추가납부세액란: 고유목적사업준비금 중 5년 내 미사용하여 익금에 산입한 금액 {고유목적사업준비금조정명세서(갑)[별지 제27호 서식(갑)]상의 ⑲란의 금액} 이 있는 경우에 「법인세법」 제29조제7항에 따른 이자상당가산액을 계산하여 적습니다.

9. ㉕분납할세액란: 「법인세법」 제64조제2항 및 같은 법 시행령 제101조제2항과 「농어촌특별세법」 제9조 및 같은 법 시행령 제8조에 따 른 분납할 세액을 적습니다.

10. 음영으로 표시된 란은 적지 않습니다.

210mm×297mm[백상지 80g/㎡ 또는 중질지 80g/㎡]

사 업 연 도	202x.01.01. ~ 202x.12.31.	**원천납부세액명세서(갑)**			법인명	○○사내(공동) 근로복지기금
					사업자등록번호	000-82-00000

원천징수 명세내용

① 적요	② 원 천 징 수 의 무 자			③ 원 천 징 수 일	④ 이자· 배당금액	⑤ 세율	⑥ 법인세
	구분 [내국인, 외국인]	사업자 등록번호 (주민등록번호)	상 호(성명)				
이자수익	내국인	000-00-00000	○○은행 ○○지점	202x.06.14	18,294	14%	2,560
이자수익	내국인	000-00-00000	○○은행 ○○지점	202x.12.13	14,314	14%	2,000
이자수익	내국인	000-00-00000	○○은행 ○○지점	202x.12.15	2,000,000	14%	280,000
합계					2,032,608		284,560

210mm×297mm[백상지 80g/㎡ 또는 중질지 80g/㎡]

작 성 방 법

1. 이 서식은 보유기간이자상당액에 대하여 원천징수되는 채권등의 이자소득을 제외한 이자소득 및 증권투자신탁수익의 분배금에 대하여 작성합니다.

2. ① 적요란에는 비영업대금의 이자, 정기예금이자 등 이자소득이 발생하는 사유 또는 증권투자신탁수익의 분배금이라 구분하여 적습니다.

3. ① 적요사유별 및 ② 원천징수의무자별로 구분하여 각 사업연도의 합계액으로 적을 수 있으며, 이 경우 원천징수일은 최초의 원천징수일을 적어야 합니다.

4. ② 원천징수의무자란은 원천징수의무자(소득의 지급을 대리하거나 지급권한 위임 또는 위탁받은 자 포함)를 기준으로 내국인(「소득세법」에 따른 거주자, 「법인세법」에 따른 내국법인), 외국인으로 적습니다.

5. ② 원천징수의무자 구분이 내국인인 경우 사업자등록번호(주민등록번호)란에 사업자등록번호(또는 고유번호), 주민등록번호(외국인등록번호)를 적습니다.

6. 일반법인의 경우 ⑥ 법인세란의 합계금액과 "원천납부세액명세서[별지 제10호서식(을)]"의 ⑪ 법인세란의 합계금액을 합하여 "법인세과세표준 및 세액조정계산서(별지 제3호서식)"의 ⑱원천납부세액란에 옮겨 적습니다.

7. 동업기업에서 발생한 소득에 대하여 「법인세법」 제73조에 따라 원천징수된 세액이 있는 경우 ① 적요란에 '동업기업 원천납부세액 배분액'이라 구분하여 적고, ② 원천징수의무자란에는 동업기업 상호 및 사업자등록번호를, ⑥ 법인세란에는 원천징수된 법인세액을 적습니다.

210mm×297mm[백상지 80g/㎡ 또는 중질지 80g/㎡]

사 업 연 도	202x.01.01. ~ 202x.12.31.	원천납부세액명세서(을)		법인명	○○(공동)사내 근로복지기금
				사업자등록번호	000-82-00000

원천징수 세액명세

①채권등의명칭 (액면금액)	②유가증권 표준코드	③채권이자 구분	④취득일	⑤매도일	⑥보유기간 (이자계산일수)	⑦이자율	⑧=①×⑥×⑦ 보유기간이자 상당액
( )							
( )							
( )							
( )							
( )							
( )							
( )							
( )							
( )							
( )							

구분 [내국인, 외국인]	⑨원천징수의무자(사업자등록번호)		⑩세율	⑪법인세	⑫납부일 (징수일)
	사업자등록번호 (주민등록번호)	상 호(성명)			
합계					

210mm×297mm[백상지 80g/㎡ 또는 중질지 80g/㎡]

사 업 연 도	202x.01.01. ~ 202x.12.31.	고유목적사업준비금 조정명세서(갑)		법인명	○○사내근로 복지기금
				사업자등록번호	000-82-00000

1. 손금산입액 조정

① 소득금액	② 당기 계상 고유목적사업 준비금	③「법인세법」 제24조제2항 제1호에 따른 기부금	④ 해당 사업연도 소득금액 (①+②+③)	⑤「법인세법」 제29조제1항 제1호 각 목에 따 른 금액	⑥-1「법인세법」 제13조제1항제 1호에 따른 결손금 중 공제대상액(=㉔)	⑥-2「법인세법」 제29조제1항 제2호에 따른 수익사업에서 발생한 결손금
-	2,032,608	-	2,032,608	2,032,608	-	-

⑦「법인세법」 제24조제2항제1호에 따른 기부금	⑧「조세특례제한법」 제121조의23 및 제121조의 25에 따른 금액	⑨ 수익사업 소득금액 [④ - ⑤ - (⑥-1) - ⑦ - ⑧]	⑩ 손금산입률	⑪ 손금산입 한도액 (⑤+⑧+⑨×⑩) 또는 [⑤+⑧+(⑥ -2)]	⑫ 손금부인액 [(② - ⑪)＞0]
-	-	-	$\frac{50(80,100)}{100}$	2,032,608	-

2. 고유목적사업준비금 명세서

⑬ 사업연도	⑭ 손금산입액	⑮ 직전 사업연도까지 고유목적사업 지출액	⑯ 해당 사업연도 고유목적사업 지출액	⑰ 익금 산입액	⑱ 잔 액 (⑭ - ⑮ - ⑯ - ⑰)	
					⑲ 5년 이내분	⑳ 5년 경과분
202v	2,036,653	2,036,653	-	-	-	
(당 기)	2,032,608	-	2,032,608	-	-	
계	4,069,261	2,036,653	2,032,608	-	-	

3. 공제대상 이월결손금 명세서

㉑ 사업연도	㉒「법인세법」 제13조 제1항 제1호의 결손금	㉓공제한도 적용으로 공제받지 못하고 이월된 금액(누적분)	㉔공제대상 이월 결손금 (㉒-㉓)	㉕기타 수익 사업 소득금액 [④ - ⑤ - ⑦ - ⑧]	㉖「법인세법」 제13조 제1항에 따라 공제받는 이월결손금	㉗공제한도 적용 으로 공제받지 못한 이월결손금 (당기발생분) [Min(㉔, ㉕)-㉖]

210mm×297mm[백상지 80g/㎡ 또는 중질지 80g/㎡]

작 성 방 법

1. ① 소득금액란: "법인세 과세표준 및 세액조정계산서(별지 제3호서식)"의 ⑩란의 차가감소득금액을 적습니다. 다만, 해당 서식 ⑩ 익금산 입란, ⑩ 손금산입란에 고유목적사업준비금 중 손금부인된 금액 또는 5년 내 미사용하여 익금에 산입한 금액이 포함되어 있는 경우에는 ⑩란의 차가감소득금액에 손금부인된 금액과 5년 내 미사용하여 익금에 산입한 금액을 더하거나 빼고 적습니다.

2. ② 당기 계상 고유목적사업 준비금란: 직전 사업연도 종료일 현재의 고유목적사업준비금의 잔액을 초과하여 해당 사업연도의 고유목적 사업 등에 지출한 금액이 있는 경우 그 금액을 포함하여 적습니다.

3. ⑤ 「법인세법」 제29조제1항제1호 각 목에 따른 금액란: 「조세특례제한법」 제121조의23제6항제2호 및 제121조의25제4항제2호를 적용 받는 법인의 경우에는 「법인세법」 제29조제1항제1호가목 및 나목에 따른 금액을 적습니다.

4. ⑥-1란은 「법인세법」 제13조제1항제1호에 따른 결손금 중 공제대상액을 적으며, ㉔ 공제대상이월결손금란의 값과 일치해야 합니다.

5. ⑧ 「조세특례제한법」 제121조의23 및 제121조의25에 따른 금액란: 「조세특례제한법」 제121조의23제6항제2호 및 제121조의25제4항제 2호에 해당하는 금액을 적습니다.

6. ⑨ 수익사업소득금액란: 금액이 음수(-)인 경우에는 "0"으로 적되, 경정으로 증가된 소득금액 중 해당법인의 특수관계인에게 상여 및 기타 소득으로 처분된 소득금액을 차감한 금액을 적습니다.

7. ⑩ 손금산입률란: 일반 비영리내국법인은 100분의 50(「공익법인의 설립·운영에 관한 법률」에 따라 설립된 법인으로서 고유목적사업 등 에 대한 지출액 중 100분의 50 이상의 금액을 장학금으로 지출하는 법인의 경우에는 100분의 80)을, 「조세특례제한법」 제74조 제1항 또 는 제4항을 적용받는 법인은 100분의 100 또는 100분의 80을, 「조세특례제한법」 제121조의23제3항을 적용받는 법인은 100분의 50을 적습니다.

8. ⑪ 손금산입한도액: 수익사업에서 결손금이 발생한 경우에는 '⑤ 「법인세법」 제29조제1항제1호 각 목에 따른 금액의 합계액'에서 '⑥-2 「법 인세법」 제29조제1항제2호에 따른 수익사업에서 발생한 결손금'을 차감한 금액을 적습니다.

9. ⑫ 손금부인액과 ⑳ 5년 경과분란의 금액은 익금에 산입합니다.

10. ⑭ 손금산입액란: 해당 사업연도종료일 전 5사업연도에 세법상 손금산입된 고유목적사업준비금을 손금산입 사업연도 순차로 적되, 각 사업연도별로(②~⑫)의 금액을 적습니다.

11. ⑮ 직전 사업연도까지 고유목적사업지출액란: 직전 사업연도까지 고유목적사업에 실제 지출한 금액을 적으며, 먼저 손비에 계상한 사 업연도의 준비금부터 순차로 사용한 것으로 보아 적습니다.

12. ⑯ 해당 사업연도 고유목적사업지출액란: 해당 사업연도에 고유목적사업에 실제 지출한 금액을 적으며, 먼저 손비에 계상한 사업연도 의 준비금부터 순차로 사용한 것으로 보아 적습니다. 이 경우 직전 사업연도 이전에 설정한 준비금이 없거나 준비금 잔액이 해당 사업연 도 지출액보다 적은 경우에는 해당 사업연도에 계상할 준비금에서 지출한 것으로 보아 적습니다.

13. ⑰ 익금산입액란: 「법인세법」 제29조제5항에 따라 익금에 산입한 금액을 적습니다.

14. ⑱ 잔액란: 손금에 산입한 준비금 중 고유목적사업에 지출하고 남은 잔액을 5년 이내분과 5년 경과분으로 구분하여 적습니다. 이 경우 ⑱ 5년 이내분란에는 해당 사업연도에 설정한 준비금 중 사용하고 남은 잔액도 포함되며, ⑲ 5년 경과분란에는 처음 손금에 산입한 사 업연도의 종료일부터 해당 사업연도 종료일까지 5년 이상된 준비금미사용액을 적습니다.

15. ⑳ 5년 경과분란의 익금산입액에 대해서는 "추가납부세액계산서(별지 제8호서식 부표6)"에 따라 「법인세법」 제29조제7항 및 같은 법 시 행령 제56조제7항에 따라 계산한 이자상당가산액을 법인세에 가산하여 납부해야 합니다.

16. ㉓ 각 사업연도 소득의 100분의 80을 이월결손금 공제한도로 적용받는 경우 공제한도 적용으로 인해 직전 사업연도까지 공제받지 못하 고 이월된 결손금(누적금액)을 적습니다.

17. ㉕ 기타 수익사업 소득금액란: 금액이 음수(-)인 경우에는 "0"으로 적습니다.

18. ㉖ 「법인세법」 제13조제1항에 따라 공제받는 이월결손금란 : "법인세 과세표준 및 세액조정계산서(별지 제3호서식)"의 (109)란의 이월 결손금을 적습니다.

19. ㉗ 공제한도 적용으로 공제받지 못한 이월결손금(당기발생분)란: 금액이 음수(-)인 경우에는 "0"으로 적습니다.

210mm×297mm[백상지 80g/㎡ 또는 중질지 80g/㎡]

사 업 연 도	202x.01.01. ~ 202x.12.31.	고유목적사업준비금 조정명세서(을)		법인명	○○사내근로복지기금
				사업자등록번호	000-82-00000

지출내역				④ 금액	⑤ 비고
① 구분	② 적요	③ 지출처			
		상호(성명)	사업자등록번호 (주민등록번호)		
Ⅰ. 「법인세법」 제24조제3항제1호 에 따른 기부금					
Ⅱ. 고유목적 사업비	장학금지원	홍길동 외	000000-0000000	2,032,608	2,032,608
Ⅲ. 고유목적사업관 련 운영경비					
Ⅳ. 기 타					
⑥ 계				2,032,608	2,032,608

작 성 방 법

1. 「법인세법」제29조,「조세특례제한법」제74조 및 제121조의23제6항에 따른 고유목적사업준비금을 해당 사업연도에 고유목적사업에 지출한 비영리법인 및 단체가 작성합니다.

2. ② 적요란은 고유목적사업에 지출한 상세 항목을 적습니다.
   예) 장학금 지급, 부동산(토지와 건물을 구분하여 기재)취득, 의료기기 취득, 인건비(임원과 직원의 급여를 구분하여 기재), 임차료, 전기료, 전화료 등

3. 비영리법인인 장학재단의 경우에는 ③지출처란에 장학금을 지급받는 자의 인적사항을 적습니다.

4. ④ 금액란은 현금의 경우에는 현금지출액을, 현금 외의 기타의 경우에는 시가를 적고 시가가 불분명한 경우에는 「법인세법 시행령」 제89조의 가액을 시가로 합니다.

5. ⑥ 계란은 "고유목적사업준비금조정명세서(갑)[별지 제27호서식(갑)]"의 ⑯란의 계와 일치해야 합니다.

210mm×297mm[백상지 80g/㎡ 또는 중질지 80g/㎡]

다. 신고사례2(대부이자소득이 있는 기금법인)

1) 대부이자 성격

대부이자는 국세청에 서면으로 질의한 결과 법인세법상 수익사업으로 판정되었다. 따라서 대부이자가 있는 사내(공동)근로복지기금은 영리기업이 사용하는 [법인세법 시행규칙 별지 제1호 서식]으로 법인세 과세표준 신고를 해야 하고 법인세 중간예납도 실시해야 한다.

일부 세무 및 회계전문가들이 대부이자소득이 있는 기금법인도 이자소득만 있는 기금법인처럼 법인세 과세표준 신고를 할 때 [법인세법 시행규칙 별지 제56호 서식]으로 간편신고를 할 수 있다고 하는데 이는 명백한 오류이다. 그 이유는 대부이자수익은 「소득세법」상 비영업대금이자로 분류가 되고 비영업대금이자의 원천징수 세율은 25%로 「법인세법」 및 「소득세법」 상 원천징수 세율인 14%보다는 크다. 기금법인 대부이자는 각 종업원들이 대부를 실시할 때 개별 급여공제 동의를 거쳐 회사에 의뢰하여 종업원들의 급여공제를 통해 회사로부터 입금받는데 이 경우 기금법인은 대부이자수익에 대해 원천징수를 하지 않는다. 올해 국세청에 서면으로 질의하였는데 고용노동부와 협의한 결과 근로자복지의 일환이므로 실시하므로 원천징수를 하지 않아도 된다는 답변을 받았다.

따라서 조세관청은 대부이자수익이 있는 기금법인이 [법인세법 시행규칙 별지 제56호 서식]으로 간편신고를 할 경우 대부사업을 하는지 여부를 알 수 없다. 「법인세법」 제62조에서도 간편신고를 이자소득만 있는 비영리법인에 한하고, 비영업대금의 이자는 제외한다고 분명히 명시하고 있다.

◎법법 제62조(비영리내국법인의 이자소득에 대한 신고 특례) ① 비영리내국법인은 제4조제3항제2호에 따른 이자소득(「소득세법」 제16조제1항제11호의 비영업대금의 이익은 제외하고, 투자신탁의 이익을 포함하며, 이하 이 조에서 "이자소득"이라 한다)으로서 제73조 및 제73조의2에 따라 원천징수된 이자소득에 대하여는 제60조제1항에도 불구하고 과세표준 신고를 하지 아니할 수 있다. 이 경우 과세표준 신고를 하지 아니한 이자소득은 각 사업연도의 소득금액을 계산할 때 포함하지 아니한다. <개정 2018. 12. 24.>
② 제1항에 따른 비영리내국법인의 이자소득에 대한 법인세의 과세표준 신고와 징수에 필요한 사항은 대통령령으로 정한다.

다음은 본인이 KBS사내근로복지기금에서 사내근로복지기금 업무를 할 당시 국세청에 서면으로 질의하여 받은 유권해석이다. 특히 마지막에는 기재부에 까지 서면으로 질의하여 확정 회신을 받았다.

◎ 국세종합상담센터 예규1.

(질의)

사내근로복지기금이 예금이자 수익과 정관에 의한 고유목적사업의 일환으로 종업원에 대한 생활안정자금, 주택구입자금 대부이자수입만 있는 바, 정기법인세 신고시 이자소득만이 있는 비영리법인으로 보아 법인세법시행규칙 별지 제56호 서식으로 법인세 신고를 하는지, 아니면 일반법인처럼 별지 제1호 서식으로 신고하는지 여부?

(회신) 국세종합상담센터 서면인터넷방문상담2팀-2632(2004. 12. 15)

사내근로복지기금법에 의한 사내근로복지기금이 은행 예금이자수입과, 같은 법에 의하여 근로자에게 대출한 융자금에 대한 이자수입만이 있는 경우에는 법인세법 시행규칙 별지 제56호 서식(이자소득만 있는 비영리법인 신고용)에 의하여 법인세를 신고하는 것입니다.

◎ 국세종합상담센터 예규2.

(수정회신) -- 국세종합상담센터 서면인터넷방문상담2팀-163(2005. 1. 25)

사내근로복지기금법에 의한 사내근로복지기금이 은행 예금이자수입과, 같은 법에 의하여 근로자에게 대출한 융자금에 대한 이자수입이 있는 경우 법인세법 시행규칙 별지 제1호 서식(법인세 과세표준 및 세액신고서)에 의하여 법인세를 신고하는 것입니다.

◎ 국세종합상담센터 예규3.

(질의)

사내근로복지기금이 당해 회계연도 중 발생한 이자수입 및 대부이자수입을 법인세법 제29조제1항에 의거 수익사업부문에서 고유목적사업준비금으로 설정하고, 당해연도에 발생한 고유목적사업비 및 고유목적사업의 수행에 직접 소요되는 인건비 등 필요경비 발생금액만큼 목적사업부문에서 고유목적사업준비금전입수입으로 계리하여 비용과 대응시켜 손익계산서를 작성할 경우 법인세법 제29

조제2항에 의한 고유목적사업준비금의 지출과 법인세법 제60조제2항제1호에 의한 손익계산서로 적용받을 수 있는지 여부?

(최종 회신) 국세종합상담센터 서면인터넷방문상담2팀-623(2005. 4. 29)

비영리내국법인이 각 사업연도에 고유목적사업 또는 지정기부금에 지출하기 위하여 고유목적사업준비금을 손금산입하는 경우 「법인세법」제29조 제1항의 규정에 의하여 결산서에 비용으로 계상하여야 하는 것이 원칙이나, 외부회계감사를 받는 비영리내국법인의 경우에는 법인세법」제61조 제1항의 규정에 따라 신고조정에 의하여 고유목적사업준비금을 손금에 산입할 수 있는 것입니다.

◎ 국세종합상담센터 예규4.

(질의)

사내근로복지기금법에 의거 설립된 사내근로복지기금이 증식사업에서 발생한 이자소득금액과 정관 고유목적사업으로 실시하는 종업원대부사업에서 발생한 대부이자수입 전액을 법인세법 제29조제1항 제1호 내지 제3호의 규정에 따라 고유목적사업준비금으로 설정하고 있습니다. 법인세법 제29조제1항 제1호 내지 제3호의 이자소득금액 및 종업원대부이자수입만 있는 사내근로복지기금의 경우 법인세과세표준 신고시 법인세법 제60조제4항의 단서에 의한 무신고 적용을 받지 않는 대상에 해당되는지 여부?

(최종회신) -- 국세종합상담센터 서면인터넷방문상담2팀-648(2005. 5. 3)

법인세법 제60조 제4항 단서규정을 적용함에 있어서 사내근로복지금법에 의한 사내근로복지기금이 정관상의 복지사업으로 근로자에게 융자금 대부사업을 영위하는 경우 당해 융자금에서 발생하는 이자수입은 법인세법 제3조 제2항 제1호의 규정에 의한 수익사업에서 생기는 소득에 해당하는 것입니다.

◎ 국세종합상담센터에 후속 질의 실시 / 회신5.

(회신) 국세종합상담센터 서면인터넷방문상담2팀-1004(2005.7.5)

사내근로복지기금법에 의거 설립된 사내근로복지기금이 정관상의 고유목적사업으로 근로자에게 융자금 대부사업을 영위하는 경우 당해 융자금에서 발생하는 이자수입은 법인세법 시행령 제2조제1항제5호나목 규정에 의한 수익사업에서 제외되는 소득에 해당하지 아니하는 것입니다.

◎ 국세종합상담센터 예규6.

(질의내용 요약)

〈사실관계〉

사내근로복지기금법에 의하여 설립된 사내근로복지기금이 회사에서 출연된 출연금을 운용하여 발생한 이자소득과 정관상 복지사업으로 근로자에게 융자금을 대부후 발생한 대부이자소득이 있음. 이자소득 및 대부이자소득은 「법인세법」제29조 제1항 제1호 내지 제3호에 의거 동 소득 전액을 고유목적사업준비금으로 설정하게 되며 원천징수세액을 공제하여 중간예납세액은 발생하지 않음.

〈질의내용〉

1. 이자소득 및 대부이자소득만 있는 사내근로복지기금은 법인세 중간예납신고 의무 여부?
2. 법인세 중간예납신고 의무가 있다면 신고시 사용하는 서식은?

(회신) 서면인터넷방문상담2팀-1326(2005.08.18)

사내근로복지기금법에 의한 사내근로복지기금이 예금이자소득과 정관상 복지사업으로 근로자에게 융자금을 대부하여 발생하는 대부이자소득이 있는 경우 '법인세법' 제3조 제2항 제1호 규정에 의한 수익사업에서 생기는 소득에 해당하므로 같은 법 제63조 규정에 의한 [중간예납] 의무가 있는 것이며, 직전사업연도 실적으로 신고하는 경우, 같은 법 제63조제1항 각 호의 세액공제후 중간예납세액이 발생하지 않더라도 '법인세법 시행규칙' [별지 제58호 서식]에 의하여 신고하는 것입니다.

◎ 국세종합상담센터 예규7.

(질의)

사내근로복지기금법에 의한 사내근로복지기금이 정관상의 복지사업으로 근로자에게 융자금 대부사업을 영위하는 경우 당해 융자금에서 발생하는 이자수입은 법인세법 제3조제2항제1호의 규정에 의한 수익사업에서 생기는 소득에 해당하는 바, 이 경우 법인세법 제110조에 의한 수익사업 개시신고를 적용받는지 여부?

(회신) -- 국세종합상담센터 서면인터넷방문상담2팀-1688(2005. 10. 21)

비영리내국법인이 「법인세법」 제3조 제2항 제1호에 규정하는 수익사업을 새로 개시한 때에는 같은 법 제110조의 규정에 따라 수익사업개시신고를 하는 것입니다.

◎ 기획재정부 예규.

(질의) 사내근로복지기금의 종업원대부사업 관련 질의

1. 사내근로복지기금이 사내근로복지기금법 및 정관에서 정한 고유목적사업으로 정한 종업원대부사업에서 발생한 소득이 법인세법 제3조제2항제1호의 규정에 의한 수익사업에 해당되는지 여부?

2. 사내근로복지기금이 '대부업법'에서 정한 대부업에서 제외되는 범위에 해당되지 않아 대부업으로 등록후 수익사업으로 정관에서 정한 고유목적사업으로 종업원대부사업을 실시할 경우, 동 대부사업을 수행하는 과정에서 대부금을 회수할 수 없어 법인세법 제34조의 규정에 의하여 대손상각하여 당해 대부금을 대손처리하는 경우 고유목적사업준비금에서 직접 사용하거나 지출하는 것으로 인정받을 수 있는지 여부?

(회신) 기획재정부 법인세제과-242(2006. 3. 27)

「사내근로복지기금법」에 의한 사내근로복지기금이 근로자에 대한 대부사업을 영위하는 경우 당해 사업은 「법인세법」제3조제2항제1호의 규정에 의한 수익사업에 해당하며, 당해 대부사업에서 발생한 대손금을 손금에 산입하는 것은 고유목적사업에 사용한 것으로 보지 아니합니다. 끝.

2) 대부이자가 있는 기금 신고서식

대부이자수익, 단기매매증권처분이익, 잡이익 등이 있는 기금법인은 영리법인과 동일한 서식들을 사용하지만 기금법인이 구내식당, 구내휴게실, 구자자판기, 사내구판장 등 수익사업을 수행하지 않고 기금법인 소속 자체 직원이 없어 회사 직원이 겸직업무로 업무처리를 하고 있는 점, 재고자산이나 투자자산, 무형자산이 없고 자금차입 또한 금지되어 있어 실제 작성해야 하는 서

식들은 많지 않다. 그동안 32년 사내근로복지기금 실무 경험으로 보면 해당서식은 [법인세법 시행규칙 별지] 제1호 서식, 제3호서식, 제3호의2서식, 제3호의3서식, 제10호서식, 제10호서식(갑)서식, 제10호서식(을)서식(해당시), 제16호서식, 제16호의2서식(해당시), 제17호서식, 제27호(갑)서식, 제27호(을)서식. 제47호서식, 제50호서식, 제54호서식(해당시)으로 작성하면 될 것이다. 간혹 조세관청에서 제51호식과 제52호(갑)서식도 작성해달라는 요청이 있는데 부적합 또는 '해당 없음'으로 기재하면 될 것이다.

3) 대부이자가 있는 법인세 과세표준 신고서식 작성사례

대부이자수익이 있는 기금법인의 법인세 과세표준 신고서식 작성사례는 다음과 같다. 특히 제1호서식에서 8번항 업태와 9번항 종목에 대해서는 통계청 표준산업분류표 기준에 따르는데 통계청 표준산업분류표 사내(공동)근로복지기금의 대부사업이 없어 국세청에 질의한 결과 8번항 업태는 '금융 및 보험업'으로, 종목은 '그외기타분류안된금융업'으로 하고 10번 주업종코드는 659902가 된다는 답변을 받았다,

법인세 과세표준 및 세액신고서

(앞쪽)

※ 뒤쪽의 신고안내 및 작성방법을 읽고 작성하여 주시기 바랍니다.

①사업자등록번호	000-82-00000	②법 인 등 록 번 호	000071-0000000
③법 인 명	○○사내(공동)근로복지기금	④전 화 번 호	02-0000-0000
⑤대 표 자 성 명	○○○	⑥전자우편주소	00000@000000
⑦소 재 지	서울특별시 ○○구 ○○로 ○○		
⑧업 태	금융 및 보험업	⑨종 목　그외기타분류안된금융업	⑩주업종코드　659902
⑪사 업 연 도	202x.01.01. ~ 202x.12.31.	⑫수시부과기간	．．．～．．．
⑬법 인 구 분	1.내국 2.외국 3.외투(비율 %)	⑭조 정 구 분	1. 외부 2. 자기

⑮종류별구분		중소기업	일반		그외기업	당기순이익과세	⑯외부감사대상	1. 여　2. 부
			중견기업	상호출자제한기업				
영리법인	상 장 법 인	11	71	81	91		⑰신 고 구 분	1. 정기신고
	코스닥상장법인	21	72	82	92			2. 수정신고(가.서면분석, 나.기타)
	기 타 법 인	30	73	83	93			3. 기한후 신고
비영리법인		60	74	84	94	50		4. 중도폐업신고
								5. 경정청구

⑱법인유형별구분	기타	코드	100	⑲결 산 확 정 일	202x.03.xx
⑳신 고 일		202x.03.28.		㉑납 부 일	
㉒신고기한연장승인	1. 신청일			2. 연장기한	

구분	여	부	구분	여	부
㉓주식변동x	1	2	㉔장부전산화	1	2
㉕사업연도의제	1	2	㉖결손금소급공제 법인세환급신청	1	2
㉗감가상각방법(내용연수)신고서 제출	1	2	㉘재고자산등평가방법신고서 제출	1	2
㉙기능통화 채택 재무제표 작성	1	2	㉚과세표준 환산시 적용환율		
㉛동업기업의 출자자(동업자)	1	2	㉜한국채택국제회계기준(K-IFRS)적용	1	2
㊼기능통화 도입기업의 과세표준 계산방법			㊽미환류소득에 대한 법인세 신고	1	2
㊾성실신고확인서 제출	1	2			

구분	법 인 세			
	법 인 세	토지 등 양도소득에 대한 법인세	미환류소득에 대한 법인세	계
㉝수 입 금 액	(2,249,274)			
㉞과 세 표 준	0	0	0	
㉟산 출 세 액	0	0	0	0
㊱총 부 담 세 액	0	0	0	0
㊲기 납 부 세 액	284,560	0	0	284,560
㊳차 감 납 부 할 세 액	-284,560	0	0	-284,560
㊴분 납 할 세 액				0
㊵차 감 납 부 세 액				-284,560

㊶조 정 반 번 호		㊸조정자	성 명	
㊷조 정 자 관 리 번 호			사업자등록번호	
			전화번호	

국세환급금 계좌신고	㊹예 입 처	○○은행 ○○○(본)지점
	㊺예금종류	보통예금
	㊻계좌번호	000-0000-00-000

신고인은 「법인세법」 제60조 및 「국세기본법」 제45조, 제45조의2, 제45조의3에 따라 위의 내용을 신고하며, 위 내용을 충분히 검토하였고 신고인이 알고 있는 사실 그대로를 정확하게 적었음을 확인합니다.

202x년 3월 30일

신고인(법 인)　　○○사내근로복지기금　　　　　　　　　　（인）
신고인(대표자)　　　　　　　　　　○○○ (서명 또는 인)

세무대리인은 조세전문자격자로서 위 신고서를 성실하고 공정하게 작성하였음을 확인합니다.

세무대리인　　　　　　　　　　　　　（서명 또는 인）

00세무서장 귀하

첨부서류	1. 재무상태표　　2. (포괄)손익계산서　　3. 이익잉여금처분(결손금처리)계산서 4. 현금흐름표(「주식회사 등의 외부감사에 관한 법률」 제2조에 따른 외부감사의 대상이 되는 법인의 경우만 해당합니다) 5. 세무조정계산서	수수료 없 음

210mm×297mm[백상지 80g/㎡ 또는 중질지 80g/㎡]

신고안내

1. 결손금 소급공제에 따른 법인세액의 환급을 받으려는 법인은 소급공제법인세액환급신청서(별지 제68호서식)를 제출해야 합니다.

2. 법인세분 지방소득세도 사업연도종료일부터 4개월 이내에 해당 시·군·구청에 신고납부해야 합니다.

작성방법

1. ①사업자등록번호란, ②법인등록번호란, ③법인명란, ④전화번호란, ⑤대표자성명란, ⑥전자우편주소란 및 ⑦소재지란은 신고일 현재 의 상황을 기준으로 작성합니다.

2. ⑧업태란·⑨종목란·⑩주업종코드란 : 주된 업태·종목·주업종코드["조정후수입금액명세서(별지 제17호서식)"의 수입금액이 가장 큰 업 태·종목을 말합니다]를 적습니다.

3. ⑪사업연도란·⑫수시부과기간란

   가. 정상적으로 사업을 영위하는 법인은 신고사업연도를 적고 수시부과기간란에는 적지 않습니다.

   나. 휴·폐업 등으로 수시부과기간에 해당하는 법인세를 신고납부하는 경우에는 사업연도란에 정상적인 사업연도를 적고, 수시부과기 간란에 사업연도 개시일과 수시부과사유발생일까지의 기간을 적습니다(반드시 신고구분의 중도폐업신고란에 "○"표시를 해야 합 니다).

4. ⑬법인구분란·⑭조정구분란·⑯외부감사대상란·⑰신고구분란·㉓주식변동여부·㉔장부전산화 여부란·㉕사업연도의제 여부란 : 각각 해 당란에 "○"표시를 합니다.

5. ⑮종류별구분란: '중소기업'과 '중견기업'은 중소기업 등 기준검토표(별지 제51호서식)상 적합 기업, '상호출자제한기업'은 「독점규제 및 공정거래에 관한 법률」 제31조제1항에 따른 상호출자제한기업집단에 속하는 기업으로 각각 해당하는 란에 "○"표시를 합니다. 「법인세 법」제75조의12에 따른 법인과세 신탁재산은 기타법인의 그외기업(93)란에 "○"표시를 합니다.

6. ⑱법인유형별 구분란 : 아래의 표를 참고하여 법인유형의 명칭과 코드란에는 (   )안의 번호를 적습니다. 다만, 아래에 해당되지 아니 하는 경우에는 기타법인으로 적고, 코드란에는 "100"을 적습니다.

금 융 기 관	은행(101), 증권(102), 생명보험(103), 손해보험(104), 금융지주회사(105), 상호저축은행(106), 신탁회사(107), 종 합금융회사(108), 선물회사(109), 신기술금융회사(110), 신용카드사(111), 재보험사(112), 투자자문회사(113), 시 설대여회사(리스회사포함)(114), 할부금융회사(115), 기타금융회사(199)
투자회사 (「법인세법」 제51조의2제1항, 「조세특례제한법」 제104조의31)	유동화전문회사(201), 「자본시장과 금융투자업에 관한 법률」에 따른 투자회사 등(경영참여형 사모집합투자기구 제 외)(202), 기업구조조정투자회사(207), 기업구조조정부동산투자회사(203), 위탁관리부동산투자회사(204), 선박투 자회사(205), 「민간임대주택에 관한 특별법」 또는 「공공주택 특별법」에 따른 특수목적법인(208), 「문화산업진흥기본 법」에 따른 문화산업전문회사(209), 「해외자원개발 사업법」에 따른 해외자원개발투자회사(210), 기타 특수목적의 명목회사(206)
비영리 조합 등	정비사업조합(301), 농협(302), 수협(303), 신용협동조합(304), 새마을금고(305), 영농조합(306), 영어조합(307), 학교법인(308), 의료법인(309), 산학협력단(310), 산림조합(311), 인삼협동조합(312), 소비자생활협동조합(313), 기타 조합법인(399)
공 기 업 등	정부투자기관(401), 정부출자기관(402), 지방공기업(투자)(403), 지방공기업(출자)(404), 그 밖의 공기업(499)
일반 지주회사	위 금융기관, 투자회사, 비영리조합 등, 공기업 등에 해당하지 않는 법인으로서 「독점규제 및 공정거래에 관한 법률」 제2조제1호의2에 따른 지주회사(501), 「기술의 이전 및 사업화 촉진에 관한 법률」 제2조제10호의 공공연구기관첨 단기술지주회사(502), 「산업교육진흥 및 산학연협력촉진에 관한 법률」 제2조제8호의 산학연협력기술지주회사(503)

7. ㉒신고기한 연장승인란: 법인세신고기한 연장승인을 받은 경우 신청일 및 승인된 연장기한을 적습니다.

8. ㉓주식변동 여부란: 주식 등의 변동이 있는 경우에는 주식 등 변동상황명세서를 반드시 붙임 서류로 제출해야 합니다.

9. ㉔장부전산화 여부란: 국세청의 「전자기록의 보전방법 등에 관한 고시」에 따라 장부와 증빙서류의 전부 또는 일부를 전산조직을 이용하여 작성·보존하는 경우에 "여"란에 "○"표시를 하고 전산조직운용명세서를 붙임 서류로 제출해야 합니다.

10. ㉕사업연도의제 여부란: 해산·합병·분할 등으로 사업연도가 의제된 경우 "여"란에 "○"표시를 합니다.

11. ㉖결손금소급공제법인세환급신청란 ~ ㉘재고자산등평가방법신고서 제출란: 해당 신청(신고)서 등을 제출한 경우 "여"란에 "○"표시를 합니다.

12. ㉙기능통화채택 재무제표 작성란: 원화 외의 통화를 기능통화로 채택하여 재무제표를 작성하는 법인의 경우 "여"란에 "○"표시를 합니다.

13. ㉚과세표준 환산시 적용환율란: 「법인세법」 제53조의2(제53조의3)제1항제2호의 방법으로 과세표준계산방법 적용을 신고한 법인은 "과세표준계산방법신고(변경신청)서(별지 제64호의5서식)"에 신고한 적용환율의 해당 사업연도 환율을 적습니다(단위 :원, 소수점 이하 2자리까지 표시).

14. ㉛동업기업의 출자자(동업자)란:「조세특례제한법」 제100조의14제2호에 따른 동업자인 경우 "여"란에 "○"표시를 합니다.

15. ㉜한국채택국제회계기준(K-IFRS)적용란: 한국채택국제회계기준(K-IFRS)을 적용하는 법인인 경우 "여"란에 "○"표시를 합니다.

16. ㉝수입금액란: 조정후수입금액명세서(별지 제17호서식)상의 ⑫합계란 중 ④계란의 금액을 적습니다.

17. ㉟산출세액란: 법인세란에는 법인세 과세표준 및 세액조정계산서(별지 제3호서식)의 ⑬란의 금액을, 토지 등 양도소득에 대한 법인세란에는 ⑭란의 금액을 각각 적습니다.

18. ㊱총부담세액란: 법인세란에는 "법인세 과세표준 및 세액조정계산서(별지 제3호서식)"의 ㉖란과 ⑬란을 합한 금액을, 토지 등 양도소득에 대한 법인세란에는 같은 서식의 ⑭란의 금액을 각각 적습니다.

19. ㊶조정반번호란: 외부조정법인은 외부조정자의 조정반 번호를 적습니다.

20. ㊷조정자관리번호, ㊸조정자란: 세무조정조정반의 구성원 중 실제로 세무조정한 조정자의 것을 적습니다.

21. ㊼기능통화 도입기업의 과세표준 계산방법란: 과세표준계산방법이 「법인세법」 제53조의2제1항제1호에 따른 방법(원화 재무제표 기준)일 경우 "1", 같은 항 제2호에 따른 방법(기능통화 표시 재무제표 기준)일 경우 "2", 같은 항 제3호에 따른 방법(자산, 부채 및 거래손익의 원화환산액 기준)일 경우 "3"을 적습니다.

22. 「법인세법」 제60조제5항 단서에 따른 비영리법인은 재무상태표 등의 붙임 서류를 제출하지 않을 수 있으며, 비영리법인의 수익사업 수입명세서(별지 제57호서식)를 첨부해야 합니다.

23. 음영으로 표시된 란은 적지 않습니다.

24. 「주식회사 등의 외부감사에 관한 법률」 제2조에 따라 외부감사의 대상이 되는 법인이 「국세기본법」 제2조제19호에 따른 전자신고를 통해 법인세 과세표준을 신고한 경우에는 대표자가 서명하고 날인한 신고서를 관할세무서에 제출해야 합니다.

210mm×297mm[백상지 80g/㎡ 또는 중질지 80g/㎡]

사 업 연 도	202x.01.01. ~ 202x.12.31.	법인세 과세표준 및 세액조정계산서	법인명	○○사내(공동) 근로복지기금
			사업자등록번호	000-82-00000

① 각 사 업 연 도 소 득 계 산	⑩결산서상 당기순손익		01	
	소득조정 금 액	⑩익 금 산 입	02	
		⑩손 금 산 입	03	
	⑩차가감소득금액 (⑩ + ⑩ - ⑩)		04	
	⑩기부금한도초과액		05	
	⑩기부금한도초과이월액 손금산입		54	
	⑩각 사업연도소득금액 (⑩+⑩-⑩)		06	

② 과 세 표 준 계 산	⑩각 사업연도 소득금액 (⑩=⑩)	07	
	⑩이월결손금	07	
	⑩비과세소득	08	
	⑪소득공제	09	
	⑫과세표준(⑩-⑩-⑩-⑪)	10	
	⑬선박표준이익	55	

③ 산 출 세 액 계 산	⑬과세표준 (⑫+⑬)	56	
	⑭세율	11	
	⑮산출세액	12	
	⑯지점유보소득 (「법인세법」 제96조)	13	
	⑰세 율	14	
	⑱산 출 세 액	15	
	⑲합 계(⑮+⑱)	16	

④ 납 부 할 세 액 계 산	⑳산출세액(⑳=⑲)			17		
	㉑최저한세 적용대상 공제감면세액			17		
	㉒차감세액			18		
	㉓최저한세 적용제외 공제감면세액			19		
	㉔가 산 세 액			20		
	㉕가 감 계 (㉒-㉓+㉔)			21		
	기납부세액	기한내납부세액	㉖중 간 예 납 세 액	22		
			㉗수 시 부 과 세 액	23		
			㉘원 천 납 부 세 액	24		284 560
			㉙간접투자회사등의 외국납부세액	25		
			㉚소 계 (㉖+㉗+㉘+㉙)	26		284 560
			㉛신고납부전가산세액	27		
			㉜합 계(㉚+㉛)	28		284 560
	㉝감면분추가납부세액			29		
	㉞차감납부할세액(㉕-㉜+㉝)			30	-	284 560

⑤ 토 지 등 양 도 소 득 에 대 한 법 인 세 계 산	양도 차익	⑬등기자산		31	
		⑬미등기자산		32	
	⑬비과세소득			33	
	⑬과세표준(⑬+⑬-⑬)			34	
	⑬세율			35	
	⑭산출세액			36	
	⑭감면세액			37	
	⑫차감세액 (⑭-⑭)			38	
	⑬공제세액			39	
	⑭동업기업 법인세 배분액 (가산세 제외)			58	
	⑮가산세액 (동업기업 배분액 포함)			40	
	⑯가감계(⑫-⑭+⑭+⑮)			41	
	기납부세액	⑰수시부과세액		42	
		⑱( ) 세 액		43	
		⑲계(⑰+⑱)		44	
	⑩차감납부할세액(⑯-⑲)			45	

⑥ 미 환 류 소 득 법 인 세	⑯과세대상 미환류소득	59	
	⑫세 율	60	
	⑱산 출 세 액	61	
	⑭가 산 세 액	62	
	⑯이 자 상 당 액	63	
	⑯납부할세액(⑯+⑱+⑭)	64	

⑦ 세 액 계	⑤차감납부할 세액계 (⑬+⑬+⑯)	46	- 284 560
	⑰사실과 다른 회계처리 경정세액공제	57	
	⑱분납세액계산범위액 (⑮-⑫-⑬-⑭-⑫+⑬)	47	- 284 560
	⑭분납할세액	48	0
	⑯차감납부세액 (⑮-⑫-⑭)	49	- 284 560

210mm×297mm[백상지 80g/㎡ 또는 중질지 80g/㎡]

작성방법

※「조세특례제한법」제104조의10에 따른 해운기업의 법인세 과세표준 계산 특례를 적용받는 법인의 경우에는 ⑩란부터 ⑫란까지, ⑱란, ⑲란 및 ㉑란에 비해운소득과 관련하여 발생한 금액을 적고, ㉑선박표준이익란에 선박표준이익 산출명세서(별지 제3호서식 부표)의 ⑦ 선박표준이익란의 금액을 적으며, ⑫과세표준란의 금액이 "0" 보다 작은 경우 ⑱과세표준란에는 ㉑선박표준이익란의 금액을 적습니다.

※「법인세법」제55조의2에 따른 토지등 양도소득에 대한 과세특례를 적용받는 법인의 경우에는 ⑬~㉑란에 토지 등 양도소득에 대한 법인세 산출명세서(별지 제3호서식 부표2)의 ⑩양도차익, ⑫금액, ⑬과세소득의 합계를 적습니다.

※ 법인세 과세표준 및 세액신고서(별지 제1호서식)의 ⑭기능통화 도입기업의 과세표준 계산방법이 '기능통화 표시 재무제표 기준'으로 '2'로 표기할 경우 ⑪란부터 ⑱란까지의 금액은 기능통화로 표기하지 않고, 기능통화 금액에 같은 별지 제1호서식의 ㉚ 과세표준 환산 시 적용환율을 곱한 금액으로 적습니다. 이 경우 작성방법 1부터 7까지의 각종 조정명세서, 명세서 등 관련 서식에도 같은 별지 제1호서식의 ㉚ 과세표준 환산 시 적용환율을 곱한 금액으로 적습니다.
   * 예: 기능통화(USD), 적용환율(1,100원), 당기순이익(USD 2,000)일 경우 ⑩ 결산서상 당기순손익란은 '2,200,000'으로 적습니다.

1. ⑩ 결산서상 당기순손익란은: (포괄)손익계산서의 법인세 차감 후 당기순손익을 적습니다. 다만, 당기순이익은 그대로 적고, 당기순손실은 "△" 등 음(-)의 표시를 해야 합니다.

2. 소득조정금액란(⑫, ⑬): "소득금액조정합계표(별지 제15호서식)"의 익금산입 및 손금불산입 ② 금액란의 합계와 손금산입 및 익금불산입 ⑤ 금액란의 합계를 ⑫ 익금산입란 및 ⑬ 손금산입란에 각각 적습니다.

3. ⑮ 기부금 한도초과액란: 기부금조정명세서(별지 제21호서식)의 ⑳ 한도초과액 합계 금액을 적습니다.

4. ⑯ 기부금한도초과이월액 손금산입란은: "기부금조정명세서(별지 제21호서식)"의 ㉔ 해당 사업연도 손금추인액란의 합계금액을 적습니다.

5. ⑲ 이월결손금란은: "자본금과 적립금조정명세서(갑)[별지 제50호서식(갑)]"의 Ⅱ. 이월결손금계산서 중 ⑨ 당기공제액란의 합계를 적습니다.

6. ⑪ 비과세소득란은: "비과세소득명세서(별지 제6호서식)"의 ⑥ 수입이자 또는 소득금액란의 합계와 ⑩ 차감비과세 금액란의 ⑳ 합계란의 금액을 합한 금액을 적습니다. 다만, 각 사업연도소득에서 이월결손금액을 차감한 금액이 음수(-)인 경우에는 "0"을 적습니다.

7. ⑪ 소득공제란은: 소득공제조정명세서(별지 제7호서식)의 ⑬ 합계란의 ⑧ 소득공제액을 적습니다. 다만, 각 사업연도소득에서 이월결손금 및 비과세소득을 차감한 금액이 음수(-)인 경우에는 "0"을 적습니다.

8. 세율란(⑭, ⑰, ⑲): 각 세법에 따라 적용할 최고세율(⑰란은 「법인세법」제96조에 따른 과세대상 법인은 「법인세법」제96조제3항에 따른 세율) 1개만을 적습니다.

9. ⑯ 지점유보소득란은: 「법인세법」제96조를 적용받는 외국법인의 국내지점은 지점유보소득금액계산서(별지 제49호서식) ⑮란의 금액을 적습니다.

10. ⑫ 최저한세 적용대상 공제감면세액란: "공제감면세액 및 추가납부세액합계표(갑)[별지 제8호서식(갑)]"의 ㉑합계란의 금액을 적습니다.

11. ⑫ 차감세액란은: ⑫란의 산출세액에서 ⑫란의 최저한세 적용대상 공제감면세액을 차감하여 적습니다.

12. ⑫ 최저한세 적용제외 공제감면세액란: "공제감면세액 및 추가납부세액합계표(갑)[별지 제8호서식(갑)]"의 ⑮란을 적습니다.

13. ⑯ 중간예납세액: 「조세특례제한법」제8조의4에 따라 환급받아 세액을 정산할 때 추가로 납부할 세액이 있는 경우에는 중소기업 결손금 소급공제 세액 환급특례 정산서(「조세특례제한법 시행규칙」별지 제2의6호서식)의 ⑲중간예납세액 재정산란의 금액을 적습니다.

14. ⑬ 감면분추가납부세액란: "공제감면세액 및 추가납부세액합계표(을)[별지 제8호서식(을)]"의 ⑯ 추가납부세액 합계금액과 ⑱ 이월과세 합계금액을 더하여 적습니다.

15. 가산세액란(⑭~⑮): "가산세액계산서(별지 제9호서식)"에 따라 적습니다(중간예납세액의 미납부로 인한 가산세를 합산하여 계산합니다).

16. 기납부세액 계란(⑬~⑭)
   가. 기한 내 납부세액은 중간예납(중간예납을 고지한 경우를 포함합니다), 수시부과 및 원천납부세액을 각각 적되 가산세를 제외한 금액을 적고, 간접투자회사 등의 외국납부세액은 "간접투자회사 등의 외국납부세액 계산서(별지 제11호서식)"의 ⑧ 공제(환급)신청금액을 적습니다.
   나. 신고납부 전 가산세액은 중간예납 미납부가산세 등을 말합니다.

17. ⑭ 동업기업 법인세 배분액: 동업기업으로부터 배분받은 토지등 양도소득에 대한 법인세('산출세액'에서 '공제감면세액'을 차감한 후의 세액(가산세는 제외함)을 적습니다.

18. ⑮ 사실과 다른 회계처리 경정세액공제란: "사실과 다른 회계처리로 인하여 과다납부한 금액의 세액공제명세서(별지 제52호의4서식)"의 ⑨란의 연도별 공제금액을 적습니다.

19. ⑯ 과세대상 미환류소득란: 미환류소득에 대한 법인세 신고서(「조세특례제한법 시행규칙」별지 제114호서식)의 ㊱금액(음수인 경우 '0')을 적습니다. 다만, 2017.1.1.부터 2017.12.31.까지 개시하는 사업연도에 차기환류적립금이 발생한 사업자는 ㊱금액에 종전의 「법인세법」(법률 제16008호로 개정되기 전의 것을 말한다) 제56조에 따른 미환류소득에 대한 법인세 신고서("법인세법 시행규칙」별지 제52호의2서식)의 ㊻금액(음수인 경우 '0')을 합산하여 적습니다.

20. ⑱ 가산세액란은: 가산세액계산서(별지 제9호서식)의 미환류소득에 대한 법인세분의 ⑥가산세액의 합계금액을 적습니다.

21. ⑲ 이자상당액란은: 「조세특례제한법 시행령」제100조의32제21항에 따라 계산한 금액과 종전의 「법인세법 시행령」(대통령령 제29529호로 개정되기 전의 것을 말한다) 제93조제20항에 따른 금액[종전의 「법인세법」(법률 제16008호로 개정되기 전의 것을 말한다) 제56조제8항에 따라 이자상당액을 납부해야 하는 경우]을 합산하여 적습니다.

210mm×297mm[백상지 80g/㎡ 또는 중질지 80g/㎡]

표준재무상태표
(금융·보험·증권업 법인용)

(단위: 원)

사업자등록번호		000-82-00000				법인명	○○사내(공동) 근로복지기금	202x년 12월 31일현재			
법인등록번호		000071-0000000									
계 정 과 목	코드	금 액				계 정 과 목	코드	금 액			
Ⅰ. 현금 및 예치금	1	172	824	067		(대손충당금)	106				
(1) 현금 및 현금성자산	2	172	824	067		5. 부동산담보대출금(보험업)	107				
1. 현금	3					(대손충당금)	108				
2. 예금	4	172	824	067		6. 신용대출금(보험업)	109				
3. MMDA	5					(대손충당금)	110				
4. MMF	6					7. 신용공여금(증권업)	111				
5. 금융어음	7					(대손충당금)	112				
6. 기타	8					8. 기타	113		130	000	000
(2) 예치금	18					(대손충당금)	114				
1. 지급준비예치금	19					(2) 콜론	123				
2. 중앙회예치금	20					(3) 내국수입유산스	124				
3. 고객예탁금별도예치금(예금)	21					(대손충당금)	125				
4. 고객예탁금별도예치금(신탁)	22					(4) 신용카드채권	126				
5. 기타	23					1. 카드대급금	127				
(3) 기타	33					(대손충당금)	128				
Ⅱ. 유가증권	43					2. 카드론	129				
(1) 단기매매증권	44					(대손충당금)	130				
1. 주식	45					3. 기타	131				
2. 채권	46					(대손충당금)	132				
3. 신주인수권증서	47					(5) 매입외환	141				
4. 수익증권	48					(대손충당금)	142				
5. 기업융통어음	49					(6) 할인 및 매입어음	143				
6. 해외유가증권	50					(대손충당금)	144				
7. 신종증권	51					(7) 환매조건부채권 매수	145				
8. 기타	52					(8) 팩토링채권	146				
(2) 매도가능증권	62					(대손충당금)	147				
1. 주식	63					(9) 지급보증대지급	148				
2. 출자금	64					(대손충당금)	149				
3. 채권	65					(10) 사모사채	150				
4. 수익증권	66					(대손충당금)	151				
5. 해외유가증권	67					(11) 할부금융채권	152				
6. 신종증권	68					(대손충당금)	153				
7. 기타	69					Ⅳ. 파생상품자산	154				
(3) 만기보유증권	79					(1) 선물	155				
1. 주식	80					(2) 옵션	156				
2. 채권	81					(3) 장외파생상품	157				
3. 수익증권	82					Ⅴ. 어음관리계좌자산	158				
4. 해외유가증권	83					(1) 예치금	159				
5. 기타	84					(2) 유가증권	160				
(4) 지분법적용투자주식	94					(3) 할인및매입어음	161				
1. 주식	95					(대손충당금)	162				
2. 출자금	96					Ⅵ. 리스자산	163				
Ⅲ. 대출채권	97		130	000	000	(1) 금융리스채권	164				
(1) 대출금	98		130	000	000	(현재가치할인차금)	165				
1. 원화대출금(은행업)	99					(대손충당금)	166				
(대손충당금)	100					(2) 운용리스자산	167				
2. 외화대출금(은행업)	101					(감가상각누계액)	168				
(대손충당금)	102					(리스자산처분손실충당금)	169				
3. 보험약관대출금(보험업)	103					(3) 해지금융리스채권	170				
(대손충당금)	104					(대손충당금)	171				
4. 유가증권담보대출금(보험업)	105					(4)해지금융리스자산	172				

210mm×297mm[백상지 80g/㎡ 또는 중질지 80g/㎡]

표준재무상태표
(금융·보험·증권업 법인용)

(단위: 원)

사업자등록번호		000-82-00000			법인명	○○사내(공동)	202x년 12월 31일현재			
법인등록번호		000071-0000000				근로복지기금				

계 정 과 목	코드	금 액			계 정 과 목	코드	금 액		
(감가상각누계액)	173				IX. 특별계정자산(보험업)	269			
(5) 선급리스자산	174				자산총계(I +~IX)	270	303	137	077
(6) 기타	175				I . 예수부채	271			
VII. 유형자산	185				(1) 예수금	272			
(1) 토지	186				1. 요구불예금	273			
(손상차손누계액)	187				2. 기한부예금	274			
(2) 건물	188				3. 고객예수금	275			
(감가상각누계액)	189				4. 수입담보금	276			
(손상차손누계액)	190				(2) 기타	277			
(3) 차량운반구	191				II . 차입부채	287			
(감가상각누계액)	192				(1) 단기차입금	288			
(4) 임차시설물	193				(2) 장기차입금	289			
(감가상각누계액)	194				(3) 콜머니	290			
(5) 건설중인자산	195				(4) 매출어음	291			
(6) 집기,기구,비품	196				(5) 환매조건부채권 매도	292			
(감가상각누계액)	197				(6) 기타	293			
(손상차손누계액)	198				III . 사채	303			
(7) 기타	199				(1) 후순위사채	304			
VIII. 기타자산	204	313	010		(2) 전환사채	305			
(1) 투자부동산	205				(3) 기타	306			
1. 토지	206				IV . 파생상품부채	311			
2. 건물	207				(1) 선물	312			
(감가상각누계액)	208				(2) 옵션	313			
3. 기타	209				(3) 장외파생상품	314			
(감가상각누계액)	210				V . 기타부채	315			0
(2) 비업무용자산	219				(1) 퇴직급여충당부채	316			
(3) 보증금	220				(2) 퇴직연금미지급금	317			
(4) 미수금	221				(국민연금전환금)	318			
1. 자기매매미수금	222				(퇴직보험예치금)	319			
(대손충당금)	223				(퇴직연금운용자산)	320			
2. 위탁매매미수금	224				(3) 미지급금	321			
(대손충당금)	225				(4) 미지급배당금	322			
3. 보험미수금	226				(5) 미지급법인세	323			
(대손충당금)	227				(6) 미지급비용	324			
4. 기타	228				1. 미지급이자	325			
(대손충당금)	229				2. 기타	326			
(5) 선급금	238				(7) 선수금	331			
1. 채권경과이자	239				(8) 선수수익	332			
2. 기타	240				(9) 보증금	333			
(6) 선급비용	245	313	010		1. 수입보증금	334			
1. 선급법인세	246	284	560		2. 리스보증금	335			
2. 기타	247	28	450		3. 임대보증금	336			
(7) 이연법인세자산	252				4. 기타	337			
(8) 무형자산	253				(10) 이연법인세부채	342			
1. 영업권	254				(11) 지급보증충당부채	343			
2. 산업재산권	255				(12) 기타	344			0
3. 개발비	256				VI . 보험사제준비금	354			
4. 소프트웨어	257				(1) 책임준비금	355			
5. 기타	258				(출재보험준비금)	356			
(9) 손해배상공동기금	263				(2) 계약자지분조정	357			
(10) 기타	264				(3) 비상위험준비금	358			

210mm×297mm[백상지 80g/㎡ 또는 중질지 80g/㎡]

표준재무상태표
(금융·보험·증권업 법인용)

(단위: 원)

사업자등록번호	00 -82-00000		법인명	○○사내(공동) 근로복지기금	202x년 12월 31일현재		
법인등록번호	000071-0000000						

계 정 과 목	코드	금 액				계 정 과 목	코드	금 액			
Ⅶ. 특별계정부채 (보험업)	359					Ⅺ. 기타포괄손익누계액	386				
부채총계(Ⅰ+~Ⅶ)	360				0	(1) 매도가능증권평가손익	387				
Ⅷ. 자본금	361		200	000	000	(2) 해외사업환산손익	388				
(1) 보통주자본금	362		200	000	000	(3) 지분법자본변동	389				
(2) 우선주자본금	363					(4) 현금흐름위험회피파생 상품평가손익	390				
Ⅸ. 자본잉여금	364					(5) 재평가잉여금	391				
(1) 주식발행초과금	365					(6) 기타	392				
(2) 감자차익	366					Ⅻ. 이익잉여금	397		103	137	077
(3) 자기주식처분이익	367					(1) 이익준비금	398				
(4) 재평가적립금	368					(2) 기업합리화적립금	399				
(5) 기타	369					(3) 재무구조개선적립금	400				
Ⅹ. 자본조정	374					(4) 「조세특례제한법」 상 준비금	401				
(1) 주식할인발행차금	375					(5) 기타임의적립금	402		103	137	077
(2) 감자차손	376					(6) 미처분이익잉여금 또는 미처리결손금	403				
(3) 자기주식	377					자본총계(Ⅷ+~Ⅻ)	404		303	137	077
(4) 미교부주식배당금	378					부채와 자본총계	405		303	137	077
(5) 자기주식처분손실	379										
(6) 주식매수선택권	380										
(7) 기타	381										

작성방법

※ 이 표준재무상태표는 기업회계기준(K-IFRS, 중소기업회계기준 등)을 준용하여 작성한 재무상태표를 기준으로 다음과 같이 작성해야 합니다.

1. 이 표준재무상태표는 한국표준산업분류표상 금융·보험·증권업 법인(금융관련서비스업 중 기타금융서비스업과 보험 및 연금관련 서비스업 및 금융지주회사 외의 지주회사는 제외한다)이 작성합니다.

2. 재무상태의 계정과목과 동일한 계정과목이 없는 경우에는 기타란에 회사에서 사용하는 계정과목과 금액을 적습니다.

210mm×297mm[백상지 80g/㎡ 또는 중질지 80g/㎡]

합계표준재무상태표
(금융·보험·증권업 법인용)

(단위: 원)

사업자등록번호	000-82-00000	법인명	○○사내(공동)근로복지기금	202x년 12월 31일현재
법인등록번호	000071-0000000			

■ 자산항목

차 변 합 계			계 정 과 목	코드		대 변 합 계		
	487	820	017	Ⅰ. 현금 및 예치금	1		314	995	950
	487	820	017	(1) 현금 및 현금성자산	2		314	995	950
				1. 현금	3				
	487	820	017	2. 예금	4		314	995	950
				3. MMDA	5				
				4. MMF	6				
				5. 금융어음	7				
				6. 기타	8				
				(2) 예치금	18				
				1. 지급준비예치금	19				
				2. 중앙회예치금	20				
				3. 고객예탁금별도예치금(예금)	21				
				4. 고객예탁금별도예치금(신탁)	22				
				5. 기타	23				
				(3) 기타	33				
				Ⅱ. 유가증권	43				
				(1) 단기매매증권	44				
				1. 주식	45				
				2. 채권	46				
				3. 신주인수권증서	47				
				4. 수익증권	48				
				5. 기업융통어음	49				
				6. 해외유가증권	50				
				7. 신종증권	51				
				8. 기타	52				
				(2) 매도가능증권	62				
				1. 주식	63				
				2. 출자금	64				
				3. 채권	65				
				4. 수익증권	66				
				5. 해외유가증권	67				
				6. 신종증권	68				
				7. 기타	69				
				(3) 만기보유증권	79				
				1. 주식	80				
				2. 채권	81				
				3. 수익증권	82				
				4. 해외유가증권	83				
				5. 기타	84				
				(4) 지분법적용투자주식	94				
				1. 주식	95				
				2. 출자금	96				
	130	000	000	Ⅲ. 대출채권	97				-
	130	000	000	(1) 대출금	98				-
				1. 원화대출금(은행업)	99				
				(대손충당금)	100				
				2. 외화대출금(은행업)	101				
				(대손충당금)	102				
				3. 보험약관대출금(보험업)	103				
				(대손충당금)	104				
				4. 유가증권담보대출금(보험업)	105				

210mm×297mm[백상지 80g/㎡ 또는 중질지 80g/㎡]

합계표준재무상태표
(금융·보험·증권업 법인용)

(단위: 원)

사업자등록번호	000-82-00000	법인명	○○사내(공동)근로복지기금	202x년 12월 31일현재
법인등록번호	000071-0000000			

■ 자산항목

차 변 합 계				계 정 과 목	코드	대 변 합 계				
				(대손충당금)	106					
				5. 부동산담보대출금(보험업)	107					
				(대손충당금)	108					
				6. 신용대출금(보험업)	109					
				(대손충당금)	110					
				7. 신용공여금(증권업)	111					
				(대손충당금)	112					
	130	000	000	8. 기타	113					-
				(대손충당금)	114					
				(2) 콜론	123					
				(3) 내국수입유산스	124					
				(대손충당금)	125					
				(4) 신용카드채권	126					
				1. 카드대급금	127					
				(대손충당금)	128					
				2. 카드론	129					
				(대손충당금)	130					
				3. 기타	131					
				(대손충당금)	132					
				(5) 매입외환	141					
				(대손충당금)	142					
				(6) 할인 및 매입어음	143					
				(대손충당금)	144					
				(7) 환매조건부채권 매수	145					
				(8) 팩토링채권	146					
				(대손충당금)	147					
				(9) 지급보증대지급	148					
				(대손충당금)	149					
				(10) 사모사채	150					
				(대손충당금)	151					
				(11) 할부금융채권	152					
				(대손충당금)	153					
				IV. 파생상품자산	154					
				(1) 선물	155					
				(2) 옵션	156					
				(3) 장외파생상품	157					
				V. 어음관리계좌자산	158					
				(1) 예치금	159					
				(2) 유가증권	160					
				(3) 할인및매입어음	161					
				(대손충당금)	162					
				VI. 리스자산	163					
				(1) 금융리스채권	164					
				(현재가치할인차금)	165					
				(대손충당금)	166					
				(2) 운용리스자산	167					
				(감가상각누계액)	168					
				(리스자산처분손실충당금)	169					
				(3) 해지금융리스채권	170					
				(대손충당금)	171					
				(4) 해지금융리스자산	172					

210mm×297mm[백상지 80g/㎡ 또는 중질지 80g/㎡]

합계표준재무상태표
(금융·보험·증권업 법인용)

(단위: 원)

사업자등록번호	000-82-00000	법인명	○○사내(공동)근로복지기금	202x년 12월 31일현재
법인등록번호	000071-0000000			

차 변 합 계			계 정 과 목	코드	대 변 합 계		
			(감가상각누계액)	173			
			(5) 선급리스자산	174			
			(6) 기타	175			
			Ⅶ. 유형자산	185			
			(1) 토지	186			
			(손상차손누계액)	187			
			(2) 건물	188			
			(감가상각누계액)	189			
			(손상차손누계액)	190			
			(3) 차량운반구	191			
			(감가상각누계액)	192			
			(4) 임차시설물	193			
			(감가상각누계액)	194			
			(5) 건설중인자산	195			
			(6) 집기,기구,비품	196			
			(감가상각누계액)	197			
			(손상차손누계액)	198			
			(7) 기타	199			
	626	650	Ⅷ. 기타자산	204		313	640
			(1) 투자부동산	205			
			1. 토지	206			
			2. 건물	207			
			(감가상각누계액)	208			
			3. 기타	209			
			(감가상각누계액)	210			
			(2) 비업무용자산	219			
			(3) 보증금	220			
			(4) 미수금	221			
			1. 자기매매미수금	222			
			(대손충당금)	223			
			2. 위탁매매미수금	224			
			(대손충당금)	225			
			3. 보험미수금	226			
			(대손충당금)	227			
			4. 기타	228			
			(대손충당금)	229			
			(5) 선급금	238			
			1. 채권경과이자	239			
			2. 기타	240			
	626	650	(6) 선급비용	245		313	640
	569	690	1. 선급법인세	246		285	130
	56	960	2. 기타	247		28	510
			(7) 이연법인세자산	252			
			(8) 무형자산	253			
			1. 영업권	254			
			2. 산업재산권	255			
			3. 개발비	256			
			4. 소프트웨어	257			
			5. 기타	258			
			(9) 손해배상공동기금	263			
			(10) 기타	264			

210mm×297mm[백상지 80g/㎡ 또는 중질지 80g/㎡]

합계표준재무상태표

(금융·보험·증권업 법인용)

(단위: 원)

사업자등록번호	000-82-00000	법인명	○○사내(공동) 근로복지기금	202x년 12월 31일현재
법인등록번호	000071-0000000			

차 변 합 계			계 정 과 목	코드	대 변 합 계		
			IX. 특별계정자산(보험업)	269			
	618	446	667	자산총계(I +~IX)	270	315	309	590
			■ 부채·자본항목				
			I . 예수부채	271			
			(1) 예수금	272			
			1. 요구불예금	273			
			2. 기한부예금	274			
			3. 고객예수금	275			
			4. 수입담보금	276			
			(2) 기타	277			
			II . 차입부채	287			
			(1) 단기차입금	288			
			(2) 장기차입금	289			
			(3) 콜머니	290			
			(4) 매출어음	291			
			(5) 환매조건부채권 매도	292			
			(6) 기타	293			
			III . 사채	303			
			(1) 후순위사채	304			
			(2) 전환사채	305			
			(3) 기타	306			
			IV. 파생상품부채	311			
			(1) 선물	312			
			(2) 옵션	313			
			(3) 장외파생상품	314			
		2	249	247	V . 기타부채	315	2	249	247
			(1) 퇴직급여충당부채	316			
			(2) 퇴직연금미지급금	317			
			(국민연금전환금)	318			
			(퇴직보험예치금)	319			
			(퇴직연금운용자산)	320			
			(3) 미지급금	321			
			(4) 미지급배당금	322			
			(5) 미지급법인세	323			
			(6) 미지급비용	324			
			1. 미지급이자	325			
			2. 기타	326			
			(7) 선수금	331			
			(8) 선수수익	332			
			(9) 보증금	333			
			1. 수입보증금	334			
			2. 리스보증금	335			
			3. 임대보증금	336			
			4. 기타	337			
			(10) 이연법인세부채	342			
			(11) 지급보증충당부채	343			
		2	249	247	(12) 기타	344	2	249	247
			VI. 보험사제준비금	354			
			(1) 책임준비금	355			
			(출재보험준비금)	356			
			(2) 계약자지분조정	357			

210mm×297mm[백상지 80g/㎡ 또는 중질지 80g/㎡]

합계표준재무상태표
(금융·보험·증권업 법인용)

(단위: 원)

사업자등록번호	000-82-00000	법인명	○○사내(공동) 근로복지기금	202x년 12월 31일현재
법인등록번호	000071-0000000			

차 변 합 계			계 정 과 목	코드	대 변 합 계		
			(3) 비상위험준비금	358			
			VII. 특별계정부채(보험업)	359			
2	249	247	부채총계(I +~VII)	360	2	249	247
50	000	000	VIII. 자본금	361	250	000	000
50	000	000	(1) 보통주자본금	362	250	000	000
			(2) 우선주자본금	363			
			IX. 자본잉여금	364			
			(1) 주식발행초과금	365			
			(2) 감자차익	366			
			(3) 자기주식처분이익	367			
			(4) 재평가적립금	368			
			(5) 기타	369			
			X. 자본조정	374			
			(1) 주식할인발행차금	375			
			(2) 감자차손	376			
			(3) 자기주식	377			
			(4) 미교부주식배당금	378			
			(5) 자기주식처분손실	379			
			(6) 주식매수선택권	380			
			(7) 기타	381			
			XI. 기타포괄손익누계액	386			
			(1) 매도가능증권평가손익	387			
			(2) 해외사업환산손익	388			
			(3) 지분법자본변동	389			
			(4) 현금흐름위험회피파생상품 평가손익	390			
			(5) 재평가잉여금	391			
			(6) 기타	392			
83	303	950	XII. 이익잉여금	397	186	441	027
			(1) 이익준비금	398			
			(2) 기업합리화적립금	399			
			(3) 재무구조개선적립금	400			
			(4) 「조세특례제한법」상 준비금	401			
83	303	950	(5) 기타임의적립금	402	186	441	027
			(6) 미처분이익잉여금 또는 미 처리결손금	403			
133	303	950	자본총계(VIII+~ XII)	404	436	441	027
135	553	197	부채와 자본총계	405	438	690	274

작성방법

1. 이 합계표준재무상태표는 표준재무상태표(금융·보험·증권업 법인용)[별지 제3호의2서식(3)]을 작성한 법인이 작성합니다.

2. 각 계정과목의 차변합계 및 대변합계란은 기업회계기준에 따른 총액처리의 결과가 반영되도록 작성합니다.

3. 자산항목에 해당되는 계정과목의 차변합계 금액에서 대변합계 금액을 차감한 금액은 표준재무상태표(금융·보험·증권업 법인용)[별지 제3호의2서식(3)]의 각 계정과목의 금액과 일치하여야 합니다.

4. 부채 및 자본항목에 해당되는 계정과목의 대변합계 금액에서 차변합계 금액을 차감한 금액은 표준재무상태표(금융·보험·증권업 법인 용)[별지 제3호의2서식(3)]의 각 계정과목의 금액과 일치하여야 합니다.

210mm×297mm[백상지 80g/㎡ 또는 중질지 80g/㎡]

202x년 01월 01일 부터 202x년 12월 31일 까지	표준손익계산서 (금융·보험·증권업 법인용)	법인명	○○사내(공동)근로복지기금
		사업자등록번호	000-82-00000

(단위 : 원)

계 정 과 목	코드	금 액			계 정 과 목	코드	금 액		
Ⅰ. 영업수익	1	2	249	274	바. 해외유가증권처분이익	69			
(1) 이자수익	2	2	249	274	사. 신종증권처분(상환)이익	70			
1. 예적금(예치금)이자	3	2	032	608	아. 기타	71			
2. 대출채권이자	4				2. 매도가능증권처분이익	81			
3. 매입어음이자	5				가. 주식처분이익	82			
4. 유가증권이자	6				나. 출자금처분이익	83			
가. 단기매매증권	7				다. 채권처분이익	84			
나. 매도가능증권	8				라. 수익증권처분이익	85			
다. 만기보유증권	9				마. 해외유가증권처분이익	86			
5. 채권이자	10				바. 신종증권처분(상환)이익	87			
6. 콜론이자	11				사. 기타	88			
7. 할부금융이자	12				(10) 유가증권평가이익	98			
8. 금융리스이자	13				1. 주식평가이익	99			
9. 기업융통어음이자	14				2. 채권평가이익	100			
10. 증권금융예치금이자	15				3. 신주인수권증서평가이익	101			
11. 양도성정기예금증서이자	16				4. 수익증권평가이익	102			
12. 환매조건부채권매수이자	17				5. 기업융통어음평가이익	103			
13. 신용거래융자이자	18				6. 신종증권평가이익	104			
14. 주주·임원·직원대여금 이자	19				7. 기타	105			
15. 기타	20		216	666	(11) 매도가능증권손상차손환입	115			
(2) 수수료수익	30				(12) 만기보유증권손상차손환입	116			
1. 수입수료	31				(13) 신탁업무운용수익	117			
2. 수입보증료	32				(14) 외환거래이익	118			
3. 신용카드수수료	33				1. 외환차익	119			
4. 중도해지수수료	34				2. 외화환산이익	120			
5. 수탁수수료(증권업)	35				(15) 파생상품거래이익	121			
6. 수익증권취급수수료	36				1. 선물거래이익	122			
7. 인수및주선수수료	37				2. 옵션거래이익	123			
8. 자산관리수수료	38				3. 장외파생상품거래이익	124			
9. 자문수수료	39				(16) 파생상품평가이익	125			
10. 신종증권판매수수료	40				1. 선물평가이익	126			
11. 신탁보수	41				2. 옵션평가이익	127			
12. 기타	42				3. 장외파생상품평가이익	128			
(3) 보험료수익	52				(17) 투자부동산처분이익	129			
1. 개인보험료	53				(18) 투자부동산평가이익	130			
2. 단체보험료	54				(19) 충당부채 및 준비금 환입액	131			
(4) 재보험수익	55				1. 지급보증충당부채환입액	132			
(5) 구상이익	56				2. 책임준비금환입액	133			
(6) 대출채권평가및처분이익	57				3. 비상위험준비금환입액	134			
1. 대손충당금환입액	58				4. 기타	135			
2. 대출채권처분이익	59				(20) 수입임대료(보험업)	145			
(7) 리스및렌탈관련수익	60				(21) 기타	146			
(8) 배당금수익	61				Ⅱ. 영업비용	156			
(9) 유가증권처분이익	62				(1) 이자비용	157			
1. 단기매매증권처분이익	63				1. 예수금이자	158			
가. 주식처분이익	64				2. 차입금이자	159			
나. 채권처분이익	65				3. 사채이자	160			
다. 신주인수권증서처분 이익	66				4. 콜머니이자	161			
라. 수익증권처분이익	67				5. 환매조건부채권매도이자	162			
마. 기업융통어음처분이익	68				6. 기타	163			

210mm×297mm[백상지 80g/㎡ 또는 중질지 80g/㎡]

202x년 01월 01일 부터 202x년 12월 31일 까지	**표준손익계산서** (금융·보험·증권업 법인용)	법인명	○○사내(공동)근로복지기금
		사업자등록번호	000-82-00000

(단위 : 원)

계 정 과 목	코드	금 액			계 정 과 목	코드	금 액		
(2) 수수료비용	173				(16) 외환거래손실	259			
1. 지급수수료	174				1. 외환차손	260			
2. 신용카드관련수수료	175				2. 외화환산손실	261			
3. 투자상담사수수료	176				(17) 대손상각비	262			
4. 기타	177				(18) 판매비와 관리비(사업비)	263			
(3) 유가증권처분손실	187				1. 신계약비	264			
1. 단기매매증권처분손실	188				2. 신계약상각비	265			
가. 주식처분손실	189				3. 급여	266			
나. 채권처분손실	190				가. 임원급여	267			
다. 신주인수권증서처분손실	191				나. 직원급여	268			
라. 수익증권처분손실	192				다. 임원상여금	269			
마. 기업융통어음처분손실	193				라. 직원상여금	270			
바. 신종증권처분(상환)손실	194				마. 잡급(일용급여)	271			
사. 기타	195				4. 퇴직급여	272			
2. 매도가능증권처분손실	205				가. 임원퇴직급여	273			
가. 주식처분손실	206				나. 직원퇴직급여	274			
나. 출자금처분손실	207				다. 퇴직급여충당부채전입액	275			
다. 채권처분손실	208				5. 보험료	276			
라. 수익증권처분손실	209				6. 복리후생비	277			
마. 기업융통어음매매손실	210				7. 여비교통비	278			
바. 해외유가증권처분손실	211				8. 임차료	279			
사. 신종증권처분(상환)손실	212				가. 부동산임차료	280			
아. 기타	213				나. 차량임차료(리스료 포함)	281			
(4) 유가증권평가손실	223				다. 기타	282			
1. 주식평가손실	224				9. 차량유지비(유류비 포함)	287			
2. 채권평가손실	225				10. 기업업무추진비	288			
3. 수익증권평가손실	226				11. 유형자산감가상각비	289			
4. 신주인수권증서평가손실	227				12. 무형자산상각비	290			
5. 기업융통어음평가손실	228				가. 영업권상각비	291			
6. 신종증권평가손실	229				나. 기타 무형자산상각비	292			
7. 기타	230				13. 세금과공과	293			
(5) 매도가능증권손상차손	240				14. 광고선전비(판매촉진비 포함)	294			
(6) 만기보유증권손상차손	241				15. 연구비	295			
(7) 파생상품거래손실	242				16. 경상개발비	296			
1. 선물거래손실	243				17. 소모품비	297			
2. 옵션거래손실	244				18. 통신비	298			
3. 장외파생상품거래손실	245				19. 운반및보관료	299			
(8) 파생상품평가손실	246				20. 건물·시설관리비(수선비 제외)	300			
1. 선물평가손실	247				21. 수선비	301			
2. 옵션평가손실	248				22. 수도광열비	302			
3. 장외파생상품평가손실	249				23. 인쇄비	303			
(9) 대출채권처분손실	250				24. 교육훈련비	304			
(10) 신탁업무운용손실	251				25. 전산운영비	305			
(11) 리스및렌탈관련비용	252				26. 기타 판매비와 관리비	306			
(12) 책임준비금등전입액	253				(19) 기타영업비용	316			
1. 책임준비금전입액	254				III. 영업손익	326		2	249 274
2. 비상위험준비금전입액	255				IV. 영업외수익	327			
3. 해약환급금준비금	371				(1) 유형자산처분이익	328			
(13) 보험·배당·환급금 비용	256				(2) 유형자산손상차손환입	329			
(14) 재보험비용	257				(3) 비업무용자산처분이익	330			
(15) 재보험료비용	258								

210mm×297mm[백상지 80g/㎡ 또는 중질지 80g/㎡]

202x년 01월 01일 부터 202x년 12월 31일 까지	**표준손익계산서** (금융·보험·증권업 법인용)	법인명	○○사내(공동)근로복지기금
		사업자등록번호	000-82-00000

(단위 : 원)

계 정 과 목	코드	금 액				계 정 과 목	코드	금 액			
(4) 지분법이익	331					(4) 지분법손실	351				
(5) 전기오류수정이익	332					(5) 지분법주식처분손실	352				
(6) 자산수증이익	333					(6) 「조세특례제한법」상 준비금	353				
(7) 채무면제(조정)이익	334					(7) 기부금	354				
(8) 보험차익	335					(8) 전기오류수정손실	355				
(9) 지분법주식처분이익	336					(9) 재해손실	356				
(10) 수입임대료(보험업 외)	337					(10) 유입물건관리비	357				
(11) 기타	338					(11) 기타	358		2	249	274
Ⅴ. 영업외비용	347		2	249	274	Ⅵ. 법인세비용차감전 손익	368				
(1) 유형자산처분손실	348					Ⅶ. 법인세비용	369				
(2) 유형자산손상차손	349					Ⅷ. 당기순손익	370				
(3) 비업무용자산처분손실	350										

작성방법

※ 이 표준손익계산서는 기업회계기준(K-IFRS, 중소기업회계기준 등)을 준용하여 작성한 손익계산서를 기준으로 다음과 같이 작성해야 합니다.

1. 이 표준손익계산서는 표준재무상태표[금융·보험·증권업 법인용(금융관련서비스업 중 기타금융서비스업과 보험 및 연금관련 서비스업 및 금융지주회사 외의 지주회사를 제외합니다)] [별지 제3호의2서식(3)]의 작성대상 법인이 작성하며 기업회계기준에 따른 계속사업과 중단사업에서 발생하는 손익을 포함합니다.

2. 손익계산서의 계정과목과 동일한 계정과목이 없는 경우에는 기타란에 회사에서 사용하는 계정과목과 금액을 적습니다.

210mm×297mm[백상지 80g/㎡ 또는 중질지 80g/㎡]

이익잉여금처분(결손금처리)계산서

(단위: 원)

법 인 명	○○사내(공동)근로복지기금	사업자등록번호	000-82-00000
사 업 연 도	202x	처분(처리)확정일	202y년 03월 20일

1. 이익잉여금처분계산서			2. 결손금처리계산서		
과 목	코드	금 액	과 목	코드	금 액
Ⅰ. 미처분이익잉여금	01		Ⅰ. 미처리결손금	30	
1. 전기이월미처분이익잉여금 (또는 전기이월 미처리결손금)	02		1. 전기이월미처리결손금(또는 전기이월미처분이익잉여금)	31	
2. 회계정책변경의 누적효과	03		2. 회계정책변경의 누적효과	32	
3. 전기오류수정이익 (또는 전기오류수정손실)	04		3.전기오류수정손실 (또는 전기오류수정이익)	33	
4. 중간배당액	05		4. 중간배당액	34	
5. 당기순이익 (또는 당기순손실)	06		5. 당기순손실 (또는 당기순이익)	35	
Ⅱ. 임의적립금 등의 이입액	08		Ⅱ. 결손금처리액	40	
합 계	10		1. 임의적립금이입액	41	
Ⅲ. 이익잉여금 처분액	11		2. 그 밖의 법정적립금이입액	42	
1. 이익준비금	12		3. 이익준비금이입액	43	
2. 기타법정적립금	13		4. 자본잉여금이입액	44	
3. 주식할인발행차금상각액	14		Ⅲ. 차기이월미처리결손금	50	
4. 배당금	15				
가. 현금배당	16				
나. 주식배당	17				
5. 이익처분에 의한 상여금	26				
6. 사업확장적립금	18				
7. 감채적립금	19				
8. 그 밖의 적립금	20				
9. 「조세특례제한법」상 준비금 등 적립액	27				
10. 그 밖의 잉여금처분액	28				
Ⅳ. 차기이월미처분이익잉여금	25				

210mm×297mm(신문용지 54g/㎡(재활용품))

사 업 연 도	202x.01.01. ~ 202x.12.31.	원천납부세액명세서(갑)		법인명	○○(공동)사내 근로복지기금
				사업자 등록번호	000-82-00000

원천징수 명세내용

① 적요	② 원천징수의무자			③ 원천 징수일	④ 이자· 배당금액	⑤ 세율	⑥ 법인 세
	구분 [내국인, 외국인]	사업자등록번호 (주민등록번호)	상 호(성명)				
이자수익	내국인	000-00-00000	○○은행 ○○지점	202x.06.14	18,294	14%	2,560
이자수익	내국인	000-00-00000	○○은행 ○○지점	202x.12.13	14,314	14%	2,000
이자수익	내국인	000-00-00000	○○은행 ○○지점	202x.12.15	2,000,000	14%	280,000
합계					2,032,608		284,560

210mm×297mm[백상지 80g/㎡ 또는 중질지 80g/㎡]

사 업 연 도	202x.01.01. ~ 202x.12.31.	**원천납부세액명세서(갑)**	법인명	○○(공동)사내 근로복지기금
			사업자 등록번호	000-82-00000

원천징수 세액명세

①채권등의명칭 (액면금액)	②유가증권 표준코드	③채권이자 구분	④취득일	⑤매도일	⑥보유기간 (이자계산 일수)	⑦이자율	⑧=①×⑥×⑦ 보유기간이자 상당액
( )							
( )							
( )							
( )							
( )							
( )							
( )							
( )							
( )							
( )							

⑨원천징수의무자 (사업자등록번호)					
구분 [내국인, 외국인]	사업자등록번호 (주민등록번호)	상 호(성명)	⑩세율	⑪법인세	⑫납부일 (징수일)
합 계					

210mm×297mm[백상지 80g/㎡ 또는 중질지 80g/㎡]

사 업 연 도	202x.01.01. ~ 202x.12.31.	수입금액조정명세서	법인명	○○사내(공동) 근로복지기금
			사업자등록번호	000-82-00000

1. 수입금액 조정계산

계 정 과 목		③결산서상 수입금액	조 정		⑥조정 후 수입금액 (③+④-⑤)	비 고
①항 목	②과 목		④가 산	⑤차 감		
매출	이자수익	2,032,608	0	0	2,032,608	
매출	대부이자수익	216,666	0	0	216,666	
계		2,249,274	0	0	2,249,274	

2. 수입금액 조정명세

가. 작업진행률에 의한 수입금액

⑦ 공사명	⑧ 도급자	⑨ 도급 금액	작업진행률계산			⑬누적익 금 산입액 (⑨×⑫)	⑭전기말 누적수입 계상액	⑮당기회 사수입 계상액	⑯조정액 (⑬-⑭- ⑮)
			⑩해당사업 연도 말 총공사비 누적액(작업시 간등)	⑪총공사 예정비 (작업시간 등)	⑫진행률(⑩/⑪)				
계									

나. 중소기업 등 수입금액 인식기준 적용특례에 의한 수입금액

계 정 과 목		⑲세법상 당기 수입금액	⑳당기 회사수입금 액 계상액	조정액 (⑲-⑳)	근거법령
⑰항 목	⑱과 목				
계					

다. 기타 수입금액

구 분	근 거 법 령	수 입 금 액	대 응 원 가	비 고
계				

210mm×297mm[일반용지 70g/㎡(재활용품)]

작 성 방 법

※ 결산서상 수입금액과 세법상 수입금액의 차이가 있는 법인은 반드시 이 서식을 작성하여야 합니다.

1. 수입금액 조정계산

    가. ③결산서상 수입금액란에는 계정과목별로 총매출액 및 영업외수익 등으로 구분하여 수입금액에 해당하는 금액을 적습니다. 이 경우 총매출액은 매출에누리와 환입액 및 매출할인액을 빼서 적고, 영업외수익에 계상된 금액 중 영업수익에 해당하는 금액을 구분하여 적습니다.

    나. ④조정가산란은 2. 수입금액 조정명세 "가", "나"에 따라 계산된 ⑯조정액 계 및 ㉑조정액 계와 ㉕수입금액란의 금액이 양수(+)인 경우에 그 금액을 적습니다.

        ⑤조정차감란은 2. 수입금액 조정명세 "가", "나"에 따라 계산된 ⑯조정액 계 및 ㉑조정액 계와 ㉕수입금액란의 금액이 음수(-)인 경우에 그 금액을 적습니다.

2. 수입금액 조정명세

    가. ⑨도급금액란은 총 도급금액을 적고, ⑫란의 진행률은 해당 사업연도말까지 발생한 총공사비누적액이 총공사예정비에서 차지하는 비율로 계산하되, 건설의 경우 수익실현이 작업시간·작업일수 또는 기성공사의 면적이나 물량 등(작업시간 등)과 비례관계가 있고, 전체 작업시간 등에서 이미 투입되었거나 완성된 부분이 차지하는 비율을 객관적으로 산정할 수 있는 경우에는 그 비율로 계산할 수 있습니다.

    나. ⑫진행률에 의한 ⑬란의 누적익금산입액에서 ⑭란의 전기말누적수입계상액과 ⑮란의 당기회사수입계상액을 뺀 금액인 ⑯조정액 계의 금액이 양수(+)인 경우에는 ④조정가산란에 적고, 음수(-)인 경우에는 ⑤조정차감란에 적습니다.

    다. '나. 중소기업 등 수입금액 인식기준 적용특례에 의한 수입금액'은 「법인세법 시행령」 제68조제2항 단서, 및 제69조제1항 단서 및 제2항의 경우, 회사 결산상 수입금액과 세법상 수입금액이 다른 경우 그 차이를 조정합니다.

    라. '다. 기타 수입금액'란은 상기 "가", "나" 외의 수익으로서 조정계산이 필요한 경우와 그 밖에 수입금액이 누락된 경우에 작성하는 것으로 ㉓구분란에는 총매출액, 위탁판매 및 임대료수입 등으로 적고 ㉕수입금액란의 금액이 양수(+)인 경우에는 ④조정가산란에 적고, 음수(-)인 경우에는 ⑤조정차감란에 적습니다. ⑳대응원가란은 결산상 비용으로 반영하지 않은 대응원가를 적고 "소득금액조정합계표(별지 제15호서식)"의 해당란에 옮겨 적습니다.

3. ④조정가산란의 계와 ⑤조정차감란의 계를 각각 익금산입 및 손금산입하여야 하며, ⑯조정액 계, ㉑조정액 계와 ㉕수입금액란의 계를 합계한 금액이 ④조정가산란의 계에서 ⑤조정차감란 계를 뺀 금액과 일치하여야 합니다.

4. ⑥조정 후 수입금액은 "조정후수입금액명세서(별지 제17호서식)"의 ⑫합계의 ④계란의 금액과 일치하여야 합니다.

수입배당금액명세서

사업연도	202x.01.01. ~202x.12.31	법인명	○○사내(공동) 근로복지기금	사업자등록번호	000-82-00000

1. 출자법인 현황

①법인명	②사업자등록번호	③소재지	④대표자 성명	⑤업태종목

2. 배당금 지급법인 현황

⑥법인명	⑦사업자등록번호	⑧소재지	⑨대표자	⑩발행 주식총수	⑪지분율 (%)

3. 수입배당금액 및 익금불산입 금액 명세

⑫배당금 지급법인명	⑬수입배당 금액	⑭익금불산입 비율(%)	⑮익금불산입 대상금액 (⑬×⑭)	⑯지급이자 관련 익금불산입 배제금액	⑰익금불산입액 (⑮-⑯)
계					

210mm×297mm[백상지 80g/㎡ 또는 중질지 80g/㎡]

작 성 방 법

1. ①란: 출자법인의 법인명을 적습니다.
2. ⑪란: 배당금지급법인의 발행주식총수 또는 출자총액 중 출자법인이 보유하고 있는 주식 또는 지분의 비율을 적습니다.
3. ⑬란: 「법인세법」 제18조의2제2항에 해당하는 수입배당금액을 뺀 금액을 적습니다.
4. ⑭란: 익금불산입비율을 다음의 구분에 따라 적습니다.

피출자법인에 대한 출자비율	익금불산입비율
50% 이상	100%
20% 이상 50% 미만	80%
20% 미만	30%

5. ⑯란: 다음의 계산식에 따라 계산한 익금불산입 차감금액을 적습니다.

$$\text{지급이자} \times \frac{\text{익금불산입비율 적용대상 피출자법인 주식의 장부가액 적수}}{\text{출자법인의 자산총액 적수}} \times \text{익금불산입비율}$$

210mm×2mm[백상지 80g/㎡ 또는 중질지 80g/㎡]

사 업 연 도	202x.01.01. ~ 202x.12.31.	조정후수입금액명세서		법인명	○○사내(공동) 근로복지기금
				사업자등록번호	000-82-00000

1. 업종별 수입금액명세서

①업태	②종목	코드	③기준 (단순)경비율 번호	수입금액			
				④계 (⑤+⑥+⑦)	내수		⑦수출
					⑤국내 생산품	⑥수입상품	
〈101〉 금융 및 보험업	그외기타분류 안된금융업	01	659902	2,249,274	2,249,274		
〈102〉		02					
〈103〉		03					
〈104〉		04					
〈105〉		05					
〈106〉		06					
〈107〉		07					
〈108〉		08					
〈109〉		09					
〈110〉		10					
〈111〉기타		11					
〈112〉합계		99		2,249,274	2,249,274		

2. 부가가치세 과세표준과 수입금액 차액 검토

(1) 부가가치세 과세표준과 수입금액 차액

⑧과세(일반)	⑨과세(영세율)	⑩면세수입금액	⑪합계(⑧+⑨+⑩)	⑫수입금액	⑬차액(⑪-⑫)
		2,249,274	2,249,274	2,249,274	

(2) 수입금액과의 차액내역

⑭구분		⑮코드	⑯금액	비고	⑭구분	⑮코드	⑯금액	비고
자가공급		21			거래시기차이감액	30		
사업상증여		22			주세·특별소비세	31		
개인적공급		23			매출누락	32		
간주임대료		24				33		
자산 매각	유형자산 및 무형자산 매각액	25				34		
	그 밖의 자산매각액	26				35		
잔존재고재화		27				36		
작업진행률차이		28				37		
거래시기차이가산		29			⑰차액계	50		

210mm×297mm[백상지 80g/㎡ 또는 중질지 80g/㎡]

작 성 방 법

1. 업종별 수입금액명세서

  가. ①업태, ②종목, ③기준(단순)경비율번호란에는 법인세 과세표준신고일 현재 최근에 제정된 기준(단순)경비율의 업태·종목 및 코드
     번호를 기입하되, 수입금액이 큰 종목부터 순차적으로 기입하며, 수입금액의 점유비가 5%미만이거나 종목수가 11개 이상이 되는
     경우는 〈111〉란에 "기타"로 표시하여 합계로 기입하고 기준(단순)경비율번호란은 빈칸으로 둡니다.

  나. 수입금액 ④계란은 수입금액조정명세서(별지 제16호서식)상의 ⑥조정 후 수입금액란의 금액과 일치되어야 합니다.

  다. ⑥수입상품란에는 국내 및 국외무역업자 등 타인으로부터 수입상품을 매입하여 판매하는 수입금액이 포함됩니다.

  라. ⑦수출란에는 「부가가치세법」 제21조부터 제23조까지의 규정에 따른 수출, 국외제공용역, 외국항행용역 기타 외화획득재화 또는
     용역의 공급으로 생긴 수입금액을 기입합니다.

2. 부가가치세 과세표준과 수입금액 차액 검토

  가. 부가가치세 과세표준과 수입금액 차액
    (1) ⑧과세(일반), ⑨과세(영세율)란에는 해당사업연도에 해당하는 과세기간분의 과세표준(수정신고 및 경정을 포함합니다)을 기입
       하되, 사업연도기간과 부가가치세 과세기간이 일치하지 아니하는 경우에는 사업연도기간이 속하는 부가가치세 과세기간의 과세
       표준합계액을 기입하고 그 차액은 (2)수입금액과의 차액내역란에 기입합니다.
    (2) ⑩면세수입금액란에는 「부가가치세법」 제12조에 따른 부가가치세가 면제되는 재화 또는 용역의 공급에서 발생한 수입금액을 기
       입합니다.

  나. 수입금액과의 차액내역
    (1) ⑬차액에 대하여 ⑭구분란에 자가공급, 유형자산 및 무형자산 매각액, 주세·특별소비세, 자가공급, 거래시기차이 등 해당란에 분
       류하여 기입하되. 해당하는 항목이 없는 경우에는 빈칸에 차액항목을 기입하고 관련금액을 기입합니다.
    (2) ⑦수출란과 ⑨영세율란과의 차액이 있는 경우에는 구체적으로 기입합니다.

210mm×297mm[백상지 80g/㎡ 또는 중질지 80g/㎡]

사 업 연 도	202x.01.01. ~ 202x.12.31.	**고유목적사업준비금 조정명세서(갑)**	법인명	○○사내(공동) 근로복지기금
			사업자등록번호	000-82-00000

1. 손금산입액 조정

① 소득 금액	② 당기 계상 고유목적사업 준비금	③「법인세법」 제24조제2항 제1호에 따른 기부금	④ 해당 사업 연도 소득금액 (①+②+③)	⑤「법인세법」 제29조제1항 제1호 각 목에 따른 금액	⑥-1「법인세법」 제13조제1항제 1호에 따른 결 손금 중 공제대 상액(=㉔)	⑥-2「법인세법」 제29조제1항 제2 호에 따른 수익사 업에서 발생한 결 손금
-	2,249,274	-	2,249,274	2,249,274		-

⑦「법인세법」 제24조제2항제 1호에 따른 기부 금	⑧「조세특례제한법」제 121조의23 및 제121조의 25에 따른 금액	⑨ 수익사업 소득금액 [④ - ⑤ - (⑥ -1) - ⑦ - ⑧]	⑩ 손금산입률	⑪ 손금산입한 도액 [(⑤+⑧+⑨×⑩) 또는 [⑤+⑧-(⑥ -2)]	⑫ 손금부인액 [(② - ⑪) > 0]
-	-	-	$\frac{50(80, 100)}{100}$	2,249,274	-

2. 고유목적사업준비금 명세서

⑬ 사업연도	⑭ 손금산입액	⑮ 직전 사업연도까지 고유목적사업 지출액	⑯ 해당 사업연도 고유목적 사업지출액	⑰ 익금 산입액	⑱ 잔 액 (⑭ - ⑮ - ⑯ - ⑰)	
					⑲ 5년 이내분	⑳ 5년 경과분
2023	2,036,653	2,036,653	-	-	-	-
(당 기)	2,249,274	-	2,249,274	-	-	-
계	4,285,927	2,036,653	2,249,274	-	-	-

3. 공제대상 이월결손금 명세서

㉑ 사업연도	㉒「법인세법」 제13조 제1항 제1호의 결손 금	㉓공제한도 적 용으로 공제받 지 못하고 이 월된 금액 (누적분)	㉔공제대상 이월결손금 (㉒-㉓)	㉕기타 수익 사업 소득금액 [④ - ⑤ - ⑦ - ⑧]	㉖「법인세법」 제13조 제1항 에 따라 공제받 는 이월결손금	㉗공제한도 적용으 로 공제받지 못한 이월결손금(당기발 생분) [Min(㉔,㉕)-㉖]

210mm×297mm[백상지 80g/㎡ 또는 중질지 80g/㎡]

작성방법

1. ① 소득금액란: "법인세 과세표준 및 세액조정계산서(별지 제3호서식)"의 ⑯란의 차가감소득금액을 적습니다. 다만, 해당 서식 ⑫ 익금산입란, ⑬ 손금산입란에 고유목적사업준비금 중 손금부인된 금액 또는 5년 내 미사용하여 익금에 산입한 금액이 포함되어 있는 경우에는 ⑯란의 차가감소득금액에 손금부인된 금액과 5년 내 미사용하여 익금에 산입한 금액을 더하거나 빼고 적습니다.

2. ② 당기 계상 고유목적사업 준비금란: 직전 사업연도 종료일 현재의 고유목적사업준비금의 잔액을 초과하여 해당 사업연도의 고유목적사업 등에 지출한 금액이 있는 경우 그 금액을 포함하여 적습니다.

3. ⑤ 「법인세법」 제29조제1항제1호 각 목에 따른 금액란: 「조세특례제한법」 제121조의23제6항제2호 및 제121조의25제4항제2호를 적용받는 법인의 경우에는 「법인세법」 제29조제1항제1호가목 및 나목에 따른 금액을 적습니다.

4. ⑥-1란은 「법인세법」 제13조제1항제1호에 따른 결손금 중 공제대상액을 적으며, ㉔ 공제대상이월결손금란의 값과 일치해야 합니다.

5. ⑧ 「조세특례제한법」 제121조의23 및 제121조의25에 따른 금액란: 「조세특례제한법」 제121조의23제6항제2호 및 제121조의25제4항제2호에 해당하는 금액을 적습니다.

6. ⑨ 수익사업소득금액란: 금액이 음수(-)인 경우에는 "0"으로 적되, 경정으로 증가된 소득금액 중 해당법인의 특수관계인에게 상여 및 기타소득으로 처분된 소득금액을 차감한 금액을 적습니다.

7. ⑩ 손금산입률란: 일반 비영리내국법인은 100분의 50(「공익법인의 설립·운영에 관한 법률」에 따라 설립된 법인으로서 고유목적사업 등에 대한 지출액 중 100분의 50 이상의 금액을 장학금으로 지출하는 법인의 경우에는 100분의 80)을, 「조세특례제한법」 제74조 제1항 또는 제4항을 적용받는 법인은 100분의 100 또는 100분의 80을, 「조세특례제한법」 제121조의23제3항을 적용받는 법인은 100분의 50을 적습니다.

8. ⑪ 손금산입한도액: 수익사업에서 결손금이 발생한 경우에는 '「법인세법」 제29조제1항제1호 각 목에 따른 금액의 합계액'에서 '⑥-2「법인세법」 제29조제1항제2호에 따른 수익사업에서 발생한 결손금'을 차감한 금액을 적습니다.

9. ⑫ 손금부인액과 ⑳ 5년 경과분란의 금액은 익금에 산입합니다.

10. ⑭ 손금산입란: 해당 사업연도종료일 전 5사업연도에 세법상 손금산입된 고유목적사업준비금을 손금산입 사업연도 순차로 적되, 각 사업연도별로(②-⑫)의 금액을 적습니다.

11. ⑮ 직전 사업연도까지 고유목적사업지출액란: 직전 사업연도까지 고유목적사업에 실제 지출한 금액을 적으며, 먼저 손비에 계상한 사업연도의 준비금부터 순차로 사용한 것으로 보아 적습니다.

12. ⑯ 해당 사업연도 고유목적사업지출액란: 해당 사업연도에 고유목적사업에 실제 지출한 금액을 적으며, 먼저 손비에 계상한 사업연도의 준비금부터 순차로 사용한 것으로 보아 적습니다. 이 경우 직전 사업연도 이전에 설정한 준비금이 없거나 준비금 잔액이 해당 사업연도 지출액보다 적은 경우에는 해당 사업연도에 계상할 준비금에서 지출한 것으로 보아 적습니다.

13. ⑰ 익금산입액란: 「법인세법」 제29조제5항에 따라 익금에 산입한 금액을 적습니다.

14. ⑱ 잔액란: 손금에 산입한 준비금 중 고유목적사업에 지출하고 남은 잔액을 5년 이내분과 5년 경과분으로 구분하여 적습니다. 이 경우 ⑱ 5년 이내분란에는 해당 사업연도에 설정한 준비금 중 사용하고 남은 잔액도 포함되며, ⑲ 5년 경과분란에는 처음 손금에 산입한 사업연도의 종료일부터 해당 사업연도 종료일까지 5년 이상된 준비금미사용액을 적습니다.

15. ⑳ 5년 경과분란의 익금산입액에 대해서는 "추가납부세액계산서(별지 제8호서식 부표6)"에 따라 「법인세법」 제29조제7항 및 같은 법 시행령 제56조제7항에 따라 계산한 이자싱딩가산액을 법인세에 가산하여 납부헤야 합니다.

16. ㉓ 각 사업연도 소득의 100분의 80을 이월결손금 공제한도로 적용받는 경우 공제한도 적용으로 인해 직전 사업연도까지 공제받지 못하고 이월된 결손금(누적금액)을 적습니다.

17. ㉕ 기타 수익사업 소득금액란: 금액이 음수(-)인 경우에는 "0"으로 적습니다.

18. ㉖ 「법인세법」 제13조제1항에 따라 공제받는 이월결손금란 : "법인세 과세표준 및 세액조정계산서(별지 제3호서식)"의 (109)란의 이월결손금을 적습니다.

19. ㉗ 공제한도 적용으로 공제받지 못한 이월결손금(당기발생분)란: 금액이 음수(-)인 경우에는 "0"으로 적습니다.

210mm×297mm[백상지 80g/㎡ 또는 중질지 80g/㎡]

사 업 연 도	202x.01.01. ~ 202x.12.31.	고유목적사업준비금 조정명세서(을)			법인명	○○사내(공동) 근로복지기금
					사업자등록번호	000-82-00000

지출내역					④ 금액	⑤ 비고
① 구분	② 적요	③ 지출처				
		상호(성명)	사업자등록번호 (주민등록번호)			
Ⅰ. 「법인세법」 제24조제3항제1호 에 따른 기부금						
Ⅱ. 고유목적 사업비	장학금지원	홍길동 외	000000-0000000		2,249,274	2,249,274
Ⅲ. 고유목적사업 관련 운영경비						
Ⅳ. 기 타						
⑥ 계					2,249,274	2,249,274

작 성 방 법

1. 「법인세법」 제29조, 「조세특례제한법」 제74조 및 제121조의23제6항에 따른 고유목적사업준비금을 해당 사업연도에 고유목적사업에 지출한 비영리법인 및 단체가 작성합니다.

2. ② 적요란은 고유목적사업에 지출한 상세 항목을 적습니다.
   예) 장학금 지급, 부동산(토지와 건물을 구분하여 기재)취득, 의료기기 취득, 인건비(임원과 직원의 급여를 구분하여 기재), 임차료, 전기료, 전화료 등

3. 비영리법인인 장학재단의 경우에는 ③지출처란에 장학금을 지급받는 자의 인적사항을 적습니다.

4. ④ 금액란은 현금의 경우에는 현금지출액을, 현금 외의 기타의 경우에는 시가를 적고 시가가 불분명한 경우에는 「법인세법 시행령」 제89조의 가액을 시가로 합니다.

5. ⑥ 계란은 "고유목적사업준비금조정명세서(갑)[별지 제27호서식(갑)]"의 ⑯란의 계와 일치해야 합니다.

210mm×297mm[백상지 80g/㎡ 또는 중질지 80g/㎡]

사 업 연 도	202x.01.01. ~ 202x.12.31..	주요계정명세서(갑)		법 인 명	○○사내(공동) 근로복지기금
				사업자등록번호	000-82-00000

① 구 분		② 근거법 조항	코드	③회사계상 금액	④세무상부 인(조정)금액	⑤차가감금 액(③-④)
준비금 충당금 등	⑩고유목적사업준비금	「법인세법」 제29조 「조세특례제한법」 제74조	53	2,249,274	-	2,249,274
	⑫퇴직급여충당금	「법인세법」 제33조	12			
	⑬퇴직연금부담금	「법인세법 시행령」 제44조 의2	71			
	⑭대손충당금	「법인세법」 제34조	13			
	⑯대손금	「법인세법」 제19조의2	72			
손금 산입	⑯합병양도손익	「법인세법」 제44조	55			
	⑰분할양도손익	「법인세법」 제46조	56			
	⑱물적분할자산양도차익	「법인세법」 제47조	57			
	㉖현물출자자산양도차익	「법인세법」 제47조의2	50			
	⑲교환자산양도차익	「법인세법」 제50조	58			
익 금 불산입	⑩채무면제익 등 이월결손 금 보전액	「법인세법」 제18조제6호	59			
기부금	⑫특례기부금	「법인세법」 제24조제2항	41			
	⑬우리사주조합 기부금	「조세특례제한법」 제88조 의4	78			
	⑭일반기부금 한도액	「법인세법」 제24조제3항	66			
	⑮일반기부금	「법인세법」 제24조제3항	42			
	⑯기타기부금	「법인세법」 제24조제4항	73			
기업 업무 추진비	⑰기업업무추진비 한도액	「법인세법」 제25조제1항	49			
	⑱기업업무추진비 (⑲, ⑳, ㉑포함)	「법인세법」 제25조제1항	65			
	⑲기준금액 초과 기업업무 추진비	「법인세법」 제25조제2항	61			
	⑳문화 기업업무추진비	「조세특례제한법」 제136조 제3항	67			
	㉑전통시장 기업업무 추진비	「조세특례제한법」 제136조 제6항	79			
㉒외화자산·부채평가손익		「법인세법」 제42조	74			
업무무관 부동산 등과 관련한 차입금이자	㉓업무무관 부동산 등	「법인세법」 제28조제1항	76			

상 여 배당 등	㉔소득처분금액 「법인세법 시행령」 제106조	97		㉕이익처분금액 「상법」 제462조 등)	98	

210mm×297mm[백상지 80g/㎡ 또는 중질지 80g/㎡]

작 성 방 법

1. ③ 회사계상금액란: 이 서식의 계정구분(①)별로 표준재무제표상의 금액 [표준재무제표의 독립된 계정과목으로 분류되지 않은 경우에는 다른 계정에 포함된 해당 계정구분(①)의 금액]을 적습니다.
   ※ 부속명세서인 원가명세서의 금액을 포함하여 작성합니다.
2. ④ 세무상부인(조정)금액란:
   가. 이 서식의 계정구분(①)별로 "소득금액조정합계표(별지 제15호서식)" 및 각종 세무조정명세서의 익금산입 및 손금불산입 금액 또는 손금산입 및 익금불산입 금액을 적습니다.
   나. 익금산입 및 손금불산입(과세표준금액 증가) 항목인 경우 양수로 적고, 손금산입 및 익금불산입(과세표준금액 감소) 항목인 경우 음수로 적습니다(숫자 앞에 "-" 표시).
3. ⑤ 차가감금액란: 회사계상금액(③)에서 세무조정금액(④)을 뺀 금액이 세무조정 후의 각 계정금액과 일치하도록 가감조정한 금액을 차가감금액(⑤)란에 적습니다.
4. ⑩ 대손금란: "대손충당금 및 대손금조정명세서(별지 제34호서식)"의 ㉖ 금액의 계란의 금액과 ㊳ 금액의 계란의 금액의 합계액을 이 서식 ③ 회사계상금액란에 적고, "대손충당금 및 대손금조정명세서(별지 제34호서식)"의 ㉙ 부인액 계란의 금액 및 ㊻ 부인액 계란의 금액과 ㉜ 부인액 계란의 금액 및 ㊾ 부인액 계란의 금액을 합산하여 이 서식 ④ 세무상부인(조정)금액란에 적습니다.
5. ⑫ 특례기부금란:
   가. ③ 회사계상금액: "기부금조정명세서(별지 제21호서식)"의 ③「법인세법」제24조제2항에 따른 특례기부금 해당 금액란의 금액을 적습니다.
   나. ④ 세무상부인(조정)금액: "기부금조정명세서(별지 제21호서식)"의 7 한도초과액란의 금액을 적습니다.
   ※ 연결법인의 경우 "연결법인 기부금 조정명세서(을)[별지 제76호의16서식(을)]"의 ⑧ 기부금 손금불산입액 개별귀속액란의 해당 금액을 적습니다.
6. ⑬ 우리사주조합 기부금란:
   가. ③ 회사계상금액: "기부금조정명세서(별지 제21호서식)"의 ⑨「조세특례제한법」제88조의4제13항에 따른 기부금 해당 금액란의 금액을 적습니다.
   나. ④ 세무상부인(조정)금액: "기부금조정명세서(별지 제21호서식)"의 ⑫ 한도초과액란의 금액을 적습니다.
7. ⑭ 일반기부금 한도액란: "기부금조정명세서(별지 제21호서식)"의 ⑭ 일반기부금 한도액을 적습니다.
8. ⑮ 일반기부금란:
   가. ③ 회사계상금액: "기부금조정명세서(별지 제21호서식)"의 13「법인세법」제24조제3항에 따른 일반기부금 해당 금액을 적습니다.
   나. ④ 세무상부인(조정)금액: "기부금조정명세서(별지 제21호서식)"의 17 일반기부금 한도초과액을 적습니다.
   ※ 연결법인의 경우 "연결법인 기부금 조정명세서(을)[별지 제76호의16서식(을)]"의 ⑧ 기부금 손금불산입액 개별귀속액란의 해당 금액을 적습니다.
9. ⑯ 기타기부금란: "기부금명세서(별지 제22호서식)"의 ⑨ 소계란의 라. 그 밖의 기부금(코드50)을 이 서식 ③ 회사계상금액 및 ④ 세무상부인(조정)금액란에 적습니다.
10. ⑰ 기업업무추진비 한도액란: "기업업무추진비 조정명세서(갑)[별지 제23호서식(갑)]"의 ⑬란의 금액을 이 서식 ⑤차가감금액란에 적습니다.
11. ⑱ 기업업무추진비(⑲, ⑳, ㉑ 포함)란:
    가. ③ 회사계상금액: "기업업무추진비 조정명세서(갑)[별지 제23호서식(갑)]"의 ①란의 금액을 적습니다.
    나. ④ 세무조정금액: "기업업무추진비 조정명세서(갑)[별지 제23호서식(갑)]"의 ②란 및 ⑭란의 합계액[기준금액 초과 기업업무추진비 중 신용카드 등 미사용으로 인한 손금불산입액 및 한도초과액의 합계액]을 적습니다.
    ※ 연결법인의 경우 "연결법인 기업업무추진비 조정명세서(갑)[별지 제76호의15서식(갑)]"의 ⑲ 기업업무추진비 한도초과액 개별귀속액과 "연결법인 기업업무추진비 조정명세서(을)[별지 제76호의15서식(을)]"의 ⑳ 손금불산입액 개별귀속액을 더하여 적습니다.
12. ⑲ 기준금액 초과 기업업무추진비란:
    가. ③ 회사계상금액: "기업업무추진비 조정명세서(을)[별지 제23호서식(을)]"의 경조사비 중 기준금액 초과액의 ⑩ 총초과금액란의 합계 금액에 기업업무추진비 중 기준금액 초과액의 ⑯ 총초과금액란의 합계 금액을 더한 금액을 적습니다.
    나. ④ 세무조정금액: "기업업무추진비 조정명세서(갑)[별지 제23호서식(갑)]"의 ②의 금액[기준금액 초과 기업업무추진비 중 신용카드 등 미사용으로 인한 손금불산입액]을 적습니다.
13. ⑳ 문화 기업업무추진비의 회사계상금액란: "기업업무추진비 조정명세서[별지 제23호서식(갑)]"의 ⑨란의 금액을 적습니다.
14. ㉑ 전통시장 기업업무추진비의 회사계상금액란: "기업업무추진비 조정명세서[별지 제23호서식(갑)]"의 ⑪란의 금액을 적습니다.
15. ㉒ 외화자산·부채기손익란: "외화자산등 평가차손익조정명세서(갑)[별지 제40호서식(갑)]"의 가.화폐성 외화자산·부채평가손익란과 나.통화선도·통화스왑·환변동보험 평가손익란의 ③ 회사손익금계상액 합계를 이 서식 ③ 회사계상금액란에 적고, "외화자산등 평가차손익조정명세서(갑)[별지 제40호서식(갑)]"의 가.화폐성 외화자산·부채평가손익란과 나.통화선도·통화스왑·환변동보험 평가손익란의 ⑥ 손익조정금액 합계를 이 서식 ④ 세무상부인(조정)금액란에 적습니다.
16. ㉓ 업무무관 부동산 등과 관련한 차입금이자란: 업무무관 부동산 등과 관련된 차입금이자조정명세서(갑)[별지 제26호서식(갑)]의 ⑧ 손금불산입지급이자란의 금액을 이 서식 ⑤ 차가감금액란에 적습니다.
17. ㉔ 소득처분금액란: "소득금액조정합계표(별지 제15호서식)"의 ③ 소득처분란이 상여(코드 100)·배당(코드 200)·기타소득(코드 300)인 항목의 금액을 합하여 적습니다.
18. ㉕ 이익처분금액란: "이익잉여금처분(결손금처리)계산서[별지 제3호의3서식(4)]"의 중간배당액, 배당금 및 이익처분에 의한 상여금 항목의 금액을 합하여 적습니다.
19. ■음영으로 표시된 난은 적지 않습니다.

210mm×297mm[백상지 80g/㎡ 또는 중질지 80g/㎡]

사 업 연 도	202x.01.01. ~ 202x.12.31.	자본금과 적립금조정명세서(갑)		법 인 명	○○사내(공동) 근로복지기금
				사업자 등록번호	000-82-00000

Ⅰ. 자본금과 적립금 계산서

①과목 또는 사항		코드	②기초잔액	당 기 중 증 감		⑤기말잔액	비 고
				③감 소	④증 가		
자본금 및 잉여금 등의 계산	1. 자 본 금	01	150,000,000	50,000,000	100,000,000	200,000,000	
	2. 자 본 잉 여 금	02					
	3. 자 본 조 정	15					
	4. 기타포괄손익누계액	18					
	5. 이 익 잉 여 금	14	133,917,453	83,303,950	52,523,574	103,137,077	
		17					
	6. 계	20	283,917,453	133,303,950	152,523,574	303,137,077	
7.자본금과 적립금명세서(을)+(병) 계		21					
손익 미계상 법인세 등	8. 법 인 세	22					
	9. 지 방 소 득 세	23					
	10. 계 (8+9)	30					
11.차 가 감 계(6+7-10)		31	283,917,453	133,303,950	152,523,574	303,137,077	

Ⅱ. 이월결손금 계산서

1. 이월결손금 발생 및 증감내역

⑥ 사업 연도	이월결손금			⑩ 소급 공제	⑪ 차감계	감 소 내 역				잔 액		
	발 생 액					⑫ 기공제액	⑬ 당기 공제액	⑭ 보전	⑮ 계	⑯ 기한 내	⑰ 기한 경과	⑱ 계
	⑦계	⑧일반 결손금	⑨배분 한도초과 결손금(⑨=㉕)									
계												

2. 법인세 신고 사업연도의 결손금에 동업기업으로부터 배분한도를 초과하여 배분받은 결손금(배분한도 초과결손금)이 포함되어 있는 경우 사업연도별 이월결손금 구분내역

⑲ 법인세 신 고 사업연도	⑳ 동업기업 과세연도 종 료 일	㉑ 손금산입한 배분한도 초 과 결 손 금	㉒ 법인세 신 고 사업연도 결 손 금	배분한도 초과결손금이 포함된 이월결손금 사업연도별 구분			㉖법인세 신고 사업연도 발생 이월결손금 해당액 (⑧일반결손금으로 계상) (㉑≥㉒의 경우는 "0", ㉑〈㉒의 경우는 ㉒-㉑)
				합 계 (㉓=㉕+㉖)	배분한도 초과결손금 해당액		
					㉔ 이월결손금 발생 사업연도	㉕ 이월결손금 (㉕=⑨) ㉑과 ㉒ 중 작은 것에 상당하는 금액	

Ⅲ. 회계기준 변경에 따른 자본금과 적립금 기초잔액 수정

㉗과목 또는 사항	㉘코드	㉙전기말 잔액	기초잔액 수정		수정후 기초잔액 (㉙+㉚-㉛)	㉝비 고
			㉚증가	㉛감소		

210mm×297mm[일반용지 70g/㎡(재활용품)]

작 성 방 법

1. 자본금과 적립금 계산서

가. ②기초잔액란: 자본금, 자본잉여금, 자본조정, 기타포괄손익누계액, 이익잉여금의 순서로 적되, 직전사업연도의 기말잔액란의 금액을 적습니다. 다만, 작성방법 3의 회계기준 변경에 따른 기초잔액 수정이 있는 경우 ㉜란의 수정후 기초잔액을 적습니다.

나. ③당기 중 감소란 및 ④당기 중 증가란: 각 과목의 증가 및 감소사항을 적습니다.

다. ⑤기말잔액란: 각 과목의 기초잔액에 당기증감액을 더하거나 빼서 계산한 금액을 적습니다.

라. 자본금 및 잉여금 등의 계산란: 각 과목의 기말잔액은 해당사업연도 표준대차대조표의 자본금, 자본잉여금 등의 금액과 일치해야 합니다.

마. 자본금과 적립금조정명세서(을)+(병) 계란: "별지 제50호서식(을)"의 합계액과 "별지 제50호서식(병)"의 합계액을 합산하여 적습니다.

바. 손익미계상 법인세 등란: 법인세 공제 후 순손익계산에 계상되지 아니한 법인세등을 적습니다(조정계산에 의한 법인세 차액 등).

사. 차가감 계: 6. 자본금 및 잉여금 계와 7. 자본금과 적립금조정명세서(을)+(병) 계의 합계에서 10. 손익미계상 법인세 등 계를 빼서 집계합니다.

2. 이월결손금 계산서

가. ⑧일반 결손금란: 사업연도별 세무계산상 이월결손금 발생총액(동업자의 경우「조세특례제한법」제100조의18제2항에 따라 동업자의 지분가액을 초과하여 배분받아 손금에 산입한 '배분한도 초과결손금'이 해당사업연도 결손금에 포함된 경우에는 '배분한도 초과결손금' 상당액을 제외한 금액)을 적습니다.

나. ⑨배분한도 초과결손금란:「조세특례제한법」제100조의14제2호에 따른 동업자가 동업기업으로부터 배분받아 손금에 산입한 '배분한도 초과결손금' 중 ㉕이월결손금계상액에 해당하는 금액을 적습니다.

※ 동업자가 아닌 법인 및 동업자가 동업기업으로부터「조세특례제한법」제100조의18제2항에 따라 지분가액 한도내에서 결손금을 배분받은 경우에는 적지 않는 란입니다.

다. ⑩「법인세법」제72조 및 같은 법 시행령 제110조제2항 또는 「조세특례제한법」제8조의4 및 같은 법 시행령 제7조의3에 따라 소급공제받은 결손금을 적습니다.

라. 감소내역란의 ⑫기공제액란: 전사업연도까지 소득금액계산상 공제된 이월결손금 누계액을 적습니다.

마. 감소내역란의 ⑬당기공제액란:「법인세법」제13조제1항제1호에 따른 당기공제대상 이월결손금을 적되, 법인세과세표준 및 세액조정계산서(별지 제3호서식)의 ⑩ 각 사업연도소득금액을 한도로 합니다.

바. ⑭보전란: 세무계산상 이월결손금 발생액 중 채무면제익, 자산수증익 등 과세표준에서 공제한 것으로 보는 보전금액을 적습니다.

사. ⑱계란: 이월결손금 ⑪차감계에서 ⑮감소내역 계를 차감한 잔액으로서「법인세법」제13조제1항제1호의 공제기한 내 해당분과 기한경과분을 합한 금액을 적습니다.

아. ⑲법인세 신고 사업연도란: 동업기업으로부터 '배분한도 초과결손금'을 배분받아 손금에 산입한 사업연도를 적습니다.

자. ⑳동업기업 과세연도 종료일란: 동업기업으로부터 '배분한도 초과결손금'을 배분받아 손금에 산입한 경우 '배분한도 초과결손금'이 발생한 동업기업의 과세연도 종료일을 적습니다.

차. ㉑손금산입한 배분한도 초과결손금란:「조세특례제한법」제100조의18제2항에 따라 동업기업으로부터 배분받아 손금에 산입한 '배분한도 초과결손금'을 적습니다.

카. ㉒법인세 신고 사업연도 결손금: '배분한도 초과결손금'을 배분받아 손금에 산입한 사업연도에 발생한 결손금 ["법인세 과세표준 및 세액조정계산서(별지 제3호서식)]"의 ⑩ 란 음수(△)금액을 적습니다.

타. ㉔이월결손금 발생사업연도란: 동업기업의 배분한도 초과결손금이 발생한 동업기업의 과세연도 종료일이 속하는 사업연도를 적습니다.

파. ㉕이월결손금란: 동업기업으로부터 배분받아 손금에 산입한 ㉑배분한도 초과결손금과 ㉒법인세 신고 사업연도 결손금 중 작은 것에 상당하는 금액을 적습니다.

하. ㉖법인세 신고사업연도 발생 이월결손금 해당액란: ㉒법인세 신고사업연도 결손금이 ㉑배분한도 초과결손금보다 큰 경우 차액(㉒란에서 ㉑란을 뺀 금액)을 적습니다.

3. 회계기준 변경에 따른 기초잔액 수정

㉗~㉜ 해당란은 회계기준 변경에 따라 자본금과 적립금의 기초잔액이 수정되는 경우에 적습니다. 작성방법은 "1. 자본금과 적립금 계산서" 내용과 같습니다.

210mm×297mm[일반용지 70g/㎡(재활용품)]

사업연도	· · · · · ·	**자본금과 적립금조정명세서(을)**	법인명	

※ 관리번호	☐☐ - ☐	사업자등록번호	☐☐☐ - ☐☐ - ☐☐☐☐☐

※ 표시란은 기입하지 마십시오.

세무조정유보소득 계산

①과목 또는 사항	②기초잔액	당기중증감		⑤기말잔액 (익기초현재)	비고
		③감소	④증가		
합계					

22226-84011일
99.4.1 개정승인

210mm×297mm
(신문용지 54g/㎡(재활용품))

작성요령

1. 본 서식은 세무조정 유보소득의 증감내용을 계산하는 표로서 기초잔액중 당기소득금액 계산상 익금 또는 손금으로 가산하여야 할 금액을 조정합니다.

2. ②기초잔액란은 전기말 현재의 세무계산상 유보소득을 기입합니다.

3. ③당기중 감소란은 전기말 현재의 유보금액중 당해 사업연도 중에 손금가산 등으로 감소된 금액을 기입합니다.

4. ④당기중 증가란은 당해 사업연도 세무계산상 익금가산유보로 처분된 금액(특별비용종합한도초과액을 포함합니다)을 기입하고 손금가산유보분은 △표시 기입합니다.

5. ⑤기말잔액란은 기초잔액에서 당기중 증감란을 차가감한 금액으로서 차기로 이월될 세무계산상 유보소득을 기입합니다.

6. 합계란의 금액을 자본금과 적립금조정명세서(갑)[별지 제50호서식(갑)]에 옮겨 적습니다.

7. 비고란에는 과목 또는 사항에 대한 구체적인 유보내역 등을 필요시 기입합니다.

사 업 연 도	2024.01.01. ~ 2024.12.31.	중소기업 등 기준검토표	법 인 명	○○사내(공동) 근로복지기금
			사업자등록번호	000-82-00000

구분		① 요건	② 검토내용				③ 적합 여부	④ 적정 여부

구분		① 요건	② 검토내용	③ 적합 여부	④ 적정 여부
중 기 업	⑩ 사 업 요 건	○「조세특례제한법 시행령」제29조제3항에 따른 소비성 서비스업에 해당하지 않는 사업	<table><tr><td>구분 업태별</td><td>기준경비 율 코드</td><td>사 업 수입금액</td></tr><tr><td>(01) (　　)업</td><td>(04)</td><td>(07)</td></tr><tr><td>(02) (　　)업</td><td>(05)</td><td>(08)</td></tr><tr><td>(03) 그 밖의 사업</td><td>(06)</td><td>(09)</td></tr><tr><td>계</td><td></td><td></td></tr></table>	(17) 적 합 (Y) 부적합 (N)	(26) 적 (Y) 부 (N)
중 기 업	⑩ 규 모 요 건	○아래 요건 ①, ②를 동시에 충족할 것 ① 매출액이 업종별로 「중소기업기본법 시행령」별표 1의 규모기준("평균매출액등"은 "매출액"으로 봄) 이내일 것 ② 졸업제도 -자산총액 5천억원 미만	가. 매 출 액 　- 당 회사(10) (억원) 　-「중소기업기본법 시행령」별표 1의 규모기준(11) 　　(억원) 이하 나. 자산총액(12) (억원)	(18) 적 합 (Y) 부적합 (N)	
중 기 업	⑩ 독 립 성 요 건	○「조세특례제한법 시행령」제2조제1항제3호에 적합한 기업일 것	·「독점규제 및 공정거래에 관한 법률」제31조제1항에 따른 공시대상기업집단에 속하는 회사 또는 같은 법 제33조에 따라 공시대상기업집단의 국내 계열회사로 편입·통지된 것으로 보는 회사에 해당하지 않을 것 ·자산총액 5천억원 이상인 법인이 주식등의 30퍼센트 이상을 직·간접적으로 소유한 경우로서 최다출자자인 기업이 아닐 것 ·「중소기업기본법 시행령」제2조제3호에 따른 관계기업에 속하는 기업으로서 같은 영 제7조의4에 따라 산정한 매출액이 「조세특례제한법 시행령」제2조제1항제1호에 따른 중소기업기준(의① 기준) 이내일 것	(19) 적 합 (Y) 부적합 (N)	
중 기 업	⑩ 유 예 기 간	① 중소기업이 규모의 확대 등으로 의 기준을 초과하는 경우 최초 그 사유가 발생한 사업연도와 그 다음 3개 사업연도까지 중소기업으로 보고 그 후에는 매년마다 판단 ②「중소기업기본법 시행령」제3조제1항제2호, 별표 1 및 별표 2의 개정으로 중소기업에 해당하지 아니하게 되는 때에는 그 사유가 발생한 날이 속하는 사업연도와 그 다음 3개 사업연도까지 중소기업으로 봄	○사유발생 연도(13) (년)	(20) 적 합 (Y) 부적합 (N)	

소기업	⑯ 사업요건 및 독립성요건을 충족할 것	중소기업 업종(⑩)을 주된사업으로 영위하고, 독립성요건(⑱)을 충족하는지 여부 (21) (Y), (N)	(27) 적 (Y) 부 (N)
	⑯ 자산총액이 5천억원 미만으로서 매출액이 업종별로「중소기업기본법 시행령」별표 3의 규모기준("평균매출액등"은 "매출액"으로 본다) 이내일 것	○ 매 출 액 - 당 회사(14) (억원) -「중소기업기본법 시행령」별표 3의 규모기준(15) (억원) 이하 (22) (Y), (N)	
중견기업	⑰「조세특례제한법」상 중소기업 업종을 주된 사업으로 영위할 것	중소기업이 아니고, 중소기업 업종(⑩)을 주된 사업으로 영위하는지 여부 (23) (Y), (N)	(28) 적 (Y) 부 (N)
	⑱ 소유와 경영의 실질적인 독립성이「중견기업 성장촉진 및 경쟁력 강화에 관한 특별법 시행령」제2조제2항제1호에 적합할 것	·「독점규제 및 공정거래에 관한 법률」제31조제1항에 따른 상호출자제한기업집단에 속하는 회사에 해당하지 않을 것 ·「독점규제 및 공정거래에 관한 법률 시행령」제38조제2항에 따른 상호출자제한기업집단 지정기준인 자산총액 이상인 법인이 주식등의 30% 이상을 직·간접적으로 소유한 경우로서 최다출자자인 기업이 아닐 것(「중견기업 성장촉진 및 경쟁력 강화에 관한 특별법 시행령」제2조제3항에 해당하는 기업은 제외) (24) (Y), (N)	
	⑲ 직전 3년 평균 매출액이 다음의 중견기업 대상 세액공제 요건을 충족할 것 ① 중소기업 등 투자세액공제[구「조세특례제한법」제5조제1항(2020. 12. 29. 법률 제17759호로 개정되기 전의 것)]: 1천5백억원 미만(신규상장 중견기업에 한함) ② 연구·인력개발비에 대한 세액공제(「조세특례제한법」제10조제1항제1호가목2)): 5천억원 미만 ③ 기타 중견기업 대상 세액공제 : 3천원억 미만	직전 3년 과세연도 매출액의 평균금액 | 직전 3년	직전 2년	직전 1년	평균
(억원)	(억원)	(억원)	(억원)	 (25) (Y), (N)	

210mm×297mm[백상지 80g/㎡ 또는 중질지 80g/㎡]

사 업 연 도	202x.01.01. ~ 202x.12.31.	특수관계인간 거래명세서(갑) (매출 및 매입거래 등)		법인명	○○사내(공동) 근로복지기금
				사업자등록번호	000-82-00000

1. 매출거래 등

(단위 : 원)

거래상대방		③ 계	유형자산		⑥ 무형자산	⑦ 용역	⑧ 금전대부	⑨ 기타
①법인명 (상호 또는 성명)	②사업자 등록번호 (또는 주민 등록번호)		④ 재고자산	⑤ 기타				
합 계								

2. 매입거래 등

(단위 : 원)

거래상대방		⑫ 계	유형자산		⑮ 무형자산	⑯ 용역	⑰ 금전대부	⑱ 기타
⑩법인명 (상호 또는 성명)	⑪사업자 등록번호 (또는 주민 등록번호)		④ 재고자산	⑤ 기타				
합 계								

「법인세법 시행령」 제90조제1항에 따라 위와 같이 특수관계인간 거래명세서를 제출합니다.

년 월 일

신청인   (서명 또는 인)

세무서장 귀하

210mm×297mm[백상지 80g/㎡ 또는 중질지 80g/㎡]

7장

사내(공동)근로복지기금
법인지방소득세 과세표준신고 사례

1. 이자소득만 있는 기금
(종업원대부사업 미실시)

가. 신고방법

이자소득만 있는 기금법인의 법인지방소득세 과세표준 신고방법은 법인세 과세표준신고 방법과 동일하게 두 가지 방법이 있다. 첫째는 별도로 법인지방소득세 과세표준 신고를 하지 아니하고도 이자소득을 수령할 때마다 법인지방소득세(특별징수분)를 원천징수 당한 것으로써 법인지방소득세 납세의무가 종결되는 방법(분리과세 원천징수방법)과 둘째는 사업연도 중에 수입한 이자수익을 합계하여 별도의 신고절차를 밟아 신고하는 방법(종합과세 신고납부 방법)이 있다. 이때 과세표준 신고를 하지 아니한 이자소득에 대하여 수정신고, 기한 후 신고, 또는 경정 등에 의하여 과세표준에 포함할 수 없다(지법 제103조의32, 지령 제100조의22제2항)

이자소득만 있는 기금법인의 법인지방소득세 과세표준 신고시 제출하는 서류는 ① 법인지방소득세 특별징수세액명세서(갑)(을)[지방세법 시행규칙 별지 제43호의5서식(갑)(을) ② 법인지방소득세 과세표준(조정계산) 및 세액신고서(지방세법 시행규칙 별지 제43호의6서식) 두 가지이다.

나. 신고사례1(이자소득만 있는 기금법인)

제4장과 제5장에서 이자소득만 있는 기금법인의 법인지방소득세 과세표준 신고이다. 발생된 이자소득에 대해서는 수익회계(기금관리회계)에서 전액 고유목적사업준비금으로 설정하여 전액 손비인정을 받고 설정된 고유목적사업준비금을 비수익회계(목적사업회계)로 보내 고유목적사업비용과 일반관리비를 지출하게 된다. 구분경리를 이해하면 명확하게 이해할 수 있다.

신고서식 작성사례는 다음과 같다.

법인지방소득세 특별징수세액명세서(갑)

※ 뒤쪽의 작성방법을 참고하시기 바라며, 색상이 어두운 란은 신청인이 적지 않습니다. (앞쪽)

법인명 ○○사내(공동)근로복지기금	사업자등록번호 000-82-00000	사업연도 202x.01.01. ~ 202x.12.31.

원천징수 및 특별징수 명세내용

① 적요	②원천(특별)징수의무자		③ 원천징수 일	④ 이자 금액	⑤ 세율	⑥ 법인세	법인지방소득세 (특별징수분)	
	사업자(주민) 등록번호	상호(성명)					⑦특별징수 세액	⑧특별 징수지
이자 수익	000-00-00000	○○은행 ○○지점	202x.06.14	18,294	14%	2,560	250	00
이자 수익	000-00-00000	○○은행 ○○지점	202x.12.13	14,314	14%	2,000	200	00
이자 수익	000-00-00000	○○은행 ○○지점	202x.12.15	2,000,000	14%	280,000	28,000	00
합계				2,032,608		284,560	28,450	

210mm×297mm(백상지(80g/㎡)

법인지방소득세 과세표준(조정계산) 및 세액신고서

(이자소득만 있는 비영리법인 신고용)

※ 뒤쪽의 작성방법을 참고하시기 바라며, 색상이 어두운 란은 신청인이 적지 않습니다. (앞쪽)

접수번호		접수일자		관리번호	
①소 재 지	서울특별시 ○○구 ○○대로○○, ○○층(○○동, ○○빌딩)			②전자우편주소	000000@00000000
③법 인 명	○○사내근로복지기금		④대표자성명 ○○○		
⑤사업자등록번호	000-82-00000		⑥사업연도 202x		⑦전화번호 02-0000-0000

구 분		법 인 지 방 소 득 세
과세표준 계산	⑧이 자 소 득 금 액 계	
	⑨준 비 금 손 금 산 입 액	
	⑩기 부 금 손 금 산 입 액	
	⑪기부금한도초과 이월액손금산입	
	⑫각 사 업 연 도 소 득 금 액(⑧ - ⑨-⑩-⑪)	0
	⑬비 과 세 소 득	0
	⑭과 세 표 준(⑫ - ⑬)	0
법인별 세액의 계산	⑮세 율	10
	⑯표 준 산 출 세 액	0
	⑰가 산 세 액	0
	⑱가 감 계(⑯+⑰)	0
	기납부 세액 │ ⑲특별징수납부 세액	28,450
	기납부 세액 │ ⑳( ) 세액	0
	기납부 세액 │ ㉑계(⑲ + ⑳)	28,450
	㉒차 감 납 부 할 세 액(⑱-㉑)	- 28,450
	㉓경정·수정신고 등 가감액	0
	㉔납 부 할 총 세 액	- 28,450
	㉕분 납 할 세 액	0
	㉖신고기간 이내 납부할 세액(㉔-㉕)	- 28,450

납세지별 세액의 계산							
㉗본점/지점여부	1.단일사업장 2.지점 있는 법인의 본점 3.지점				㉘특·광역시 주사업장 여부		1.여 2.부
㉙해당사업장	명칭 ○○사내근로복지기금		소재지 서울특별시 ○○구 ○○대로 ○○		연락처 02-0000-0000		

㉚안분율

구분	종업원 수 (명)	건축물 연면적(㎡)				안분율 (소수점8자리)
		계	건물	기계장치	시설물	
법인전체	-	-	-	-	-	-
시군구내	-	-	-	-	-	-
비율(%)	-	-	-	-	-	-

㉛납세지별 산출세액		-		㉜납세지별 세액공제·감면액		-
㉝납세지별 가산세액		-		㉞납세지별 감면분 추가납부세액		-
합계	과소(초과환급) 신고	납부지연	기타	㉟납세지별 기납부세액 │ 특별징수납부세액		28,450
				㉟납세지별 기납부세액 │ 수시부과세액		-
-	-	-	-	㊱납세지별 경정·수정신고 등 가감액		-
㊲탄력세율적용 조정세액				㊳해당 납세지에 납부할 세액		- 28,450
㊴해당 납세지에 분납할 세액		-		㊵신고기간 이내 해당 납세지에 납부할 세액(㊳-㊴)		-28,450

환급금 계좌	㊶금융기관명	○○은행 △△△ 지점
	㊷예 금 주	○○○사내근로복지기금
	㊸계 좌 번 호	000-0000-0000-00

신고인은 「지방세법」 제103조의23 및 제103조의24에 따라 위의 내용을 신고하며, 위 내용을 충분히 검토하였고 신고인이 사실 그대로를 정확하게 적었음을 확인합니다.

신고인(대표자) (서명 또는 인)

특별자치시장·특별자치도지사·시장·군수·구청장 귀하

210mm×297mm(백상지(80g/㎡)

2. 대부이자소득이 있는 기금
(종업원대부사업 실시, 대부이자 발생)

가. 신고방법

　대부이자는 국세청에서 법인세법상 수익사업으로 판정되었다는 것은 제6장에서 기 설명하였다. 대부이자소득이 있는 기금법인의 법인지방소득세 과세표준 신고방법은 법인세 과세표준신고 방법과 동일하게 영리법인이 사용하는 서식(지방세법 시행규칙 별지 제43호 서식)으로 신고 납부를 해야 한다. 각 사업연도의 소득금액이 없거나 결손금이 있는 경우에도 과세표준 신고를 하여야 한다. (지법 제103조의23, 지령 제100조의12) 대부이자수익이 있는 기금법인의 법인지방소득세 과세표준 신고시 제출하는 서류는 ① 법인지방소득세 과세표준 및 세액신고서(지방세법 시행규칙 별지 제43호서식) ② 법인지방소득세 과세표준 및 세액조정계산서(지방세법 시행규칙 별지 제43호의2서식) ③ 법인지방소득세 특별징수세액명세서(지방세법 시행규칙 별지 제43호의5서식) ④ 법인지방소득세 안분명세서(일반법인용) ⑤ 표준재무상태표(법인세법 시행규칙 별지 제3호의2서식 사용 가능) ⑥ 표준손익계산서(법인세법 시행규칙 별지 제3호의3서식 사용 가능) ⑦ 표준손익계산서부속명세서[법인세법 시행규칙 별지 제3호의3서식(4) 사용 가능]

나. 신고사례2(대부이자소득이 있는 기금법인)

　제4장과 제5장에서 대부이자수익이 있는 기금법인의 법인지방소득세 과세표준 신고이다. 발생된 이자소득과 대부이자수익에 대해서는 수익회계(기금관리회계)에서 전액 고유목적사업준비금으로 설정하고 설정된 고유목적사업준비금을 비수익회계(목적사업회계)로 보내 고유목적사업비용과 일반관리비를 지출하게 된다. 구분경리를 이해하면 명확하게 이해할 수 있다. 대부이자수익이 있는 기금법인 신고서식 작성사례는 다음과 같다.

법인지방소득세 과세표준 및 세액신고서

※ 뒤쪽의 작성방법을 참고하시기 바라며, 색상이 어두운 란은 신청인이 적지 않습니다. (앞쪽)

접수번호	접수일자	관리번호

①사업자등록번호 000-82-00000		②법인등록번호 000071-0000000
③법인명 ○○사내(공동)근로복지기금		④전화번호 02-0000-0000
⑤대표자성명 ○○○		⑥전자우편 000000@00000000
⑦소재지 서울특별시 ○○구 ○○대로○○, ○○층(○○동, ○○빌딩)		
⑧업태 금융 및 보험업	⑨종목 그외기타분류안된금융업	⑩주업종코드 659902
⑪사업연도 202x.01.01. ~ 202x.12.31.		⑫수시부과기간 . . . ~ . . .

⑬법 인 구 분			1. 내국 2.외국 3.외투(비율 %)			⑭조 정 구 분	1. 외부 2. 자기

⑮종 류 별 구 분		중소기업	일반			당기순이익 과세	⑯외부감사대상	1. 여 2. 부
			중견기업	상호출자 제한기업	그외기업			
영리 법인	상 장 법 인	11	71	81	91		⑰신 고 구 분	1. 정기신고
	코스닥 상장법인	21	72	82	92			2. 수정신고(가. 서면분석, 나. 기타)
	기 타 법 인	30	73	83	93			3. 기한후 신고
비 영 리 법 인		60	74	84	94	50		4. 중도폐업신고
								5. 경정청구

⑱법 인 유 형 별 구 분	기타		코드	100	⑲결 산 확 정 일	202x.03.xx
⑲신 고 일		202x.4.28.			㉑납 부 일	
⑳신고기한연장승인	1. 신청일				2. 연장기한	

구분	여	부	구분	여	부
㉓주식변동	1	2	㉔장부전산화	1	2
㉕사업연도의제	1	2	㉖결손금소급공제 환급신청	1	2
㉗동업기업의 출자자(동업자)	1	2	㉘미환류소득에 대한 법인지방소득세 신고	1	2

□ 법인별 세액의 계산

구 분	법 인 지 방 소 득 세			계
	각 사업연도 소득에 대한 법인지방소득세	토지 등 양도소득에 대한 법인지방소득세	미환류소득에 대한 법인지방소득세	
㉙수 입 금 액			(2,249,274)	
㉚과 세 표 준	-	-	-	
㉛표 준 산 출 세 액	-	-	-	-
㉜총 부 담 세 액	-	-	-	-
㉝기 납 부 세 액	28,450	-	-	28,450
㉞차 감 납 부 할 세 액	-28,450	-	-	-28,450
㉟경정·수정신고 등 가감액				-
㊱납 부 할 총 세 액(㉞+㉟)				-28,450
㊲분 납 할 세 액	-	㊳신고기간 이내 납부할 세액(㊱-㊲)		-28,450

□ 안분율의 계산

㊴본점/지점여부	1.단일사업장 2. 지점 있는 법인의 본점 3. 지점			㊵특·광역시 주사업장 여부		1. 여 2. 부
㊶해당사업장	명칭	○○사내(공동)근로복지기금	소재지	서울시 종로구 ○○대로○○, ○○층	연락처	02-0000-0000

㊷안분율의 계산

구분	종업원 수 (명)	건축물 연면적(㎡)				안분율 (소수점8자리)
		계	건물	기계장치	시설물	
법인전체	-	-	-	-	-	-
시군구내	-	-	-	-	-	-
비율(%)	-	-	-	-	-	-

□ 납세지별 세액의 계산

㊸납세지별 산출세액						-	㊹납세지별 세액공제·감면액		-
㊺납세지별 가산세액							㊻납세지별 추가납부세액		-
합계	무(과소) 신고	납부지연	지방세법 제103조의30에 따른 가산세	동업기업 가산세 배분액	기타	㊼납세지별 기납부세액	특별징수납부세액		28,450
							수시부과세액 및 예정신고납부세액		-
-	-	-	-	-	-	㊽납세지별 경정·수정신고 등 가감액			-
㊾탄력세율적용 조정세액						㊿해당 납세지에 납부할 세액			-28,450
51해당 납세지에 분납할 세액						52신고기간 이내 해당 납세지에 납부할 세액(㊿-51)			-28,450

환급금 계좌 (환급세액을 계좌로 받는 경우)	53금융기관명	□□은행 ○○지점	54예금주	○○사내(공동) 근로복지기금
	55계좌번호	0000-00-0000-00		

신고인은「지방세법」제103조의23, 제103조의24 및「지방세기본법」제49조부터 제51조까지에 따라 위의 내용을 신고하며, 위 내용을 충분히 검토하였고 신고인이 사실 그대로를 정확하게 적었음을 확인합니다.

202y년 4월 00일

신고인(법 인) ○○사내(공동)근로복지기금 (인)
신고인(대표자) ○○○(서명 또는 인)

특별자치시장·특별자치도지사·시장·군수·구청장 귀하

신고안내 : 법인지방소득세는 사업연도종료일이 속하는 달의 말일부터 4개월 이내에 납세지 관할 지방자치단체에 신고납부해야 합니다.

210mm×297mm[백상지 80g/㎡(재활용품)]

첨부 서류 (본점 신고시)	1. 재무상태표, (포괄)손익계산서, 이익잉여금처분(결손금처리)계산서 2. 현금흐름표(「주식회사의 외부감사에 관한 법률」 제2조에 따른 외부감사 대상 법인만 해당합니다.) 3. 법인지방소득세 안분계산 및 세액조정계산서 4. 법인지방소득세 안분명세서(사업장이 둘 이상인 법인만 해당합니다.) 5. 세무조정계산서 부속서류	수수료 없 음

작성방법

1. ① 사업자등록번호 ~ ⑲ 결산확정일은「법인세법 시행규칙」별지 제1호서식의 작성방법을 준용하여 적습니다

2. ⑳ 신고기한 연장승인:「지방세법」제103조의51에 따라 외국법인의 법인지방소득세 신고기한 연장승인을 받은 경우 신청일 및 승인된 연장기한을 적습니다.

3. ㉑ 주식변동 여부: 주식 등의 변동이 있는 경우에는 "여"란에 "○"표시를 합니다.

4. ㉒ 장부전산화 여부: 국세청의「전자기록의 보전방법 등에 관한 고시」에 따라 장부와 증빙서류의 전부 또는 일부를 전산조직을 이용하여 작성·보존하는 경우에 "여"란에 "○"표시를 합니다.

5. ㉓ 사업연도의제 여부: 해산·합병·분할 등으로 사업연도가 의제된 경우 "여"란에 "○"표시를 합니다.

6. ㉖ 결손금소급공제 환급신청: "소급공제법인지방소득세액환급신청서(별지 제43호의9서식 및 별지 제43호의10서식)"를 제출하는 경우 "여"란에 "○"표시를 합니다.

7. ㉗ 동업기업의 출자자(동업자):「조세특례제한법」제100조의14제2호에 따른 동업자인 경우 "여"란에 "○"표시를 합니다.

8. ㉘ 미환류소득에 대한 법인지방소득세 신고:「조세특례제한법」제100조의32에 따른 미환류소득이 발생하여 법인지방소득세 신고 대상인 경우에는 "여"란에 "○"표시를 합니다.

9. 수입금액:「법인세법 시행규칙」별지 제1호서식의 작성방법을 준용하여 적습니다

10. ㉚ 과세표준:「지방세법 시행규칙」별지 제43호의2서식의 ⑩란, ⑬란, ⑮란의 금액을 적습니다.

11. ㉛ 표준산출세액: 법인지방소득세란에는 "법인지방소득세 과세표준 및 세액조정계산서(별지 제43호의2서식)"의 ⑫란의 금액을, 토지 등 양도소득에 대한 법인지방소득세란에는 동 서식의 ⑬란의 금액을, 미환류소득에 대한 법인지방소득세란에는 동 서식의 ⑮란의 금액을 각각 적습니다.

12. ㉜ 총부담세액: 법인지방소득세란에는 "법인지방소득세 과세표준 및 세액조정계산서(별지 제43호의2서식)"의 ㉗란, ⑰란 및 ⑭란을 합한 금액을, 토지 등 양도소득에 대한 법인지방소득세란에는 동 서식의 ⑱란의 금액을, 미환류소득에 대한 법인지방소득세란에는 동 서식의 ⑮란과 ⑯란을 합한 금액을 각각 적습니다.

13. ㉝ 기납부세액: 법인지방소득세란에는 "법인지방소득세 과세표준 및 세액조정계산서(별지 제43호의2서식)"의 ⑬란의 금액을, 토지 등 양도소득에 대한 법인지방소득세란에는 동 서식의 ⑭란의 금액을, 미환류소득에 대한 법인지방소득세란에는 동 서식의 ⑮란의 금액을 각각 적습니다.

14. ㉞ 차감납부할세액: 법인지방소득세란에는 "법인지방소득세 과세표준 및 세액조정계산서(별지 제43호의2서식)"의 ⑭란의 금액을, 토지 등 양도소득에 대한 법인지방소득세란에는 동 서식의 ⑯란의 금액을, 미환류소득에 대한 법인지방소득세란에는 동 서식의 ⑮란의 금액을 각각 적습니다.

15. ㉟ 경정·수정신고 등 가감액: "법인지방소득세 과세표준 및 세액조정계산서(별지 제43호의2서식)"의 ⑱란의 금액을 적습니다.

16. ㊲ 분납할 세액: "법인지방소득세 과세표준 및 세액조정계산서(별지 제43호의2서식)"의 ⑲란의 금액을 적습니다.

17. 본점/지점여부는 해당 신고 법인이 지점 없는 법인이면 1번, 지점있는 법인의 본점이면 2번, 지점이면 3번에 '○'표시를 하며, ㊵ 특·광역시 주사업장 여부는「지방세법 시행령」제88조제4항에 해당하는 사업장인 경우에는 "여"란에 "○"표시를 합니다. ㊶ 해당사업장: 해당 신고건의 대상 사업장의 명칭, 소재지, 연락처를 기재합니다.

18. ㊷ 안분율의 계산
 - 종업원 수: 해당 법인의 사업연도 종료일 현재「지방세법」제74조제8호 및「지방세법 시행령」제78조의3에 따른 종업원의 수를 적습니다.
 - 건축물연면적: 해당 법인의 사업연도 종료일 현재 사업장으로 직접 사용하는「건축법」제2조제1항제2호에 따른 건축물(이와 유사한 형태의 건축물 포함)의 연면적을 적습니다. 다만, 구조적 특성상 연면적을 정하기 곤란한 기계장치 또는 시설(수조·저유조·저장창고·저장조·송유관·송수관 및 송전철탑만 해당)의 경우에는 그 수평투영면적을 적습니다.
 - 안분율: 다음의 계산식에 따라 계산한 값(0 이상 1 이하)을 적습니다.

$$\left[\left(\frac{\text{관할 지방자치단체 안 종업원 수}}{\text{법인의 총 종업원 수}} \right) + \left(\frac{\text{관할 지방자치단체 안 건축물 연면적}}{\text{법인의 총 건축물 연면적}} \right) \right] \div 2$$

 ○ 사업장이 여러 지방자치단체에 있는 법인이 안분계산을 하지 않거나 안분율을 잘못 신고한 경우에는 가산세가 부과될 수 있습니다.

19. ㊸ 납세지별 산출세액: ㉛ 법인지방소득세 표준산출세액에 ㊷ 안분율을 적용한 금액을 적습니다.

20. ㊹ 납세지별 세액공제·감면액: 납세지별 세액공제·감면액을 적습니다.

21. ㊺ 납세지별 가산세액: 납세지별 가산세액을 적습니다.

22. ㊻ 납세지별 추가납부세액: "공제감면세액 및 추가납부세액 합계표(별지 제43호의3서식)"의 ⑦ 이월과세액란의 합계금액과 ⑪ 세액란의 합계금액 및 미환류소득에 대한 이자상당액(「지방세법 시행규칙」별지 제43호의2 서식 ⑯란의 금액)을 더하여 적습니다.

23. ㊼ 납세지별 기납부세액
 - 특별징수납부세액: 다음에 따라 적습니다.
 ○ 총부담세액 ≥특별징수납부세액인 경우: 납세지별 안분율에 따라 안분한 특별징수납부세액을 적습니다.
 ○ 총부담세액〈특별징수납부세액인 경우
  ·지점의 특별징수납부세액: 해당 지점의 납세지별 총부담세액을 적습니다.
  ·본점의 특별징수납부세액: 법인전체의 특별징수납부세액 중 지점의 기납부세액으로 적은 후의 잔여액을 적습니다.
 ○ 수정신고하는 경우로서 특별징수세액의 총액이 변경되지 않은 경우에는 확정신고 시 적은 기납부세액과 동일한 금액을 적습니다.
 - 수시부과세액 및 예정신고납부세액: 수시부과세액 또는 비영리내국법인의 예정신고납부세액이 있는 경우 그 합계를 적습니다.

24. ㊽ 경정·수정신고 등 가감액: ㉟ 경정·수정신고 등 가감액에 ㊷ 안분율을 적용한 금액을 적습니다.

25. ㊾ 탄력세율적용 조정세액: 해당 지방자치단체가「지방세법」제103조의20제2항에 따라 법인지방소득세의 세율을 표준세율에서 가감한 경우에 다음의 계산식에 따라 산출한 금액을 적습니다.

$$\text{탄력세율적용 조정세액} = \text{과세표준} \times \text{표준세율} \times \text{안분율} \times \left(\frac{\text{해당 지방자치단체의 법인지방소득세 세율}}{\text{법인지방소득세 표준세율}} - 1 \right)$$

26. ㊿ 해당 납세지에 납부할 세액: "㊸ 납세지별 산출세액 - ㊹ 납세지별 세액공제·감면액 + ㊺ 납세지별 가산세액 + ㊻ 납세지별 추가납부세액 - ㊼ 납세지별 기납부세액 ± ㊽ 납세지별 경정·수정신고 등 가감액 ± ㊾ 탄력세율적용 조정세액"의 금액을 적습니다.

27. 51 해당 납세지에 분납할 세액: ㊲ 분납할 세액에 ㊷ 안분율을 적용한 금액을 적습니다.

28. 환급세액을 계좌로 받고자 하는 경우에는 53 금융기관명 ~ 55 계좌번호란을 작성하고 통장사본을 첨부하여야 합니다.

29. 「법인세법」제60조제5항 단서에 따른 비영리법인은 재무상태표 등의 첨부서류를 제출하지 않을 수 있습니다.

210mm×297mm[백상지 80g/㎡(재활용품)]

■ 지방세법 시행규칙[별지 제43호의2서식] 〈개정 2023. 12. 29.〉

법인지방소득세 과세표준 및 세액조정계산서

※ 뒤쪽의 작성방법을 참고하시기 바라며, 색상이 어두운 난은 신청인이 적지 않습니다. (앞쪽)

법인명 ○○사내근로복지기금	사업자등록번호 000-82-00000	사업연도 202x.01.01. ~ 202x.12.31.

1. 과세표준계산

⑩각사업연도소득금액		
⑲이월결손금		
⑪비과세소득		
⑪소득공제		
⑫법인세과세표준 (⑩-⑲-⑪-⑪)		
⑬선박표준이익		
⑯외국법인세액조정액		

2. 산출세액계산

⑪법인세과세표준(⑫+⑬+⑯)		
⑩외국법인세액		
⑩과세표준(⑬-⑯)		
⑪세율		
⑮산출세액		
⑯지점유보소득 (「법인세법」 제96조)		
⑰지점유보소득에 대한 법인세 산출세액		
⑱법인지방소득세 산출세액		
⑲합계(⑮+⑱)		

3. 납부할 세액계산

⑳산출세액(⑳=⑲)			
㉑최저한세 적용대상 공제감면세액			
㉒차감세액			
㉓최저한세적용제외공제감면세액			
㉔가산세액			
㉕가감계(⑳-㉑-㉓+㉔)			
기납부세액 · 기한내납부세액 ㉖비영리내국법인의 예정신고세액			
㉗수시부과세액			
㉘특별징수납부세액		28	450
㉙간접투자회사등의 외국납부세액			
⑳소 계 (㉖+㉗+㉘+㉙)		28	450
㉛신고납부전가산세액			
㉜합계(⑳+㉛)		28	450
㉝탄력세율적용조정세액			
㉞감면분추가납부세액			
㉟차감납부할세액 (㉕-㉜+㉝+㉞)	-	28	450

4. 토지등 양도소득에 대한 법인지방소득세 계산

⑬과세표준		
⑬세율		
⑬산출세액		
⑭감면세액		
⑭차감세액 (⑬-⑭)		
⑭공제세액		
⑭동업기업 법인지방소득세 배분액 (가산세 제외)		
⑭가산세액 (동업기업 배분액 포함)		
⑮가감계(⑬+⑭+⑭)		
기납부세액 ⑭수시부과세액		
⑭( )세액		
⑭계(⑭+⑭)		
⑭차감납부할세액(⑮-⑭)		

5. 미환류소득법인지방소득세

⑮미환류소득에대한 법인세			
⑮세율			
⑯산출세액			
⑬가산세액			
⑬기납부세액			
⑬이자상당액			
⑬차감납부할세액 (⑬+⑬-⑬+⑬)			

6. 세액계

⑮해당연도 차감납부할 세액 계 (㉟+⑭+⑬)	-	28	450
⑯경정·수정신고등 가감액			
⑮분납세액 계산 범위액(⑮-㉔ -⑭-⑭-⑭-⑭)			
⑮분납할 세액			
⑯신고기간 이내 납부할 세액 (⑮+⑯-⑮)	-	28	450

210mm×297mm[백상지 80g/㎡(재활용품)]

작성방법

1. ⑩ 각 사업연도소득금액 ~ ⑬ 법인세 과세표준란: 「법인세법 시행규칙」 별지 제3호서식의 작성방법을 준용하여 적습니다.

2. ⑮ 선박표준이익란: 「법인세법 시행규칙」 별지 제3호서식부표1의 "⑦ 선박표준이익"란의 금액을 적습니다.

3. ⑯ 외국법인세액 조정액란: 「지방세법」 제103조의19제2항 단서에 따라 가산한 금액으로, 「법인세법」 제57조제2항 단서에 따라 손금에 산입한 외국법인세액을 적습니다.
   ※ 「법인세법」상 외국납부세액공제를 선택한 법인의 외국법인세액을 이월공제기간 내에 공제받지 못한 경우, 이월공제기간의 종료일 다음 날이 속하는 사업연도의 소득금액을 계산할 때 손금 산입한 금액을 말합니다.

4. ⑯ 외국법인세액란: 「법인세법」 제57조에 따라 외국납부세액공제를 선택한 법인으로, 같은 법 제57조에 따른 외국법인세액을 적습니다.

5. 세율란(⑭, ㉝, ⑮): 각 세법에 따라 적용할 최고세율 1개만을 적습니다.

6. ⑯ 지점유보소득란: 「법인세법 시행규칙」 별지 제3호서식의 "⑯ 지점유보소득"란의 금액을 적습니다.

7. ⑰ 지점유보소득에 대한 법인세 산출세액란: 「법인세법 시행규칙」 별지 제3호서식의 "⑱ 산출세액"란의 금액을 적습니다.

8. ⑲ 법인지방소득세 산출세액란: 「지방세법」 제103조의50에 따라 "⑰ 지점유보소득에 대한 법인세 산출세액"란의 금액의 10분의 1을 적습니다.

9. ㉒ 비영리내국법인의 예정신고세액란: 「지방세법 시행령」 제100조의22에 따라 예정신고세액을 적습니다.

10. ㉝ 탄력세율조정세액란: 「지방세법 시행령」 제88조에 따라 가감한 세액을 적습니다.

11. ㉝ 감면분추가납부세액란: "공제감면세액 및 추가납부세액 합계표(별지 제43호의3서식)"의 ⑦ 이월과세액란의 합계금액과 ⑪ 세액란의 합계금액을 더하여 적습니다.

12. ㉟ 경정·수정신고 등 가감액란: 법률 제12153호(2014.1.1. 시행)로 개정되기 전의 「지방세법」 제91조제1항 단서에 따른 추가납부 또는 환급세액을 경정고지일(수정신고일)이 속하는 사업연도분에 가감하는 경우, 법률 제12153호(2014.1.1. 시행)로 개정되기 전의 「지방세법」 제92조제3항 또는 법률 제12153호(2014.1.1. 시행)로 개정된 「지방세법」제103조의24제4항에 따른 환급세액을 다음 사업연도분에서 공제하는 경우, 「지방세법」 제103조의64에 따라 사실과 다른 회계처리로 인한 경정세액을 차감하는 경우, 「지방세법」 제103조의65에 따라 재해손실로 차감된 경우의 그 가감액을 적습니다.

13. 가산세액(㉑, ㉞, ⑮)란: "법인지방소득세 가산세액계산서(별지 제43호의4서식)"에 따라 적습니다.

14. 기납부세액계(㉚, ⑭, ⑮)란: 수시부과세액 및 특별징수세액을 각각 적되 가산세를 제외한 금액을 적습니다.

15. ⑭ 동업기업 법인지방소득세 배분액란: 동업기업으로부터 배분받은 토지등 양도소득에 대한 법인지방소득세('산출세액'에서 '공제감면세액'을 차감한 후의 세액(가산세는 제외함)을 적습니다.

16. ⑱ 이자상당액란: 「법인세법 시행규칙」 별지 제3호서식의 "⑯ 이자상당액"란의 금액의 100분의 10을 적습니다.

17. ⑲ 분납할 세액란: ⑮ 분납세액 계산 범위액이 1백만원을 초과하고 2백만원 이하인 때에는 1백만원을 초과하는 금액을, 분납세액 계산 범위액이 2백만원을 초과하는 때에는 그 세액의 100분의 50 이하 금액의 범위에서 분납할 세액을 적습니다.

210mm×297mm[백상지 80g/㎡(재활용품)]

법인지방소득세 특별징수세액명세서(갑)

※ 뒤쪽의 작성방법을 참고하시기 바라며, 색상이 어두운 란은 신청인이 적지 않습니다. (앞쪽)

법인명 ○○사내(공동)근로복지기금	사업자등록번호 000-82-00000	사업연도 202x.01.01. ~ 202x.12.31.

원천징수 및 특별징수 명세내용

①적요	②원천(특별)징수의무자		③ 원천 징수일	④ 이자 금액	⑤ 세율	⑥ 법인세	법인지방소득세 (특별징수분)	
	사업자(주민) 등록번호	상호(성명)					⑦특별징수 세액	⑧특별 징수지
이자수익	000-00-00000	○○은행 ○○지점	202x.06.14	18,294	14%	2,560	250	00
이자수익	000-00-00000	○○은행 ○○지점	202x.12.13	14,314	14%	2,000	200	00
이자수익	000-00-00000	○○은행 ○○지점	202x.12.15	2,000,000	14%	280,000	28,000	00
합계				2,032,608		284,560	28,450	

210mm×297mm(백상지(80g/㎡)

작 성 방 법

1. ①적요 ~ ⑥법인세 : 「법인세법 시행규칙」 별지 제10호서식(갑)의 작성방법을 준용하여 적습니다.

2. ⑦법인지방소득세 특별징수세액은 ⑥법인세 원천징수세액에 대한 법인지방소득세 특별징수세액을 적습니다.

3. ⑧법인지방소득세 특별징수지는 ⑦법인지방소득세 특별징수세액의 납세지인 시·군·구 명칭을 적습니다.
   ※ 특별징수세액의 납세지는 특별징수의무자가 발행한 특별징수영수증(별지 제42호의4 서식)으로 확인할 수 있습니다.

4. 일반법인의 경우 ⑦법인지방소득세 세액의 합계금액과 "법인지방소득세 특별징수세액명세서[별지 제43호의5서식(을)]"의 ⑬법인지방소득세 세액의 합계금액을 합하여 "법인지방소득세 과세표준 및 세액조정계산서(별지 제43호의2서식)"의 ⑫특별징수납부세액란에 옮겨 적습니다.

■ 지방세법 시행규칙[별지 제43호의5서식(을)] 〈개정 2019. 5. 31.〉

법인지방소득세 특별징수세액명세서(을)

※ 뒤쪽의 작성방법을 참고하시기 바라며, 색상이 어두운 란은 신청인이 적지 않습니다.   (앞쪽)

법인명 ○○사내(공동)근로복지기금	사업자등록번호 000-82-00000	사업연도 202x.01.01. ~ 202x.12.31.

원천징수 및 특별징수 세액명세

①채권등의명칭 (액면금액)	②유가증권 표준코드	③채권이자 구분	④ 취득일	⑤ 매도일	⑥보유기간 (이자계산일수)
( )					
( )					
( )					
( )					
( )					
( )					
( )					
( )					
( )					
( )					
( )					

⑦이자율	⑧ =①×⑥×⑦ 보유기간 이자상당액	⑨원천(특별) 징수의무자 (사업자등록 번호)	⑩세율	법인세		법인지방소득세 (특별징수분)		
				⑪세액	⑫납부일 (징수일)	⑬특별징 수세액	⑭납부일 (징수일)	⑮특별 징수지
합 계								

210mm×297mm(백상지 80g/㎡)

작 성 방 법

1. ①채권등의명칭(액면금액) ~ ⑫납부일 : 「법인세법 시행규칙」 별지 제10호서식(을)의 작성방법을 준용하여 적습니다.

2. ⑬법인지방소득세 특별징수세액은 ⑪법인세 원천징수 세액에 대한 법인지방소득세 특별징수 세액을 적습니다.

3. ⑭법인지방소득세 납부일은 특별징수의무자가 당해 법인인 경우에는 납부일을 적고, 특별징수의무자가 당해 법인 외의 자인 경우에는 특별징수일을 적습니다.

4. ⑮법인지방소득세 특별징수지는 ⑬법인지방소득세 특별징수세액의 납세지인 특별자치시·특별자치도·시·군·구 명칭을 적습니다.
   ※ 특별징수세액의 납세지는 특별징수의무자가 발행한 특별징수영수증(별지 세42호의4서식)으로 확인할 수 있습니다.

5. 일반법인의 경우 ⑬법인지방소득세 세액의 합계금액과 "법인지방소득세 특별징수세액명세서[별지 제43호의5서식(갑)]"의 ⑦법인지방소득세 세액의 합계금액을 합하여 "법인지방소득세 과세표준 및 세액조정계산서(별지 제43호의2서식)"의 ⑫특별징수납부세액란에 옮겨 적습니다.

6. 「소득세법 시행령」 제190조제1호에 따른 날에 원천징수하는 「소득세법」 제46조제1항에 따른 채권등을 취득하는 경우에는 ④취득일란과 ⑤매도일란에 각각 할인매출일과 만기일을 적습니다. 그러나 그 후 해당 채권등을 만기일 이전에 매도한 경우에는 ④취득일란에는 매도일을 ⑤매도일란에는 만기일을 적고 ⑪법인세액란과 ⑬법인지방소득세액란 및 합계란에 ( )로 표시하여 「지방세법」 제103조의63제3항에 따른 추가납부세액임을 표시하며 ⑫란, ⑭란, ⑮란은 적지 않습니다.

법인지방소득세 안분명세서(일반법인용)

※ 뒤쪽의 작성방법을 참고하시기 바라며, 색상이 어두운 란은 신청인이 적지 않습니다. (앞쪽)

납세자	①법인명 ○○사내(공동)근로복지기금	②법인등록번호 000071-0000000
	③전화번호 02-0000-0000	④전자우편주소 000000@00000000
	⑤주소 서울특별시 ○○구 ○○대로○○, ○○층(○○동, ○○빌딩)	

안분내역

⑥자치단체		⑦사업장구분	⑧사업자등록번호	⑨사업장명	⑩사업장 소재지(시·군·구별 작성)	⑪종업원수(명)	⑫건축물 연면적(㎡)				⑬안분율(소수점 6자리)	⑭납세지별 신고서상의 특별징수 납부세액(기납부세액)
시·도	시·군·구						계	건물	기계장치	시설물		
서울	중	1	000-82-00000	○○사내(공동)근로복지기금	중	-	-	-	-	-	-	28,450
합계												28,450

※ 「지방세법 시행령」 제88조제4항에 따라 같은 특별시·광역시 안의 둘 이상의 구에 사업장이 있는 법인이 해당 특별시·광역시에 납부할 법인지방소득세를 본점 또는 주사무소의 소재지를 관할하는 구청장에게 일괄하여 신고하는 경우에도 각 시·군·구별로 구분하여 각각 기재하여야 합니다.

210mm×297mm(백상지(80g/㎡)

작성방법

□ **납세자란**

①법인명: 법인등기부상의 법인명을 적습니다.

②법인등록번호: 법인등기부상의 법인등록번호를 적습니다.

③전화번호: 법인의 연락 가능한 일반전화(휴대전화)번호를 적습니다.

④전자우편주소: 법인의 연락 가능한 전자우편주소를 적습니다.

⑤주소: 해당 사업장 소재지의 주소를 적습니다.

□ **안분내역란**

⑥자치단체 : 해당 지방자치단체명을 적습니다.

⑦사업장 구분: 아래의 구분에 따라 기재합니다.

본점 또는 연결모법인의 본점	지점 또는 연결모법인의 지점	연결자법인의 본점	연결자법인의 지점	특별시·광역시 내 주된 사업장
01	02	03	04	05

⑧사업자등록번호: 사업장의 사업자 등록번호를 적습니다.

⑨사업장명: 해당 법인의 사업장명을 사업장별로 적습니다.

⑩사업장소재지: 해당 사업장 소재지의 주소를 적습니다.

⑪종업원 수: 「지방세법」 제74조제8호 및 「지방세법 시행령」 제78조의3에 따른 종업원의 수를 적습니다.

⑫건축물 연면적: 해당 법인의 사업연도 종료일 현재 사업장으로 직접 사용하는 「건축법」 제2조제1항제2호에 따른 건축물(이와 유사한 형태의 건축물 포함)의 연면적을 적습니다. 다만, 구조적 특성상 연면적을 정하기 곤란한 기계장치 또는 시설(수조·저유조·저장창고·저장조·송유관·송수관 및 송전철탑만 해당)의 경우에는 그 수평투영면적을 적습니다.

⑬안분율: 아래의 계산식에 의한 비율을 소수점 6자리까지 기재(7번째 자리 절사)하고, 남는 비율은 본점에 가산하여 기재합니다.

$$안분율 = \left(\frac{관할지방자치단체 \ 안 \ 종업원 \ 수}{법인의 \ 총 \ 종업원 \ 수} + \frac{관할지방자치단체 \ 안 \ 건축물연면적}{법인의 \ 총 \ 건축물연면적} \right) \div 2$$

⑭납세지별 신고서상의 특별징수납부세 : 법인지방소득세 과세표준 및 세액신고서(별지 제43호서식)의 ㊸납세지별 기납부세액란에 기재한 특별징수납부세액을 적습니다.

단, 「지방세법 시행령」 제88조제4항에 따라 같은 특별시·광역시 안의 둘 이상의 구에 사업장이 있는 법인이 해당 특별시·광역시에 납부할 법인지방소득세를 본점 또는 주사무소의 소재지를 관할하는 구청장에게 일괄하여 신고하는 경우에는 주사업장의 특별징수납부세액 란에 기재하고, 종사업장의 특별징수납부세액란은 비워둡니다.

※ 문의하실 사항이 있으시면 시(군·구) 과(☎   -   )로 연락하시기 바랍니다.

표준재무상태표
(금융·보험·증권업 법인용)

(단위: 원)

사업자등록번호		000-82-00000				법인명	○○사내(공동)	202x년 12월 31일현재			
법인등록번호		000071-0000000					근로복지기금				
계 정 과 목	코드	금 액				계 정 과 목	코드	금 액			
Ⅰ. 현금 및 예치금	1		172	824	067	(대손충당금)	106				
(1) 현금 및 현금성자산	2		172	824	067	5. 부동산담보대출금 (보험업)	107				
1. 현금	3					(대손충당금)	108				
2. 예금	4		172	824	067	6. 신용대출금(보험업)	109				
3. MMDA	5					(대손충당금)	110				
4. MMF	6					7. 신용공여금(증권업)	111				
5. 금융어음	7					(대손충당금)	112				
6. 기타	8					8. 기타	113		130	000	000
(2) 예치금	18					(대손충당금)	114				
1. 지급준비예치금	19					(2) 콜론	123				
2. 중앙회예치금	20					(3) 내국수입유산스	124				
3. 고객예탁금별도예치금 (예금)	21					(대손충당금)	125				
4.고객예탁금별도예치금 (신탁)	22					(4) 신용카드채권	126				
5. 기타	23					1. 카드대급금	127				
(3) 기타	33					(대손충당금)	128				
Ⅱ. 유가증권	43					2. 카드론	129				
(1) 단기매매증권	44					(대손충당금)	130				
1. 주식	45					3. 기타	131				
2. 채권	46					(대손충당금)	132				
3. 신주인수권증서	47					(5) 매입외환	141				
4. 수익증권	48					(대손충당금)	142				
5. 기업융통어음	49					(6) 할인 및 매입어음	143				
6. 해외유가증권	50					(대손충당금)	144				
7. 신종증권	51					(7) 환매조건부채권 매수	145				
8. 기타	52					(8) 팩토링채권	146				
(2) 매도가능증권	62					(대손충당금)	147				
1. 주식	63					(9) 지급보증대지급	148				
2. 출자금	64					(대손충당금)	149				
3. 채권	65					(10) 사모사채	150				
4. 수익증권	66					(대손충당금)	151				
5. 해외유가증권	67					(11) 할부금융채권	152				
6. 신종증권	68					(대손충당금)	153				
7. 기타	69					Ⅳ. 파생상품자산	154				
(3) 만기보유증권	79					(1) 선물	155				
1. 주식	80					(2) 옵션	156				
2. 채권	81					(3) 장외파생상품	157				
3. 수익증권	82					Ⅴ. 어음관리계좌자산	158				
4. 해외유가증권	83					(1) 예치금	159				
5. 기타	84					(2) 유가증권	160				
(4) 지분법적용투자주식	94					(3) 할인및매입어음	161				
1. 주식	95					(대손충당금)	162				
2. 출자금	96					Ⅵ. 리스자산	163				
Ⅲ. 대출채권	97		130	000	000	(1) 금융리스채권	164				
(1) 대출금	98		130	000	000	(현재가치할인차금)	165				
1. 원화대출금(은행업)	99					(대손충당금)	166				
(대손충당금)	100					(2) 운용리스자산	167				
2. 외화대출금(은행업)	101					(감가상각누계액)	168				
(대손충당금)	102					(리스자산처분손실충당금)	169				
3. 보험약관대출금(보험업)	103					(3) 해지금융리스채권	170				
(대손충당금)	104					(대손충당금)	171				
4. 유가증권담보대출금(보험업)	105					(4) 해지금융리스자산	172				

210mm×297mm[백상지 80g/㎡ 또는 중질지 80g/㎡]

표준재무상태표
(금융·보험·증권업 법인용)

(단위: 원)

사업자등록번호		000-82-00000		법인명	○○사내(공동)	202x년 12월 31일현재		
법인등록번호		000071-0000000			근로복지기금			
계 정 과 목	코드	금 액		계 정 과 목	코드	금 액		
(감가상각누계액)	173			IX. 특별계정자산(보험업)	269			
(5) 선급리스자산	174			자산총계(Ⅰ+~IX)	270	303	137	077
(6) 기타	175			Ⅰ. 예수부채	271			
VII. 유형자산	185			(1) 예수금	272			
(1) 토지	186			1. 요구불예금	273			
(손상차손누계액)	187			2. 기한부예금	274			
(2) 건물	188			3. 고객예수금	275			
(감가상각누계액)	189			4. 수입담보금	276			
(손상차손누계액)	190			(2) 기타	277			
(3) 차량운반구	191			Ⅱ. 차입부채	287			
(감가상각누계액)	192			(1) 단기차입금	288			
(4) 임차시설물	193			(2) 장기차입금	289			
(감가상각누계액)	194			(3) 콜머니	290			
(5) 건설중인자산	195			(4) 매출어음	291			
(6) 집기,기구,비품	196			(5) 환매조건부채권 매도	292			
(감가상각누계액)	197			(6) 기타	293			
(손상차손누계액)	198			Ⅲ. 사채	303			
(7) 기타	199			(1) 후순위사채	304			
VIII. 기타자산	204	313	010	(2) 전환사채	305			
(1) 투자부동산	205			(3) 기타	306			
1. 토지	206			IV. 파생상품부채	311			
2. 건물	207			(1) 선물	312			
(감가상각누계액)	208			(2) 옵션	313			
3. 기타	209			(3) 장외파생상품	314			
(감가상각누계액)	210			V. 기타부채	315			0
(2) 비업무용자산	219			(1) 퇴직급여충당부채	316			
(3) 보증금	220			(2) 퇴직연금미지급금	317			
(4) 미수금	221			(국민연금전환금)	318			
1. 자기매매미수금	222			(퇴직보험예치금)	319			
(대손충당금)	223			(퇴직연금운용자산)	320			
2. 위탁매매미수금	224			(3) 미지급금	321			
(대손충당금)	225			(4) 미지급배당금	322			
3. 보험미수금	226			(5) 미지급법인세	323			
(대손충당금)	227			(6) 미지급비용	324			
4. 기타	228			1. 미지급이자	325			
(대손충당금)	229			2. 기타	326			
(5) 선급금	238			(7) 선수금	331			
1. 채권경과이자	239			(8) 선수수익	332			
2. 기타	240			(9) 보증금	333			
(6) 선급비용	245	313	010	1. 수입보증금	334			
1. 선급법인세	246	284	560	2. 리스보증금	335			
2. 기타	247	28	450	3. 임대보증금	336			
(7) 이연법인세자산	252			4. 기타	337			
(8) 무형자산	253			(10) 이연법인세부채	342			
1. 영업권	254			(11) 지급보증충당부채	343			
2. 산업재산권	255			(12) 기타	344			0
3. 개발비	256			VI. 보험사제준비금	354			
4. 소프트웨어	257			(1) 책임준비금	355			
5. 기타	258			(출재보험준비금)	356			
(9) 손해배상공동기금	263			(2) 계약자지분조정	357			
(10) 기타	264			(3) 비상위험준비금	358			

210mm×297mm[백상지 80g/㎡ 또는 중질지 80g/㎡]

표준재무상태표
(금융·보험·증권업 법인용)

(단위: 원)

사업자등록번호		000-82-00000				법인명	○○사내(공동)근로복지기금		202x년 12월 31일현재			
법인등록번호		000071-0000000										
계 정 과 목	코드	금 액				계 정 과 목	코드	금 액				
Ⅶ. 특별계정부채(보험업)	359					Ⅺ. 기타포괄손익누계액	386				
부채총계(Ⅰ+~Ⅶ)	360				0	(1) 매도가능증권평가손익	387				
Ⅷ. 자본금	361		200	000	000	(2) 해외사업환산손익	388				
(1) 보통주자본금	362		200	000	000	(3) 지분법자본변동	389				
(2) 우선주자본금	363					(4) 현금흐름위험회피파생상품평가손익	390				
Ⅸ. 자본잉여금	364					(5) 재평가잉여금	391				
(1) 주식발행초과금	365					(6) 기타	392				
(2) 감자차익	366					Ⅻ. 이익잉여금	397		103	137	077
(3) 자기주식처분이익	367					(1) 이익준비금	398				
(4) 재평가적립금	368					(2) 기업합리화적립금	399				
(5) 기타	369					(3) 재무구조개선적립금	400				
Ⅹ. 자본조정	374					(4) 「조세특례제한법」상 준비금	401				
(1) 주식할인발행차금	375					(5) 기타임의적립금	402		103	137	077
(2) 감자차손	376					(6) 미처분이익잉여금 또는 미처리결손금	403				
(3) 자기주식	377					자본총계(Ⅷ+~Ⅻ)	404		303	137	077
(4) 미교부주식배당금	378					부채와 자본총계	405		303	137	077
(5) 자기주식처분손실	379										
(6) 주식매수선택권	380										
(7) 기타	381										

작성방법

※ 이 표준재무상태표는 기업회계기준(K-IFRS, 중소기업회계기준 등)을 준용하여 작성한 재무상태표를 기준으로 다음과 같이 작성해야 합니다.

1. 이 표준재무상태표는 한국표준산업분류표상 금융·보험·증권업 법인(금융관련서비스업 중 기타금융서비스업과 보험 및 연금관련 서비스업 및 금융지주회사 외의 지주회사는 제외한다)이 작성합니다.

2. 재무상태표의 계정과목과 동일한 계정과목이 없는 경우에는 기타란에 회사에서 사용하는 계정과목과 금액을 적습니다.

210mm×297mm[백상지 80g/㎡ 또는 중질지 80g/㎡]

202x년 01월 01일 부터 202x년 12월 31일 까지	표준손익계산서 (금융·보험·증권업 법인용)	법인명	○○사내(공동) 근로복지기금
		사업자 등록번호	000-82-00000

(단위 : 원)

계 정 과 목	코드	금 액	계 정 과 목	코드	금 액
I. 영업수익	1	2 249 274	바. 해외유가증권처분이익	69	
(1) 이자수익	2	2 249 274	사. 신종증권처분(상환)이익	70	
1. 예적금(예치금)이자	3	2 032 608	아. 기타	71	
2. 대출채권이자	4		2. 매도가능증권처분이익	81	
3. 매입어음이자	5		가. 주식처분이익	82	
4. 유가증권이자	6		나. 출자금처분이익	83	
가. 단기매매증권	7		다. 채권처분이익	84	
나. 매도가능증권	8		라. 수익증권처분이익	85	
다. 만기보유증권	9		마. 해외유가증권처분이익	86	
5. 채권이자	10		바. 신종증권처분(상환)이익	87	
6. 콜론이자	11		사. 기타	88	
7. 할부금융이자	12		(10) 유가증권평가이익	98	
8. 금융리스이자	13		1. 주식평가이익	99	
9. 기업융통어음이자	14		2. 채권평가이익	100	
10. 증권금융예치금이자	15		3. 신주인수권증서평가이익	101	
11. 양도성정기예금증서이자	16		4. 수익증권평가이익	102	
12. 환매조건부채권매수이자	17		5. 기업융통어음평가이익	103	
13. 신용거래융자이자	18		6. 신종증권평가이익	104	
14. 주주·임원·직원대여금 이자	19		7. 기타	105	
15. 기타	20	216 666	(11) 매도가능증권손상차손환입	115	
(2) 수수료수익	30		(12) 만기보유증권손상차손환입	116	
1. 수입수수료	31		(13) 신탁업무운용수익	117	
2. 수입보증료	32		(14) 외환거래이익	118	
3. 신용카드수수료	33		1. 외환차익	119	
4. 중도해지수수료	34		2. 외화환산이익	120	
5. 수탁수수료(증권업)	35		(15) 파생상품거래이익	121	
6. 수익증권취급수수료	36		1. 선물거래이익	122	
7. 인수및주선수수료	37		2. 옵션거래이익	123	
8. 자산관리수수료	38		3. 장외파생상품거래이익	124	
9. 자문수수료	39		(16) 파생상품평가이익	125	
10. 신종증권판매수수료	40		1. 선물평가이익	126	
11. 신탁보수	41		2. 옵션평가이익	127	
12. 기타	42		3. 장외파생상품평가이익	128	
(3) 보험료수익	52		(17) 투자부동산처분이익	129	
1. 개인보험료	53		(18) 투자부동산평가이익	130	
2. 단체보험료	54		(19) 충당부채 및 준비금 환입액	131	
(4) 재보험수익	55		1. 지급보증충당부채환입액	132	
(5) 구상이익	56		2. 책임준비금환입액	133	
(6) 대출채권평가및처분이익	57		3. 비상위험준비금환입액	134	
1. 대손충당금환입액	58		4. 기타	135	
2. 대출채권처분이익	59		(20) 수입임대료(보험업)	145	
(7) 리스및렌탈관련수익	60		(21) 기타	146	
(8) 배당금수익	61		II. 영업비용	156	
(9) 유가증권처분이익	62		(1) 이자비용	157	
1. 단기매매증권처분이익	63		1. 예수금이자	158	
가. 주식처분이익	64		2. 차입금이자	159	
나. 채권처분이익	65		3. 사채이자	160	
다. 신주인수권증서처분이익	66		4. 콜머니이자	161	
라. 수익증권처분이익	67		5. 환매조건부채권매도이자	162	
마. 기업융통어음처분이익	68		6. 기타	163	

210mm×297mm[백상지 80g/㎡ 또는 중질지 80g/㎡]

	표준손익계산서	법인명	○○사내(공동) 근로복지기금
202x년 01월 01일 부터 202x년 12월 31일 까지	(금융·보험·증권업 법인용)	사업자등록번호	000-82-00000

(단위 : 원)

계 정 과 목	코드	금 액	계 정 과 목	코드	금 액
(2) 수수료비용	173		(16) 외환거래손실	259	
1. 지급수수료	174		1. 외환차손	260	
2. 신용카드관련수수료	175		2. 외화환산손실	261	
3. 투자상담사수수료	176		(17) 대손상각비	262	
4. 기타	177		(18) 판매비와 관리비(사업비)	263	
(3) 유가증권처분손실	187		1. 신계약비	264	
1. 단기매매증권처분손실	188		2. 신계약상각비	265	
가. 주식처분손실	189		3. 급여	266	
나. 채권처분손실	190		가. 임원급여	267	
다. 신주인수권증서처분손실	191		나. 직원급여	268	
라. 수익증권처분손실	192		다. 임원상여금	269	
마. 기업융통어음처분손실	193		라. 직원상여금	270	
바. 신종증권처분(상환)손실	194		마. 잡급(일용급여)	271	
사. 기타	195		4. 퇴직급여	272	
2. 매도가능증권처분손실	205		가. 임원퇴직급여	273	
가. 주식처분손실	206		나. 직원퇴직급여	274	
나. 출자금처분손실	207		다. 퇴직급여충당부채전입액	275	
다. 채권처분손실	208		5. 보험료	276	
라. 수익증권처분손실	209		6. 복리후생비	277	
마. 기업융통어음매매손실	210		7. 여비교통비	278	
바. 해외유가증권처분손실	211		8. 임차료	279	
사. 신종증권처분(상환)손실	212		가. 부동산임차료	280	
아. 기타	213		나. 차량임차료(리스료 포함)	281	
(4) 유가증권평가손실	223		다. 기타	282	
1. 주식평가손실	224		9. 차량유지비(유류비 포함)	287	
2. 채권평가손실	225		10. 기업업무추진비	288	
3. 수익증권평가손실	226		11. 유형자산감가상각비	289	
4. 신주인수권증서평가손실	227		12. 무형자산상각비	290	
5. 기업융통어음평가손실	228		가. 영업권상각비	291	
6. 신종증권평가손실	229		나. 기타 무형자산상각비	292	
7. 기타	230		13. 세금과공과	293	
(5) 매도가능증권손상차손	240		14. 광고선전비(판매촉진비포함)	294	
(6) 만기보유증권손상차손	241		15. 연구비	295	
(7) 파생상품거래손실	242		16. 경상개발비	296	
1. 선물거래손실	243		17. 소모품비	297	
2. 옵션거래손실	244		18. 통신비	298	
3. 장외파생상품거래손실	245		19. 운반및보관료	299	
(8) 파생상품평가손실	246		20. 건물·시설관리비(수선비 제외)	300	
1. 선물평가손실	247		21. 수선비	301	
2. 옵션평가손실	248		22. 수도광열비	302	
3. 장외파생상품평가손실	249		23. 인쇄비	303	
(9) 대출채권처분손실	250		24. 교육훈련비	304	
(10) 신탁업무운용손실	251		25. 전산운영비	305	
(11) 리스및렌탈관련비용	252		26. 기타 판매비와 관리비	306	
(12) 책임준비금등전입액	253		(19) 기타영업비용	316	
1. 책임준비금전입액	254		III. 영업손익	326	2 249 274
2. 비상위험준비금전입액	255		IV. 영업외수익	327	
3. 해약환급금준비금	371		(1) 유형자산처분이익	328	
(13) 보험·배당·환급금 비용	256		(2) 유형자산손상차손환입	329	
(14) 재보험비용	257		(3) 비업무용자산처분이익	330	
(15) 재보험료비용	258				

210mm×297mm[백상지 80g/㎡ 또는 중질지 80g/㎡]

202x년 01월 01일 부터 202x년 12월 31일 까지	표준손익계산서 (금융·보험·증권업 법인용)	법인명	○○사내(공동) 근로복지기금
		사업자등록번호	000-82-00000

(단위 : 원)

계 정 과 목	코드	금 액			계 정 과 목	코드	금 액		
(4) 지분법이익	331				(4) 지분법손실	351			
(5) 전기오류수정이익	332				(5) 지분법주식처분손실	352			
(6) 자산수증이익	333				(6) 「조세특례제한법」상 준비금	353			
(7) 채무면제(조정)이익	334				(7) 기부금	354			
(8) 보험차익	335				(8) 전기오류수정손실	355			
(9) 지분법주식처분이익	336				(9) 재해손실	356			
(10) 수입임대료(보험업 외)	337				(10) 유입물건관리비	357			
(11) 기타	338				(11) 기타	358	2	249	274
V. 영업외비용	347	2	249	274	VI. 법인세용비차감전손익	368			
(1) 유형자산처분손실	348				VII. 법인세비용	369			
(2) 유형자산손상차손	349				VIII. 당기순손익	370			
(3) 비업무용자산처분손실	350								

작성방법

※ 이 표준손익계산서는 기업회계기준(K-IFRS, 중소기업회계기준 등)을 준용하여 작성한 손익계산서를 기순으로 다음과 같이 삭성해야 합니다.

1. 이 표준손익계산서는 표준재무상태표[금융·보험·증권업 법인용(금융관련서비스업 중 기타금융서비스업과 보험 및 연금관련 서비스업 및 금융지주회사 외의 지주회사를 제외합니다)] [별지 제3호의2서식(3)]의 작성대상 법인이 작성하며 기업회계기준에 따른 계속사업과 중단사업에서 발생하는 손익을 포함합니다.

2. 손익계산서의 계정과목과 동일한 계정과목이 없는 경우에는 기타란에 회사에서 사용하는 계정과목과 금액을 적습니다.

210mm×297mm[백상지 80g/㎡ 또는 중질지 80g/㎡]

이익잉여금처분(결손금처리)계산서

(단위: 원)

법 인 명	○○사내(공동)근로복지기금	사업자등록번호	000-82-00000
사 업 연 도	202x	처분(처리)확정일	202y년 03월 20일

1. 이익잉여금처분계산서			2. 결손금처리계산서		
과 목	코드	금 액	과 목	코드	금 액
Ⅰ. 미처분이익잉여금	01		Ⅰ. 미처리결손금	30	
1. 전기이월미처분이익잉여금 (또는 전기이월 미처리결손금)	02		1. 전기이월미처리결손금 (또는 전기이월미처분이익잉여금)	31	
2. 회계정책변경의 누적효과	03		2. 회계정책변경의 누적효과	32	
3. 전기오류수정이익 (또는 전기오류수정손실)	04		3. 전기오류수정손실 (또는 전기오류수정이익)	33	
4. 중간배당액	05		4. 중간배당액	34	
5. 당기순이익 (또는 당기순손실)	06		5. 당기순손실 (또는 당기순이익)	35	
Ⅱ. 임의적립금 등의 이입액	08		Ⅱ. 결손금처리액	40	
합 계	10		1. 임의적립금이입액	41	
Ⅲ. 이익잉여금 처분액	11		2. 그 밖의 법정적립금이입액	42	
1. 이익준비금	12		3. 이익준비금이입액	43	
2. 기타법정적립금	13		4. 자본잉여금이입액	44	
3. 주식할인발행차금상각액	14		Ⅲ. 차기이월미처리결손금	50	
4. 배당금	15				
가. 현금배당	16				
나. 주식배당	17				
5. 이익처분에 의한 상여금	26				
6. 사업확장적립금	18				
7. 감채적립금	19				
8. 그 밖의 적립금	20				
9. 「조세특례제한법」상 준비금 등 적립액	27				
10. 그 밖의 잉여금처분액	28				
Ⅳ. 차기이월미처분이익잉여금	25				

210㎜×297㎜(신문용지 54g/㎡(재활용품))

8장

기타 세무관리

1. 세무조정계산서 작성

가. 작성대상

이자소득만 있는 비영리법인은 「법인세법」 제62조에 의한 신고특례를 적용받아 세무조정계산서를 작성하여 제출해야 하는 법인에 해당되지 않지만 이자소득 이외 수익사업에서 발생한 소득이 있는 비영리법인 중 일정한 요건에 해당되는 경우는 법인세 과세표준 신고시 세무조정계산서를 첨부하여 신고하여야 한다. 특히 종업원대부사업에서 발생한 대부이자소득은 수익사업으로 판정되었으므로(대부이자소득이 있는 경우 결산방법 참조) 직전연도 수입금액이 3억원 이상인 기금법인은 과세표준신고시 세무조정계산서를 첨부하여야 한다. 세무조정계산서를 제출해야 하는 대상 법인이 이를 제출하지 않으면 무신고로 적용받게 되니 주의해야 한다.

세무조정계산서는 기금법인의 경우 이자소득만 있는 기금법인은 해당되지 않고 대부이자와 자사주를 보유하고 있어 배당수익과 자사주 처분에 따른 처분이익이 있는 기금법인이 대상이다. 또한 직전연도 수입금액이 3억원이 되려면 이자율 연 3%로 계산하면 기본재산이 100억원 이상인 기금법인이므로 대부분의 기금법인들은 이에 해당되지 않는다. 「법인세법」 및 같은 법 시행령의 관련 조문을 살펴보면 다음과 같다.

◎법법 제60조(과세표준 등의 신고) ① 납세의무가 있는 내국법인은 각 사업연도의 종료일이 속하는 달의 말일부터 3개월(제60조의2제1항 본문에 따라 내국법인이 성실신고확인서를 제출하는 경우에는 4개월로 한다) 이내에 대통령령으로 정하는 바에 따라 그 사업연도의 소득에 대한 법인세의 과세표준과 세액을 납세지 관할 세무서장에게 신고하여야 한다. 〈개정 2018. 12. 24. 〉

② 제1항에 따른 신고를 할 때에는 그 신고서에 다음 각 호의 서류를 첨부하여야 한다.

1. 기업회계기준을 준용하여 작성한 개별 내국법인의 재무상태표·포괄손익계산서 및 이익잉여금처분계산서(또는 결손금처리계산서)

2. 대통령령으로 정하는 바에 따라 작성한 세무조정계산서(이하 "세무조정계산서"라 한다)

---

3. 그 밖에 대통령령으로 정하는 서류

③ 제1항은 내국법인으로서 각 사업연도의 소득금액이 없거나 결손금이 있는 법인의 경우에도 적용한다.

④ (생략)

⑤ 제1항에 따른 신고를 할 때 그 신고서에 제2항제1호 및 제2호의 서류를 첨부하지 아니하는 경우 이 법에 따른 신고로 보지 아니한다. 다만, 제4조제3항제1호 및 제7호에 따른 수익사업을 하지 아니하는 비영리내국법인은 그러하지 아니하다. <개정 2018. 12. 24.>

⑥ ~ ⑧ (생략)

⑨ 기업회계와 세무회계의 정확한 조정 또는 성실한 납세를 위하여 필요하다고 인정하여 대통령령으로 정하는 내국법인의 경우 세무조정계산서는 다음 각 호의 어느 하나에 해당하는 자로서 대통령령으로 정하는 조정반에 소속된 자가 작성하여야 한다. <신설 2015. 12. 15., 2021. 11. 23.>

1. 「세무사법」에 따른 세무사등록부에 등록한 세무사

2. 「세무사법」에 따른 세무사등록부 또는 공인회계사 세무대리업무등록부에 등록한 공인회계사

3. 「세무사법」에 따른 세무사등록부 또는 변호사 세무대리업무등록부에 등록한 변호사

◎ 법령 제97조(과세표준의 신고) ① ~ ③ (생략)

④법 제60조제2항제2호의 규정에 의한 세무조정계산서는 기획재정부령이 정하는 법인세 과세표준 및 세액조정계산서로 한다. <개정 2008. 2. 29., 2010. 12. 30.>

⑤ ~ ⑬ (생략)

◎ 법령 제97조의2(외부세무조정 대상법인) 제97조의2(외부세무조정 대상법인) ①법 제60조제9항 각 호 외의 부분에서 "대통령령으로 정하는 내국법인"이란 다음 각 호의 어느 하나에 해당하는 법인(이하 "외부세무조정 대상법인"이라 한다)을 말한다. 다만, 「조세특례제한법」 제72조에 따른 당기순이익과세를 적용받는 법인은 제외한다. <개정 2018. 10. 30., 2019. 2. 12.>

1. 직전 사업연도의 수입금액이 70억원 이상인 법인 및 「주식회사 등의 외부감사에 관한 법률」 제4조에 따라 외부의 감사인에게 회계감사를 받아야 하는 법인

2. 직전 사업연도의 수입금액이 3억원 이상인 법인으로서 법 제29조부터 제31조까지, 제45조 또는 「조세특례제한법」에 따른 조세특례(같은 법 제104조의8에 따른 조세특례는 제외한다)를 적용받는 법인

3. 직전 사업연도의 수입금액이 3억원 이상인 법인으로서 해당 사업연도 종료일 현재 법 및 「조세특례제한법」에 따른 준비금 잔액이 3억원 이상인 법인

4. ~ 7. (생략)

② 외부세무조정 대상법인 외의 법인은 과세표준 등을 신고할 때 법 제60조제9항 각 호의 어느 하나에 해당하는 자(이하 "세무사등"이라 한다)가 정확한 세무조정을 위하여 작성한 세무조정계산서를 첨부할 수 있다.

③ 제1항제1호부터 제3호까지를 적용할 때에 해당 사업연도에 설립된 법인인 경우에는 해당 사업연도의 수입금액을 1년으로 환산한 금액을 직전 사업연도의 수입금액으로 본다.

[본조신설 2016. 2. 12.]

◎ 법 시행령 제97조의3(조정반) ① 법 제60조제9항에서 "대통령령으로 정하는 조정반(이하 이 조에서 "조정반"이라 한다)"이란 대표자를 선임하여 지방국세청장의 지정을 받은 다음 각 호의 자를 말한다. 이 경우 세무사등은 하나의 조정반에만 소속되어야 한다. 〈개정 2022. 2. 15.〉

1. 2명 이상의 세무사등

2. 세무법인

3. 회계법인

4. 「변호사법」에 따라 설립된 법무법인, 법무법인(유한) 또는 법무조합

② (생략)

나. 작성방법

세무조정계산서는 「법인세법 시행령」 제97조의3에 따라 지방국세청장의 지정을 받은 자가 작성하여야 한다.

2. 기부금영수증 발급 및 신고

가. 기부금영수증 발급대상

2018년 「법인세법 시행령」 개정으로 사내근로복지기금과 공동근로복지기금이 공익법인으로 포함되었음을 그 해 4월 초에 발견하고 바로 고용노동부 당시 퇴직연금복지과 담당 사무관에게 전화를 하여 이러한 사실을 알렸고, 고용노동부에서 기획재정부에 건의하여 「법인세법 시행령」이 개정(2021.02.17.)되었다. 이에 따라 2021년 1월 1일 이후 해당 회사가 설립한 사내근로복지기금, 해당회사와 다른 사업자간 공동으로 설립한 공동근로복지기금, 해당 회사와 「조세특례제한법」 제8조의3제1항제1호에 따른 협력중소기업이 설립한 「근로복지기본법」 제50조에 따른 사내근로복지기금, 해당 내국법인의 「조세특례제한법」 제8조의3제1항제1호에 따른 협력중소기업간에 공동으로 설립한 「근로복지기본법」 제86조의2에 따른 공동근로복지기금 등에 출연하는 금액은 회사의 직접 손비적용을 받게 되므로 기부금영수증을 발급할 필요가 없다.

그러나 개정된 「법인세법 시행령」(2021.02.17.)이 제3자인 개인이 기금법인에 출연시 기부금 세액공제를 받지 못하게 변경되었다. 이에 따라 고용노동부를 통해 회사의 대주주나 임원들이 자신의 재산을 기금법인에 출연하는 것은 부의 나눔이고 적극 장려해야 하는 사항임을 건의하여 기획재정부 고시 제2021-28호(2021.9.30.)로 기금법인을 공익목적 기부금단체로 고시하여 개인이 2021년 1월 1일 이후 기금법인에 출연하는 금액은 기부금 세액공제를 받을 수 있게 되었다. 낭시 고용노동부 이강욱 사무관님, 한미글로빌 주식회사 관계자분들이 많은 도움을 주셨다. 이 자리를 빌어 감사드린다.

당해 연도에 개인으로부터 출연을 받은 기금법인은 기부금영수증을 발급해야 하는데 기부금영수증을 사실과 다르게 적어 발급(기부금액 또는 기부자의 인적사항 등 주요사항을 적지 아니하고 발급하는 경우)한 경우 사실과 다르게 발급된 금액[영수증에 실제 적힌 금액(영수증에 금액이 적혀 있지 아니한 경우에는 기부금영수증을 발급받은 자가 기부금을 손금 또는 필요경비에 산입하거나 기부금세액공제를 받은 해당 금액으로 한다)과 건별로 발급하여야 할 금액과의 차액을 말한다]의 100분의 5, 기부자의 인적사항 등을 사실과 다르게 적어 발급하는 등의 경우는 영수증에 적힌 금액의 100분의 5의 가산세를 부과받게 되므로 조심하여야 한다.

나. 기부금영수증 발급사례

■ 법인세법 시행규칙 [별지 제63호의3서식] 〈개정 2023. 3. 20.〉

일련번호	

기부금영수증

※뒤쪽의 작성방법을 읽고 작성하여 주시기 바랍니다. (앞쪽)

❶ 기부자

성명(법인명)	○○○	주민등록번호 (사업자등록번호)	000000-0000000
주소(소재지)	서울특별시 ○○구 ○○대로 ○○, xxx동 xxxx호(○○동, ○○아파트)		

❷ 기부금 단체

단 체 명 (지 점 명*)	○○사내(공동)근로복지기금	사업자등록번호(고유번호) 000-82-00000 (지점 사업자등록번호 등)
소 재 지 (지점 소재지)	서울특별시 ○○구 ○○대로 ○○, ○○층(○○동, ○○빌딩)	기부금공제대상 공익법인등 근거법령 법인세법시행령

* 기부금 단체의 지점(분사무소)이 기부받은 경우, 지점명 등을 추가로 기재할 수 있습니다.

❸ 기부금 모집처(언론기관 등)

단 체 명		사업자등록번호	
소 재 지			

❹ 기부내용

코 드	구 분 (금전 또는 현물)	연월일	내 용			금 액
			품명	수량	단가	
40	금전	202x. 00. 00				000,000,000

「소득세법」 제34조, 「조세특례제한법」 제58조·제76조·제88조의4 및 「법인세법」 제24조에 따른 기부금을 위와 같이 기부하였음을 증명하여 주시기 바랍니다.

년 월 일

신청인 (서명 또는 인)

위와 같이 기부금을 기부받았음을 증명합니다.

년 월 일

기부금 수령인 (서명 또는 인)

210mm×297mm[백상지 80g/㎡ 또는 중질지 80g/㎡]

작 성 방 법

1. ❷ 기부금 대상 공익법인등은 해당 단체를 기부금 공제대상 공익법인등, 공익단체로 규정하고 있는 「소득세법」 또는 「법인세법」 등 관련 법령을 적어 기부금영수증을 발행해야 합니다.

기부금공제대상 기부금단체 근거법령	코드
「법인세법」제24조제2항제1호가목(국가 · 지방자치단체), 나목(국방헌금과 국군장병 위문금품)	101
「법인세법」제24조제2항제1호다목(천재지변으로 생기는 이재민을 위한 구호금품)	102
「법인세법」제24조제2항제1호라목(같은 목에 열거된 사립학교, 비영리 교육재단, 산학협력단 등의 기관(병원은 제외한다)에 시설비 ·교육비·장학금 또는 연구비로 지출하는 기부금)	103
「법인세법」제24조제2항제1호마목(같은 목에 열거된 병원에 시설비·교육비 또는 연구비로 지출하는 기부금)	104
「법인세법」제24조제2항제1호바목[사회복지사업, 그 밖의 사회복지활동의 지원에 필요한 재원을 모집 · 배분하는 것을 주된 목적으로 하는 비영리법인(일정 요건을 충족하는 법인만 해당)으로서 기획재정부장관이 지정·고시하는 법인]	105
「소득세법」제34조제2항제1호나목(「재난 및 안전관리 기본법」에 따른 특별재난지역을 복구하기 위하여 자원봉사를 한 경우 그 용역의 가액에 대해 기부금영수증을 발급하는 단체)	116
「정치자금법」에 따른 정당(후원회, 선거관리위원회 포함)	201
「법인세법 시행령」 제39조제1항제1호가목(「사회복지사업법」에 따른 사회복지법인)	401
「법인세법 시행령」 제39조제1항제1호나목(「영유아보육법」에 따른 어린이집)	402
「법인세법 시행령」 제39조제1항제1호다목(「유아교육법」에 따른 유치원, 「초· 중등교육법」 및 「고등교육법」에 따른 학교, 「국민 평생 직업 능력 개발법」에 따른 기능대학, 「평생교육법」 제31조제4항에 따른 전공대학 형태의 평생교육시설 및 같은 법 제33조제3항에 따른 원격대학 형태의 평생교육시설)	403
「법인세법 시행령」 제39조제1항제1호라목(「의료법」에 따른 의료법인)	404
「법인세법 시행령」 제39조제1항제1호마목[(종교의 보급, 그 밖에 교화를 목적으로 「민법」 제32조에 따라 문화체육관광부장관 또는 지방자치단체의 장의 허가를 받아 설립한 비영리법인(그 소속 단체를 포함한다)]	405
「법인세법 시행령」 제39조제1항제1호바목(기획재정부장관이 지정하여 고시한 법인)	406
「법인세법 시행령」 제39조제1항제2호가목(「유아교육법」에 따른 유치원의 장 등이 추천하는 개인에게 교육비·연구비·장학금으로 지출하는 기부금)	407
「법인세법 시행령」 제39조제1항제2호나목(공익신탁으로 신탁하는 기부금)	408
「법인세법 시행령」 제39조제1항제2호다목(기획재정부장관이 지정하여 고시하는 기부금)	409
「법인세법 시행령」 제39조제1항제4호(같은 호 각 목에 열거된 사회복지시설 또는 기관 중 무료 또는 실비로 이용할 수 있는 시설 또는 기관)	410
「법인세법 시행령」 제39조제1항제6호(기획재정부장관이 지정하여 고시하는 국제기구)	411
「소득세법 시행령」 제80조제1항제2호(노동조합 등의 회비)	421
「소득세법 시행령」 제80조제1항제5호(공익단체)	422
「조세특례제한법」 제88조의4(우리사주조합)	461
「조세특례제한법」 제58조(고향사랑기부금)	462

2. ❸기부금 모집처(언론기관 등)는 방송사, 신문사, 통신회사 등 기부금을 대신 접수하여 기부금 단체에 전달하는 기관을 말하며, 기부금 대상 공익법인등에게 직접 기부한 경우에는 적지 않습니다.

3. ❹기부내용의 코드는 다음 구분에 따라 적습니다.

기부금 구분	코드
「소득세법」 제34조제2항제1호, 「법인세법」 제24조제2항제1호에 따른 기부금	10
「조세특례제한법」 제76조에 따른 기부금	20
「소득세법」 제34조제3항제1호(종교단체 기부금 제외), 「법인세법」 제24조제3항제1호에 따른 기부금	40
「소득세법」 제34조제3항제1호에 따른 기부금 중 종교단체기부금	41
「조세특례제한법」 제88조의4에 따른 기부금	42
「조세특례제한법」 제58조에 따른 기부금	43
필요경비(손금) 및 세액공제 금액대상에 해당되지 않는 기부금	50

4. ❹기부내용의 구분란에는 "금진기부"의 경우에는 "금전", "현물기부"의 경우에는 "현물"로 적고, 내용란은 현물기부의 경우에만 적습니다. "현물기부"시 "단기"란은 아래 표와 같이 기부자, 특수관계여부 등에 따라 장부가액 또는 시가를 적습니다.

구 분	기부자		
	법인		개인
특례기부금	장부가액		
특수관계인이 아닌 자에게 기부한 일반기부금	장부가액		Max(장부가액, 시가)
그 밖의 기부금	Max(장부가액, 시가)		

5. (유의사항) 2021년 7월 1일 이후 전자기부금영수증(「법인세법」 제75조의4제2항 및 제112조의2에 따른 전자기부금영수증을 말함)을 발급한 경우에는 기부금영수증을 중복발행하지 않도록 유의하시기 바랍니다.

210mm×297mm[백상지 80g/㎡ 또는 중질지 80g/㎡]

다. 기부금영수증 발급명세의 작성 및 보관

당해 연도에 개인으로부터 출연을 받은 기금법인은 기부금영수증을 발급하고 「법인세법」 제112조의2제1항에 따라 기부자별 발급명세를 작성하여 발급한 날부터 5년간 보관하고, 기부금영수증 발급명세를 해당사업연도의 종료일이 속하는 달의 말일부터 6개월 이내에 관할 세무서장에게 제출해야 한다.

기부자별 발급명세를 작성하여 발급한 날부터 5년간 보관하지 않으면 작성·보관하지 아니한 금액의 1천분의 2 가산세를 부과 받게 된다.

◎법법 제112조의2(기부금영수증 발급명세의 작성·보관 의무 등) ① 기부금영수증을 발급하는 법인은 대통령령으로 정하는 기부자별 발급명세를 작성하여 발급한 날부터 5년간 보관하여야 한다. 다만, 전자기부금영수증을 발급한 경우에는 그러하지 아니하다. 〈개정 2014. 1. 1., 2020. 12. 22.〉

② 기부금영수증을 발급하는 법인은 제1항에 따라 보관하고 있는 기부자별 발급명세를 국세청장, 지방국세청장 또는 납세지 관할 세무서장이 요청하는 경우 이를 제출하여야 한다. 다만, 전자기부금영수증을 발급한 경우에는 그러하지 아니하다. 〈개정 2014. 1. 1., 2020. 12. 22.〉

③ 기부금영수증을 발급하는 법인은 해당 사업연도의 기부금영수증 총 발급 건수 및 금액 등이 적힌 기획재정부령으로 정하는 기부금영수증 발급합계표를 해당 사업연도의 종료일이 속하는 달의 말일부터 6개월 이내에 관할 세무서장에게 제출하여야 한다. 다만, 전자기부금영수증을 발급한 경우에는 그러하지 아니하다. 〈개정 2014. 1. 1. 2020. 12. 22., 2021. 12. 21.〉

④ 기부금영수증을 발급하는 법인은 해당 사업연도의 직전 사업연도에 받은 기부금에 대하여 발급한 기부금영수증 금액의 총합계액이 3억원 이상의 금액으로서 대통령령으로 정하는 금액을 초과하는 경우에는 해당 사업연도에 받은 기부금에 대하여 그 기부금을 받은 날이 속하는 연도의 다음 연도 1월 10일까지 전자기부금영수증을 발급하여야 한다. 〈신설 2024. 12. 31.〉

사업 연도	202x.01.01. ~ 202x.12.31.	기부자별 발급명세서				법인명	○○사내(공동) 근로복지기금	
						사업자등록번호	000-82-00000	

일련번호	기부일	기부자 성명 (상호)	주민등록번호 (사업자등록번호)	기부명세			발급명세	
		주 소 (본점 소재지)		내용	코드	금액	발급번호	발급일
1	202x.00.00 202x.00.00	○○○ 서울특별시 ○○구 ○○대로 ○○, xxx동 xxxx호(○○동, ○○아파트)	000000-0000000	현금	40	000,000,000	1	202x.11.30 202x.11.30

작성방법

※ 코드란에는 「법인세법」 제24조제2항제1호에 따른 특례기부금(종전 법정기부금, 예) 국가, 지방자치단체 등 기부금)은 (10)으로, 「법인세법」 제24조제3항제1호에 따른 일반기부금(종전 지정기부금, 예) 사회복지, 문화, 교육, 종교 등 기부금)은 (40)으로 구분하여 작성합니다.

210mm×297mm[백상지 80g/㎡ 또는 중질지 80g/㎡]

기 부 금 영 수 증 발 급 합 계 표

사업연도 (과세기간)	. . ~ . .

1. 기부금 영수증 발급자 **(공익법인등)**	①법인명(단체명)	○○사내(공동)근 로복지기금	②대 표 자	○ ○ ○
	③사업자등록번호 (고유번호)	000-82-00000	④전화번호	02-0000-0000
	⑤소 재 지	서울특별시 ○○구 ○○대로○○, ○○층(○○동, ○○빌딩)		
	⑥유 형 (해당란에 √)	□ 정부등 공공 □ 교육 □ 종교 □ 사회복지 □ 자선 □ 의료 □ 문화 □ 학술 □ 기타		

2. 해당 사업연도(과세기간)의 기부금영수증 발급현황

(단위: 원)

⑦구 분 ⑪기부자	⑧합 계		⑨「법인세법」 제24조제2항 제1호에 따른 특례기부금 (종전 법정기부금)		⑩「법인세법」 제24조제3항 제1호에 따른 일반기부금 (종전 지정기부금)	
	건수	금액	건수	금액	건수	금액
법 인						
개 인	1	000,000,000			1	000,000,000
합 계	1	000,000,000			1	000,000,000

「법인세법」 제112조의2제3항에 따른 기부금영수증 발급합계표를 제출합니다.

202x년 6월 28일

제출인   (서명 또는 인)

세무서장 귀하

작성방법

1. 이 서식은 기부금영수증을 발급하는 자가 해당 사업연도(과세기간)의 종료일이 속하는 달의 말일부터 6개월 이내에 관할세무서장에게 제출해야 합니다.

2. ⑥ 유형란: 기부금 영수증 발급자(공익법인등)에 해당하는 유형을 선택합니다.

3. ⑧ ~ ⑩ 란: 해당 사업연도의 해당 기부금영수증 총 발급건수 및 총 발급금액을 적습니다.

4. 2021년 7월 1일 이후 전자기부금영수증(「법인세법」 제75조의4제2항 및 제112조의2에 규정되어 있습니다)을 발급하는 분부터는 본 서식을 제출할 의무가 없습니다.

210mm×297mm[백상지 80g/㎡ 또는 중질지 80g/㎡]

3. 세금계산서 신고

가. 사업자등록

비영리내국법인이 「부가가치세법」 상 과세대상인 사업을 신규로 개시하는 경우에는 고유번호증을 반납하고 「부가가치세법」 제8조의 규정에 따라 사업자등록을 하여야 한다고 명시하고 있다.

◎부법 제8조(사업자등록) ① 사업자는 사업장마다 대통령령으로 정하는 바에 따라 사업 개시일부터 20일 이내에 사업장 관할 세무서장에게 사업자등록을 신청하여야 한다. 다만, 신규로 사업을 시작하려는 자는 사업 개시일 이전이라도 사업자등록을 신청할 수 있다.

② 사업자는 제1항에 따른 사업자등록의 신청을 사업장 관할 세무서장이 아닌 다른 세무서장에게도 할 수 있다. 이 경우 사업장 관할 세무서장에게 사업자등록을 신청한 것으로 본다.

③ 제1항에도 불구하고 사업장이 둘 이상인 사업자(사업장이 하나이나 추가로 사업장을 개설하려는 사업자를 포함한다)는 사업자 단위로 해당 사업자의 본점 또는 주사무소 관할 세무서장에게 등록을 신청할 수 있다. 이 경우 등록한 사업자를 사업자 단위 과세 사업자라 한다. 〈개정 2018. 12. 31.〉

④ 제1항에 따라 사업장 단위로 등록한 사업자가 제3항에 따라 사업자 단위 과세 사업자로 변경하려면 사업자 단위 과세 사업자로 적용받으려는 과세기간 개시 20일 전까지 사업자의 본점 또는 주사무소 관할 세무서장에게 변경등록을 신청하여야 한다. 사업자 단위 과세 사업자가 사업장 단위로 등록을 하려는 경우에도 또한 같다.

⑤ ~ ⑥ (생략)

⑦ 제1항부터 제6항까지의 규정에 따라 신청을 받은 사업장 관할 세무서장(제3항부터 제5항까지의 규정에서는 본점 또는 주사무소 관할 세무서장을 말한다. 이하 이 조에서 같다)은 사업자등록을 하고, 대통령령으로 정하는 바에 따라 등록된 사업자에게 등록번호가 부여된 등록증(이하 "사업자등록증"이라 한다)을 발급하여야 한다. 〈개정 2018. 12. 31., 2020. 12. 22.〉

⑧ 제7항에 따라 등록한 사업자는 휴업 또는 폐업을 하거나 등록사항이 변경되면 대통령령으로 정하는 바에 따라 지체 없이 사업장 관할 세무서장에게 신고하여야 한다. 제1항 단서에 따라 등록을 신청한 자가 사실상 사업을 시작하지 아니하게 되는 경우에도 또한 같다. 〈개정 2018. 12. 31., 2020. 12. 22.〉

⑨ 사업장 관할 세무서장은 제7항에 따라 등록된 사업자가 다음 각 호의 어느 하나에 해당하면 지체 없이 사업자등록을 말소하여야 한다. 〈개정 2018. 12. 31., 2020. 12. 22., 2023. 12. 31.〉

1. 폐업(사실상 폐업한 경우로서 대통령령으로 정하는 경우를 포함한다)한 경우

2. 제1항 단서에 따라 등록신청을 하고 사실상 사업을 시작하지 아니하게 되는 경우로서 대통령령으로 정하는 경우

⑩ 사업장 관할 세무서장은 필요하다고 인정하면 대통령령으로 정하는 바에 따라 사업자등록증을 갱신하여 발급할 수 있다. 〈개정 2018. 12. 31., 2020. 12. 22.〉

⑪ (생략)

⑫ 제1항부터 제11항까지에서 규정한 사항 외에 사업자등록, 사업자등록증 발급, 등록사항의 변경 및 등록의 말소 등에 필요한 사항은 대통령령으로 정한다. 〈개정 2018. 12. 31., 2020. 12. 22.〉

나. 세금계산서 발행여부

「부가가치세법」상 과세대상 사업을 영위하지 않고 비수익사업만을 영위하는 기금법인은 세금계산서를 발행할 수 없다. 다만, 사내구판장이나 구내자판기, 구내휴게실, 구내식당 등 부가가치세법상 과세대상 사업을 영위하는 사내근로복지기금은 수익사업 부문에서 발생하는 사업에 대해서는 세금계산서를 발행해야 한다.

다. 매입세액 공제여부

비수익사업을 영위하는 기금법인이 공급하는 재화 또는 공급에 대해서는 부가가치세가 면제되는 면세법인이 수취한 매입세금계산서의 매입세액(고유번호에 의한 매입세액)은 공제하지 아니한다. 따라서 매입세액불공제액은 해당 지출원인의 대상이 되는 원가에 산입하여야 한다.

◎부법 제26조(재화 또는 용역의 공급에 대한 면세) ① 다음 각 호의 재화 또는 용역의 공급에 대하여는 부가가치세를 면제한다.

1. ~ 17. (생략)

18. 종교, 자선, 학술, 구호(救護), 그 밖의 공익을 목적으로 하는 단체가 공급하는 재화 또는 용역으로서 대통령령으로 정하는 것

19. ~ 20. (생략)

② 제1항에 따라 면세되는 재화 또는 용역의 공급에 통상적으로 부수되는 재화 또는 용역의 공급은 그 면세되는 재화 또는 용역의 공급에 포함되는 것으로 본다.

◎부령 제45조(종교, 자선, 학술, 구호 등의 공익 목적 단체가 공급하는 재화 또는 용역으로서 면세하는 것의 범위) 법 제26조제1항제18호에 따른 종교, 자선, 학술, 구호(救護), 그 밖의 공익을 목적으로 하는 단체가 공급하는 재화 또는 용역은 다음 각 호의 재화 또는 용역으로 한다.

1. 주무관청의 허가 또는 인가를 받거나 주무관청에 등록된 단체(종교단체의 경우에는 그 소속단체를 포함한다)로서 「상속세 및 증여세법 시행령」 제12조 각 호의 어느 하나에 따른 사업 또는 기획재정부령으로 정하는 사업을 하는 단체가 그 고유의 사업목적을 위하여 일시적으로 공급하거나 실비(實費) 또는 무상으로 공급하는 재화 또는 용역

2. ~ 7. (생략)

◎부법 제39조(공제하지 아니하는 매입세액) ① 제38조에도 불구하고 다음 각 호의 매입세액은 매출세액에서 공제하지 아니한다.

1. ~ 6. (생략)

7. 면세사업등에 관련된 매입세액(면세사업등을 위한 투자에 관련된 매입세액을 포함한다)과 대통령령으로 정하는 토지에 관련된 매입세액

8. (생략)

② 제1항에 따라 공제되지 아니하는 매입세액의 범위에 관하여 필요한 사항은 대통령령으로 정한다.

라. 세금계산서 합계표 제출

「부가가치세법」의 과세사업을 영위하는 사업자는 당연히 부가세 과세표준 신고·납부 의무가 있지만 「부가가치세법」에서 정한 사업자가 아니더라도 다음의 경우에는 해당 과세기간이 끝난 후 25일 이내에 매입처별 세금계산서합계표를 작성 제출해야 한다.

「법인세법」 제120조의3에서도 법인들은 매입처별 세금계산서합계표 제출 의무를 부여히고 있다. 기금법인은 조세 협력의무가 있지만 부가가치세 신고를 하지 않아도 불이익은 없다.

◎부법 제54조(세금계산서합계표의 제출) ① ~ ④ (생략)
⑤ 세금계산서를 발급받은 국가, 지방자치단체, 지방자치단체조합, 그 밖에 대통령령으로 정하는 자는 매입처별 세금계산서합계표를 해당 과세기간이 끝난 후 25일 이내에 납세지 관할 세무서장에게 제출하여야 한다. ⑥ (생략)

◎부령 제99조(매입처별 세금계산서합계표 제출의무자의 범위) 법 제54조제5항에서 "대통령령으로 정하는 자"란 다음 각 호의 자를 말한다.
1. 부가가치세가 면제되는 사업자 중 소득세 또는 법인세의 납세의무가 있는 자(「조세특례제한법」에 따라 소득세 또는 법인세가 면제되는 자를 포함한다)
2. 「민법」 제32조에 따라 설립된 법인
3. 특별법에 따라 설립된 법인
4. ~ 5. (생략)

◎법법 제120조의3(매입처별 세금계산서합계표의 제출) ① 「부가가치세법」 및 「조세특례제한법」에 따라 부가가치세가 면제되는 사업을 하는 법인은 재화나 용역을 공급받고 「부가가치세법」 제32조제1항·제7항 및 제35조제1항에 따라 세금계산서를 발급받은 경우에는 대통령령으로 정하는 기한까지 매입처별 세금계산서합계표(「부가가치세법」 제54조에 따른 매입처별 세금계산서합계표를 말한다. 이하 같다)를 납세지 관할 세무서장에게 제출하여야 한다. 다만, 「부가가치세법」 제54조제5항에 따라 제출한 경우에는 그러하지 아니하다.
② 매입처별 세금계산서합계표의 제출 등에 필요한 사항은 대통령령으로 정한다.

매입처별 세금계산서합계표 서식은 다음과 같다.

■ 부가가치세법 시행규칙 [별지 제39호서식(1)] 〈개정 2024. 3. 22.〉   홈택스(www.hometax.go.kr)에서도 신청할 수 있습니다.

매입처별 세금계산서합계표(갑)
년 제 기 (월 일 ~ 월 일)

※ 아래의 작성방법을 읽고 작성하시기 바랍니다.   (앞쪽)

1. 제출자 인적사항

① 사업자등록번호	② 상호(법인명)
③ 성명(대표자)	④ 사업장 소재지
⑤ 거래기간 년 월 일 ~ 년 월 일	⑥ 작성일 년 월 일

2. 매입세금계산서 총합계

구 분		⑦매입 처수	⑧ 매수	⑨ 공급가액					⑩ 세 액				
				조	십억	백만	천	일	조	십억	백만	천	일
합 계													
과세기간 종료일 다음 달 11일까지 전송된 전자 세금계산서 발급받은 분	사업자등록번호 발급받은 분												
	주민등록번호 발급받은 분												
	소 계												
위 전자 세금계산서 외의 발급받은 분	사업자등록번호 발급받은 분												
	주민등록번호 발급받은 분												
	소 계												

* 주민등록번호로 발급받은 세금계산서는 사업자등록 전 매입세액 공제를 받을 수 있는 세금계산서만 적습니다.

3. 과세기간 종료일 다음 달 11일까지 전송된 전자세금계산서 외 발급받은 매입처별 명세(합계금액으로 적음)

⑪ 번호	⑫사업자 등록번호	⑬ 상호 (법인명)	⑭ 매수	⑮ 공급가액					⑯ 세액					비 고
				조	십억	백만	천	일	조	십억	백만	천	일	
1														
2														
3														
4														
5														

⑰ 관리번호(매입)	-

210mm×297mm[백상지 80g/㎡ 또는 중질지 80g/㎡]

작성방법

이 합계표는 아래의 작성방법에 따라 한글과 아라비아숫자로 정확하고 선명하게 적어야 하며, 공급가액과 세액은 원 단위까지 표시하여야 합니다.

①~④: 제출자의 사업자등록증에 적힌 사업자등록번호(또는 고유번호), 상호(법인명), 성명(대표자), 사업장 소재지를 적습니다.

⑤: 신고대상기간을 적습니다(예시: 2010년 1월 1일 ~ 2010년 6월 30일).

⑥: 이 합계표를 작성하여 제출하는 연월일을 적습니다.

⑦~⑩: 합계란에는 과세기간 종료일 다음 달 11일까지 전송된 전자세금계산서 발급받은 분 소계와 위 전자세금계산서 외의 발급받은 분 소계의 단순합계를 적습니다.
과세기간 종료일 다음 달 11일까지 전송된 전자세금계산서 발급받은 분에는 전자세금계산서로 발급받고, 과세기간(예정신고대상자의 경우 예정신고기간) 종료일 다음 달 11일(토요일, 공휴일인 경우 그 다음 날)까지 국세청에 전송된 매입세금계산서에 대한 매입처 수, 총매수, 총공급가액 및 총세액을 적습니다.
위 전자세금계산서 외의 발급받은 분에는 종이세금계산서, 전자세금계산서로 발급받았으나 그 개별명세가 과세기간(예정신고대상자의 경우 예정신고기간) 종료일 다음 달 11일(토요일, 공휴일인 경우 그 다음 날)까지 국세청에 전송되지 않은 전자세금계산서에 대한 매입처 수, 총매수, 총공급가액 및 총세액을 적습니다.

⑪: 과세기간 종료일 다음 달 11일까지 전송된 전자세금계산서 외 발급받은 매입처별 명세는 위 전자세금계산서 외의 발급받은 분에 대한 각각의 매입처별로 1번부터 부여하여 마지막까지 순서대로 적고[매입처별 세금계산서합계표(갑)서식을 초과하는 매입처별 거래분에 대해서는 매입처별 세금계산서합계표(을)서식에 이어서 적습니다], 주민등록번호로 발급받은 세금계산서는 사업자등록 전 매입세액 공제를 받을 수 있는 세금계산서만 적으며, 매입자가 세무서장에게 요청하여 발급하는 매입자발행세금계산서는 별도의 「매입자발행세금계산서 합계표」에 적고, 전자세금계산서 외의 발급받은 분에는 포함하지 않습니다.

⑫·⑬: 위 전자세금계산서 외의 발급받은 분 세금계산서의 거래처(공급자) 사업자등록번호와 상호(법인명)를 적습니다.

⑭~⑯: 위 전자세금계산서 외의 발급받은 분 세금계산서를 거래처(공급자)별로 합하여 세금계산서 매수, 공급가액, 세액을 적습니다. 수정세금계산서의 경우에도 매수와 금액을 더하여 적습니다(예정신고 누락분을 확정신고 시 제출하는 경우 거래처에 더하여 적습니다).

⑰: 사업자가 적지 않습니다(권번호-페이지번호).

※ 3. 과세기간 종료일 다음 달 11일까지 전송된 전자세금계산서 외 발급받은 매입처가 5개를 초과하는 경우 『매입처별 세금계산서합계표(을)』[별지 제39호서식(2)]에 이어서 작성합니다.

매입처별 세금계산서합계표(을)

년 제 기(월 일~ 월 일)

사업자등록번호	

⑪ 번호	⑫ 사업자 등록번호	⑬ 상호 (법인명)	⑭ 매수	⑮ 공급가액						⑯ 세액						비고
				조	십억	백만	천	일		조	십억	백만	천	일		

작성방법

이 서식은 과세기간 종료일 다음 달 11일까지 전송된 전자세금계산서 외 발급받은 매입처가 6개 이상으로서 『매입처별 세금계산서합계표(갑)』[별지 제39호서식(1)]을 초과하는 경우에 사용합니다.

(　　)쪽

⑰ 관리번호(매입)	－

210mm×297mm[백상지 80g/㎡ 또는 중질지 80g/㎡]

4. 계산서 신고

가. 개요

법인이 재화와 용역을 공급하면 계산서나 영수증을 작성하여 공급받는 자에게 발급해야 하며 계산서를 발급하거나 발급받은 계산서의 메출·매입처별 계산서 합계표를 정해진 기한까지 제출해야 한다.

> ◎법법 제121조(계산서의 작성·발급 등) ① 법인이 재화나 용역을 공급하면 대통령령으로 정하는 바에 따라 계산서나 영수증(이하 "계산서등"이라 한다)을 작성하여 공급받는 자에게 발급하여야 한다. 이 경우 계산서는 대통령령으로 정하는 전자적 방법으로 작성한 계산서(이하 "전자계산서"라 한다)를 발급하여야 한다.
> ②「부가가치세법」제26조제1항제1호에 따라 부가가치세가 면제되는 농산물·축산물·수산물과 임산물의 위탁판매 또는 대리인에 의한 판매의 경우에는 수탁자(受託者)나 대리인이 재화를 공급한 것으로 보아 계산서등을 작성하여 그 재화를 공급받는 자에게 발급하여야 한다. 다만, 제1항에 따라 대통령령으로 정하는 바에 따라 계산서등을 발급하는 경우에는 그러하지 아니하다. 〈개정 2013. 6. 7. 〉
> ③ ~ ⑧ (생략)

나. 매입처별 계산서합계표 제출 의무

> ◎법법 제121조(계산서의 작성·발급 등) ① ~ ④ (생략)
> ⑤ 법인은 제1항부터 제3항까지의 규정에 따라 발급하였거나 발급받은 계산서의 매출·매입처별합계

표(이하 "매출·매입처별 계산서합계표"라 한다)를 대통령령으로 정하는 기한까지 납세지 관할 세무서장에게 제출하여야 한다. 다만, 다음 각 호의 어느 하나에 해당하는 계산서의 합계표는 제출하지 아니할 수 있다. 〈개정 2014. 12. 23. 〉

1. 제3항에 따라 계산서를 발급받은 법인은 그 계산서의 매입처별 합계표

2. 제1항 후단에 따라 전자계산서를 발급하거나 발급받고 제7항에 따라 전자계산서 발급명세를 국세청장에게 전송한 경우에는 매출·매입처별 계산서합계표

⑥ ~ ⑦ (생략)

⑧ 계산서등의 작성·발급 및 매출·매입처별 계산서합계표의 제출에 필요한 사항은 대통령령으로 정한다. 〈개정 2014. 12. 23. 〉

◎법령 제164조(계산서의 작성·교부 등) ① ~ ③ (생략)

④ 법 제121조제5항 본문에서 "대통령령으로 정하는 기한"이란 매년 2월 10일을 말한다.

⑤ ~ ⑨ (생략)

다. 미신고시 불이익

법인이 매입처별 계산서합계표를 정해진 기한 내에 제출하지 않으면 가산세가 부과된다.

◎법법 제75조의8(계산서 등 제출 불성실 가산세) ① 내국법인(대통령령으로 정하는 법인은 제외한다)이 다음 각 호의 어느 하나에 해당하는 경우에는 다음 각 호의 구분에 따른 금액을 가산세로 해당 사업연도의 법인세액에 더하여 납부하여야 한다. 〈개정 2019. 12. 31. 〉

1. ~ 2. (생략)

3. 제121조제5항에 따라 매출·매입처별 계산서합계표를 같은 조에 따른 기한까지 제출하지 아니한 경우 또는 제출하였더라도 그 합계표에 대통령령으로 정하는 적어야 할 사항의 전부 또는 일부를 적지 아니하거나 사실과 다르게 적은 경우(제4호가 적용되는 분은 제외한다): 공급가액의 1천분의 5

4. ~ 6. (생략)

② ~ ③ (생략)

◎법령 제120조(가산세의 적용) ① ~ ② (생략)

③법 제75조의5제1항 및 제75조의8제1항 각 호 외의 부분에서 "대통령령으로 정하는 법인"이란 다음 각 호의 어느 하나에 해당하는 법인을 말한다.

  1. 국가 및 지방자치단체

  2. 비영리법인(제3조제1항의 수익사업과 관련된 부분은 제외한다)

④ ~ ⑯ (생략)

매입처별 계산서합계표 서식은 다음과 같다.

매입처별 계산서합계표(갑)
(　　　　년　　　　기)

(3쪽 중 제1쪽)

1. 제출자 인적사항

① 사업자등록번호	-　-	② 상호(법인명)	
③ 성명(대표자)		④ 사업장 소재지	
⑤ 거래기간	년 월 일 ~ 년 월 일	⑥ 작성일	년　　월　　일

2. 매입계산서 총합계

구 분	⑦ 매입처 수	⑧ 매수	⑨공급가액				
			조	십억	백만	천	일
합 계							
과세기간 종료일 다음 달 11일까지 전송된 전자 계산서 발급받은 분							
위 전자계산서 외의 발급받은 분							

3. 과세기간 종료일 다음달 11일까지 전송된 전자계산서 외 발급받은 매입처별 명세 (합계금액으로 적음)

⑩ 번호	⑪ 사업자 등록번호	⑫ 상호 (법인명)	⑬ 매수	⑭공급가액					비고
				조	십억	백만	천	일	
1									
2									
3									
4									
5									

(　　)쪽

⑮ 관리번호(매입)	-

210mm×297mm[백상지 80g/㎡ 또는 중질지 80g/㎡]

작 성 방 법

※ 이 합계표는 아래의 작성방법에 따라 한글과 아라비아숫자로 정확하고 선명하게 적어야 하며, 매입금액은 원 단위까지 표시해야 합니다.

① ~ ④: 제출자의 사업자등록증에 적힌 사업자등록번호(또는 고유번호), 상호(법인명), 성명(대표자), 사업장 소재지를 적습니다.

⑤: 신고대상기간을 적습니다(예시: 2012년 1월 1일 ~ 2012년 12월 31일).

⑥: 이 합계표를 작성하여 제출하는 연월일을 적습니다.

⑦~⑨: 합계란에는 과세기간 종료일 다음 달 11일까지 전송된 전자계산서 발급분 소계와 위 전자계산서 외의 발급분 소계의 단순합계를 적습니다.
　　과세기간 종료일 다음 달 11일까지 전송된 전자계산서 발급받은 분에는 전자계산서로 발급받고 과세기간 종료일 다음 달 11일(토요일, 일요일, 공휴일, 대체공휴일인 경우에는 그다음 날)까지 국세청에 전송된 매입계산서에 대한 매입처 수, 총매수, 공급가액을 적습니다.
　　위 전자계산서 외의 발급받은 분에는 종이계산서, 전자계산서로 발급받았으나 그 개별명세가 과세기간 종료일 다음 달 11일(토요일, 일요일, 공휴일, 대체공휴일인 경우에는 그다음 날)까지 국세청에 전송되지 않은 전자계산서에 대한 매입처 수, 총매수, 공급가액을 적습니다.

⑩: 과세기간 종료일 다음달 11일까지 전송된 전자계산서 외 발급받은 매입처별 명세는 위 전자계산서 외의 발급받은 분에 대한 각각의 매입처별로 1번부터 부여하여 마지막까지 순서대로 적습니다[매입처별계산서합계표(갑)서식을 초과하는 매입처별 거래분에 대해서는 매입처별계산서합계표(을)서식에 이어서 적습니다].
　　2023. 7. 1. 이후 제출자(매입자)가 발행하는 매입자발행계산서는 별도의 「매입자발행계산서합계표」(「소득세법 시행규칙」 별지 제29호의18서식)에 적고, 전자계산서 외의 발급받은 분에는 포함하지 않습니다.

⑪·⑫: 위 전자계산서 외의 발급받은 분 계산서의 거래처(공급자) 사업자등록번호와 상호(법인명)를 적습니다.

⑬·⑭: 위 전자계산서 외의 발급받은 분 계산서를 거래처(공급자)별로 합하여 계산서 매수, 공급가액을 적습니다. 수정계산서의 경우에도 매수와 금액을 더하여 적습니다.

⑮: 사업자가 적지 않습니다(권번호-페이지번호).

매입처별 계산서합계표(을)
(년   기)

	사업자등록번호	-	-

번호	사업자등록번호	상호 (법인명)	매 수	공급가액					비 고
				조	십억	백만	천	일	

※ 이 서식은 매입처가 6개 이상으로서 매입처별계산서합계표(갑)을 초과하는 경우에 사용합니다.

(   )쪽

관리번호(매입)	-

210mm×297mm[백상지 80g/㎡ 또는 중질지 80g/㎡]

5. 법인설립신고

가. 개요

모든 내국법인은 그 설립등기일로부터 2개월 이내에 납세지 관할법인 세무서장에게 법인설립 신고를 하여야 한다. 기금법인 또한 고용노동부장관의 설립인가증을 수령 후 기금법인등기를 마친 후 2개월 이내에 주소지 관할 세무서를 방문하여 기금법인 설립신고를 하야야 한다. 「법인세법」관련 조문은 다음과 같다.

◎법법 제109조(법인의 설립 또는 설치신고) ① 내국법인은 그 설립등기일(사업의 실질적 관리장소를 두게 되는 경우에는 그 실질적 관리장소를 두게 된 날을 말하며, 법인과세 신탁재산의 경우에는 설립일을 말한다)부터 2개월 이내에 다음 각 호의 사항을 적은 법인 설립신고서에 대통령령으로 정하는 주주등의 명세서와 사업자등록 서류 등을 첨부하여 납세지 관할 세무서장에게 신고하여야 한다. 이 경우 제111조에 따른 사업자등록을 한 때에는 법인 설립신고를 한 것으로 본다.
> 1. 법인의 명칭과 대표자의 성명[법인과세 신탁재산의 경우에는 법인과세 수탁자(둘 이상의 수탁자가 있는 경우 대표수탁자 및 그 외의 모든 수탁자를 말한다)의 명칭과 대표자의 성명을 말한다]
> 2. 본점이나 주사무소 또는 사업의 실질적 관리장소의 소재지(법인과세 신탁재산의 경우 법인과세 수탁자의 본점이나 주사무소 또는 사업의 실질적 관리장소의 소재지를 말한다)
> 3. 사업 목적
> 4. 설립일

② (생략)

③ 내국법인과 외국법인은 제1항과 제2항에 따라 신고한 신고서 및 그 첨부서류의 내용이 변경된 경우에는 그 변경사항이 발생한 날부터 15일 이내에 그 변경된 사항을 납세지 관할 세무서장에게 신고하여야 한다.

④ (생략)

◎법법 제111조(사업자등록) ① 신규로 사업을 시작하는 법인은 대통령령으로 정하는 바에 따라 납세지 관할 세무서장에게 등록하여야 한다. 이 경우 내국법인이 제109조제1항에 따른 법인 설립신고를 하기 전에 등록하는 때에는 같은 항에 따른 주주등의 명세서를 제출하여야 한다.

② 「부가가치세법」에 따라 사업자등록을 한 사업자는 그 사업에 관하여 제1항에 따른 등록을 한 것으로 본다.

③ 「부가가치세법」에 따라 법인과세 수탁자로서 사업자등록을 한 경우에는 그 법인과세 신탁재산에 관하여 제1항에 따른 등록을 한 것으로 본다.

④ 이 법에 따라 사업자등록을 하는 법인에 관하여는 「부가가치세법」 제8조를 준용한다.

⑤ 제109조에 따른 법인 설립신고를 한 경우에는 사업자등록신청을 한 것으로 본다.

[전문개정 2010. 12. 30.]

나. 신고서식

기금법인이 사업자등록을 실시할 경우 사용하는 서식은 법인세법 시행규칙 [별지 제73호 서식]이다. 이 서식을 작성하는 과정에서 5. 사업장 현황에서 주업태와 주종목을 무엇으로 기입할 것이냐가 관건이다. 이자소득만 있는 기금법인(대부사업이나 그 밖의 수익사업을 실시하지 않을 경우)은 주업태를 '비영리'로, 주업종은 '사내근로복지기금' 기입하면 고유번호증을 발급해준다.

반면, 종업원 대부사업을 실시하는 경우 주업태를 '금융 및 보험업'으로 하고, 주업종은 '그외 기타분류되지 않은 금융업' 기입하면 사업자등록증(면세법인사업자 : 본점용)을 발급해준다. 만약, 기금법인이 사내구판장, 구내식장, 구내자판기, 구내휴게실 등 수익사업을 실시하고자 할 경우에는 해당 주업태와 주업종을 기입해야 하며 이 경우는 일반법인용 사업자등록증이 발급된다.

접수번호	[　] 법인설립신고 및 사업자등록신청서 [　] 국내사업장설치신고서(외국법인)	처리기간 2일 (보정기간은 불산입)

귀 법인의 사업자등록신청서상의 내용은 사업내용을 정확하게 파악하여 근거과세의 실현 및 사업자등록 관리업무의 효율화를 위한 자료로 활용됩니다. 아래의 사항에 대하여 사실대로 작성하시기 바라며 신청서에 서명 또는 인감(직인)날인하시기 바랍니다

1. 인적사항

법 인 명(단체명)		승인법인고유번호 (폐업당시 사업자등록번호)	
대 표 자		주민등록번호	-
사업장(단체)소재지			층　　　호
전 화 번 호	(사업장)　　　　　　　(휴대전화)		

2. 법인현황

법인등록번호	-	자본금	원	사업연도	월 일 ~ 월 일

법 인 성 격 (해당란에 ○표)

내 국 법 인								외 국 법 인			지점(내국법인의 경우)		분할신설법인		
영리 일반	영리 외투	신탁 재산	비영 리	국가 지방 자치	법인으로 보는 단체		지점 (국내 사업장)	연락 사무소	기타	여	부	본점 사업자 등록번호	분할전 사업자 등록번호	분할 연월일
					승인법인	기타								

조합법인 해당 여부		사업자 단위 과세 여부		법인과세 신탁재산		공 익 법 인				외국 · 외투 법인	국 적	투자비율
여	부	여	부	여	부	해당여부	사업유형	주무부처명	출연자산여부			
						여 　 부			여 　 부			

3. 법인과세 신탁재산의 수탁자(법인과세 신탁재산의 설립에 한함)

법 인 명(상호)		사업자등록번호	
대 표 자		주민등록번호	
사업장소재지			

4. 외국법인 내용 및 관리책임자 (외국법인에 한함)

외 국 법 인 내 용

본 점	상 호	대 표 자	설 치 년 월 일	소 재 지

관 리 책 임 자

성 명(상 호)	주민등록번호(사업자등록번호)	주 소(사업장소재지)	전 화 번 호

5. 사업장현황

사 업 의 종 류						사업(수익사업) 개시일
주업태	주 종 목	주업종코드	부업태	부 종 목	부업종코드	년 월 일

사이버몰 명칭		사이버몰 도메인	

사업장 구분 및 면적		도면첨부		사업장을 빌려준 사람(임대인)				
자가	타가	여	부	성 명(법인명)	사업자등록번호	주민(법인)등록번호	전화번호
㎡	㎡						

임 대 차 계 약 기 간	(전세)보증금	월 세(부가세 포함)
20 . . ~ 20 . .	원	원

개 별 소 비 세				주 류 면 허		부가가치세 과세사업		인·허가 사업 여부			
제 조	판 매	장 소	유 흥	면 허 번 호	면 허 신 청	여	부	신고	등록	인·허 가	기 타
					여 　 　 부						

설립등기일 현재 기본 재무상황 등

자산 계	유동자산	비유동자산	부채 계	유동부채	비유동부채	종업원수
천원	천원	천원	천원	천원	천원	명

전자우편주소		국세청이 제공하는 국세정보 수신동의 여부	[　] 문자(SMS) 수신에 동의함(선택) [　] 이메일 수신에 동의함(선택)

210mm×297mm[백상지 80g/㎡ 또는 중질지 80g/㎡]

6. 사업자등록신청 및 사업 시 유의사항(아래 사항을 반드시 읽고 확인하시기 바랍니다)

가. 사업자등록 명의를 빌려주는 경우 해당 법인에게 부과되는 각종 세금과 과세자료에 대하여 소명 등을 해야 하며, 부과된 세금의 체납 시 소유재산의 압류·공매처분, 체납내역 금융회사 통보, 여권발급제한, 출국규제 등의 불이익을 받을 수 있습니다.

나. 내국법인은 주주(사원)명부를 작성하여 비치해야 합니다. 주주(사원)명부는 사업자등록신청 및 법인세 신고 시 제출되어 지속적으로 관리되므로 사실대로 작성해야 하며, 주주명의를 대여하는 경우에는 양도소득세 또는 증여세가 과세될 수 있습니다.

다. 사업자등록 후 정당한 사유 없이 6개월이 경과할 때까지 사업을 개시하지 아니하거나 부가가치세 및 법인세를 신고하지 아니하거나 사업장을 무단 이전하여 실지사업여부의 확인이 어려울 경우에는 사업자등록이 직권으로 말소될 수 있습니다.

라. 실물거래 없이 세금계산서 또는 계산서를 발급하거나 수취하는 경우 「조세범처벌법」 제10조제3항 또는 제4항에 따라 해당 법인 및 대표자 또는 관련인은 3년 이하의 징역 또는 공급가액 및 그 부가가치세액의 3배 이하에 상당하는 벌금에 처하는 처벌을 받을 수 있습니다.

마. 신용카드 가맹 및 이용은 반드시 사업자 본인 명의로 해야 하며 사업상 결제목적 이외의 용도로 신용카드를 이용할 경우 「여신전문금융업법」 제70조제2항에 따라 3년 이하의 징역 또는 2천만원 이하의 벌금에 처하는 처벌을 받을 수 있습니다.

바. 공익법인의 경우 공익법인에 해당하게 된 날부터 3개월 이내에 전용계좌를 개설하여 신고해야 하며, 공익목적사업과 관련한 수입과 지출금액은 반드시 신고한 전용계좌를 사용해야 합니다.(미이행시 가산세가 부과될 수 있습니다.)

사. 「정보통신망 이용촉진 및 정보보호 등에 관한 법률」 제2조제1항제1호에 따른 정보통신망을 이용하여 가상의 업무공간에서 사업을 수행하는 사업자의 경우 그 법인의 등기부에 따른 본점이나 주사무소의 소재지(국내에 본점 또는 주사무소가 있지 않은 경우에는 사업을 실질적으로 관리하는 장소의 소재지)를 "사업장(단체)소재지"란에 기재할 수 있습니다.

신청인의 위임을 받아 대리인이 사업자등록신청을 하는 경우 아래 사항을 적어 주시기 바랍니다.

대 리 인 인적사항	성 명		주민등록번호	
	주 소 지			
	전화 번호		신청인과의 관계	
신청 구분	[ ] 사업자등록만 신청 [ ] 사업자등록신청과 확정일자를 동시에 신청 [ ] 확정일자를 이미 받은 자로서 사업자등록신청 (확정일자 번호:)			

신청서에 적은 내용과 실제 사업내용이 일치함을 확인하고, 「법인세법」 제75조의12제3항·제109조·제111조, 같은 법 시행령 제152조부터 제154조까지, 같은 법 시행규칙 제82조제7항제11호 및 「상가건물 임대차보호법」 제5조제2항에 따라 법인설립 및 국내사업장설치 신고와 사업자등록 및 확정일자를 신청합니다.

년   월   일

신 청 인   (인)
위 대 리 인   (서명 또는 인)

세무서장 귀하

첨부서류	1. 정관 1부(외국법인만 해당합니다)
	2. 임대차계약서 사본(사업장을 임차한 경우만 해당합니다) 1부
	3. 「상가건물 임대차보호법」의 적용을 받는 상가건물의 일부를 임차한 경우에는 해당 부분의 도면 1부
	4. 주주 또는 출자자명세서 1부
	5. 사업허가·등록·신고필증 사본(해당 법인만 해당합니다) 또는 설립허가증사본(비영리법인만 해당합니다) 1부
	6. 현물출자명세서(현물출자법인의 경우만 해당합니다) 1부
	7. 자금출처명세서(금지금 도·소매업, 액체·기체연료 도·소매업, 재생용 재료 수집 및 판매업, 과세유흥장소에서 영업을 하려는 경우에만 제출합니다) 1부
	8. 본점 등의 등기에 관한 서류(외국법인만 해당합니다) 1부
	9. 국내사업장의 사업영위내용을 입증할 수 있는 서류(외국법인만 해당하며, 담당 공무원 확인사항에 의하여 확인할 수 없는 경우만 해당합니다) 1부
	10. 신탁 계약서(법인과세 신탁재산의 경우만 해당합니다) 1부
	11. 사업자단위과세 적용 신고자의 종된 사업장 명세서(법인사업자용)(사업자단위과세 적용을 신청한 경우만 해당합니다) 1부

작성방법

사업장을 임차한 경우 「상가건물 임대차보호법」의 적용을 받기 위해서는 사업장 소재지를 임대차계약서 및 건축물관리대장 등 공부상의 소재지와 일치되도록 구체적으로 적어야 합니다.

(작성 예) ○○동 ○○○○번지 ○○호 ○○상가(빌딩) ○○동 ○○층 ○○○○호

210mm×297mm[백상지 80g/㎡ 또는 중질지 80g/㎡]

6. 수익사업 개시신고

가. 개요

이자소득만 있는 기금법인이 종업원대부사업을 실시하고자 할 경우 수익사업 개시신고를 해야 함은 제6장 대부이자소득이 있는 기금법인의 법인세 과세표준 신고방법에서 기 설명하였고, 국세종합상담센터 예규6[서면인터넷방문상담2팀-1326(2005.08.18.)]을 참고하면 된다.

나. 신고서식

기금법인이 수익사업 개시신고를 할 경우 작성 서식은 다음의 법인세법 시행규칙 [별지 제75호의4서식]이다.

비영리법인의 수익사업 개시신고서
(사업자등록증 발급 신청서)

접수번호		접수일자			처리기간	3일 (보정기간은 불산입)

신고 할 내 용

법인명 (단체명)		고유번호		대표자 (관리책임자)	
수익사업의 사업장 소재지				층	호
본점, 주사무소, 또는 사업의 실질적 관리장소의 소재지				층	호
전화번호		핸드폰번호			
고유목적사업			수익사업개시일		
사 업 연 도	월 일 ~ 월 일				

수 익 사 업 의 종 류

주 업 태	주 종 목	주업종코드	부 업 태	부 종 목	부업종코드

주 류 면 허		개 별 소 비 세 (해당란에 ○표)				부가가치세 과세사업		인·허가 사업여부			
면 허 번 호	면허신청	제 조	판 매	장 소	유 흥	여	부	신고	등록	인·허가	기타
	여 부										

전자우편주소		국세청이 제공하는 국세정보 수신동의 여부	[ ]동의함 [ ]동의하지않음

납세자의 위임을 받아 대리인이 신고를 하는 경우 아래 사항을 적어 주시기 바랍니다.

대리인 인적사항	성 명		생 년 월 일	
	전화번호		납세자와의 관계	

「법인세법」 제110조에 따라 위와 같이 비영리법인의 수익사업 개시신고서를 제출합니다.

년 월 일

	신고인	(서명 또는 인)

세무서장 귀하

첨부서류	1. 고유번호증 2. 수익사업에 관련된 개시 재무상태표 1부. ※ 새롭게 사업장을 설치하고 수익사업 개시신고를 하는 경우에는 사업자등록신청서를 별도로 제출하여야 합니다.	수수료 없 음

210mm×297mm[백상지 80g/㎡ 또는 중질지 80g/㎡]

7. 법인세 중간예납 신고납부

가. 개요

이자소득만 있는 기금법인은 법인세 중간예납 신고납부 대상에 해당되지 않지만 종업원대부사업을 실시하여 대부이자소득이 있는 기금법인은 법인세 중간예납 신고납부 대상에 해당됨은 제6장 대부이자소득이 있는 기금법인의 법인세 과세표준 신고방법에서 기 설명하였고, 국세종합상담센터 예규7[국세종합상담센터 서면인터넷방문상담2팀-1688(2005. 10. 21.)]을 참고하면 된다.

나. 신고서식

기금법인이 법인세 중간예납 신고를 실시하고자 할 경우 사용하는 서식은 다음의 법인세법 시행규칙 [별지 제58호 서식]이다. 중간예납 신고 서식은 다음과 같다.

법인세 중간예납 신고납부계산서

※ 뒤쪽의 작성방법을 읽고 작성하시기 바랍니다.　　　　　　　　　　　　　　　　　　　(앞쪽)

① 사업자등록번호				② 법인등록번호			
③ 법 인 명				④ 전화번호			
⑤ 대표자 성명							

⑥ 법 인 구 분	1.내국　2.외국　3.외투	⑦ 종류별 구분	중소기업	일반기업			당기순이익 과세
				중견기업	상호출자제한기업	그 외 기업	
		영리법인	30	73	83	93	
		비영리법인	60	74	84	94	50

⑧ 소재지						
⑨ 업 태		⑩ 종 목			⑪ 주업종코드	
⑫ 사 업 연 도		⑬ 직전 사업연도 월수		개월	⑭ 예납기간	
⑮ 수 입 금 액		⑯ 신고일				
⑰ 신고납부 구분	1. 정기 신고			2. 기한 후 신고		

신고 및 납부세액의 계산

구 분					법 인 세
① 직전 사업연도 산출세액 기준 (「법인세법」 제63조의2제1항제1호)	직전 사업연도	법인세	⑩ 산 출 세 액	01	
			⑫ 공 제 감 면 세 액	02	
			⑬ 가 산 세 액	03	
			⑭ 확정세액(⑩ - ⑫ + ⑬)	04	
			⑮ 수 시 부 과 세 액	05	
			⑯ 원 천 납 부 세 액	06	
			⑰ 차감세액(⑭ - ⑮ - ⑯)	07	
	⑱ 중 간 예 납 세 액 [× ⑰ × $\frac{6}{직전 사업연도 월수}$]			09 09	
	⑲ 고용창출투자세액공제액			11	
	⑩ 차 감 중 간 예 납 세 액(⑱-⑲)			12	
	(미납세액, 미납일수, 세율) ⑪ 가 산 세 액			13	(　　　　,　　　　, 2.2/10,000)
	⑫ 납 부 할 세 액 계(⑩+⑪)			14	
	⑬ 분 납 세 액			15	
	⑭ 납 부 세 액(⑫-⑬)			16	
② 해당 중간예납기간 법인세액 기준 (「법인세법」 제63조의2제1항제2호)	⑮ 과 세 표 준			31	
	⑯ 세 율			32	
	⑰ 산 출 세 액			33	
	⑱ 공 제 감 면 세 액			34	
	⑲ 가 산 세 액			42	
	⑳ 수 시 부 과 세 액			35	
	㉑ 원 천 납 부 세 액			36	
	㉒ 중 간 예 납 세 액(⑰-⑱+⑲-⑳-㉑)			37	
	㉓ 납 부 할 세 액 계(㉒)			39	
	㉔ 사실과 다른 회계처리 경정세액			43	
	㉕ 분 납 세 액			40	
	㉖ 납 부 세 액(㉓-㉔-㉕)			41	
	대표자				(서명 또는 인)

세무서장 귀하

붙임 서류	1. 재무상태표, 2. (포괄)손익계산서, 3. 세무조정계산서, 4.「법인세법 시행령」제97조제5항에 따른 서류 (전자신고의 경우에는 1. 표준재무상태표, 2. 표준손익계산서, 3. 세무조정계산서, 4.「법인세법 시행령」제97조제5항에 따른 서류)

210mm×297mm[백상지 80g/㎡ 또는 중질지 80g/㎡]

작성방법

1. ⑫ 사업연도: 해당 사업연도 개시일과 사업연도 종료일을 적습니다.

2. ⑭ 예납기간: 해당 사업연도 개시일부터 6개월의 기간이며, 합병·분할에 의하지 않은 신설의 경우에는 설립 후 최초 사업연도를 제외합니다.

3. ⑨ 업태·⑩ 종목 : 주된 업태·종목을 적습니다.

4. ⑮ 수입금액 : 해당 중간예납기간의 수입금액을 적습니다.

5. 직전 사업연도 산출세액 기준 적용 법인
   가. ⑯ 산출세액 : 직전 사업연도의 법인세 과세표준 및 세액조정계산서(별지 제3호서식)상의 ⑯ 산출세액란의 금액을 적습니다. 다만, 수정신고, 결정 또는 경정의 경우에는 수정신고된 산출세액, 결정 또는 경정된 산출세액을 적습니다.
   나. ⑰ 공제감면세액 : 직전 사업연도에 감면된 법인세액을 적으며, 소득에서 공제되는 금액을 제외합니다.
   다. ⑱ 고용창출투자세액공제액: 해당 중간예납기간 중「조세특례제한법」제26조에 따른 고용창출투자세액공제액을 적습니다.
   ※ 고용창출투자세액공제액을 차감한 후의 중간예납세액(⑩)이「조세특례제한법」제132조에 따라 계산한 직전 과세연도 최저한세의 100분의 50에 미달하는 경우에는 그 미달하는 세액에 상당하는 고용창출투자세액공제액은 차감하지 않습니다.
   라. ⑪ 가산세액: 기한 후 신고·납부하는 경우 납부기한 다음 날부터 자진납부일까지의 기간 동안 1일 2.2/10,000(다만, 2019년 2월 11일까지의 기간에 대해서는 3/10,000을 적용하고, 2019년 2월 12일부터 2022년 2월 14일까지의 기간에 대해서는 2.5/10,000를 적용한다)의 세율을 적용하여 계산된 금액을 적습니다.

6. 해당 중간예납기간 법인세액 기준 적용 법인
   「법인세법」제63조의2제1항제2호에 따라 법인세 중간예납세액을 계산하여 납부하는 법인은 법인세 과세표준 및 세액조정계산서(별지 제3호서식)의 작성방법을 준용합니다.

7. 붙임 서류는「법인세법」제63조의2제1항제2호에 따라 법인세 중간예납세액을 계산하여 납부하는 법인만 해당합니다.

210mm×297mm[백상지 80g/㎡ 또는 중질지 80g/㎡]

8. 사업연도 변경신고

가. 개요

우리나라 비영리법인들의 회계연도는 국가회계연도(1월 1일 ~ 12월 31일)를 따르도록 되어 있지만 기금법인은 「근로복지기본법」 제64조제1항에 따르면 사업주의 회계연도에 따르고, 다만 정관을 달리 정할 경우는 그러하지 아니한다고 명시하여 정관에서 회계연도를 정하면 된다. 다만, 「법인세법」에서는 법인의 회계연도는 1년을 초과하지 못하도록 규정하고 있다. 기금법인들이 대부분 회사 회계연도에 따라 기금법인의 회계연도를 적용하는 편이다.

기금법인이 사업연도를 변경하고자 할 경우에는 협의회에서 〈정관 변경(안)〉 의결 후 해당 고용노동지청에 정관변경 인가신청을 하여 정관변경 인가증을 수령하면 이후 관할 세무서에 사업연도 변경 절차를 밟으면 된다.

나. 신고서식

기금법인이 사업연도를 변경하고자 할 경우에 제출하는 서식은 다음의 법인세법 시행규칙 [별지 제61호 서식]이다. 사업연도 변경신고서 서식은 다음과 같다.

사업연도 변경신고서

접수번호		접수일자		처리기간	

신 고 인	①본점소재지				
	②법인명				
	③사업자등록번호				
	④대표자성명		⑤생년월일		

신고 내용	⑥법령·정관 등의 변경연월일	년 월 일		
	⑦변경한사유			
	⑧변경전사업연도		년 월 일부터 년 월 일까지	
	⑨변경후사업연도		년 월 일부터 년 월 일까지	

「법인세법」 제7조제1항 및 같은 법 시행령 제5조에 따라 위와 같이 사업연도를 변경하였음을 신고합니다.

년   월   일

신고인   (서명 또는 인)

세무서장 귀하

붙임 서류	없 음	수수료 없 음

210mm×297mm[일반용지 70g/㎡(재활용품)]

9. 납세지 변경신고

가. 개요

기금법인의 주사무소가 변경될 경우 신소재지를 관할하는 세무서에 납세지 변경신고를 하여야 한다. 기금법인이 주사무소가 변경될 경우(대부분이 회사 본사 이전이나 기금법인 합병에 따른 소재지 변경이 대부분이다) 주사무소 소재지를 변경하고자 할 경우에는 협의회에서 〈정관변경(안)〉 의결 후 해당 고용노동지청에 정관변경 인가신청을 하여 정관변경 인가증을 수령하면 이후 기금법인 소재지 등기를 실시 후 관할 세무서에 납세지 변경신고를 하면 된다.

나. 신고서식

기금법인이 납세지 변경신고를 하는 경우 제출하는 서식은 다음의 법인세법 시행규칙 [별지 제62호 서식]이다. 납세지 변경신고서 서식은 다음과 같다.

납세지(변경)신고서

접수번호		접수일자		처리기간	

신고인	법인명		사업자등록번호	
	본점(주사업장)소재지		국적	
	대표자		생년월일	

신고 내용	소득의 구분	소득최초발생일	소재지

납세지 변경 내용	변경 년월일	변경사유
	변경전 납세지	변경전 관할세무서
	변경후 납세지	변경후 관할세무서

「법인세법」 제11조제1항 및 같은 법 시행령 [[ ] 제7조제4항 / [ ] 제9조제1항] 에 따라 위와 같이 신고합니다.

년   월   일

신고인   (서명 또는 인)

세무서장 귀하

신고지: 변경 후 납세지 세무서장

붙임 서류	없 음	수수료 없 음

210mm×297mm[일반용지 70g/㎡(재활용품)]

10. 법인명·소재지·대표자 변경신고

가. 개요

기금법인의 명칭·주사무소 소재지 및 대표자가 변경될 경우 그 변경사항이 발생한 날로부터 15일 이내에 그 변경된 사항을 납세지 관할 세무서장에게 신고하여야 한다. (법인세법 제109조제3항)

기금법인의 명칭, 주사무소 소재지 및 대표자 변경은 정관변경 사항이므로 사전에 협의회 의결을 거쳐야 한다. 법인명과 주사무소 소재지 변경은 협의히에 상정하여 <정관 변경(안)>을 의결한 후 관할 고용노동지청에 정관변경 인가신청을 하여 정관변경 인가증을 수령한 이후, 대표자 변경은 협의회에서 <임원 임면(안)> 의결 후 기금법인의 법인명, 주사무소 소재지, 이사의 성명과 주소 변경등기를 실시해야 한다.

이후 등기가 완료되면 관할 세무서에 법인명·소재지 및 대표자 변경신고를 하면 사업자등록증 또는 고유번호증의 법인명과 주사무소 소재지, 대표자가 변경되어 새로이 발급된다.

나. 신고서식

기금법인이 법인명·소재지 및 대표자 변경신고를 하는 경우 제출하는 서식은 다음의 법인세법 시행규칙 [별지 제75호 서식]이다. 법인명·소재지 및 대표자 변경신고서 서식은 다음과 같다.

법인명·소재지 및 대표자변경신고서

접수번호		접수일자		처리기간	

신고인	본점소재지				
	법인명				
	사업자등록번호				
	대표자 성명			생년월일	

신고내용	변경연월일		
	변경한사유		
	변경전	본점 또는 영업장소재지	
		법인명	
		대표자 성명	
	변경후	본점 또는 영업장소재지	층 호
		법인명	
		대표자 성명	

위와 같이 법인명·소재지 및 대표자를 변경하였기에 「법인세법」 제109조제3항에 따라 신고합니다.

년   월   일

신고인   (서명 또는 인)

세무서장 귀하

첨부서류		수수료 없음

210mm×297mm[백상지 80g/㎡ 또는 중질지 80g/㎡]

11. 기타

가. 법인균등할주민세

기금법인은 지방세법상 법인균등할 주민세를 출자금이 아닌 정액으로 적용받아 정액 50,000원과 지방교육세를 부담하면 된다. 관련 예규를 첨부한다.

〈질의와 회신〉 지방세법령 질의 회신 / 행정자치부 지방세정팀

1. 사내복지기금의 법인균등할 세율적용 질의

【질 의】
비영리법인에 대하여 '주민세법'상의 균등할에 따라 주민세를 부과하는 경우, '사내근로복지기금법'에 의하여 설립된 사내근로복지기금은 사업주가 이익의 일부를 유가증권, 현금 기타 재산의 형식으로 출연하여 설립되는 비영리법인으로서 출자금 또는 자본금을 갖지 아니하고, 더구나 사내근로복지기금에 대한 출연금이 출자금 또는 자본금에 포함된다는 '지방세법'상의 명확한 근거규정이 없음에도 불구하고 출연금을 출자금 또는 자본금으로 간주하여 그 금액에 해당하는 법인균등할의 세율을 적용할 수 있는지 여부?

【회 신】
○ '사내근로복지기금법'에 의하여 설립된 사내근로복지기금은 사업주가 이익의 일부를 유가증권, 현금 기타 재산의 형식으로 출연하여 설립되는 비영리법인으로서 출자금 또는 자본금을 갖지 아니하고, 더구나 사내근로복지기금에 대한 출연금이 출자금 또는 자본금에 포함된다는 '지방세법'상의 명확한 근거규정이 없으므로 <u>출연금을 출자금 또는 자본금으로 간주하여 법인균등 할의 세율을 적용할 수 없습니다.</u>

○ 법인에게 '지방세법' 제172조의 규정에 의한 균등할에 따라 주민세를 부과하는 경우에는, 동법 제176조제1항제2호의 규정에 의하여 법인의 자본금 또는 출자금과 종업원의 수에 따르도록 되어 있고, 법인은 자본금 또는 출자금을 가지는 영리법인과 출연금으로 기본자산이나 운영자금을 조달하는 비영리 재단법인 및 비영리 사단법인으로 구분되고, 특히 비영리 사단법인은 법인의 구성원인 자연인으로 구성될 뿐 법인의 존립과 재산은 서로 아무런 관계가 없습니다.

○ 한편, '사내근로복지기금법' 제5조제1항의 규정에 의하면, 사내근로복지기금(이하 "기금"이라 한다)은 법인으로 하고, 동법 제13조제1항의 규정에 의하면, 사업주는 기금의 재원으로 직전 사업연도의 법인세 또는 소득세 차감전순이익의 100분의 5를 기준으로 동법 제18조의 규정에 의한 사내근로복지기금협의회(이하 "협의회"라 한다)가 협의·결정하는 금액을 대통령령이 정하는 바에 의하여 출연할 수 있도록 하고 있으며, 동법 제5조제2항의 규정에 의하면, 기금을 설립하고자 하는 경우에는 당해 사업의 사업주가 사내근로복지기금설립준비위원회(이하 "준비위원회"라 한다)를 구성하여 설립에 관한 사무를 담당하게 하고, 동조 제4항의 규정에 의하면, 준비위원회는 대통령령이 정하는 바에 의하여 정관을 작성하여 노동부장관의 인가를 받아야 하며, 동법 시행령 제2조제1항제3호의 규정에 의하면, 기금의 설립인가를 받고자 하는 자는 기금설립인가신청서에 기금출연확인서 또는 재산목록 등을 첨부하여 노동부장관에게 신청하여야 하고, 동법 시행령 제3조제1항제4호의 규정에 의하면, 정관에는 기금의 조성·관리방법·출연시기 및 회계에 관한 사항을 기재하여야 하며, 동법 시행령 제4조제2항제4호의 규정에 의하면, 기금의 자산총액도 설립등기사항에 포함되도록 되어 있어 기금은 사업주가 출연하는 일정한 재산을 근거로 하여 성립되는 재단법인과 유사한 법인이라고 할 것이고, 더구나 동법 제27조의 규정에 의하면, 동법에 규정된 것을 제외하고는 '민법' 중 재단법인에 관한 규정을 준용하도록 하여 기금이 재단법인의 성격을 가짐을 분명히 밝히고 있습니다.

○ 재단법인인 비영리법인은 출연금으로 법인의 존립근거인 기본재산을 조성하지만, 자본금 또는 출자금에 해당하는 재산을 갖지는 아니하고, 사내근로복지기금도 그 수익금으로 동법 제14조의 규정에 의한 용도에 충당하는 출연금을 가질 뿐이고 자본금이나 출자금을 갖는 것은 아닙니다.

○ '지방세법'에서 법인에 대한 주민세의 세율을 정하면서 자본금.출자금 내지 종업원의 규모에 따라 세액에 차등을 두고 있는 것은 이들의 규모가 법인의 영리활동의 기초를 이루어 담세력에 직접적인 영향을 미치기 때문인데, 비영리법인의 출연금은 영리활동과 무관하게 그 법인의 비영리 고유목적사업의 수행에 소요되는 재원을 확보하기 위한 원본으로서의 개념을 갖거나, 사내근로복지기금의 출연금처럼 동법 제14조제2항에 근거하여 직접 그 소요재원에 충당되기도 한다는 점에서 이를 자본금이나 출자금과 동일시하기는 어렵다고 할 것입니다.

○ 따라서 이 사안에서 사내근로복지기금의 경우 동 기금의 출연금을 지방세법 제176조제1항제2호의 규정에 의한 <u>출자금 등을 보아 법인균등할의 세율을 적용할 수는 없습니다</u>(세정-1009, 2006. 3. 15.).

기금법인은 「지방세법」 제75조제2항에 따라 사업소분 주민세 납부의무가 있다. 비영리법인인 기금법인은 「지방세법」 제81조제1항에 따라 5만원이지만 최근 일부 지자체를 중심으로 같은 조 제2항에 따라 50%를 더해 징수하는 사례도 있다.

◎지법 제75조(납세의무자) ① (생략)

② 사업소분의 납세의무자는 과세기준일 현재 다음 각 호의 어느 하나에 해당하는 사업주(과세기준일 현재 1년 이상 계속하여 휴업하고 있는 자는 제외한다)로 한다. 다만, 사업소용 건축물의 소유자와 사업주가 다른 경우에는 대통령령으로 정하는 바에 따라 건축물의 소유자에게 제2차 납세의무를 지울 수 있다. 〈개정 2018. 12. 31., 2020. 12. 29. 〉

 1. 지방자치단체에 대통령령으로 정하는 규모 이상의 사업소를 둔 개인

 2. 지방자치단체에 사업소를 둔 법인(법인세의 과세대상이 되는 법인격 없는 사단·재단 및 단체를 포함한다. 이하 이 장에서 같다)

③ (생략)

◎지법 제81조(세율) ① 사업소분의 세율은 다음 각 호의 구분에 따른다.

 1. 기본세율

  가. 사업주가 개인인 사업소: 5만원

  나. 사업주가 법인인 사업소

   1) 자본금액 또는 출자금액이 30억원 이하인 법인: 5만원

   2) 자본금액 또는 출자금액이 30억원 초과 50억원 이하인 법인: 10만원

   3) 자본금액 또는 출자금액이 50억원을 초과하는 법인: 20만원

   4) 그 밖의 법인: 5만원

 2. (생략)

② 지방자치단체의 장은 조례로 정하는 바에 따라 제1항제1호 및 같은 항 제2호 본문의 세율을 각각 100분의 50 범위에서 가감할 수 있다. 〈개정 2020. 12. 29. 〉

③ 삭제 〈2020. 12. 29. 〉

나. 인지세

기금법인에서 종업원들에게 실시하는 대부사업을 실시하면서 대부약정서에 대해 인지를 첨부하지 않아도 된다. 본인이 국세청에 질의하여 받은 예규를 첨부한다.

(질의)

2002년 인지세법 개정과 관련 인지세법 제3조(과세문서 및 세액) 제1항과 관련 질의하오니 검토 후 조속히 회신하여 주시기 바랍니다.

가. 일반상황

    본 사내근로복지기금은 사내근로복지기금법에 의거 설립되어 정관상 고유목적사업으로 근로자와 소비대차약정서를 체결하고 생활안정자금(최저 500만원~2500만원)을 대부하고 있습니다.

나. 질의사항

    2002년 인지세법 개정에 따라 사내근로복지기금에서 실시하는 근로자의 생활안정을 위한 자금대부가 대부금액에 관계없이 인지세가 비과세되는지 여부?

(회신) 서삼46016-10207(2002.02.05)

사내근로복지기금법의 규정에 의하여 설립된 사내근로복지기금(이하 "기금"이라 함)이 같은법 제14조의 규정에 의하여 근로자의 생활안정 및 재산형성의 지원을 위한 자금을 근로자에게 대부하면서 당해 기금과 근로자가 작성하는 소비대차 약정서는 인지세법 제3조 제1항 제2호, 같은법시행령 제2조의2 및 같은법(2001.12.29 법률 제6537호) 부칙 제1항, 제2항의 규정에 의하여 2002년 1월 1일 이후 작성하는 분부터는 인지세 과세문서에 해당하지 아니하는 것입니다.

다. 등록면허세

기금법인의 법인설립등기와 변경사항 등기를 할 때 등록면허세를 납부해야 한다.

◎지법 제24조(납세의무자) 다음 각 호의 어느 하나에 해당하는 자는 등록면허세를 납부할 의무를 진다.

    1. 등록을 하는 자

    2. 면허를 받는 자(변경면허를 받는 자를 포함한다). 이 경우 납세의무자는 그 면허의 종류마다

등록면허세를 납부하여야 한다.

◎지법 제28조(세율) ① 등록면허세는 등록에 대하여 제27조의 과세표준에 다음 각 호에서 정하는 세율을 적용하여 계산한 금액을 그 세액으로 한다. 다만, 제1호부터 제5호까지 및 제5호의2의 규정에 따라 산출한 세액이 해당 각 호의 그 밖의 등기 또는 등록 세율보다 적을 때에는 그 밖의 등기 또는 등록 세율을 적용한다.

　　1. ~ 5. (생략)

　　6. 법인 등기

　　　가. (생략)

　　　나. 비영리법인의 설립 또는 합병으로 인한 존속법인

　　　　　1) 설립과 납입: 납입한 출자총액 또는 재산가액의 1천분의 2

　　　　　2) 출자총액 또는 재산총액의 증가: 납입한 출자 또는 재산가액의 1천분의 2

　　　다. (생략)

　　　라. 본점 또는 주사무소의 이전: 건당 11만2천5백원

　　　마. (생략)

　　　바. 그 밖의 등기: 건당 4만2백원

　　7. ~ 13. (생략)

　　14. (생략)

② 다음 각 호의 어느 하나에 해당하는 등기를 할 때에는 그 세율을 제1항제1호 및 제6호에 규정한 해당 세율(제1항제1호가목부터 라목까지의 세율을 적용하여 산정된 세액이 6천원 미만일 때에는 6천원을, 제1항제6호가목부터 다목까지의 세율을 적용하여 산정된 세액이 11만2천500원 미만일 때에는 11만2천500원으로 한다)의 100분의 300으로 한다. 다만, 대도시에 설치가 불가피하다고 인정되는 업종으로서 대통령령으로 정하는 업종(이하 이 조에서 "대도시 중과 제외 업종"이라 한다)에 대해서는 그러하지 아니하다.

　　1. 대도시에서 법인을 설립(설립 후 또는 휴면법인을 인수한 후 5년 이내에 자본 또는 출자액을 증가하는 경우를 포함한다)하거나 지점이나 분사무소를 설치함에 따른 등기

　　2. 대도시 밖에 있는 법인의 본점이나 주사무소를 대도시로 전입(전입 후 5년 이내에 자본 또는 출자액이 증가하는 경우를 포함한다)함에 따른 등기. 이 경우 전입은 법인의 설립으로 보아 세율을 적용한다.

③ (생략)

④ 제2항은 제1항제6호바목의 경우에는 적용하지 아니한다. 〈개정 2010. 12. 27. 〉

⑤ 제2항에 따른 등록면허세의 중과세 범위와 적용기준, 그 밖에 필요한 사항은 대통령령으로 정한다.

⑥ 지방자치단체의 장은 조례로 정하는 바에 따라 등록면허세의 세율을 제1항제1호에 따른 표준세율의 100분의 50의 범위에서 가감할 수 있다.

라. 지방교육세

기금법인은 주민세 사업소분과 법인설립등기와 변경사항 등기를 할 때 등록면허세의 일부를 지방교육세로 납부해야 한다.

◎지법 제150조(납세의무자) 지방교육세의 납세의무자는 다음 각 호와 같다.

1. (생략)

2. 등록에 대한 등록면허세(제124조에 해당하는 자동차에 대한 등록면허세는 제외한다)의 납세의무자

3. ~ 4. (생략) 담배소비세의 납세의무자

5. 주민세 개인분 및 사업소분의 납세의무자

6. ~ 7. (생략)

◎지법 제151조(과세표준과 세율) ① (생략)

2. 이 법 및 지방세감면법령에 따라 납부하여야 할 등록에 대한 등록면허세액의 100분의 20

3. ~ 4. (생략)

5. 이 법 및 지방세감면법령에 따라 납부하여야 할 주민세 개인분 세액 및 사업소분 세액(제81조제1항제1호에 따라 부과되는 세액으로 한정한다)의 각 100분의 10. 다만, 인구 50만 이상 시의 경우에는 100분의 25로 한다.

6. ~ 7. (생략)

② 지방자치단체의 장은 지방교육투자재원의 조달을 위하여 필요한 경우에는 해당 지방자치단체의 조례로 정하는 바에 따라 지방교육세의 세율을 제1항(같은 항 제3호는 제외한다)의 표준세율의 100분의 50의 범위에서 가감할 수 있다.

③ 도농복합형태의 시에 대하여 제1항제5호를 적용할 때 "인구 50만 이상 시"란 동지역의 인구가 50만 이상인 경우를 말하며, 해당 시의 읍·면지역에 대하여는 그 세율을 100분의 10으로 한다.

④ (생략)

9장

사내(공동)근로복지기금
법인운영상황보고서 작성사례

1. 운영상황보고서 작성 및 보고

가. 작성 대상 및 제출기한

기금법인은 회계연도 종료일로부터 3월 이내에 해당 연도의 운영상황·결산서, 다음 연도 사업계획서(추정재무상태표와 추정손익계산서를 포함한다) 및 고용노동부장관이 정하는 사항을 관할 지방고용노동관서의 장에게 보고하여야 한다. 이에 따라 제4장 이자소득만 있는 기금법인의 결산과 제5장 대부사업을 실시하는 기금법인의 결산으로 구분하여 해당 결산서를 기준으로 기금법인 운영상황보고서를 작성하여 제시하였다.

운영상황보고서 제출의 근거가 되는 「근로복지기본법」 제93조, 같은 법 시행령 제63조, 같은 법 시행규칙 제30조 해당 조문을 정리하면 다음과 같다.

◎근복법 제93조(지도·감독 등) ① 고용노동부장관은 근로자의 복지증진을 위하여 필요한 경우 다음 각 호의 사항을 보고하게 하거나 소속 공무원으로 하여금 그 장부·서류 또는 그 밖의 물건을 검사하게 할 수 있으며, 필요하다고 인정하는 경우에는 대통령령으로 정하는 바에 따라 그 운영 등에 시정을 명할 수 있다.

   1. ~ 2. (생략)

   3. 제52조에 따른 기금법인의 업무·회계·재산에 관한 사항

② 국가 또는 지방자치단체는 사업주, 융자업무취급기관, 우리사주조합, 제43조에 따른 수탁기관 및 보조 또는 융자받은 자를 감독하기 위하여 필요한 경우에는 이 법에 따른 업무에 관하여 대통령령으로 정하는 바에 따라 보고 또는 자료 제출을 하게 하거나 그 밖에 필요한 명령을 할 수 있으며, 소속 공무원으로 하여금 관계인에게 질문하거나 관련 장부·서류 등을 조사 또는 검사하게 할 수 있다.

③ 제1항 및 제2항에 따라 조사를 하는 공무원은 그 권한을 표시하는 증표를 지니고 이를 관계인에게 보여주어야 한다.

---

④ 제1항 및 제2항에 따라 조사를 하는 경우에는 조사대상자에게 7일 전에 조사 일시, 조사 내용 등 필요한 사항을 알려야 한다. 다만, 긴급하거나 미리 알릴 경우 그 목적을 달성할 수 없다고 인정되는 경우에는 그러하지 아니하다.

⑤ 고용노동부장관 등은 제1항 및 제2항에 따른 조사 결과를 조사대상자에게 서면으로 알려야 한다.

◎근복법령 제63조(기금법인의 운영상황 보고) ① 법 제93조제1항제3호에 따라 기금법인은 해당 연도의 운영상황·결산서, 다음 연도 사업계획서(추정재무상태표와 손익계산서를 포함한다) 및 고용노동부장관이 정하는 사항을 매 회계연도가 끝난 후 3개월 이내에 관할 지방고용노동관서의 장에게 보고해야 한다.

② 제1항에 따라 기금법인의 운영상황 등을 보고받은 관할 지방고용노동관서의 장은 매 분기가 끝난 다음달 10일까지 고용노동부장관에게 그 내용을 보고하여야 한다.

◎근복법칙 제30조(기금법인의 운영상황 보고) 영 제63조제1항(영 제55조의6에 따라 준용되는 경우를 포함한다)에 따른 보고는 별지 제15호서식에 따른다.

나. 미 제출시 불이익

참고로 기금법인이 운영상황보고를 하지 않을 경우는 「근로복지기본법 시행령」제67조제1항에 따른 「과태료의 부과기준」머목에 따라 100만원의 과태료에 처해지게 되며 제출명령에 따르지 않을 경우에는 과태료 150만원이 다시 부과될 수 있고 해당 공무원의 검사를 거부·방해하거나 기피할 경우는 150만원의 과태료에 처해지게 되고 기금법인에 대한 전면적인 지도점검으로 연결될 수 있기에 기한 내에 제출해야 한다. 「근로복지기본법 시행령」과태료 부과 기준 가운데 기금법인이 운영상황보고를 하지 않거나 거짓 보고를 하였을 경우 받게 되는 과태료 부과기준 해당 조목을 다음과 같이 발췌하여 정리한다.

과태료의 부과기준(제67조 관련)

1. 일반기준 : (생략)

2. 개별기준 : (부분발췌)

위반행위	근거 법조문	과태료 금액
머. 법 제93조제1항제3호의 사항에 관한 보고를 하지 않거나 거짓 보고를 한 경우	법 제98조제3항제2호	
1) 보고를 하지 않은 경우		100만원
2) 거짓 보고를 한 경우		150만원
버. 법 제93조제1항제3호의 사항에 관한 시정명령에 따르지 않은 경우	법 제98조제3항제2호	150만원
서. 법 제93조제1항제3호의 사항에 관한 소속 공무원의 검사를 거부·방해하거나 기피한 경우	법 제98조제3항제2호	150만원

2. 기금법인 운영상황보고서식 작성 사례

가. 이자소득만 있는 기금법인

나. 대부이자소득이 있는 기금법인

[○] 사내근로복지기금법인
[　] 공동근로복지기금법인　운영상황 보고서(202x년도분)

※ 3쪽 및 4쪽의 작성방법을 읽고 작성하시기 바랍니다.　　　　　　　　　　　　　　　(4쪽 중 1쪽)

기금법인	① 기금법인명　○○사내(공동)근로복지기금			② 인가번호　0000-0000-00	
	③ 설립등기일　20xx.xx.xx			④ 전화번호　02-0000-0000	
	⑤ 소재지　서울특별시 ○○구 ○○대로○○, ○○층(○○동, ○○빌딩)				
	⑥ 회계연도	202x년 1월 1일 ~ 202x년 12월 31일			

사업체	⑦ 대표자　○○○			⑧ 업종　○○○	
	⑨ 소속근로자 수(명)　○○○			⑩ 협력업체근로자 수(명)　00	
	⑪ 납입자본금(천원)　000,000				

기본재산 현황 (천원)	⑫ 직전 회계연도 마지막 날 기준 기본재산 총액				150,000
	해당 회계 연도 변동 금액	증가	⑬ 사업주 출연　　100,000	⑭ 수익금 · 이월금 전입	
			⑮ 사업주 외의 자 출연	⑯ 기금법인 합병	
		감소	⑰ 기본재산 사용　　50,000	⑱ 기금법인 분할 등	
		⑲ 소계　　50,000			
	⑳ 해당 회계연도 마지막 날 기준 기본재산 총액				200,000

기금 운용 및 관리 (천원)	운용방법	㉑ 금융회사 예입 · 예탁　200,000	㉒ 투자신탁 수익증권 매입
		㉓ 유가증권 매입	㉔ 보유 자사주 유상증자 참여
		㉕ (부동산)투자회사가 발행하는 주식의 매입	㉖ 기타
	㉗ 근로자 대부		
	㉘ 합계		200,000

기금사업 재원 (천원)	㉙ 해당 회계연도 기금운용 수익금	2,033
	㉚ 해당 회계연도 출연금액의 100분의 50, 100분의 80 또는 100분의 90 범위　　50,000	
	㉛ 기본재산 총액의 해당 사업(장) 자본금 100분의 50 초과액	
	㉜ 직전 회계연도 기준 기본재산 총액의 100분의 20, 100분의 25 또는 100분의 30 범위	
	㉝ 공동근로복지기금 지원액 및 그 지원액의 100분의 50 범위	
	㉞ 이월금 등	133,917
	㉟ 합계	185,950

210mm×297mm[백상지(80g/㎡) 또는 중질지(80g/㎡)]

해당 회계연도 출연금 100분의 80 범위 사용 현황 (천원, 명)	㊱ 해당 회계연도 출연금	해당 회계연도 출연금 100분의 90 범위 사용 현황 (천원, 명)	㊴ 해당 회계연도 출연금
	㊲ 복지혜택을 받은 협력업체근로자 수		㊵ 복지혜택을 받은 협력업체근로자 수
	㊳ 협력업체근로자의 복리후생 증진에 사용한 금액		㊶ 협력업체근로자의 복리후생 증진에 사용한 금액

직전 회계연도 기준 기본재산 총액의 100분의 20 범위 사용 현황 (천원, 명)	㊷ 사용한 기본재산 총 금액	직전 회계연도 기준 기본재산 총액의 100분의 25 범위 사용 현황 (천원, 명)	㊼ 사용한 기본재산 총 금액	직전 회계연도 기준 기본재산 총액의 100분의 30 범위 사용 현황 (천원, 명)	㊾ 사용한 기본재산 총 금액
	㊸ 협력업체근로자의 복리후생 증진에 사용한 금액		㊽ 협력업체근로자의 복리후생 증진에 사용한 금액		㊿ 협력업체근로자의 복리후생 증진에 사용한 금액
	㊹ 복지혜택을 받은 협력업체근로자 수		㊿ 복지혜택을 받은 협력업체근로자 수		복지혜택을 받은 협력업체근로자 수
	㊺ 소속근로자 1명당 수혜금액		소속근로자 1명당 수혜금액		소속근로자 1명당 수혜금액
	㊻ 협력업체근로자 1명당 수혜금액		협력업체근로자 1명당 수혜금액		협력업체근로자 1명당 수혜금액

주: ㊷~㊻ (100분의 20), ㊼~㊾+소계 (100분의 25: ㊼ 사용한 기본재산 총 금액, ㊽ 협력업체근로자의 복리후생 증진에 사용한 금액, ㊾ 복지혜택을 받은 협력업체근로자 수, ㊿ 소속근로자 1명당 수혜금액, 협력업체근로자 1명당 수혜금액), (100분의 30: 사용한 기본재산 총 금액, 협력업체근로자의 복리후생 증진에 사용한 금액, 복지혜택을 받은 협력업체근로자 수, 소속근로자 1명당 수혜금액, 협력업체근로자 1명당 수혜금액)

사업 실적 (천원, 명)		구분	계		목적사업		대부사업	
			금액	수혜자 수	금액	수혜자 수	금액	수혜자 수
	복지 사업 비	㊼ 주택구입·임차자금						
		㊽ 우리사주 구입자금						
		㊾ 생활안정자금						
		㉠ 장학금	52,000	10	52,000	10		
		㉡ 재난구호금						
		㉢ 체육·문화활동 지원	6,000	100	6,000	100		
		㉣ 모성보호, 일·가정 양립비용 지원						
		㉤ 근로자의 날 행사 등 지원						
		㉥ 근로복지시설 설치 및 운영						
		㉦ 그 밖의 복지비	24,198	250	24,198	250		
		㉧ 소계	82,198	360	82,198	360		
	㉨ 기금 운영비		832					
	㉩ 잔액		102,920					
	㉪ 합계		185,950					

선택적 복지비 (천원, 명)	㉫ 금액		㉬ 수혜자 수

부동산 현황(천원)	㉭ 명칭	㉮ 금액	㉯ 취득일

「근로복지기본법」 제93조제1항제3호, 같은 법 시행령 제55조의6·제63조제1항 및 같은 법 시행규칙 제30조에 따라 위와 같이 기금법인의 운영상황을 보고합니다.

202x 년 3 월 28 일

기금법인 대표자 ○○○ (서명 또는 인)

○○지방고용노동청장(○○○○지청장) 귀하

첨부서류	1. 해당 연도 결산서 1부 2. 다음 연도의 사업계획서(추정재무상태표와 손익계산서를 포함합니다) 1부	수수료 없음

작성방법

1. (　　년도분)란에는 사내근로복지기금법인(이하 "기금법인"이라 함)의 회계연도 마지막 날이 속하는 연도를 적고, ⑥ 회계연도란에는 기금법인 회계연도의 시작하는 날과 마지막 날을 적습니다.

2. ⑧ 업종란에는 「통계법」에 따라 통계청장이 고시하는 한국표준산업분류표의 대분류 업종명을 적습니다.

3. ⑨ 소속근로자 수란에는 해당 기금법인이 설립된 사업 소속 근로자 수를 적고, ⑩ 협력업체근로자 수란에는 해당 사업으로부터 직접 도급받는 업체의 소속 근로자 및 해당 사업에의 파견근로자 수를 적습니다.

4. ⑪ 납입자본금란에는 주식회사의 경우 발행된 주식의 액면총액을, 조합ㆍ합명회사 또는 합자회사의 경우에는 출자금을 적습니다.

5. ⑫ 직전 회계연도 마지막 날 기준 기본재산 총액란에는 기금의 직전 회계연도 마지막 날까지 조성된 기금액을 적습니다.

6. 해당 회계연도 변동금액란(⑬ ~ ⑱)은 해당 회계연도 중 기금 조성액을 증가와 감소로 구분하여 항목별로 적습니다.

7. ⑬ 사업주 출연란에는 사업주가 해당 연도에 출연한 금액 전액을 적습니다.

8. ⑭ 수익금ㆍ이월금 전입란에는 사내근로복지기금협의회(이하 "복지기금협의회"라 함)에서 해당 회계연도 중 발생한 수익금을 기금 결산 시 목적사업에 사용하지 않고 기본재산으로 전입하기로 협의ㆍ결정한 금액이나 목적사업에 사용하지 않고 이월한 금액 중 기본재산으로 전입하기로 협의ㆍ결정한 금액을 적습니다.

9. ⑮ 사업주 외의 자 출연란에는 사업주 외의 자로부터 출연받은 금액을 적습니다. 출연받은 재산이 부동산이나 주식 등일 경우에는 취득 당시 시가평가액 또는 취득가액을 적습니다.

10. ⑯ 기금법인 합병란에는 기금법인 합병으로 인한 기본재산 증가액을 적습니다.

11. ⑰ 기본재산 사용란에는 ㉚부터 ㉝까지를 더한 금액을 적습니다.

12. ⑱ 기금법인 분할 등란에는 기금법인 분할 등으로 인한 기본재산 감소액을 적습니다.

13. ⑲ 소계란에는 사업주 출연(⑬), 수익금ㆍ이월금 전입(⑭), 사업주 외의 자 출연(⑮), 기금법인 합병(⑯)을 더한 금액에서 기본재산 사용(⑰), 기금법인 분할 등(⑱)을 더한 금액을 뺀[(⑬+⑭+⑮+⑯)-(⑰+⑱)] 금액을 적습니다.

14. ⑳ 해당 회계연도 마지막 날 기준 기본재산 총액란에는 직전 회계연도 마지막 날 기준 기본재산 총액(⑫)과 소계(⑲)의 합계액을 적습니다.

15. 기금 운용 및 관리란(㉑ ~ ㉘)에는 ⑳의 기본재산이 운용 또는 대부된 형태에 따라 구분하여 적습니다.

16. ㉗ 근로자 대부란에는 기본재산에서 해당 회계연도 마지막 날 현재 근로자에게 주택구입ㆍ임차자금, 우리사주 구입 및 생활안정자금 등으로 대부되어 있는 전체 금액(누계 금액)을 적습니다.
    ※ (예시) 직전 회계연도 마지막 날까지 30명에게 1억원이 대부금으로 쓰이고 있고, 해당 연도에 1천만원을 1명에게 대부했다가 그 연도의 중간에 상환받고, 그 연도에 다시 다른 사람에게 1천만원을 대부한 경우에, 총 대부금액은 1억1천만원으로 적습니다. 이 경우 수혜자 수는 32명으로 적습니다.

17. 기금사업 재원란(㉙~㉟)에는 기금사업(㉗ 근로자 대부는 제외함)을 위하여 사용이 가능한 재원을 적습니다. ㉘과 ㉟의 합계액은 과 일치해야 합니다.

18. ㉙ 해당 회계연도 기금운용 수익금란에는 해당 회계연도 중 발생한 기금의 수익금으로 기본재산에 전입하지 않은 금액을 적습니다.

19. ㉚ 해당 회계연도 출연금액의 100분의 50, 100분의 80 또는 100분의 90 범위란에는 해당 회계연도 출연금액의 100분의 50, 100분의 80(「근로복지기본법」제62조제2항 각 호의 경우만 해당함) 또는 100분의 90(「근로복지기본법 시행령」제46조제4항제1호나목 단서의 경우만 해당함) 범위에서 복지기금협의회가 목적 사업에 사용하기로 정한 금액을 적습니다.

20. ㉛ 기본재산 총액의 해당 사업(장) 자본금 100분의 50 초과액란에는 기본재산의 총액이 해당 사업(장) 자본금의 100분의 50을 넘어 그 초과한 금액의 범위에서 복지기금협의회가 목적사업에 사용하기로 정한 금액을 적습니다.

21. ㉜ 직전 회계연도 기준 기본재산 총액의 100분의 20, 100분의 25 또는 100분의 30 범위란에는 직전 회계연도 기준 기본재산 총액을 해당 기금법인이 설립된 사업 소속 근로자 수로 나눈 금액이 200만원 이상인 기금법인이 「근로복지기본법 시행규칙」제26조의2제1항제2호에 따른 금액 이상을 협력업체근로자의 복리후생 증진에 사용하는 경우 직전 회계연도 기준 기본재산 총액의 100분의 20, 100분의 25 또는 100분의 30 범위에서 복지기금협의회가 5년마다 사용하기로 정한 금액을 적습니다.
    ※ 복지기금협의회가 사용하기로 의결한 금액을 해당 회계연도에 모두 사용하지 않은 경우에는 다음 회계연도 운영상황 보고 시 ㉞ 이월금 등란에 적지 않고 ㉜ 직전 회계연도 기준 기본재산 총액의 100분의 20, 100분의 25 또는 100분의 30 범위란에 남은 금액을 적습니다.

22. ㉝ 공동근로복지기금 지원액 및 그 지원액의 100분의 50 범위란에는 「근로복지기본법 시행령」제46조제7항에 따라 기본재산으로 공동근로복지기금을 지원한 금액과 그 금액의 100분의 50 범위에서 사용한 금액을 적습니다.

23. ㉞ 이월금 등란에는 직전 회계연도 마지막 날 기준 현재 기금사업을 수행하고 남은 금액을 적습니다.

24. 해당 회계연도 출연금 100분의 80 범위 사용 현황란(㊱ ~ ㊳) 및 해당 회계연도 출연금 100분의 90 범위 사용 현황란(㊴ ~ ㊶)에는 협력업체근로자의 복리후생 증진에 「근로복지기본법 시행규칙」제26조의2제1항제1호 및 같은 조 제2항에 따른 금액을 사용하여 해당 회계연도 출연금의 100분의 80 또는 100분의 90 범위에서 기금사업을 한 경우에만 작성합니다.

25. ㊱ 해당 회계연도 출연금란에는 사업주 등이 출연한 금액의 합계(⑬+⑮)를 적습니다.

26. ㊲ 복지혜택을 받은 협력업체근로자 수란에는 협력업체근로자의 복리후생 증진에 해당 회계연도 출연금의 100분의 10을 초과하는 금액을 사용하여(「근로복지기본법 시행령」제46조제4항제1호나목 본문) 해당 회계연도 출연금의 100분의 80 범위에서 목적사업을 한 경우 복지혜택을 받은 협력업체근로자 수를 적습니다.

27. ㊲ 협력업체근로자의 복리후생 증진에 사용한 금액란에는 ㊱ 중에서 협력업체근로자에게 사용한 금액 총액을 적습니다.

28. ㊳ 해당 회계연도 출연금란에는 사업주 등이 출연한 금액의 합계(⑬+⑮)를 적습니다.

29. ㊴ 복지혜택을 받은 협력업체근로자 수란에는 협력업체근로자의 복리후생 증진에 해당 회계연도 출연금의 100분의 20을 초과하는 금액을 사용하여 「근로복지기본법 시행령」 제46조제4항제1호나목 단서) 해당 회계연도 출연금의 100분의 90 범위에서 목적사업을 한 경우 복지혜택을 받은 협력업체근로자 수를 적습니다.

30. ㊵ 협력업체근로자의 복리후생 증진에 사용한 금액란에는 ㊴ 중에서 협력업체근로자에게 사용한 금액을 적습니다.

31. ㊶ 사용한 기본재산 총 금액란에는 「근로복지기본법 시행령」 제46조제4항제3호 및 「근로복지기본법 시행규칙」 제26조의2제3항제1호에 따라 직전 회계연도 기준 기본재산 총액의 100분의 20 범위에서 복지기금협의회가 사용하기로 정한 금액 중 해당 회계연도에 사용한 금액 총액을 적습니다.

32. ㊷ 협력업체근로자의 복리후생 증진에 사용한 금액란에는 ㊶ 중 협력업체근로자의 복리후생 증진에 사용한 금액을 적습니다.

33. ㊸ 복지혜택을 받은 협력업체근로자 수란에는 직전 회계연도 기준 기본재산 총액의 100분의 20 범위 사용을 통해 복지혜택을 받은 협력업체근로자 수를 적습니다.

34. ㊹ 소속근로자 1명당 수혜금액란에는 소속 근로자의 복리후생 증진에 사용한 금액(㊶ 금액에서 ㊷ 금액을 뺀 금액)을 소속 근로자 수(⑨)로 나눈 금액을 적습니다.

   ※ 소속근로자: 해당 기금법인이 설립된 사업 소속 근로자를 말하며, 이하 같습니다.

35. ㊺ 협력업체근로자 1명당 수혜금액란에는 협력업체근로자의 복리후생 증진에 사용한 금액(㊷)을 협력업체근로자 수(⑩)로 나눈 금액을 적습니다.

36. ㊻ 사용한 기본재산 총 금액란에는 「근로복지기본법 시행령」 제46조제4항제3호 및 「근로복지기본법 시행규칙」 제26조의2제3항제2호에 따라 직전 회계연도 기준 기본재산 총액의 100분의 25 범위에서 복지기금협의회가 사용하기로 정한 금액 중 해당 회계연도에 사용한 금액 총액을 적습니다.

37. ㊼ 협력업체근로자의 복리후생 증진에 사용한 금액란에는 ㊻ 중 협력업체근로자의 복리후생 증진에 사용한 금액을 적습니다.

38. ㊽ 복지혜택을 받은 협력업체근로자 수란에는 기본재산 100분의 25 범위 사용을 통해 복지혜택을 받은 협력업체근로자 수를 적습니다.

39. ㊾ 소속근로자 1명당 수혜금액란에는 소속근로자의 복리후생 증진에 사용한 금액(㊻ 금액에서 ㊼ 금액을 뺀 금액)을 소속근로자 수(⑨)로 나눈 금액을 적습니다.

40. ㊿ 협력업체근로자 1명당 수혜금액란에는 협력업체근로자의 복리후생 증진에 사용한 금액(㊽)을 협력업체근로자 수(⑩)로 나눈 금액을 적습니다.

41. ㊿ 사용한 기본재산 총 금액란에는 「근로복지기본법 시행령」 제46조제4항제3호 및 「근로복지기본법 시행규칙」 제26조의2제3항제3호에 따라 직전 회계연도 기준 기본재산 총액의 100분의 30 범위에서 복지기금협의회가 사용하기로 정한 금액 중 해당 회계연도에 사용한 금액 총액을 적습니다.

42. 협력업체근로자의 복리후생 증진에 사용한 금액란에는 중 협력업체근로자의 복리후생 증진에 사용한 금액을 적습니다.

43. 복지혜택을 받은 협력업체근로자 수란에는 기본재산 100분의 30 범위 사용을 통해 복지혜택을 받은 협력업체근로자 수를 적습니다.

44. 소속근로자 1명당 수혜금액란에는 소속근로자의 복리후생 증진에 사용한 금액(금액에서 금액을 뺀 금액)을 소속근로자 수(⑨)로 나눈 금액을 적습니다.

45. 협력업체근로자 1명당 수혜금액란에는 협력업체근로자의 복리후생 증진에 사용한 금액()을 협력업체근로자 수(⑩)로 나눈 금액을 적습니다.

46. 복지사업비란(㊺ ~ ㊿)에는 해당 회계연도 중의 사업 실적을 목적사업과 대부사업으로 구분하여 적습니다. 대부사업의 경우에는 기본재산을 이용한 근로자 대부(㉗)를 포함합니다.

47. ⑱ 기금 운영비란에는 복지사업 외에 기금 운영과 관련한 지출비용을 적되, 수혜자 수는 적지 않습니다.

48. ⑲ 잔액란에는 남아 있는 목적사업 재원으로, ㉘과 ⑳ 의 합계액에서 '㊺부터 ㊿까지의 합계액(㊻)과 ⑱을 더한 금액'을 뺀 금액을 적습니다.

49. 선택적 복지비란(㉛·㉜)에는 기금법인의 목적사업을 선택적 복지제도로 운영한 경우 사용한 금액(㉛)과 수혜자 수(㉜)를 ㊺ ~ ㊿ 에 해당하는 복지사업비 중 그 운영실적(총액과 수혜자 수 합계)을 적습니다.

   ※ 선택적 복지제도 실적은 ㊺ ~ ㊿ 에 해당하는 복지사업비 속에 포함되는 것으로 예를 들어 체육·문화활동 지원 사업을 선택적 복지제도로 운영하여 100명에게 1천만원을 사용한 경우 ㉚에는 1천만원, 100명을 적고, ㉛, ㉜에도 1천만원, 100명을 포함하여 적습니다.

50. 부동산 현황(㉓ ~ ㉕)란에는 「근로복지기본법」 제67조 및 같은 법 시행령 제51조에 따라 기금법인이 소유하고 있는 부동산 현황을 적습니다. ㉓ 명칭란에는 부동산의 이용 목적 등을 고려하여 그 명칭을 적고, ㉔ 금액란에는 부동산을 취득하는 데 든 비용(출연받거나 기부받은 경우에는 최초 취득일 당시의 시가평가액 또는 취득가액)을 적으며, ㉕ 취득일란에는 기금법인이 부동산을 소유하여 등기한 연월일을 적습니다.

[○] 사내근로복지기금법인
[ ] 공동근로복지기금법인 운영상황 보고서(202x년도분)

※ 3쪽 및 4쪽의 작성방법을 읽고 작성하시기 바랍니다. (4쪽 중 1쪽)

기금법인	① 기금법인명 ○○사내(공동)근로복지기금			② 인가번호 0000-0000-00	
	③ 설립등기일 20xx.xx.xx			④ 전화번호 02-0000-0000	
	⑤ 소재지 서울특별시 ○○구 ○○대로○○, ○○층(○○동, ○○빌딩)				
	⑥ 회계연도	202x년 1월 1일 ~ 202x년 12월 31일			
사업체	⑦ 대표자 ○○○			⑧ 업종 ○○○	
	⑨ 소속근로자 수(명) ○○○			⑩ 협력업체근로자 수(명) 00	
	⑪ 납입자본금(천원) 000,000				
기본재산 현황 (천원)	⑫ 직전 회계연도 마지막 날 기준 기본재산 총액			150,000	
	해당 회계 연도 변동 금액	증가	⑬ 사업주 출연 100,000	⑭ 수익금 · 이월금 전입	
			⑮ 사업주 외의 자 출연	⑯ 기금법인 합병	
		감소	⑰ 기본재산 사용 50,000	⑱ 기금법인 분할 등	
		⑲ 소계	50,000		
	⑳ 해당 회계연도 마지막 날 기준 기본재산 총액			200,000	
기금 운용 및 관리 (천원)	운용방법		㉑ 금융회사 예입 · 예탁 70,000	㉒ 투자신탁 수익증권 매입	
			㉓ 유가증권 매입	㉔ 보유 자사주 유상증자 참여	
			㉕ (부동산)투자회사가 발행하는 주식의 매입	㉖ 기타	
	㉗ 근로자 대부			130,000	
	㉘ 합계			200,000	
기금사업 재원 (천원)	㉙ 해당 회계연도 기금운용 수익금			2,249	
	㉚ 해당 회계연도 출연금액의 100분의 50, 100분의 80 또는 100분의 90 범위			50,000	
	㉛ 기본재산 총액의 해당 사업(장) 자본금 100분의 50 초과액				
	㉜ 직전 회계연도 기준 기본재산 총액의 100분의 20, 100분의 25 또는 100분의 30 범위				
	㉝ 공동근로복지기금 지원액 및 그 지원액의 100분의 50 범위				
	㉞ 이월금 등			133,918	
	㉟ 합계			186,167	

210mm×297mm[백상지(80g/㎡) 또는 중질지(80g/㎡)]

해당 회계연도 출연금 100분의 80 범위 사용 현황 (천원, 명)	㊱ 해당 회계연도 출연금	해당 회계연도 출연금 100분의 90 범위 사용 현황 (천원, 명)	㊴ 해당 회계연도 출연금
	㊲ 복지혜택을 받은 협력업체근로자 수		㊵ 복지혜택을 받은 협력업체근로자 수
	㊳ 협력업체근로자의 복리후생 증진에 사용한 금액		㊶ 협력업체근로자의 복리후생 증진에 사용한 금액

직전 회계연도 기준 기본재산 총액의 100분의 20 범위 사용 현황 (천원, 명)	㊷ 사용한 기본재산 총 금액	직전 회계연도 기준 기본재산 총액의 100분의 25 범위 사용 현황 (천원, 명)	㊼ 사용한 기본재산 총 금액	직전 회계연도 기준 기본재산 총액의 100분의 30 범위 사용 현황 (천원, 명)	㊾ 사용한 기본재산 총 금액
	㊸ 협력업체근로자의 복리후생 증진에 사용한 금액		㊽ 협력업체근로자의 복리후생 증진에 사용한 금액		㊼ 협력업체근로자의 복리후생 증진에 사용한 금액
	㊹ 복지혜택을 받은 협력업체근로자 수		㊾ 복지혜택을 받은 협력업체근로자 수		㊿ 복지혜택을 받은 협력업체근로자 수
	㊺ 소속근로자 1명당 수혜 금액		㊿ 소속근로자 1명당 수혜 금액		㊿ 소속근로자 1명당 수혜 금액
	㊻ 협력업체근로자 1명당 수혜금액		㊿ 협력업체근로자 1명당 수혜금액		㊿ 협력업체근로자 1명당 수혜금액

		구분	계		목적사업		대부사업	
			금액	수혜자 수	금액	수혜자 수	금액	수혜자 수
사업 실적 (천원, 명)	복지 사업 비	㊼ 주택구입·임차자금	100,000	2			100,000	2
		㊽ 우리사주 구입자금						
		㊾ 생활안정자금	30,000	1			30,000	1
		㉖ 장학금	52,000	10	52,000	10		
		㉑ 재난구호금						
		㉒ 체육·문화활동 지원	6,000	100	6,000	100		
		㉓ 모성보호, 일·가정 양립비용 지원						
		㉔ 근로자의 날 행사 등 지원						
		㉕ 근로복지시설 설치 및 운영						
		㉖ 그 밖의 복지비	24,198	250	24,198	250		
		㉗ 소계	212,198	363	82,198	360	130,000	3
	㉘ 기금 운영비		832					
	㉙ 잔액		103,137					
	㉚ 합계		316,167					

선택적 복지비 (천원, 명)	㉛ 금액	㉜ 수혜자 수

부동산 현황(천원)	㉝ 명칭	㉞ 금액	㉟ 취득일

「근로복지기본법」 제93조제1항제3호, 같은 법 시행령 제55조의6·제63조제1항 및 같은 법 시행규칙 제30조에 따라 위와 같이 기금법인의 운영상황을 보고합니다.

202x 년 3 월 28 일

기금법인 대표자 ○ ○ ○   (서명 또는 인)

○○지방고용노동청장(○○○○지청장) 귀하

| 첨부서류 | 1. 해당 연도 결산서 1부 2. 다음 연도의 사업계획서(추정재무상태표와 손익계산서를 포함합니다) 1부 | 수수료 없음 |

이 책은 사내근로복지기금 결산 실무에 적용될 수 있는 해설 및 정보의 제공을 목적으로 하고 있습니다. 그러나 항상 그 완전성이 보장되는 것은 아니기 때문에 당사가 책임지지 않습니다. 따라서 실제 적용할 경우에는 충분히 검토하시고 저자 또는 전문가와 상의하시기 바랍니다.

사내근로복지기금 결산실무

초판1쇄 발행
2025년 3월 15일

김승훈 지음

펴낸이
김태영

펴낸곳
씽크스마트 책짓는 집

주소
경기도 고양시 덕양구 청초로 66
덕은리버워크 B-1403호

전화
02-323-5609

출판사 등록번호
제395-313000025
1002001000106호

ISBN
978-89-6529-432-0 (13320)

정가
70,000원

© 김승훈

이 책을 만든 사람들

책임편집
김무영

편집
신재혁

홈페이지
www.tsbook.co.kr
인스타그램
@thinksmart.official
이메일
thinksmart@kakao.com

* **씽크스마트** 더 큰 생각으로 통하는 길
'더 큰 생각으로 통하는 길' 위에서 삶의 지혜를 모아 '인문교양, 자기계발, 자녀교육, 어린이 교양·학습, 정치사회, 취미생활' 등 다양한 분야의 도서를 출간합니다. 바람직한 교육관을 세우고 나다움의 힘을 기르며, 세상에서 소외된 부분을 바라봅니다. 첫 원고부터 책의 완성까지 늘 시대를 읽는 기획으로 책을 만들어, 넓고 깊은 생각으로 세상을 살아갈 수 있는 힘을 드리고자 합니다.

* **도서출판 큐** 더 쓸모 있는 책을 만나다
도서출판 큐는 울퉁불퉁한 현실에서 만나는 다양한 질문과 고민에 답하고자 만든 실용교양 임프린트입니다. 새로운 작가와 독자를 개척하며, 변화하는 세상 속에서 책의 쓸모를 키워갑니다. 흥겹게 춤추듯 시대의 변화에 맞는 '더 쓸모 있는 책'을 만들겠습니다.

자신만의 생각이나 이야기를 펼치고 싶은 당신. 책으로 사람들에게 전하고 싶은 아이디어나 원고를 메일(thinksmart@kakao.com)로 보내주세요. 씽크스마트는 당신의 소중한 원고를 기다리고 있습니다.